GUNTHER LANGES

AUTORAMA

SÜDTIROL

DOLOMITEN · ORTLER · GARDASEE

BILDAUTOFÜHRER

9., NEU BEARBEITETE AUFLAGE

UNIVERSITÄTSVERLAG WAGNER · INNSBRUCK

In gleicher Ausstattung ist erschienen:

Autorama **BODENSEE**, Deutsches Ufer — Vorarlberg — Liechtenstein — Nordostschweiz.
360 Seiten Text mit 191 Bildern, Routenkarte, Stadtpläne und Reliefzeichnungen.

ISBN 3-7030-0082-1 Universitätsverlag Wagner, A-6010 Innsbruck

Gesamtherstellung: Buch- und Offsetdruck G. Grasl, A-2540 Bad Vöslau

Printed in Austria

Karersee	Madonna di Campiglio	S. Martino di Castrozza	Meran	Ofen-Paß	Reschen-Paß	Riva	Sterzing	Stilfser-Joch	Sulden	Timmels-Joch	Toblach	Trient	S. Ulrich-Ortisei
114	252	79	191	278	268	150	161	267	259	238	104	108	107
29	89	84	28	115	105	105	68	104	96	75	100	58	36
110	174	169	73	160	160	190	16	149	141	80	98	143	75
66	129	124	68	155	145	145	44	144	136	92	61	98	35
90	163	126	102	189	179	179	55	178	171	120	26	132	68
22	140	58	79	166	156	142	88	155	147	126	91	100	30
80	198	113	137	224	214	197	115	213	205	184	33	155	78
52	155	88	94	181	171	171	84	170	162	141	63	124	30
118	194	151	133	220	252	210	87	209	201	152	5	193	100
—	118	55	54	140	134	134	97	133	125	104	113	87	52
118	—	173	89	176	166	78	157	165	157	136	195	93	125
55	173	—	112	204	189	147	152	188	180	159	146	105	88
54	89	112	—	87	77	133	59	76	68	47	134	86	64
140	176	204	87	—	53	226	146	28	58	134	221	173	151
134	166	189	77	53	—	210	136	55	47	124	211	163	141
134	78	147	133	226	210	—	173	210	200	184	205	42	141
97	157	152	59	146	136	173	—	135	127	64	82	126	59
133	165	188	76	28	55	210	135	—	30	123	210	134	140
125	157	180	68	58	47	200	127	30	—	115	202	154	132
104	136	159	47	134	124	184	64	123	115	—	146	133	111
113	195	146	134	221	211	205	82	210	202	146	—	188	94
87	125	105	86	173	163	42	126	134	154	133	188	—	94
52	93	88	64	151	141	141	59	140	132	111	94	94	—

Inhaltsverzeichnis

Vorwort

Der Name „AUTORAMA“ *bedeutet soviel wie* „AUTOSICHT“ *bzw. Sicht und Schau vom Auto aus. Der Titel erklärt damit die neuartige Anlage dieses Reiseführers und seinen hauptsächlichen Zweck, nämlich dem Reisenden im Kraftwagen rasch und verläßlich während der Fahrt und auch bei nur kurzen Aufenthalten ein in jeder Hinsicht genaues Bild der interessantesten Teile der Landschaft zu geben.*

Dem AUTORAMA *liegen in seiner modernen Anlage als Auto-Reisehandbuch verschiedene Ideen und Überlegungen zugrunde. So ist es für den Reisenden sehr schwierig, sich während der Fahrt aus umfangreichen, textlichen Beschreibungen einer Landschaft in diese selbst zu versetzen. Auch wenn die zahlreichen hierzu notwendigen Voraussetzungen, das sind geographische, kartenleserische und geländebildliche Kenntnisse, beim Benützer gegeben sind, wird die Orientierung in der Umwelt an Hand eines Textführers durch das Tempo des neuzeitlichen Reisens meist sehr schwierig und oft ganz unmöglich sein. Denn das moderne Reisen im Kraftwagen wirkt wie ein Zeitraffer im Film. In dem rasch abrollenden Bild der Umgebung, wie es der Autoreisende sieht, kann es ohne Erklärung durch Bilder keine klare Orientierung geben.*

Aus diesen Erwägungen heraus wurden Landschaft und Umgebung im AUTORAMA *in Bildern dort dargestellt, wo es das Interesse des Reisenden erfordert. So ermöglicht das* AUTORAMA, *sich mit einem kurzen, vergleichenden Blick zu orientieren und alles, was interessant ist, Berge, Pässe, Täler, Straßen, Bergbahnen, Sehenswürdigkeiten, Höhenzahlen u. a. rasch und sicher zu identifizieren. Daß diese erklärenden Bilder in gebirgigem Gelände mehr auszusagen vermögen als in der Ebene und daher für Berggegenden viel reichlicher Verwendung fanden, versteht sich von selbst.*

Es ist natürlich, daß einem ausführlichen Text auch weiterhin eine wesentlich unterstützende Rolle eingeräumt bleibt. In dieser Kombination, in der Text und Bild jeweils die Aufgabe zugewiesen ist, die sie zu lösen vermögen, ist die ausgeprägte Neuartigkeit des AUTORAMA *zu erblicken.*

Ausführlich wurde mit geschichtlichen und kunsthistorischen Notizen auf diese Aspekte des behandelten Reiselandes eingegangen. Auch der hieran nicht direkt interessierte Autoreisende wird manches finden, das seinen Blick erweitert und sein Reiseerlebnis vertieft.

Auch für den Autoreisenden spielen die überaus zahlreichen Bergbahnen und -lifte eine immer größere Rolle, denn durch diese kann er die Reise viel abwechslungsreicher gestalten, rasch und bequem Aussichtspunkte erreichen, die mit Kraftwagen unerreichbar sind und bequeme Ausflüge und Wanderungen unternehmen. Daher wurden diese Hinweise möglichst ausführlich und umfassend behandelt.

Bedeutende Hauptstraßen des Reiselandes führen durch interessante Zonen mit Kampfstellungen im ersten Weltkrieg. Erstmals wurde im AUTORAMA *auf diese denkwürdigen Schauplätze des Hochalpenkrieges eingegangen. Es ist gleichgültig, welche Einstellung man zum Kriege hat, die Leistungen jener Soldaten, die in diesen Fels- und Eisgebieten den eigenartigsten Krieg führten, den die Geschichte kennt, werden im Anblick der Örtlichkeiten bei jedem Bewunderung und Interesse finden.*

Der reiche Bildschmuck des AUTORAMA *soll schließlich noch bewirken, daß der Text des Führers auch vor und nach der Reise nicht zum toten Buchstaben wird, sondern vor der Reise bildhaft Wunsch und Wahl für die Zusammenstellung der Reiseroute unterstützt, nach der Reise wirksam und getreu viele Erinnerungen an die Reise belegt.*

Das AUTORAMA *soll ein Reisehandbuch für anspruchsvolle Menschen sein und darüber hinaus ein hilfreiches Programmbuch, ein umfassender Bild-Autoführer, ein schönes Erinnerungswerk.*

DR. GUNTHER LANGES

Abkürzungen

Abzw.	=	Abzweigung
A. C. I.	=	Italienischer Autoclub
Bergst.	=	Bergstation
C. A. I.	=	Club Alpino Italiano
C. I. T.	=	Compagnia Italiana Turismo (Reisebüro)
d. i.	=	das ist
d. s.	=	das sind
Einw.	=	Einwohner
erb.	=	erbaut
Fahrz.	=	Fahrzeit
E. N. I. T.	=	Ente Nazionale Industrie Turistiche (Int. staatl. Reisebüro)
Forc.	=	Forcella
fr.	=	früher
†	=	Gottesdienste
Gr.	=	Gruppe
Ht.	=	Hütte
HU	=	Höhenunterschied
i. J.	=	im Jahre
Jh.	=	Jahrhundert
ital.	=	italienisch
lad.	=	ladinisch
Mark.	=	Markierung
Min.	=	Minuten
Mt.	=	Monte
N	=	Norden
nördl.	=	nördlich
O	=	Osten
östl.	=	östlich
österr.	=	österreichisch
Pt.	=	Punta
Rif.	=	Rifugio
R	=	Route
rd.	=	rund
s.	=	siehe
S.	=	Seite
S	=	Süden
Schl.	=	Schloß
südl.	=	südlich
Sp.	=	Spitze
Std.	=	Stunde
Str.	=	Straße
StStr.	=	Staatsstraße
Talst.	=	Talstation
u. a.	=	und andere
VV	=	Verkehrsverein
W	=	Westen
westl.	=	westlich
z. Vgl.	=	zum Vergleich
Verz.	=	Verzeichnis

Bemerkungen zum Gebrauch des AUTORAMA

Die bei den Routen einzelnen, größeren Orten vorgesetzten zwei durch einen Diagonalstrich getrennten Zahlen bezeichnen die fortlaufende Kilometerentfernung des Ortes jeweils vom Ausgangspunkt bzw. zum Endpunkt der Route.

Es kann somit von jedem Ort, dem eine Kilometrierung beigefügt ist, die Entfernung nach beiden Endpunkten der Route sofort abgelesen werden. Die erste Zahl bezeichnet die bereits zurückgelegten Kilometer in der Richtung der Beschreibung bis zum betreffenden Ort, während die zweite Zahl die noch zurückzulegenden Kilometer zum Endpunkt der Route angeben. So bedeutet z. B. in R 1 (Brenner-Sterzing-Brixen-Bozen) die Angabe

BRIXEN *44/40*

daß diese Stadt 44 km vom Brenner und 40 km von Bozen entfernt ist.

Für jene, die die Route in entgegengesetzter Richtung der Beschreibung befahren, gilt die Umkehrung des Ablesens. Schließlich kann durch einfaches Abziehen jede Zwischenentfernung zwischen den verschiedenen Orten errechnet werden.

Die *Steigungsverhältnisse* werden nur dort ausdrücklich angegeben, wo sie größer sind als die durchschnittlichen Werte der Autopaßstraßen zwischen 7–10%.

Die Angaben über die *Breite der Straßen* sind so gehalten, daß als normale Straßenbreite 5–6 m angenommen wurde. Abweichungen von dieser normalen Breite sind sohin als schmälere oder breitere Straßen gekennzeichnet. Die Paßstraßen weisen fast durchwegs die normale Breite auf, die großen Talstraßen hingegen sind bis zu 7 m und breiter.

Von der Beigabe einer *Autokarte* des gesamten Reisegebietes wurde abgesehen, weil solche Karten heute in allen möglichen Ausführungen in allen Buchhandlungen zu haben sind. Da diese Karten fast durchwegs nur ganz wenige wichtige kartographische Angaben vermitteln (einige Flußläufe, nur die Hauptgipfel und die größeren Ortschaften mit den Entfernungen), sind sie nicht von ausschlaggebendem Wert. Der Verlauf der Routen, die Lage der Orte und die Entfernungen zwischen ihnen können aus der beigegebenen *Routenkarte* abgelesen werden. Außerdem sind in den Tabellen auf den Vorsatzblättern die Entfernungen zwischen den wichtigsten Orten des Reisegebietes untereinander und dann wiederum zwischen den Hauptorten des Reisegebietes und einigen Fremdenverkehrszentren der umliegenden Gebiete enthalten.

Angaben über gastgewerbliche Betriebe wurden nicht gemacht, weil solche Verzeichnisse überall leicht zu beschaffen sind.

Dieses Randzeichen soll den Benützer des AUTORAMA rechtzeitig darauf hinweisen, daß an diesem Punkte und in dessen näherer Umgebung sich besonders schöne und dankbare **fotografische Motive** anbieten.

Allgemeines über das Reisegebiet

Abgrenzung des Reisegebietes

Das hier behandelte Reiseland deckt sich fast genau mit dem vor 1918 Österreich zugehörigen **Südtirol** und **Trentino** und schließt weiterhin die ganzen **Dolomiten** und den gesamten **Gardasee** ein. Trotz der großen landschaftlichen Verschiedenheiten dieses Gebietes in Aufbau und Charakter war es schon seit jeher ein eng in sich abgeschlossenes Reise- und Ferienland.

Dies ergab sich vornehmlich durch die für das ganze Gebiet wichtigsten Einfallspforten von Norden und Osten her, nämlich den Brenner- und den Reschenpaß im Alpenhauptkamm und die Senke des Toblacher Feldes von Osttirol her. Im Westen hat das Gebiet von Südtirol eine scharfe Abgliederung durch die Grenze mit der Schweiz und das Reisegebiet der Oberitalienischen Seen. Im Süden bildet ungefähr die oberitalienische Tiefebene die Begrenzung des Reiselandes.

Mittelpunkt des Fremdenverkehrs ist die Stadt **Bozen**, die schon durch ihre geographische Lage verkehrstechnisch das Zentrum des Gebietes bildet, weil sie sowohl von den nördl. Grenzstellen ungefähr gleich weit entfernt ist (Brenner 85 km, Reschenpaß 105 km, Innichen 105 km) als auch von den südl. und westl. Einbruchstellen (Gardasee 105 km, Tonale 97 km, Stilfser Joch 104 km). Bozen ist auch ein Verkehrszentrum ersten Ranges durch seine Lage am Schnittpunkt zwischen der großen Nordsüdarterie über den Brenner und den Verkehrswegen durch das Etschtal und weil hier schließlich auch die Große Dolomitenstraße als größter Verkehrsweg durch die Bergwelt der Dolomiten abzweigt.

Es ist eine schon seit etwa einem Jahrhundert anerkannte Tatsache, daß dieses Gebiet ein ideales Reiseland wie kaum ein zweites in den gesamten Alpen ist. In erster Linie sind es die gegensätzlichen landschaftlichen Schönheiten der verschiedenen Bergzonen, so besonders der berühmten Dolomiten, dann der Firnwelt der Ortlergruppe und schließlich der Täler des Hauptalpenkammes. Einen besonderen Vorzug hat Südtirol als Reise- und Ferienland durch die einzigartige Mischung zwischen Hochgebirge, Felsen- und Firnenwelt, Mittelgebirgslandschaften, Weinbaugebieten und breiten, fruchtbaren Tälern, die durch ihr mildes Südlandklima und die reiche Vegetation seit jeher großen Ruf genießen, und schließlich den Gardasee, den schönsten der oberitalienischen Seen.

Verschiedenartigkeit der Fremdenplätze

In erster Linie sind die verschiedenen Talorte zu erwähnen, die als Kur- und Fremdenorte besucht werden. Hier sind besonders die Städte Bozen, Meran und Brixen einzureihen, ferner zahlreiche kleinere Ortschaften des Etsch- und Eisacktales, die zum Ferienaufenthalt vom Frühjahr bis zum Herbst viel besucht werden (Bruneck, Sterzing u. a.).

Eine eigene Kategorie bilden die in den Wein- und Obstbaugebieten gelegenen Ortschaften, deren Besuch zum Ferienaufenthalt besonders im Frühjahr und im Herbst in den letzten Jahren sehr zugenommen hat. Hinzu kommen die zahlreichen Fremdenplätze an den Ufern des Gardasees.

Die größte Kategorie der Fremdenplätze des Reisegebietes bilden die alpinen Ferienorte. In welchem Maße der Fremdenverkehr besonders in den Berggegenden Südtirols ausgebreitet ist, mag aus der Tatsache ergehen, daß von den 116 Gemeinden des Landes 112 Kurverwaltungen, Verkehrsämter, Verkehrsverbände oder Verkehrsvereine eingerichtet haben.

Autostraßen

Seinen größten Ruf als ideales Reiseland verdankt das behandelte Reisegebiet unzweifelhaft seinen Autostraßen. Keine andere Zone der Alpen hat ein auch nur annähernd so dichtes Netz von schönen und großteils gepflegten und modern eingehaltenen Autostraßen. Und hier wiederum sind es die Dolomiten, die mit ihren Straßen an erster Stelle stehen. Es ist heute tatsächlich so, daß fast jedes Bergtal in Südtirol durch eine meist gut eingehaltene Straße erschlossen ist, dazu kommen nicht weniger als rund zwei Dutzend Bergpässe, die ausnahmslos von guten, modern eingehaltenen Autostraßen mit staubfreier Decke überzogen werden. Die Verschiedenheit der Straßen in bezug auf ihre Anlage und Trassenführung und die Vielfalt von Landschaftsbildern, die sie vermitteln, ist auf einem verhältnismäßig so kleinen Raum sonst nirgendwo anzutreffen. Sehr interessant für den Autofahrer sind einige von diesen Straßen, die eindrucksvolle Schluchten durchziehen, andere führen mit panoramaweiten Fernsichten hoch über dem Talgrund dahin oder erklettern in kühnen Kehren die Scheitel der Pässe. Vor allem dem Kraftfahrer ist es ermöglicht, in rascher Folge eine unerschöpfliche Fülle von Schönheiten des Berglandes kennenzulernen. Eine andere Eigenheit des Straßennetzes ist dadurch gegeben, daß bis auf nur ganz wenig Pässe alle Übergänge auch den ganzen Winter über schneegebahnt sind und offen gehalten werden. Das Befahren der schneegebahnten Hochgebirgspässe bildet vor allem in den Dolomiten ein Erlebnis ganz besonderer Art, das dem Autofahrer sonst fast nirgends in den Alpen in solchen Höhen zuteil wird. Als sensationellste Bereicherung des Südtiroler Straßennetzes durchzieht das Land die nun fertiggestellte und dem Verkehr übergebene Brenner-Autobahn vom Brenner bis Modena.

Bergbahnen

Südtirol ist ein hervorragendes Land der Bergbahnen. Hier soll nicht unerwähnt sein, daß i. J. 1912 mit der Luftseilbahn *Bozen—Kohlern* die erste Seilschwebebahn für Personenverkehr der Welt überhaupt erbaut wurde. Dieser Tradition entsprechend hat Bozen bereits seit einem halben Jahrhundert eine so große Anzahl von Bergbahnen, daß es damit vor allen anderen Alpenstädten führend ist. Zur Zeit verfügt Bozen über vier Bergbahnen, darunter eine Standseilbahn (Mendelbahn) und drei Luftseilbahnen (Jenesien, Kohlern und Ritten).

Der große Kurort Meran mit seiner Umgebung verfügt ebenfalls über mehrere, sehr leistungsfähige Seilbahnen, die die schönsten Panoramapunkte und Ausflugszentren in der umliegenden Bergwelt erschließen (Meran—Hafling; Naiftal—Meran 2000; Lana—Vigiljoch; Schenna—Taser; Verdins—Tall; Tirol—Hochmuth). Ein Sessellift, der in nächster Nähe der Meraner

Laubengasse seine Talstation hat, erschließt mit kurzer Auffahrt das hübsche Ausflugsziel am Küchelberg und auf der Bergstufe von Dorf Tirol.

Die größte Verbindung besitzt Meran in der großen Seilbahnanlage, die von Meran (Mündung Naiftal) zum Piffinger Köpfl und von dort als Gondelbahn nach Meran 2000 (Kirchsteigeralm), 1950 m, führt. Sämtliche Bergbahnen (Seilbahnen, Sessel- und Gondellifte) sind in diesem Führer in einer Tabelle, mit ihren wichtigsten Daten vermerkt.

Wichtig ist ein Hinweis, welche Art von Gebieten sie erschließen. Hier sind zu unterscheiden: 1. Die großen Seil- und anderen Bergbahnen, die von den touristischen Talzentren aus die umliegende Bergwelt erschließen, wie besonders bei Bozen und Meran, ferner Sterzing, Bruneck und Brixen.

Neben diesen Großseilbahnen aus den Talniederungen in die Bergwelt spielen für den Besucher sowohl im Sommer wie im Winter die zahlreichen Seilbahnen und Sessellifte eine maßgebliche Rolle, die von den alpinen Fremdenplätzen aus die verschiedensten Bergziele erreichen. Diese Bergbahnen sind wohl in der Mehrzahl in erster Linie für den Wintersport erbaut, bieten aber fast durchwegs auch im Sommer ausgezeichnete Ausflugsmöglichkeiten. Alle alpinen Winterplätze besitzen solche Bahnen. Durch mehrere ist in hervorragender Weise in dieser Beziehung besonders die alpine Umgebung von Cortina d'Ampezzo, dann St. Ulrich-Ortisei im Grödner Tal erschlossen, ferner Wolkenstein im Talschluß von Gröden, Corvara und überhaupt alle größeren Fremdenplätze der Dolomiten.

Reisezeiten

Die günstigsten Reisezeiten für die Fremdenplätze des behandelten Gebietes sind nach deren Höhenlage verschieden. Für die Talgebiete erstrecken sich die besten Reisezeiten fast über drei Viertel des Jahres vom März bis zum Oktober. In diesen Zeitraum fallen als besonders empfehlenswert für längeren Aufenthalt in der Talzone die Frühlings- und Herbstmonate. In den Sommermonaten hingegen haben die Talorte meist starken Durchgangsverkehr in die alpinen Fremdenplätze. Für die Dolomiten und die übrigen Gebirgsgegenden ist die Zeit vom Juni bis September die geeignetste Reisezeit, wobei Juli und August den Hauptverkehr aufweisen.

Die Wintersportsaison setzt fast ausnahmslos in allen Wintersportplätzen mit den letzten Tagen vor Weihnachten ein und zieht sich je nach Höhenlage des Platzes bis Ende März hin und allenfalls auch in den Monat April hinein. Südtirol verfügt jedoch auch über eine Anzahl von hochalpinen Skiplätzen, wo der Skilauf sogar bis in den Monat Mai hinein ausgeübt werden kann. Ausgeprägte hochalpine Skiplätze hat vor allem das Ortlergebiet, dann verschiedene hochgelegene Pässe in den Dolomiten. Als besondere Eigenart sei noch erwähnt, daß Südtirol mit dem Gebiet um das **Stilfser Joch**, am **Cevedale** sowie im **Schnalstal** (Hochjochferner), Skigebiete hat, wo der immer beliebter werdende Sommerskilauf ohne Unterbrechung den ganzen Sommer über bis zum Frühherbst (im Schnalstal das ganze Jahr hindurch) ausgeübt werden kann. Sommerskikurse finden auch auf der **Marmolata** mit Standpunkt auf dem Fedajasattel, 2044 m (Korblift zum Pian dei Fiacconi, 2700 m) und von Malga Ciapela, 1460 m (Seilbahn in drei Sektionen bis zur Bergstation der Marmolata di Rocca, 3300 m) statt.

Gastgewerbe

Das Gastgewebe steht in Südtirol fast durchweg auf einer hohen Stufe, gehört jedenfalls zum Besten, was Italien zu bieten hat. In vielen Orten hat ja das Südtiroler Gastgewerbe eine große Tradition, die bis in das Mittelalter zurückkehrt. Die Hotels und Gasthäuser sind allenthalben sehr fortschrittlich. Es sei besonders erwähnt, daß auch in mittleren und kleinen Gaststätten des Landes alle neuzeitlichen Bequemlichkeiten zu finden sind. Neuerdings haben sich die Privatquartiere sowohl in den Talzonen als auch bis in die höchsten Gebirgsdörfer hinauf sehr vermehrt und werden allgemein wegen ihrer Sauberkeit und Billigkeit gelobt.

Die Küche im Südtiroler Gastgewerbe zeichnet sich dadurch aus, daß sie in glücklicher Mischung die bekanntesten und am meisten gefragten Gerichte der italienischen Nationalküche sowie der österreichisch-süddeutschen (alpenländischen) Küche bietet.

Südtirol ist von altersher ein bekanntes und berühmtes Weinland. Es ist also ganz selbstverständlich, daß Freunde des Weines und Weinkenner hier auf ihre Kosten kommen können. Der Landessitte gemäß kommt der Südtiroler Wein, sowohl der weiße als auch der rote, offen zum Ausschank. Diese Weine gehören zu den mittelstarken und leichteren, die in der Regel auch zu den Mahlzeiten getrunken werden. Stärkere und Spitzenweine werden als Flaschenweine abgegeben. Unter diesen finden sich die bekanntesten Namen des Südtiroler Weinbaues. Von den Weißweinen sind hier besonders Silvaner, Terlaner, Riesling, Gewürztraminer und Weißburgunder zu nennen; von den Rotweinen werden St. Magdalener, St. Justiner, Kalterer See, Blauburgunder, Lagrein, St. Peterer und noch einige andere Sorten besonders gerühmt.

Gleich wie als Weinland genießt Südtirol auch als Obstland einen hervorragenden Ruf. So ist es begreiflich, daß vor allem der Bozener Obstmarkt durch die Fülle seiner herrlichen Früchte als der schönste und reichhaltigste südlich der Alpen anerkannt ist. In der Obsterzeugung Südtirols spielen die in ganz Europa bevorzugten Apfelsorten, wie Gravensteiner (als Frühapfel), dann Kalterer-Böhmer, Jonathan, Delicious, Winsap u. a., eine besondere Rolle. Von den Birnen werden die Williams-Butter-Birnen und die Kaiser-Alexander-Birnen besonders gerühmt. Als Eigenart des Südtiroler Obstbaues muß die Vinschgauer Aprikose erwähnt werden, die im unteren Vinschgau angebaut wird und durch ihr außerordentlich feines Aroma einen geradezu einmaligen Ruf genießt. Bei den Trauben nimmt die großbeerige Meraner Kurtraube, die besonders in der Umgebung von Meran gezüchtet wird, den wichtigsten Rang ein.

Geographisches und Geologisches

Die geographischen Grenzen des Gebietes werden im Norden durch den Alpenhauptkamm gebildet, und zwar in seiner ganzen Ausdehnung vom Reschenpaß im Westen bis zur tiefen Senke des Toblacher Feldes im Osten. Die Grenze gegen die Schweiz und gegen die Nachbarprovinz Sondrio wird durch den Kamm der Sesvennakette und die Ortlergruppe gebildet.

Das Gebiet deckt sich fast ganz genau mit dem Einzugsgebiet der Etsch und ihrer Nebenflüsse. Somit formt das Etschtal mit seinen zwei Haupttälern, dem Eisacktal und dem Pustertal, sowie den zahlreichen Nebentälern aller drei Haupttäler das Hauptsystem der Täler und begrenzenden Bergketten.

Geologisch sind drei klar abgegrenzte Hauptgebiete zu unterscheiden: Die **Urgesteinszone**, die auffallende **Bozner Porphyrplatte** und schließlich als besonders charakteristisch das Felsland der **Dolomiten.** Der mächtige Alpenhauptkamm, der sich nur an drei Stellen zu gut überschreitbaren Paßeinkerbungen senkt (Reschenpaß, 1508 m, Brenner, 1375 m, Toblacher Feld, 1209 m), besteht v. a. aus kristallinem Schiefer, Gneis, Granit u. a.

Die bekannte Bozner Porphyrplatte dehnt sich östl. der Etsch und um die Mündung des Eisacktales sowie rings um den Bozner Talkessel aus und ist zur Form einer Art Hochfläche von geringer Höhe ausgebildet und von zahlreichen, meist sehr schluchtartigen Tälern durchrissen. Sie ist vulkanischen Ursprungs und besteht aus rotem Porphyr. Mit ihrer Ausdehnung von rund 4000 km^2 ist sie das größte geschlossene Porphyrvorkommen der Alpen und in Europa.

In den Dolomiten wachsen die Berge plötzlich mit steilen, oft senkrechten Felswänden von grauweißer und rötlichgrauer Farbe in den Himmel. Schlanke Felsnadeln und Zinnen, mächtige Turmgestalten, kastellartige Massive ragen in vereinzelten und scharf abgegrenzten Gruppen auf. In den Dolomiten ist jeder Berg sozusagen zu einem eigenen Individuum geformt, jede Berggestalt hat ihre eigene unverkennbare Prägung, jeder Gipfel gleicht einer geformten Persönlichkeit mit jeweils charakteristischen Merkmalen.

Der französische Geologe Déodat Gratet de **Dolomieu** hat i. J. 1789 erstmals das neuartige Mineral entdeckt, aus dem der Aufbau der Dolomiten besteht. Er stellte fest, daß diese kalkähnlichen Brocken beim Beträufeln mit Salzsäure nur wenig oder gar nicht aufschäumten. In der Folge hat man festgestellt, daß dieses Mineral aus Kalziumkarbonat und Magnesiumkarbonat besteht. Gegen den Willen Dolomieus wurde dem neu entdeckten Mineral die Bezeichnung „Dolomie“ ihm zu Ehren gegeben; diese Bezeichnung ist später auf die Berge selbst übertragen worden und so ist der Name „Dolomiten“ entstanden.

Das einzigartige dolomitische Landschaftsbild wird aber nicht nur durch die so unwahrscheinlich kühn und eindrucksvoll aufragenden Klippen und Risse der Felsberge gebildet, sondern auch durch die wunderbare Gegensätzlichkeit zu den sie umgebenden Almen, Wäldern und Wiesen, die auf den Mergel- und Tuffböden, auf denen die dolomitischen Felsenburgen sozusagen „schwimmen“, prächtig gedeihen.

Die Begrenzung des Dolomitengebietes erfolgt ungefähr durch die Talfurchen des Eisack, der Rienz und des Piave und im Süden durch eine Linie, die durch die Talfurche des Cismone und durch die Talschlüsse des Travignolo-, querüber bis zum Eggental, gebildet wird. Ihren höchsten Punkt erreichen die Dolomiten im Gipfel der **Marmolata** mit 3344 m. An selbständigen Gipfelbildungen werden in den Dolomiten ungefähr 750 gezählt, von denen rund 35 als selbständige Dreitausender anzusprechen sind.

Die Gletscherbildung in den Dolomiten ist sehr gering und ständig rückläufig. Die größte Gletscherbildung weist die Nordabdachung der Marmolata auf, die von einem breiten Gipfelfirn gesäumt wird.

Geschichtliches

In geschichtlicher Zeit wurde das heutige Gebiet von Südtirol erstmals durch die berühmten Kriegszüge der Römer unter Drusus, einem Stiefsohn des römischen Kaisers Augustus, bekannt. Drusus drang in den Jahren 16 und 15 v. Chr. mit seinem Heer durch das Etschtal aufwärts vor und eroberte gegen den Reschen und den Brenner vorstoßend in harten und blutigen Kämpfen die von rätischen Volksstämmen bewohnten Haupttäler an dieser Südrampe des Alpenhauptkammes, nämlich im Etschtal und Eisacktal. Von den folgenden Jahrhunderten, da das Land als Provinz Rätien unter römischer Botmäßigkeit stand, ist geschichtlich wenig überliefert.

Nach dem Zusammenbruche des Weströmischen Reiches (476) kam das Land unter die Herrschaft der Ostgoten unter Theoderich dem Großen (Dietrich von Bern). Im Zuge der Völkerwanderung drangen die Langobarden von Süden in das Land ein, es folgten von Westen die Franken, indes Ende des 6. Jh. die Bayern über den Brenner und durch das Eisacktal bis in das Etschtal vorstießen. Nach der Unterjochung des bayerischen Stammesherzogtums durch Karl d. G. kam Südtirol als fränkische Grafschaft an die Welfen.

Mit dem deutschen Kaiser Konrad II., dem Salier, begann für das Land um Etsch und Eisack eine neue geschichtliche Epoche. Auf der Rückkehr von einem Italienzug machte er der Herrschaft der unzuverlässigen Welfen ein Ende, teilte das Gebiet und belehnte i. J. 1027 die Bischöfe von Trient mit den Grafschaften Etschtal und Vinschgau und die Bischöfe Brixen mit den Grafschaften Eisacktal und Inntal, die so zu unmittelbaren Reichsfürsten wurden.

Unter den verschiedenen Adelsgeschlechtern, die von den Bischöfen als ihre Schutzvögte eingesetzt wurden, entbrannten bald Machtkämpfe, aus denen schließlich die Grafen von Tirol als Sieger hervorgingen und sich auf Kosten der Bischöfe von Trient und Brixen zu Herren des Landes aufschwangen. Mit dem Aussterben der Tiroler Grafen und ihrer Nachfolger aus der Linie der Grafen von Görz ging das Land Tirol im Erbwege, 1363, an die Habsburger über und wurde damit ein Teil Österreichs. Von dieser Zeit ab blieb Tirol mit dem Trentino bis zum unglückseligen Ausgang des ersten Weltkrieges österreichisch.

Seit dem Frieden von St. Germain (1919) gehört Südtirol als Provinz Bozen zu Italien. Nach dem zweiten Weltkrieg wurden durch den Pariser Vertrag (Gruber-Degasperi) die Provinzen Bozen und Trient zu einer Autonomen Region unter dem offiziellen Namen Trentino-Tiroler Etschland (Trentino-Alto Adige) zusammengefaßt.

Die Bevölkerungszahl der Provinz Bozen-Südtirol (insgesamt rd. 415.000) stellt sich aufgeteilt nach den verschiedenen Sprachgruppen so dar: rund 261.000 Deutsche, rd. 138.000 Italiener und rd. 16.000 Ladiner. Hierbei ist zu beachten, daß die italienisch sprechende Bevölkerung in der Hauptsache in den größeren Städten (Bozen, Brixen, Meran) siedelt, weil ihre Angehörigen meist als Beamte und Industriearbeiter tätig sind. Die Landbevölkerung ist hingegen noch immer zu einem hohen Prozentsatz deutschsprachig. So kann also der Reisende v. a. auf dem Lande und in den kleineren Ortschaften fast jedermann deutsch anreden und wird Antwort erhalten.

Die Doppelsprachigkeit Deutsch-Italienisch ist in der Provinz Bozen gesetzlich festgelegt und sind die Aufschriften durchweg doppelsprachig.

Klima

Südtirol hat im Verhältnis zu seiner geographischen Breitenlage sowohl in den Tälern wie auf den Bergen fast durchweg ein sehr mildes Klima. Dies wird durch verschiedene Faktoren bewirkt. Der Alpenhauptkamm ist ein ausgezeichneter Schutz gegen die kalten Nordwinde, deren Kraft durch ihn gebrochen wird, während die im Westteil des Landes in Nordsüdrichtung verlaufenden Gebirgskämme der Sesvenna- und Ortlergruppe gegen Luftströmungen aus dieser Richtung abschirmen. Daraus ergeben sich besonders im westlichen Teil Südtirols und vor allem im Vinschgau geringe Niederschlagsmengen und längere Trockenperioden. Auch der Einfluß des Gardasees trägt vornehmlich im Spätherbst dazu bei, das Klima Südtirols sehr lange mild zu erhalten.

Eine weitere Ursache für die Milde des Klimas ist die Tatsache, daß über zwei Drittel des Territoriums südseitig gelagert und einer starken Sonnenbestrahlung ausgesetzt sind.

Ein besonderer Vorzug ist die Nebelfreiheit der Atmosphäre. Bei guter Witterung wölbt sich besonders im Herbst und Winter der Himmel klar und leuchtend nicht nur über den Gebirgsketten, sondern auch über den tiefen Furchen der Täler. Hierzu kommt ein zweiter Vorzug des Südtiroler Klimas während der rauhen Jahreszeit, wo sich eine wirkungsvolle Paarung der klimatischen Milde in den Tälern mit dem idealen Schneeklima und starker Sonnenbestrahlung in den Wintersportplätzen ergibt.

Fauna

Die hochreichende Besiedlung der Berggegenden Südtirols, ferner die ausgedehnte Almwirtschaft, teilweise wohl auch die starke Begehung der Gebirgsgegenden durch Wanderer und Skiläufer stehen einer starken Ausbreitung des Bergwildes in Südtirol sehr entgegen. Es fehlen daher durchweg Großjagden mit starken Wildbeständen wie in anderen Teilen der Alpen, so besonders in Tirol, Kärnten und Steiermark. Die Tierwelt in freier Wildbahn zeigt in Südtirol keine besondere Eigenart. Rotwild als Standwild fehlt fast ganz und ist in letzter Zeit nur im obersten Vinschgau anzutreffen, wo es aus Nordtirol und aus dem Schweizer Nationalpark herüberwechselt. Mittlere Bestände an Gamswild finden sich in allen Tälern, ebenso in den niedrigeren Lagen Rehwild.

Verhältnismäßig bescheiden ist auch das Vorkommen von Murmeltieren, die fast nur mehr in einsamen Berggegenden anzutreffen sind. An Raubwild ist lediglich der Fuchs zu nennen, während Marder, Iltisse und Wiesel fast gänzlich ausgerottet sind. Zahlreicher finden sich in den Niederungen Wildhasen, wogegen die Schneehasen mit ihrer schönen, weißen Schutzfärbung viel seltener anzutreffen sind. Gutes Fortkommen durch Hege haben der Auer- und Birkhahn, ferner Schnee-, Stein- und Rebhühner. Eidechsen treten an warmen Sonnenhängen allerorts zahlreich auf, im Tal die Smaragdeidechsen, höher oben die Mauereidechse, die bis zu einer Höhe von 1700 m beobachtet wurde, und noch weiter aufwärts die Bergeidechse. Schließlich finden sich neben dem gefleckten Erdsalamander bis zur Waldgrenze hinauf der schwarze Bergsalamender, der als Wetterprophet gilt. Sehr reichhaltig sind die Insekten vertreten. Davon seien nur etliche besonders auffallende

Arten genannt: Große Singzikade, Gottesanbeterin, Kamelhalsfliege, Oleanderschwärmer, Apollofalter.

Von den Schlangenarten sind vier harmlose und drei giftige Arten zu erwähnen. Von den giftigen ist die gewöhnliche Kreuzotter verhältnismäßig nicht selten, daneben findet sich die verwandte Abart der schwarzen Höllennatter. Eine andere Giftschlange der Dolomiten ist die Schildviper mit schwarzen Seitenflecken und scharf abgesetztem Kopf.

Erwähnenswert ist der Wildstand im Nationalpark des Stilfser Jochs an Adlern, Hirschen, Rehen, Gemsen, Murmeltieren, ferner an Bergvögeln usw. Trotzdem wird der Besucher auch in den Tälern des Nationalparks kaum viel Wild erblicken

Flora

Eine besondere Eigenheit des Gebietes ist das Vorkommen von Pflanzen der mittelländischen Flora, die sonst nur weiter südlich im viel wärmeren Klima an den oberitalienischen Seen und an der ligurischen Riviera gedeihen. Dies ist ein Beweis, wie geschützt einzelne Landstriche Südtirols, so besonders die Talbecken von Bozen und Meran, gegen die Unbilden der nördlichen Witterung sind. In den genannten Talbecken wachsen an geschützten Stellen Palmen, Zypressen, Lorbeer, Opuntien, Pinien, ferner Rosmarin, Feigenbäume, ja sogar der Olivenbaum.

Die Bergblumenwelt Südtirols gliedert sich sehr klar nach den zwei Zonen, die den großen geologischen Formationen entsprechen. Während die Flora der Gebiete mit Urgestein kaum größere Abweichungen gegenüber jener in den übrigen Alpengegenden gleicher Art zeigt, sind die dolomitische Kalkzone und der Bergzug des Monte Baldo ungleich reicher an seltenen Pflanzen und Bergblumen, besonders in den höheren Lagen.

Zu den seltenen Bergblumen der Dolomitenzone werden von Kennern angegeben: Dolomiten-Fettkraut *(Sempervivum dolomiticum* Facchini*)*, Tiroler Primel (*Primula Tirolensis* Schott), Morettische Glockenblume *(Campanula Morettiana)*, Hausmann's Mannsschild *(Androsace Hausmanni)*, Alpenkugelschöttchen (*Kernera alpina* Prantl), Facchini's Steinbrech (*Saxifraga* Facchini-Koch).

Zu den Alpenblumen hingegen, die wohl auch in anderen Alpengegenden gedeihen, in den Dolomiten aber besonders häufig sind, gehören: Die Edelraute (*Artemisia mutellina* Vill.), die Alpenrose (*Rhododendron hirsutum* L.), die Arnika *(Arnica montana)*, die Heilpflanze der Bergbevölkerung, dann ganz besonders das Edelweiß (*Leontopodium alpinum* Cass. L.), das nirgends in den Alpen so zahlreich zu finden ist wie in den Dolomiten, wo es oft sogar auf Bergwiesen neben den Straßen in Mengen zu sehen ist.

In den letzten Jahren hat man an die Errichtung von Naturschutzgebieten in Südtirol gedacht. Bisher wurden durch gesetzliche Bestimmungen die Naturparks **Seiser Alm – Schlern**, **Stilfser Joch**, **Texelgruppe** und **Puez-Geisler** verwirklicht. Seit 1978 ist das Gebiet von Sigmundskron über den **Montiggler Wald** bis einschl. **Kalterer See** (Südspitze) mit dem Schilfgebiet durch die Landschaftschutzbehörde unter besonderen Schutz gestellt. Auch das Betreten des Schilfgürtels am südl. Ufer ist zum Schutz der Fauna (bes. der vielen versch. Vogelarten) nur für wenige Monate gestattet. Innerhalb dieses Gebietes sind Biotopen ausgewiesen, in denen das Sammeln von Pflanzen und somit auch von Pilzen verboten ist. Weitere Schutzgebiete sind im Entstehen, wobei der **Salten**, zwischen **Jenesien** und **Hafling** bald Wirklichkeit wird.

Vegetation

Die einzelnen Vegetationsstufen gehen allmählich ineinander über. Insolation und Geländeneigung spielen dabei eine ausschlaggebende Rolle.

Leitpflanzen:

a) *Submediterrane Stufe* bis 600/900 m. Flaumeiche, Zürgelbaum, Hopfenhainbuche, Blütenesche, Felsenbirne. In der Stufe kommen aber auch rein *mediterrane* Gewächse, wie Blusenstrauch, Perückenstrauch, Essigbaum, Steineiche, sowie verschiedenen andere Blütenpflanzen vor.
b) *Montane Stufe* von 900 bis 2000 m. Kiefer, Fichte, Tanne, Zirbe, Latsche, Alpenrose, Ahorn, Birke, Esche, Zitterpappel, Erle, Buche.
c) *Alpine Stufe* über 2000 m. Polsterpflanzen, Edelweiß, Enziane, Steinbrechgewächse.

In verschiedenen Gebieten finden sich Gewächse, die nur ein engbegrenztes Areal bewohnen, sonst aber nirgends vorkommen (Endemiten). Südtirol ist nicht nur ein Übergangsgebiet der Südalpen zur Nordalpenflora, auch über der Brennersenke verläuft für verschiedene Alpenpflanzen ihre westliche bzw. östliche Verbreitungsgrenze.

Kulturpflanzen:

Apfel, Birne, Pfirsich, Feige, Granatapfel, Kaki, Weinrebe, Mais, Weizen, Roggen, Gerste, Buchweizen, Kastanie, Zwetschke, Aprikose, Mandel, Kirsche.

Bestimmungen über den Schutz der Alpenflora

Alle kraut- und staudenartigen Pflanzen, die in der Provinz Bozen von Natur aus verbreitet sind und wild wachsen, gelten als charakteristisch für den alpinen Raum und sind daher geschützt.

Verboten ist das Pflücken und Aufbewahren von Pflanzen und Pflanzenteilen folgender Arten:

Schwefelanemone (*Anemone alpina* L., *ssp. sulphurea*); Gemeiner Frauenschuh (*Cypripedium calceolus* L.); Kahles Steinrösl, Zwergsteinrösl (*Daphne* L., *species*); Feuerlilie (*Lilium bubliferum* L.); Türkenbund (*Lilium martagon* L.); Großes Schneeglöckchen (Frühlingsknotenblume) (*Leucojum vernum* L.); Weiße (Dichter-) Narzisse (*Narcissus poeticus* L.); Weiße Seerose (*Nymphaea alba* L.); Rohrkolben (*Typha* L. *species*); Gemeine Spechtwurz (*Dictamnus* albus L.); Pfingstrose (*Paeonia officinalis* L.); Aurikel (Platenigl) (*Primula auricola* L.); Teufelskralle (Rapunzel) (*Phyteuma comosum* L.); Edelweiß (*Leontopodium alpinum* Cass.).

Von allen anderen wildwachsenden Pflanzenarten, die oben nicht aufgezählt sind, dürfen im Gebiet der Provinz insgesamt je Person und Tag höchstens **zehn** Blütenstände (Blütenstengel) gepflückt werden.

Auf jeden Fall ist das **Ausreißen** von Pflanzen oder das **Abreißen** von Pflanzenteilen verboten.

Im Gebiet der Provinz ist es verboten, geschützte wildwachsende Pflanzen oder Pflanzenteile zum Verkauf anzubieten und damit Handel zu treiben.

BRENNERAUTOBAHN

Innsbruck — Verona

Die *Brennerautobahn* ist die erste den Alpenhauptkamm ohne Scheiteldurchstich überquerende, voll ausgebaute Autobahn in Art und Größe wie sie bisher nur im Flachland und Hügelland durchzogen wurde. In ihrer Gesamtheit, also sowohl auf der österreichischen wie auf der italienischen Alpenrampe wird sie als Brennerautobahn von Innsbruck über den Brenner nach Bozen, Trient und Verona bezeichnet, während der Abschnitt Verona — Mantua — Modena lediglich verwaltungsmäßig dazugerechnet wird.

Die Brennerautobahn ist in ihrer Gesamtheit eine Teilstrecke der durch internationale Verträge festgelegten europäischen Autostraßen, hier nämlich der E 6, die von Norwegen quer durch Mitteleuropa und über die Alpen durch ganz Italien bis Sizilien führt.

ÖSTERREICHISCHE BRENNERAUTOBAHN

Innsbruck — Brenner

VORBEMERKUNG: Die Arbeiten an der *österr. Brennerautobahn* begannen i. J. 1959, die Gesamtstrecke wurde 1969 dem Verkehr übergeben. Der österr. Abschnitt ist ebenfalls Mautstrecke und hat Anschlußstellen in Innsbruck-Ost, Innsbruck-West, Innsbruck-Süd, Schönberg, Matrei-Steinach, Nößlach und Brennersee. Die österr. Strecke beginnt jeweils bei der Abzweigung aus der *Inntalautobahn* rd. 1,5 km westlich der Anschlußstelle Innsbruck-Ost und rd. 1 km östlich der Anschlußstelle Innsbruck-West-

Die *Inntalautobahn* verbindet von Kufstein kommend (Anschluß an das deutsche Autobahnnetz) die Anschlußstellen Innsbruck-Ost und Innsbruck-West miteinander und führt weiter bis zur Marktgemeinde Telfs (ca. 30 km westlich von Innsbruck). Sie ist durchgehend befahrbar (mautfrei).

Die österr. Brennerautobahn erreicht mit 37 km Länge und einem Höhenunterschied von 800 m von Innsbruck aus durch das Wipptal den Brennerpaß. Zwei Richtungsfahrbahnen, 7 m breit, stellenweise Kriechspur, Höchststeigung 6% auf sehr kurzen Teilstücken. An Kunstbauten sind 42 Brücken mit rund 10.000 m Länge, darunter die berühmte *Europabrücke*, die höchste Pfeilerbrücke der Welt, mit einer Länge von 820 m auf fünf Pfeilern, Höhe 192 m, höchster Pfeiler 181 m (einschließlich Fundierung), zu vermerken. Die österr. Zollabfertigung verfügt über 10 Abfertigungsbahnen und einen geräumigen Parkplatz.

ITALIENISCHE BRENNERAUTOBAHN A 22

Brenner – Bozen – Trient – Verona

Im vergangenen Jahrzehnt wurde auch die italienische Brennerautobahn erbaut. Durch die bedeutend längere Südrampe und die Weiterführung als Brennerautobahn bis Modena erreicht sie eine Gesamtlänge von 313 km, wobei jedoch der Abschnitt Verona – Modena nur verwaltungsmäßig hier einbezogen wird. Der durch alpines Gebiet führende Teil der Brennerautobahn beträgt somit rund 228 km. Er wird in die *Bergstrecke* zwischen Brenner und Bozen mit 85 km Länge eingeteilt und die anschließende *Etschtalstrecke* von Bozen bis „Serenissima" mit einer Länge von 143 km.

STRECKENÜBERSICHT: Die italienische Strecke ist als normale Autobahn mit zwei Richtungsfahrbahnen zu je 7,5 m Breite und je einer Kriechspur ausgebaut. Die Höchststeigung auf der Bergstrecke beträgt 3,7%, auf der Etschtalstrecke 3%. Mindestkurvenhalbmesser bis Bozen 500 m, südlich davon 1000 m; daher sind Ausbaugeschwindigkeiten von 120 km bzw. 160 km möglich. Die Bergstrecke weist 22 Tunnels auf, die Etschtalstrecke lediglich einen. Die Gesamtlänge der Tunnels beträgt rund 10 km, die Einzellängen schwanken zwischen 200 – 800 m. Lediglich der Tunnel bei Klausen ist 1500 m lang. Von anderen Kunstbauten sind auf der Bergstrecke Brenner – Bozen rund 80 Brücken und 13 Viadukte zu vermerken. Die Brücken haben eine Gesamtlänge von rund 4200 m, die Viadukte rund 10.300 m. Der interessanteste Kunstbau – ein Gegenstück zur Europabrücke – ist die mächtige *Viaduktbrücke bei Gossensaß* mit einer Länge von 1030 m, einer Mittellichte von 120 m und dem höchsten Pfeiler mit ca. 100 m. Ein weiteres interessantes Teilstück ist der Viadukt von Atzwang mit einer Länge von 1640 m am Berghang entlang.

In die Bergstrecke *Brenner – Bozen* sind folgende Anschlußstellen eingegliedert: die erste ist direkt am *Brenner*, dann folgt *Sterzing* am südl. Stadtrand. Die Anschlußstelle für *Brixen* und das *Pustertal* befindet sich 4 km südl. von Franzensfeste auf der Höhe von Vahrn. Von hier eine direkte Verbindung in das Pustertal durch die neue Brücke über den Eisack. Die Anschlußstelle *Klausen* ist am nördl. Stadtrand und bedient außer Klausen, das Grödental und die Dolomiten, Brixen von Süden und die verschie-

---

▷

BRENNERAUTOBAHN. *Die gigantische Pfeilerbrücke über die Weite des* EISACKTALES *bei* GOSSENSASS. *Dieses kühne Bauwerk ist 1030 m lang, sein höchster Pfeiler am Ortsrande mißt knapp an die 100 m Höhe. Die Viaduktbrücke von Gossensaß ist der* MONUMENTALSTE KUNSTBAU *auf der italienischen Brennerautobahn, eine Sehenswürdigkeit technischer Art und würdig der berühmten Europabrücke jenseits des Brenner. – Im Hintergrund die mächtige Felsgestalt des Pflerscher* TRIBULAUN. *Im Vordergrund der Doppeltunnel der neuen Trasse der Staatsstraße.*

denen Ortschaften und Täler des mittleren Eisacktales (das Villnößtal, Waidbruck, Feldthurns, Barbian, Villanders, Gufidaun u. a. m.). Die letzte Ausfahrt vor Bozen ist *Bozen-Nord* und von hier 8 km zur Anschlußstelle *Bozen-Süd*, Ende der Bergstrecke der Brennerautobahn.

Auf der Etschtalstraße *Bozen—Verona* sind folgende Anschlußstellen: *Bozen-Süd*; *Auer-Neumarkt* (für Tramin, Überetsch und das Fleimstal); *San Michele all'Adige—Mezzocorona* (für Mezzolombardo, das Nonstal und das *Brentagebiet*); *Trient*; *Rovereto-Nord*; *Rovereto-Süd—Lago di Garda-Nord*: *Ala-Avio*: *Affi-Lago di Garda-Süd*: *Verona-Nord* und schließlich die Kreuzung mit der „*Serenissima*".

Die folgende Beschreibung der Brennerautobahn vom Brenner bis Verona beschränkt sich auf rein technische Angaben, Hinweise auf Kunstbauten, besondere Ausblicke und schließlich Wichtigkeit der einzelnen Anschlußstellen in bezug auf die abzweigenden Straßen. Die sonst üblichen Angaben über Ortschaften, Landschaft, historische und kunsthistorische Daten finden sich bei der Beschreibung der StStr. Nr. 12 (R 1, R 26 u. R 26a) vom *Brenner* nach *Verona*, die ja die Ortschaften direkt berührt. Die Brennerautobahn ist wie alle italienischen Autobahnen mautpflichtig.

BERGSTRECKE

0/85 BRENNERPASS, 1370 m. Zollabfertigung, Sämtliche öffentlichen Büros und Reisehilfsdienste wie bei der Zollabfertigung an der Reichsstraße. Die Brennerautobahn verfolgt mit Staatsstraße und Brennerbahn

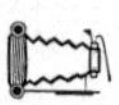

parallel laufend die langgestreckte Furche des Brennerpasses bis zum Steilabfall von Pontigl. Mit einer Hangbrücke an der östl. Talseite erreicht sie das großartige Bauwerk der *Viaduktbrücke von Gossensaß* und übersetzt hier Ortschaft und Tal auf die westl. Seite. Von der Brücke großartiger Landschaftsblick.

16/69 Anschlußstelle STERZING, 948 m. Entfernung vom Stadtzentrum 2 km: Wichtige Anschlußstelle, von der zwei sehr befahrene Autostraßen abzweigen.

1. Straße über das *Penser-Joch*, R 2, durch das *Sarntal* direkt nach *Bozen*.

2. *Jaufenpaß*, R 3, stark befahrene Route mit Endpunkt *Meran*.

Die Trasse der Brennerautobahn folgt nunmehr der Talsohle, windet sich ohne größere Kunstbauten durch die großartige Waldschlucht von *Graßstein* und *Mittewald („Im Sack")* und durchstößt mit einem Tunnel die Enge von Franzensfeste. Auf Pfeilerbrücke über den Stausee von Franzensfeste und der Bahnlinie entlang durch die Festung.

38/47 Anschlußstelle BRIXEN, 740 m, für *Brixen*-Nord, *Franzensfeste* und das *Pustertal*. Von Franzensfeste 4 km, von Brixen 6 km entfernt. Eine direkte Verbindung zur Pustertaler Straße überbrückt den tiefen Graben des Eisacks als normale Staatsstraße und mündet in der Nähe von Schabs in die von Brixen heraufziehende Straße in das Pustertal.

Besondere Wichtigkeit hat die Anschlußstelle Brixen durch die Abzweigung in das *Pustertal* mit seinen zahlreichen Nebentälern in die Dolomiten und Zentralalpen sowie für den Durchgangsverkehr über die Grenze nach Osttirol.

Die Brennerautobahn umfährt die Stadt Brixen etwas erhöht am Westhang, benützt dann die Talsohle und erreicht bei der Haltestelle Villnöß wieder auf die Ostseite querend mit vielen Kunstbauten die

Anschlußstelle KLAUSEN, 470 m, am nördl. Stadtrand, dient vor allem auch den Einfallstraßen in die Dolomiten, jener direkt von Klausen auf dem Bahnkörper der aufgelassenen, vom Militär im ersten Weltkrieg erbauten Kleinbahn *Klausen—Grödental* und der alten, ausgebauten Grödner Straße durch die Schlucht von Waidbruck (6 km südl. von Klausen) in das Grödner Tal. *53/32*

Die rd. 28 km lange Strecke von *Klausen* bis *Bozen-Nord* ist eine einzige Folge von Kunstbauten, Pfeilerbrücken, Hängebrücken, Tunnels usw. und ist technisch der schwierigste Teil. Die Trasse zieht durchwegs in Kirchturmhöhe über der Talsohle hin, lehnt sich nur sehr selten direkt an die Berglehnen an, um die Autobahn überschwemmungs- und murensicher zu machen.

BOZEN-NORD, 265 m, rund 3 km vom Stadtzentrum entfernt. Diese Anschlußstelle bedient vor allem die Landeshauptstadt Bozen, dann aber auch die bei Kardaun mündende *Große Dolomitenstraße*. Die Trasse der Brennerautobahn benützt, wie die große Umfahrung der StStr. Nr. 12 das linke Ufer des Eisacks, beide durchstoßen den vorspringenden großen Felssporn des Virgl. Die Autobahn folgt noch weiter dem Eisackufer entlang der Industriezone zur Anschlußstelle. *77/8*

BOZEN-SÜD, 260 m. Die Anschlußstelle Bozen-Süd dient für den gesamten Südverkehr der Brennerautobahn, nämlich der *Etschtalstrecke*, ferner der wichtigen Abzweigung nach Meran und zum Beginn der vielbefahrenen Weinstraße durch das Überetsch. *85/0*

ETSCHTALSTRECKE

Die Etschtalstrecke beginnt in BOZEN-SÜD und hat außer einigen Brücken kaum größere Kunstbauten aufzuweisen, sie benützt durchwegs die breite und sehr schwach geneigte Talsohle. *0/143*

Anschlußstelle NEUMARKT—AUER—TRAMIN *(Weinstraße)*, Entfernungen zu den Orten am östlichen Rande der Talsohle Neumarkt 2 km, Auer 3 km. Beide Orte sind Ausgangspunkte für Straßen in das *Fleimstal* und weiter in die Dolomiten. Ferner erreicht man von dieser Anschlußstelle in 1 km die Verbindungsstraße zwischen StStr. und Weinstraße und an dieser in 3 km Tramin und 6 km Kaltern. *17/126*

Durch die heroische Landschaft der *Salurner Klause* erreicht die Brennerautobahn nahe dem regulierten Etschlauf die

36/107 Anschlußstelle SAN MICHELE all'ADIGE—MEZZOCORONA. Außer San Michele all'Adige sind die großen Ortschaften Mezzolombardo und Mezzocorona an der Mündung des Nonsberges in wenigen Kilometern zu erreichen.

In der Folge übersetzt die Brennerautobahn mit der interessanten Brücke dei Vodi die Deltamündung des Avisio.

51/92 Anschlußstelle TRIENT, 194 m. Entfernung zum Stadtzentrum 1½ km. Die Regionalstadt Trient ist ein wichtiger Verkehrsknotenpunkt. Straßenabzweigungen durch das *Valsugana* nach Bassano in östl. Richtung und durch das Buco di Vela in das Sarche-Tal und Castel Toblino zum *Gardasee* in westl. Richtung.

73/70 Anschlußstelle ROVERETO-NORD, 176 m. Entfernung bis zum Stadtzentrum 3 km. Neben der Bedeutung von Rovereto als größte Industriestadt der Region führen von ihr zwei wichtige Straßen ab, jene auf die Hochfläche von Folgaria und die weniger befahrene Paßstraße über den Pian delle Fugazze.

82/61 Anschlußstelle ROVERETO-SÜD—LAGO DI GARDA-NORD, eine der wichtigsten Anschlußstellen, weil von hier der Großteil des Fremdenverkehrs über die schöne StStr. zum Nordufer des *Gardasees*, *Torbole* und *Riva*, und damit zum Beginn der beiden Gardesanen strömt.

Durch die unübersehbare Folge von dichten Rebpflanzungen auf der Talsohle gegen Süden zur kleinen Stadt *Ala* und *Avio* der früheren österr.-ungar. Grenze mit der

94/49 Anschlußstelle ALA-AVIO, knapp vor der markanten und berühmten *Berner Klause*. Diese wird von der Brennerautobahn vermieden, indem sie leicht ansteigend an den sanften Talhängen die Moränenlandschaft am Südhang des *Monte-Baldo-Zuges* gewinnt.

122/21 Anschlußstelle AFFI—LAGO DI GARDA-SÜD zum Ostufer des *Gardasees* mit kürzester Verbindung über Costermano (6 km) nach *Garda* oder direkt nach Bardolino oder Lazise (7,5 km).

140/3 Anschlußstelle VERONA-NORD. Entfernung vom Stadtzentrum von *Verona* 8 km.

143/0 In 3 km erreicht man die Kreuzung der Brennerautobahn mit der großen, quer durch die Po-Ebene führenden Autobahn „*Serenissima*" *(Mailand—Venedig—Triest)*. Hier endet die Etschtalstrecke der Brennerautobahn.

 ROUTE 1

Brenner—Sterzing—Brixen—Bozen 84 km

STRECKENÜBERSICHT: Die BRENNERSTRASSE mißt an der Südrampe vom Brenner bis Bozen 84 km, ihre Breite schwankt zwischen sechs und neun Metern und ist an ganz wenigen Stellen noch etwas breiter. Die Straßendecke ist staubfrei. Die Straße hat auch auf der Südseite (wie von Innsbruck bis zum Brenner) keine einzige ausgesprochen scharfe Kehre. Erst durch die Neutrassierung des berüchtigten Steilstückes von *Pontigl* südl. des *Brenners*, wurde durch eine Talbrücke mit zwei Windungen die verkehrshemmende Steilstelle von 13% behoben.

Die Brennerstraße wird den ganzen Winter über freigehalten und ist außer nach starken Schneefällen ohne Ketten befahrbar. Hingegen sind auf der Scheitelstrecke im Hochwinter Schneereifen straßenpolizeilich vorgeschrieben. Die Sandstreuung ist oft gering, daher sind die beiden Steilstücke nördl. von *Gossensaß* wegen der häufig auftretenden Vereisung der Fahrbahn besonders vorsichtig zu befahren.

Der Brennerpaß ist nicht nur das befahrenste Einfallstor aus dem Norden, sondern nach amtlichen Daten die verkehrsreichste Grenzstelle Italiens überhaupt. Wie kein anderer Alpenpaß hat der Brenner auch einen enormen Fernlastverkehr aufzuweisen. Äußerste Fahrdisziplin erfordert das Befahren der Brennerstraße bei Stoßzeiten. Riskante Überholmanöver, Sorglosigkeit und Unaufmerksamkeit kann schwerste Folgen haben. Der Verkehr wird straßenpolizeilich strengstens überwacht und jeder Verstoß gegen die Straßenverkehrsordnung unnachsichtlich bestraft.

Seit der Fertigstellung der Brennerautobahn teilt sich der Verkehr, und die StStr ist ersichtlich entlastet. Verkehrsstauungen gibt es normalerweise keine mehr.

Zu Zeiten erhöhten Verkehrs wird empfohlen, in Sterzing aus der Hauptroute durch das Eisacktal auszuscheren und entweder die Straße über den Jaufenpaß nach Meran, R 3, oder die verkehrsarme Route über das Penser Joch, R 2, durch das Sarntal zu wählen.

Weitere wichtige Abzw. von der Brennerstraße sind von Franzensfeste bzw. Brixen in das Pustertal, R 11, weiters einer direkt von Klausen auf dem Bahnkörper der aufgelassenen Schmalspurbahn nach Gröden führenden neuen Straße, dann R 16, von Waidbruck in das Grödental u. schließl. die Abzw. der Großen Dolomitenstraße, R 9, in Kardaun knapp vor Bozen.

BRENNERPASS, 1375 m. Der Brenner ist der tiefste Einschnitt und damit der niederste Paßübergang im Hauptkamm der gesamten Alpen. Er bildet die Wasserscheide zwischen dem Schwarzen Meer (Sill-Inn-Donau) und dem Mittelmeer (Eisack-Etsch). Die Paßsenke wird östl. von den Ausläufern der *Zillertaler Alpen*, westl. von denen der *Stubaier Alpen* begrenzt. Die landschaftlich wenig reizvolle, langgezogene, schmale Paßfurche ist zwischen steilen Wiesen und felsdurchsetzten Waldhängen eingebettet. Der Brenner ist vielfach auch eine 0/84 scharfe Wetterscheide, man trifft hier häufig auf eine stark verschiedene Wetterlage zwischen Nord und Süd.

Seit 1919 verläuft über den Brenner die Grenze zwischen *Österreich* und *Italien*. Seitdem ist hier in dorfartiger Enge ein Kunterbunt von Bauten entstanden, die fast durchwegs dem starken Auto- und Eisenbahnverkehr dienen. Die eigentliche Grenzlinie ist etwas nördl. verschoben und trennt nur einen geringen Teil der Ortschaft für Österreich ab. Der Hauptteil mit zwei Kirchen und dem Bahnhof liegt bereits auf italienischem Hoheitsgebiet. Die *Brennerbahn* (Innsbruck—Bozen—Verona) wurde als eine der ältesten Alpenbahnen in den Jahren 1863 bis 1867 unter der Leitung von *Karl von Etzel* erbaut (Erinnerungsbüste am Bahnhof).

Seiner Wichtigkeit als bevorzugte Einfallspforte nach Italien gemäß finden sich auf dem Brenner alle für den Kraftfahrer und die Abwicklung der Paßformalitäten notwendigen Stellen und Einrichtungen: *Hotels, Reisebüro C. I. T. und E. N. I. T, T. C. I. (italienischer Touring-Club, Verkaufsstelle der Führer und Autokarten), Pavillon des A. C. I. (Ital. Automobil-Club), Banken usw.*

Am Ex-Hotel Post, dessen eine Dachtraufe sich ins Schwarze Meer, die südl. hingegen zur Adria entwässert, eine Erinnerungstafel an die erste Italienreise *J. W. von Goethes* im Jahre 1786 „. . . und nun erwarte ich, daß der Morgen diese Felsenkluft erhelle, in der ich auf der Grenzscheide des Südens und Nordens eingeklemmt bin" („Reisebilder"). Mit einem kurzen Spaziergang von 5 Minuten gleich hinter dem Hotel westl. Richtung zum Wasserfall, mit dem der junge *Eisack* entspringt.

SEHENSWÜRDIGKEITEN: Die alte Dorfkirche aus dem 17. Jh., die dem *hl. Valentin* geweiht ist, liegt etwas versteckt rechts an der einbahnigen Dorfstraße. Die 1963 geweihte, moderne *Pfarrkirche hl. Maria am Wege (L. Plattner, Bozen)* steht an der gleichen Straße auf der linken Seite.

GESCHICHTLICHES: Nach einer früheren Deutung wurde der Name *Brenner* von dem Gallierfürsten *Brennus* abgeleitet, der 390 v. Chr. über diesen Paß mit seinen Galliern und Völkerschaften der Schwaben und Burgunder nach Italien eingedrungen sein soll, die Römer an der Allia besiegte und Rom verheerte. Neuerdings wird der Name Brenner, der erst im 14. Jh. auftaucht, von einem Hof in der Brennerfurche abgeleitet, der durch Feuer gerodet worden war. Es steht fest, daß der Brenner schon in vorgeschichtlicher Zeit als Alpenübergang und wohl auch teilweise als Handelsweg benutzt wurde. Das Vordringen der Römer nach der Niederwerfung der rätischen Volksstämme der *Breonen* und *Genaunen*, die im Brennergebiet siedelten, geschah um 15 v. Chr. Seit dieser Zeit scheint ein primitiver Saumpfad als Handelsweg auch für römische Kaufleute gedient zu haben. Erst um 200 n. Chr. begann unter Kaiser *Septimius Severus* der Ausbau des Brenner-Weges zu einer römischen Militärstraße. Auf dieser drangen gegen Ende des 6. Jh. die Bayern über den Brenner in das heutige Südtirol vor. In der deutschen Kaiserzeit gewann der Brennerweg besonders hohe Bedeutung, denn mehr als die Hälfte der *Italienzüge* der *Deutschen Kaiser* gingen nachweisbar über den Brenner (in der Zeit von Otto I. bis zum Interregnum allein etwa 50!). Im späteren Mittelalter gewann der Brenner als Handelsweg zwischen den Seestädten *Venedig* und *Genua* einerseits, den süddeutschen Handelszentren *Augsburg*, *Regensburg* und *Nürnberg* andererseits immer größere Bedeutung. Im 14. und 15. Jh. erfolgte der Ausbau zur Fahrstraße durch das Fahrbarmachen des südl. Teiles der Eisackschlucht von Kollmann bis Bozen durch den sogenannten „Kuntersweg" (erbaut vom reichen Handelsherrn Heinrich Kunter in Bozen in den Jahren 1314—17). Einen durchgreifenden Ausbau erfuhr die Brennerstraße auf der ganzen Strecke zwischen Innsbruck und Bozen in den Jahren nach 1772 und nochmals nach 1830. Als Autostraße, wie sie sich heute präsentiert, wurde die Strecke Brenner—Bozen in den Jahren nach 1930 verbessert und asphaltiert.

Vom Brenner führt die Straße der Südrampe vorerst mit geringem Gefälle durch das Wiesental der Paßfurche und an der Brennerbahn entlang nach

BRENNERBAD, 1300 m, einem kleinen Thermalbad mit radioaktiven Schwefelquellen (25°) und einigen Gasthöfen. Hier übersetzt die Straße auf einer großen Überführung die Bahnlinie und zieht leicht fallend und eben zwischen der Bahn rechts und der Trasse der Brennerautobahn links durch die Paßfurche bis zu ihrem Ende hinaus. *4/80*

Von *Brennerbad* führt ein neuer Sessellift in den Kessel der *Zirog-Alm*. Talst. *Brennerbad*, 1320 m, Bergst. *Ziroger Alm*, 1755 m, HU 435 m. Das Gebiet hat einen lebhaften Skisportbetrieb. Eine Auffahrt mit dem Sessellift ist auch für Nichtskiläufer und besonders im Sommer sehr zu empfehlen. Schöne Aussicht auf die Berggruppen des Brennergebietes. — Gleich talwärts von *Brennerbad* zweigt östl. eine schmale Militärstraße ab, die ebenfalls das Gebiet der *Zirogalm* erreicht. Diese Auffahrt ist nicht sehr ratsam, weil das Sträßchen wenig instand gehalten wird.

BERGBAHN: Sessellift *Zirog-Alm*. Talst. *Brennerbad*, 1320 m, Bergst. *Zirog-Alm*, 1755 m, HU 435 m.

Nach der Unterführung der Brennerautobahn leitet die neu trassierte StStr. mit leichtem Gefälle, breit und mit zwei sehr weit ausgebauten Kehren und einer langen Talbrücke zum anderen Talhang hinüber. Damit ist die früher so berüchtigte Steilstufe von *Pontigl* (13%) restlos entschärft worden. Bei schneebedeckter Fahrbahn muß auch auf diesem gut ausgebauten Teilstück wegen der scharfen Kehren die Geschwindigkeit rechtzeitig gedrosselt werden! Kurz vor *Gossensaß* schließt sich das Tal zwischen Felswänden schluchtartig und die Straße fällt einige hundert Meter mit 12% ab.

R 1 Am nördl. Ortsrande von Gossensaß rechts in die Felswand eingelassen ein *ital. militärischer Urnenfriedhof* (87 Bestattungen), davor ein kleiner Altar mit Votivampel und dem Torso einer römischen Säule. (Solche Beinhäuser für Gefallene wurden systematisch vor allen Grenzübergängen gegen Österreich, so auch vor Innichen und unterhalb des Reschen-Scheideck-Passes errichtet, obschon an diesen Orten oder in der Nähe nirgends Gefechte stattgefunden haben.) Die Ortsdurchfahrt durch Gossensaß weist anfangs noch starkes Gefälle auf, ist teilweise schmal, daher vorsichtig zu befahren.

10/74 GOSSENSASS, 1098 m, rund 1300 Einw. Hier mündet von W das breite *Pflerscher Tal*, durch das man eine interessante Fernsicht auf die Gletscherberge der *Stubaier Alpen* genießt. Gossensaß hat sich bereits seit der Erbauung der Brennerbahn 1867 zum bedeutendsten Sommerkurort des Eisacktales entwickelt. Neuerdings wird der Ort auch zum Wintersport viel besucht. Zahlreiche Hotels und Pensionen. Schwimmbad, zwei Tennisplätze. – VV am Hauptplatz.

Der *Brennerpaß* zählte schon in den ersten Anfängen des Automobilismus vor dem ersten Weltkrieg zu den beliebtesten Fahrten in den Alpen. Daher wies *Gossensaß* schon frühzeitig einen verhältnismäßig lebhaften Autoverkehr auf. Als kuriose Merkwürdigkeit und zur Kennzeichnung der damaligen Straßenverhältnisse sei hierzu erwähnt, daß aus dieser Frühzeit des Autoverkehrs von einem unbekannten Dichter ein vierzeiliger Schüttelreim über *Gossensaß* besteht, der zu den originellsten und wohlgebautesten der deutschen Literatur gehört:

Ein Auto fuhr in Gossensaß,
durch eine tiefe Soßengass,
sodaß die ganze Gassensoß
sich über die Insassen goß.

GESCHICHTLICHES: Daß hier in römischen Zeiten eine Besatzung zum Schutze des Brenners lag, ist nicht wahrscheinlich. Ebenso ist nicht nachweisbar, daß Gossensaß unter dem Ostgotenkönig *Theoderich dem Großen (Dietrich von Bern)* ein befestigter Platz war (woraus man den Namen *Gotensitz* ableiten wollte. Zweifellos stammt der Name vom bayrischen Eigennamen *Gozzo.*

Der Ort wird erstmals 1218 als *Gozzensaz* erwähnt. Im ausgehenden Mittelalter erblühte der Ort durch den regen Handelsverkehr über den Brenner. Besonderen Wohlstand brachten die Silberbergwerke im *Pflerscher Tal*, die seit dem Mittelalter im Besitze der Augsburger Handelsherren *Fugger* waren und erst 1818 aufgelassen wurden.

Bemerkenswert ist die *Pfarrkirche Maria Immaculata* mit Fresken von *Matthias Günther* (1751). Noch interessanter ist die nahe *Barbara-Kapelle*, die i. J. 1510 von den Knappen erbaut wurde und einen vergoldeten Schnitzaltar hat.

SPAZIERGÄNGE: Große Orientierungstafel am Hauptplatz. Die Umgebung von Gossensaß ist außerordentlich reich an schönen, markierten

Spaziergängen. Besonders lohnend und bequem zur Ruine *Straßberg* der *Frundsberg* und *Fugger*.

Ruine Straßberg, heute Bauernhof, liegt in beherrschender Lage als Sperre für die Brennerstraße und war schon seit dem 13. Jh. Pfleg- und Gerichtssitz der tirolischen Grafen für das Obere Eisacktal.

AUTOAUSFLÜGE: Auf 6 m breiter, staubfreier und guter Straße (Abzweigung am südl. Ortsende) durch das Pflerscher Tal nach **Pflersch**, 9 km, mit schönen Blicken auf den vergletscherten Talschluß (*Feuersteingletscher*, *Schneesp.*, *Weißwandsp.*) und rechts, nördl., den gewaltigen Felsaufbau des *Pflerscher Tribulauns*, 3096 m.

BERGBAHNEN: **Sessellifte Hühnerspiel-Amthorspitze**, 2 Sekt. Talst. *Gossensaß*, 1110 m, Bergst. *Hühnerspielhütte*, 1870 m, HU 760 m; Talst. *Hühnerspielhütte*, 1870 m, Bergst. *Amthorspitze*, 2720 m, HU 850 m. Die Hühnerspiel-Sessellifte bieten eine interessante Fernsicht. Abstieg zu Fuß auf guten Wegen in $1^1/_2$ bzw. 3 Std. **Sessellift Pflersch**, Talst. *Außerpflersch*, 1133 m, Bergst. *Ladurns*, 1710 m.

Die 6 km lange Strecke der Brennerstraße bis Sterzing verläuft nun durch das wieder schluchtartig verengte und gewundene Eisacktal, worin sich Straße, Eisenbahn und Flußlauf drängen. Ein beschrankter, schienengleicher, bei Spitzenverkehr unangenehmer Bahnübergang wird durch eine große Straßenkorrektur und Straßentunnels vermieden. — Rückblick auf den Zinnenturm der *Ruine Straßberg*, die im Mittelalter als befestigtes Bollwerk den Straßenverkehr beherrschte.

STERZING, 948 m, rund 5000 Einw. Die Brennerstraße wendet sich *16/68*
am nördl. Ortseingang nach links, östl., und umfährt den ganzen Stadtkern mit einer großen Schleife gegen den Bahnhof hin. Es wird ausdrücklich empfohlen, geruhsam die Fahrt geradeaus durch die schmale Hauptstraße dieses schönen, interessanten Städtchens zu wählen. *Sterzing* liegt am rechten Ufer des Eisacks, wo sich dessen Tal unvermittelt zu einem überraschend weit gedehnten, fast ebenen Talkessel, dem sogenannten *Sterzinger Moos*, weitet. Hier münden einige große Seitentäler, und zwar von W das *Ridnauner Tal* und das schmale *Ratschingstal* und von O das *Pfitscher Tal*.

Von *Innerratschings*, Talst., 1292 m, führt ein Doppelsessellift auf eine Höhe von 1839 m in die Nähe des *Jaufenpasses*; auch zwei Schlepplifte sind in Betrieb. Diese Bergbahnen dienen hauptsächlich der Erschließung des Ratschingstales und des ganzen *Jaufen-Gebietes* zu einem einzigen Wintersportgebiet.

Das ungemein reizvolle *Sterzing* hat von allen 7 Städten Südtirols Charakter und Aussehen einer mittelalterlichen Siedlung besonders stark bewahrt und ist überraschend denkmalreich. Der Kern der Alt- (nördl.) und Neustadt, die durch den zinnengeschmückten *Zwölferturm* (erb. 1469) geschieden werden, gliedert sich eng um die durchgehende, teilweise sehr schmale Hauptgasse. Die zierlichen, meist erkergeschmückten und stark nordisch anmutenden Häuser, die teilweise aus dem 15. und 16. Jh. stammen, sowie die Lauben- (Bogen-) Gänge formen ein romantisch-malerisches Stadtbild von großem Reiz. An den Berghängen ringsum zahlreiche anmutige Dorfsiedlungen.

BERGBAHNEN: **Roßkopf-Seilbahn**, Talst., 950 m, am Nordausgang der Stadt direkt an der Brennerstraße, Bergst., 1850 m, unter dem Gipfel des *Roßkopfes*, HU 900 m.

Ratschings-Jaufenpaß-Doppelsessellift, Talst. *Innerratschings*, 1292 m, Bergst. *Rinneralm* (nahe *Jaufenhaus*) 1839 m, HU 547 m, Länge 1920 m.

Sterzing ist als sommerlicher Aufenthaltsort sehr beliebt. Es ist heute das wirtschaftliche Zentrum des oberen Eisacktales in Handel, Viehzucht und Holzwirtschaft. Industriell werden Marmor und Onyx verarbeitet. Außerdem hat die Stadt eine kleine Industriezone für landwirtschaftliche Maschinen, mech. Werkstätten und Zweigstellen größerer Automobilfirmen. Am Nordrand der Stadt großer Parkplatz und Ausgangsstelle der Autobusse. In Bahnhofsnähe befindet sich das Sportzentrum mit zwei Tennisplätzen, Freischwimmbad und neues öffentliches Hallenschwimmbad, geöffnet von Oktober bis Mai, Reitschule und Turniere im Sterzinger Moos. VV am Hauptplatz.

Die Verkehrslage von Sterzing ist sehr wichtig: Hier zweigen zwei wichtige Straßen ab: die vielbefahrene *Jaufenstraße* R 3 (Sterzing—Jaufenpaß—Meran, 59 km), und die weniger befahrene *Penser Joch-Straße*, R 2 (Sterzing—Penser Joch—Bozen, 66 km). *Anschlußstelle* der Brennerautobahn, 1,5 km vom Stadtzentrum entfernt. Unweit der Anschlußstelle Zollabfertigung für Lastkraftwagen.

GESCHICHTLICHES: *Sterzing*, das römisch besiedelte Vipitenum, dürfte im Altertum eine römische Militärstation gewesen sein. Die Wortwurzel vip ist heute noch im Namen Wipptal erhalten, mit dem früher nicht nur das Tal der Sill, nördl. des Brenners, sondern auch das oberste Eisacktal vom Brenner bis zur Talenge der „Sachsen-Klemme", nördl. von Mittewald, bezeichnet wurde. Vom 9. bis zum 11. Jh. war der Name *Wibitina* gebräuchlich. Um 1200 tauchte der Name *Sterzing* auf, dessen Ursprung als frühbayrisch und Gründung des *Starzo* gedeutet wird. Im Spätmittelalter gewann das Städtchen durch seine günstige Lage immer mehr Bedeutung für den blühenden Handelsverkehr über den Brenner. Davon zeugt heute noch, daß an der Hauptstraße eine überraschend große Anzahl von Gasthäusern liegt. Die Stadt war um die Wende des Mittelalters auch der Mittelpunkt der vielen Silberwerke im Ridnauner und Pflerscher Tal. Bei der Erhebung der Tiroler im Jahre 1809 spielte Sterzing mehrmals eine gewichtige Rolle als Sammelpunkt der Freiheitskämpfer. Im Sterzinger Moos fanden auch Kämpfe zwischen französischen Truppen und den Tiroler Freiheitskämpfern statt. Mit der Erbauung der Brennerbahn und dem Versiegen des Handelsverkehrs auf der Straße sank die Bedeutung des Ortes. Erst das Zeitalter

STERZING, *928 m. In der Bildmitte die Brennerautobahn. Im Hintergrund der Hausberg Sterzings,* ROSSKOPF, *2176 m, mit der Seilbahn, die den Ort zu einem beliebten Wintersportplatz macht. Sterzing ist damit der einzige Ort Italiens, der als Wintersportort direkt an der Autobahn liegt.*

der Motorisierung brachte in die mittelalterlichen Mauern wieder pulsierendes Leben.

SEHENSWÜRDIGKEITEN: Der am Stadtplatz aufgestellte *Mithras-Stein*, der 1589 im südl. gelegenen Dorfe *Mauls* gefunden wurde und aus römischer Zeit stammt; er zeigt in grober, stilisierter Ausführung die Opferung eines Stieres für den persischen Lichtgott. In den oberen Ecken Darstellungen des Mondes und der Sonne. – Das spätgotische *Rathaus* aus dem 16. Jh. mit einem gewölbten, gotischen Lichthof und prächtigem Sitzungssaal, darinnen das bekannte „*Sterzinger Lüsterweibchen*" (hl. Lukretia), dann Tafelbilder (Leben Christi und Mariae) von *Hans Multscher* aus Ulm (1456 bis 1458), ferner vom gleichen Künstler zwei Holzbüsten von Propheten, zwei große Holzstatuen des hl. Florian und Georg, u. a. vom abgetragenen go-

ANBETUNG DER HEILIGEN DREI KÖNIGE
Tafel vom berühmten Sterzinger Altar (1456–1458) des Hans Multscher aus Ulm, früher in der Pfarrkirche, jetzt im Multscher Museum am Hauptplatz.

tischen Hochaltar der Pfarrkirche. Neben dem Rathaus Marmorstatue des Stadtpatrons, des *hl. Johann von Nepomuk*, errichtet 1739 für die Errettung der Stadt aus Hochwassergefahr. – Vor dem Zwölferturm durch die Kapuzinergasse zum *Jöchlturm*, jetzt Gerichtsgebäude, früher Patrizierhaus in typisch gotischem Stil mit Zinnen; im 2. Stock eine sehenswerte geschnitzte Holzdecke von 1469. 10. Min. vom Stadtinneren an der Jaufenstraße (auch im Auto erreichbar) die vom Friedhof umgebene, schöne, gotische *Pfarrkirche* (erbaut 1417–1525), mit reichem, sehenswertem Inneren, besonders am Hauptaltar die fünf Holzstatuen des Ulmer Meisters *Hans Multscher* (1456–1458), vom alten, abgetragenen Hochaltar. – Neben der Pfarrkirche der frühere Sitz des *Deutschen Ritterordens*, jetzt städt. Krankenhaus (mit interessant geschmückten Sälen). Anschließend die *Deutsch-Ordenskirche* mit prächtigen Deckengemälden von *Matthias Günther* (1730). – *Multschermuseum* am Stadtplatz: darinnen die berühmten 4 Altartafeln des alten Hochaltars der Pfarrkirche von *Hans Multscher* aus Ulm. Diese berühmten Kunstwerke wurden von Benito Mussolini an Hermann Göring geschenkt (1940) und erst 1959 der Stadt leihweise vom italienischen Staat überlassen.

AUTOAUSFLÜGE: **Schloß Reifenstein**, *991 m.* Das sehr gut erhaltene und interessante Schloß, im Besitze der *Grafen Thurn und Taxis*, liegt am südwestl. Rande des Sterzinger Talkessels. Auf der Brennerstraße ca. 2 km südl. und vor der großen Bahnüberführung der Staatsstraße rechts auf Fahrstraße über den Mareiterbach zu dem auf einem Felsriegel liegenden, prächtigen Gebäudekomplex, der aus dem 12. Jh. stammt; sehenswerte Gemächer mit geschnitzten Decken, Schloßkapelle usw. Weiter zu dem Dörfchen *Elzenbaum*, das man von der Straße zum Penser Joch erreicht. Besichtigung möglich. **R 1**

Schloß Sprechenstein, 1079 m, im Besitze der *Fürsten Auersperg*, liegt auf dem kühnen, am südöstl. Rande des Sterzinger Talkessels vorspringenden Felssporn, an dessem Fuß Eisenbahn und Brennerstraße vorbeiführen. Rund 2,3 km auf der Brennerstraße nach S, dann nach links unter der Eisenbahn hindurch und weiter auf Fußsteig in 20 Min. zum Schloß hinauf. Aus dem 14. Jh. Anlage mit schönem Innenhof und älterem romanischem Rundturm. Prachtvolle Aussicht über das ganze Sterzinger Talbecken und durch das *Ridnauner Tal* auf die *Stubaier Alpen* und die *Tribulaungruppe*. Besichtigung nicht möglich.

Ridnauner Tal: Landschaftlich sehr interessante Fahrt auf neuerbauter, 4–6 m breiter, durchwegs staubfreier Autostraße bis Ridnaun, 14 km. Das grüne Ridnauner Tal mündet von W in den Talkessel von Sterzing gleich neben dem engen *Ratschingser Tal* ein. In seinem mittleren Teil ist es eine geräumige Talweitung, die früher von einem See ausgefüllt war. Taleinwärts wird es immer kahler und endet schließlich in einem Amphitheater von Gletscherbergen der Stubaier Alpen (*Wilder Freiger*, *Wilder Pfaff*, *Feuerstein*, *Großer Übertalferner*, *Zuckerhütl*, fast alle über 3400 m). Von Sterzing auf der Jaufenstraße, R 3, 3,5 km südwestl. durch den weiten Talboden. Knapp vor dem Weiler *Gasteig* zweigt die neuerbaute, staubfreie 7,5 m breite Ridnauner Str. rechts ab und führt schnurgerade mit schönen Ausblicken an dem Weiler *Stange*, wo das Ratschingser Tal mündet, vorbei nach *Außer-Mareit*, 1032 m, 9,5 km, das erhöht gelegen ist. Über dem Dorf thront, das Tal weithin beherrschend, der mächtige Barockbau des Schlosses *Wolfsthurn* mit Kapelle der *Barone Sternbach*. Erb. um 1730 wirkt es besonders durch die eindrucksvolle Fassade mit zwei seitlichen Türmen, seinen Laubengängen und Säulen und der großen Marmortreppe (Besichtigung des Hofes gestattet). Die Straße taleinwärts berührt den Weiler *Gasse*. Rechts auf einem Hügel, 1414 m, die *Magdalenenkirche* aus dem Jahre 1481 mit sehenswertem, schönem gotischem Schnitzaltar des *Matthias Stöberl* (1509). **Ridnaun**, 1342 m, 14 km, rd. 900 Einw., ist ein kleiner, beliebter Sommerfrischort in reizvoller Lage mit waldreicher Umgebung und zahlreichen, bequemen Spazierwegen. Von hier aus auch interessante Bergausflüge in die südl. Stubaier Alpen. Die ebenfalls staubfreie Straße erreicht an *Inner-Mareit* vorbei, 19 km, *Maiern*, 1398 m, wo die Erzaufbereitung des Bergwerkes von St. Martin am Schneeberg geschieht.

Pfitscher Tal. Die Fahrstraße durch dieses östl. von Sterzing mündende Tal, das in seinem unteren Teil breit und offen, dann stark bewaldet ist und schließlich im obersten Teil durch felsiges, mageres Almland gebildet wird, erreicht nach 33 km das *Pfitscher Joch*, 2251 m, an der österr.-ital. Grenze.

R 1 Der weite Jochübergang mit einigen kleinen Bergseen ist zwischen der *Hohen Wand, 3287 m*, nordöstl. und der *Rotbachsp.*, 2895 m, eingelagert und verbindet das Pfitscher Tal mit dem österr. *Zamser Tal*, einem Nebental des Zillertales. Die Fahrstraße ist bis St. Jakob in Pfitsch (19 km) im Ausbau u. von hier zum Joch nur für kleine Kraftfahrzeuge und berggewandte Fahrer ratsam. Vom Bahnhofsplatz in Sterzing zuerst kurz südöstl. entlang der Bahnlinie, dann nordöstl. über den ebenen Talboden am Dorf *Wiesen*, 948 m, vorbei in stärkerer Steigung zwischen Waldhängen nach, 8 km, *Afens*, 1250 m, dann bei einem schönen Wasserfall über den Pfitscher Bach. Mit einer weiten Ausbiegung gewinnt die Straße an Höhe, leitet an einem Stausee entlang und an, 11 km, *Niederried*, 1364 m, in prächtiger Bergumrahmung, weiter *Wieden*, 1381 m, vorbei nach, 14 km, *Kematen*, 1441 m, einer kleinen Sommerfrische mit einer weit durch das Tal sichtbaren Kirche. In schöner, panoramischer Fahrt durch die Wiesen des Talgrundes mit zahlreich verstreuten Heuhütten nach, 19 km, *St. Jakob in Pfitsch*, 1448 m, ebenfalls Sommerfrischort. Nun auf weniger guter Fahrstraße durch das enger werdende Tal nach, 23 km, *Stein*, 1555 m. Von hier erklimmt die Straße mit zuerst sehr engen und dann weiteren Kehren und einer großen Ausbiegung nach O die Jochrampe und erreicht das *Pfitscher-Joch-Haus*, 2276 m, in schöner Lage nahe der österr. Grenze.

Im Juni 1973 wurde der Straßenübergang über das *Pfitscher Joch* in das *Tirolische Zillertal* für den Touristenverkehr freigegeben. Sobald die Ausbauarbeiten auf Südtiroler Seite und die Fertigstellung des letzten Teilstückes auf österreichischer Seite beendet sind, wird dieser Grenzübergang auch dem Autoverkehr erschlossen werden und dem Reisenden eine schier unübersehbare Schau in die gewaltige Eiswelt der Zillertaler Gletscher bieten.

Man verläßt Sterzing durch den südl. Ortsausgang (die Abzw. der Jaufenstraße bleibt rechts), erreicht gleich die Umfahrungsstraße und durchquert nun auf Geraden den weiten, ebenen Talboden des *Sterzinger Mooses* in Richtung auf den linken, östl., mächtig vorspringenden Felssporn, von dem aus die große Burganlage des *Schlosses Sprechenstein* in kühnen Umrissen die ganze Talweite beherrscht. Rechts, an der westl. Tallehne *Schloß Reifenstein.*

Das *Sterzinger Moos* war früher eine einzige große Sumpffläche, deren Durchquerung zu Zeiten des Fuhrwerkverkehrs und bei den häufigen Überschwemmungen sehr verrufen war. Nach einer uralten Sage geisterten zu nächtlichen Zeiten alle verstorbenen, alten Jungfrauen des Landes im *Sterzinger Moos* herum, die einsame Wanderer umwarben.

Ganz in der Nähe befindet sich die Zollstation für den Lastwagenverkehr der Brennerautostraße.

Bei der Durchquerung des Talkessels prächtiger Rückblick auf die Bergumrahmung nördl. von Sterzing und die Talmündungen. Die Straße übersetzt direkt am Fuße des Sprechensteiner Burgfelsens knapp hintereinander zuerst den Eisack, dann auf neuer Straßenüberführung die Brennerbahn. Nach wenigen Kilometern durchquert man die Ortschaft

FREIENFELD, 935 m. Links etwas höher inmitten von Wiesen der Ort *Trens*, 996 m, der schon im Jahre 827 erstmals erwähnt wird. Die gotische Kirche (erb. 1498, das Innere im 18. Jh. barock umgestaltet) zur hl. Mutter Gottes von Trens ist eine der besuchtesten Wallfahrtskirchen Südtirols. Talseitig gegenüber der Ort *Stilfes*.

Nach Freienfeld senkt sich die Brennerstraße mit kurzem Gefälle. An seinem Ende rechts, westl., auf einem kleinen bewaldeten und umbuschten Felshügel *Schloß Welfenstein*, das schon im 13. Jh. erwähnt wird, seit dem 17. Jh. verfiel und 1894 als Zierschlößchen wieder aufgebaut wurde. Bei Kriegsende 1918 eingeäschert, ist das Schloßgebäude seit kurzem wieder bewohnbar gemacht.

Weiter nach 1 km durch die Ortschaft MAULS, 930 m, einen kleinen Sommerplatz (Fundort des Mithrassteines von Sterzing) und auf einem längeren Geradstück in das sich nunmehr auf rund 10 km, das ist bis Franzensfeste, fast schluchtartig schließende Eisacktal mit düsteren, bewaldeten und felsdurchsetzten steilen Talhängen. An einer der engsten Stellen die Ortschaft

GRASSTEIN, 825 m. Hier die sogenannte „*Sachsenklemme*", die ihren Namen nach einer kriegerischen Begebenheit in den Freiheitskämpfen 1809 erhielt: 500 Dragoner der sächsischen Hilfstruppen des Corps des französischen Marschalls Lefèbvre wurden hier von den Tiroler Bauern umzingelt und gefangengenommen. Weiter durch den Weiler

MITTEWALD, 801 m, und *Oberau*, 767 m, zu dem von steilen Berghängen eingeschlossenen

FRANZENSFESTE, 742 m, einem wichtigen Eisenbahnknotenpunkt, *35/49*
wo die Bahnlinie durch das Pustertal (Franzensfeste—Bruneck—Innichen—Lienz) von der Brennerbahn abzweigt. Gleich an die Ortschaft anschließend ein Staubecken (erbaut 1940), das an seinem Südrande von den breit hingelagerten Werken der neoklassizistischen, guterhaltenen *Franzensfeste* (erbaut 1833—1838 und nach Kaiser Franz I. von Österreich benannt) malerisch abgeschlossen wird. Höher am westl. Talhang ein starkes Nebenfort, von dem nur mehr ein paar Mauerreste zu sehen sind. Die Straße unterführt direkt den Festungsbau und vermeidet den schienengleichen Übergang der Bahnlinie in das Pustertal links, die direkt durch die Festung gebaut ist. Nach der Unterführung Abzw. links der Verbindungsstraße (4 km) zur Autostraße durch das Pustertal. R 11.

Eine direkte Verbindung in das Pustertal von der Autobahnausfahrt Vahrn—Brixen stellt die neue Brücke über den tiefen Graben des Eisacks her. Diese StStr. mündet in der Nähe von Schabs in die von Brixen heraufziehende Straße in das Pustertal.

R 1 Vom folgenden, gut ausgebauten Straßenstück schöner Rückblick auf die Franzensfeste und die schmal eingeschnittene, 80 m tiefe Klamm des Eisacks, die jetzt von der Staumauer ausgefüllt wird. Darüber die eiserne Brücke der Pustertaler Bahn, tief darunter die historische *Ladritscher Brücke* der Pustertaler Straße, wo 1809 harte Kämpfe stattfanden. Rechts oben am westl. Talhang die kümmerlichen Überreste der einst wehrhaften *Brixner Klause*, durch die früher die Brennerstraße verlief.

Jetzt ändert das Eisacktal sein Landschaftsbild schlagartig. Die Talhänge treten weit auseinander. Östl. zeichnet sich im Hintergrunde die Talfurche des Pustertales ab, gleich jenseits des noch tief eingeschnittenen Eisackbettes dehnt sich die moränige, hügelige Hochfläche von Schabs, während sich südl. das weite Talbecken von Brixen andeutet. Auch in der Bauart der Häuser und Ortschaften ist eine auffallende Veränderung bemerkbar. Besonders kraß ist der Wandel in der Vegetation. Während das Eisacktal bisher stark alpinen Charakter mit Hochwald und Bergwiesen zeigte, treten nunmehr neben Obstpflanzungen und Kastanienbäumen die ersten terrassenförmig gestuften Weinberge auf.

Knapp vor Vahrn liegt auf einer kleinen Ebene in der Nähe des Vahrner Sees die Anschlußstelle BRIXEN-NORD *(Vahrn)* der Brennerautobahn für Brixen, Franzensfeste und das Pustertal. Von dieser Anschlußstelle stellt eine neue Brücke über den tiefen Graben des Eisacks eine direkte Verbindung mit der von Brixen heraufziehenden Pustertaler Straße her.

Durch lichte Föhrenwälder und in leichtem Gefälle an der rechts gelegenen Ortschaft *Vahrn*, 692 m, an der Mündung des *Schalderer Tales* und überhöht von den Ruinen der *Burg Salern* (13. Jh.) vorbei, tut sich nun der Talkessel von Brixen weit auf. Der mächtige, teilweise von dichten Wäldern ummantelte Bergzug der *Plose*, 2500 m, der „Hausberg" Brixens, der die Stadt östl. um rd. 2000 m überragt, beherrscht das Bild. Vom letzten Straßengefälle Blick nach links auf das berühmte Kloster *Neustift*.

An der Abzw. links der Straße nach *Neustift* vorbei zur Einmündung der Pustertaler Straße R 11. Nach 1,5 km erreicht man den Stadtrand von *Brixen*, rechts Umfahrungsstraße, geradeaus die schmale Stadteinfahrt.

44/40 BRIXEN, 559 m, Stadt mit 16.200 Einw., liegt anmutig in einem breiten Talkessel direkt am Zusammenfluß des *Eisacks* und der aus einer schluchtartigen Enge hervorbrechenden *Rienz*, die aus dem Pustertal kommt. Ringsum steigen hügelige, teilweise mit Obst- und Weingärten bebaute Tallehnen mit zerstreuten Ortschaften an. In herrlichem Gegensatz zur südlichen Lage reichen mächtige, dunkle Nadelwälder über die

Bergflanken weit herunter. Die Stadt hat durch ihre zahlreichen alten Bauten ein außerordentlich reizvolles Aussehen bewahrt, das durch eine entzückende Mischung aus gotischer Herbheit, Renaissanceharmonie und barockem Prunk bestimmt wird.

Brixen wird hauptsächlich wegen seiner reichen Kunstschätze besucht, genießt jedoch auf Grund seines milden Klimas, seiner würzigen Luft und seiner schönen Umgebung guten Ruf als klimatischer Kur- und Aufenthaltsort.

Die *Kurstadt Brixen* kann seinen Gästen viel bieten: Kuranstalt Guggenberg für diätische und physikalische Therapie, Kneippkuren; erstklassige Hotels, davon mehrere mit Hallenbädern, Saunas und Tennisplätzen. Großes geheiztes Freischwimmbad (Hallenbad geplant), mehrere öffentliche Tennisplätze, im Winter überdacht und geheizt, Minigolf und Reitschule. Markierte Spazier- und Wanderwege führen durch Kastanienhaine und Weingärten in die herrliche Umgebung. Kurverwaltung und Fremdenverkehrsamt Bahnhofstraße 9, Tel. (0472) 22401 — 23830. Gegenüber großer Autoparkplatz. Spezialführer im Verkehrsamt erhältlich.

GESCHICHTLICHES: Die Gründung von Brixen geht auf die Schenkung des Mairhofes *Prichsna* an die Bischöfe von Säben bei Klausen durch den letzten *Karolinger Ludwig das Kind* im Jahre 901 zurück. Tatsächlich wurde unter Bischof *Albuin*, 993, der Sitz der Diözese nach Brixen verlegt. Schon in der ersten Hälfte des 11. Jh. wurde die Stadt mit Mauern umgeben. Kaiser *Konrad II.* verlieh 1027 den Bischöfen von Brixen die Herrschaft über die Grafschaft *Norital*. Damit wurden die Brixner Bischöfe, ebenso wie die von Trient, weltliche Reichsfürsten. Während des Investiturstreites im Jahre 1080 fand in Brixen unter Bischof *Altwin* ein vom *Salier Kaiser Heinrich IV.* einberufenes Konzil statt, durch das *Papst Gregor VII.* abgesetzt und der Erzbischof *Wibert von Ravenna* an seinerstatt als Clemens III. zum Gegenpapst gewählt wurde. Als Dank für treue Gefolgschaft schenkte der Kaiser im Jahre 1091 dem Bischof die Grafschaft *Pustrissa* (Pustertal). Damit erstreckte sich das Hoheitsgebiet des Fürstbistums Brixen um 1100 über die Täler des Eisack und Inn bis zum Ziller und das Pustertal, ferner das Gebiet von Buchenstein und das Fassatal. In der Folge belehnten die Fürstbischöfe mit den einzelnen Landesteilen Vasallen und Ministerialen, die die Gerichtsbarkeit und Verwaltung ausübten; diese entstammten meist süddeutschen Adelsgeschlechtern. Nach dem Aussterben der *Grafen von Andechs* (1248) folgten die *Grafen von Tirol*, die sich allmählich selbst zu Herren großer Gebiete des Bistums aufschwangen. Darob kam es mehrmals zu kriegerischen Auseinandersetzungen mit den Bischöfen. Berühmt geworden ist der jahrzehntelange Kampf zwischen dem Fürstbischof Kardinal *Nikolaus von Cues*, einem gebürtigen Rheinländer, und dem *Erzherzog Sigmund von Tirol*, der schwere Not und Verfolgung über das Land brachte. 1525 wurde Brixen Herd und Mittelpunkt des *Bauernaufstandes*, der vom kämpferischen *Michael Gaismair* angeführt wurde; die rebellischen Bauern verheerten Klöster und Kirchen und hielten die Bischofsburg monatelang besetzt. Nach dem Konzil von Trient folgten ruhige Zeiten, in denen Brixen

R 1 unter der Herrschaft der Fürstbischöfe großen Aufschwung erlebte. Im Jahre 1803 wurde das Fürstentum säkularisiert und die restlichen Gebiete, über die den Fürstbischöfen nach der Losreißung der wertvollsten Ländereien und Talschaften durch ihre Schutzvögte, nämlich Teile des Pustertales, Buchenstein, Fassa und die Gerichte rund um die Bischofsstadt selbst, noch die Herrschaft verblieben war, an Österreich geschlagen. Am Ende der Freiheitskämpfe von 1809 erlitt die Stadt durch französische Truppen, die als Vergeltung zahlreiche Gebäude im Weichbilde der Stadt einäscherten, schwerste Schäden. In den Jahren von 1805—1814 stand Brixen unter bayrischer Herrschaft.

SEHENSWÜRDIGKEITEN: Ein kurzer Gang durch die Stadt gibt überraschend schnell und eindringlich ein bezauberndes Bild des altertümlichen Brixen. Man beginnt am besten am *Sonnentor*, dem ein Turm aufgesetzt ist. Das Sonnentor wird von der Kreuzung der Umfahrungsstraße mit der Bahnhofstraße und an der bischöflichen Burg entlang rasch erreicht. Nach wenigen Schritten jenseits des Sonnentors eine freistehende, barocke Kapelle, die der Überlieferung nach auf dem Platz des ältesten Gotteshauses von Brixen erbaut wurde. Nach links durch die *Kleinen Lauben*, die durch das *Säbener Tor* abgeschlossen werden. Am Eckhaus in Höhe des ersten Stockwerkes eine große Holzfigur (16. Jh.), der „*Wilde Mann*" mit drei Köpfen, dessen Sinngebung ungedeutet ist. Nun im rechten Winkel abschließend die gotischen *Großen Lauben*, der mittelalterliche Stadtkern mit meist typisch nordischen, zinnengekrönten und erkergeschmückten Häusern aus dem 16. und 17. Jh. Am Ende der Großen Lauben der *Pfarrplatz* mit dem mächtigen „*Weißen Turm*" der Pfarrkirche, der 1459 unter Nikolaus von Cues an Stelle des abgebrannten „Schwarzen Turmes" errichtet wurde. Die *Pfarrkirche zum hl. Michael* wurde 1503 in gotischem Stile auf den Grundmauern einer romanischen Kirche erbaut und später barockisiert. Im Innern bemerkenswerte Fresken aus der Schule des *Paul Troger*, an Seitenaltären Tafeln von *Franz Unterberger*. Durch das Spitzbogentor des „Weißen Turmes" gelangt man in die *Adlerbrückengasse*, die mit ihren Lauben und erker- und zinnengeschmückten Häusern einen interessanten mittelalterlichen Anblick bietet. Sie leitet zur *Adlerbrücke* über den Eisack. Am Brückenkopf eine Renaissancestatue des *hl. Johannes von Nepomuk*. An die Pfarrkirche anschließend der *alte Friedhof*. An den Außenwänden der Pfarrkirche und des Turmes interessante Grabdenkmäler adeliger Herren und Kanoniker; besonders bekannt das Grabmal *Oswalds von Wolkenstein* (1367—1445), das Grab ist in Neustift.

Der **Dom**, ein eindrucksvoller Bau, dessen einstige romanische Größe und Wucht (erster Bau 925) man durch den barocken Umbau (1745—1755) kaum mehr erahnen kann, wird von zwei hohen Türmen flankiert. Die weite und wuchtige offene Vorhalle der Hauptfassade krönen die Statuen der Diözesan-

---

▷

BRIXEN, *559 m, Stadtansicht gegen Westen. Im Hintergrund die Route der Brennerautobahn.*

R 1 patrone, der *hl. Kassian*, *Ingenuin* und *Albuin*. Von den Grabsteinen in der Vorhalle ist besonders jener des Fürstbischofs *Christoph von Schrofenstein* aus rotem Marmor bemerkenswert. Das Innere des Domes wirkt durch sein schweres Barock, die Marmorverkleidungen der Säulen und Friese und die prachtvollen Deckengemälde von *Paul Troger* ungewöhnlich prunkvoll. Der mächtige Hochaltar ist ein Werk von *Theodor Benedetti*, die Statuen stammen von *Dominikus Moling*. Die Tafeln der Seitenaltäre wurden von den Fleimstaler Malerbrüdern *Michelangelo*, *Franz* und *Christoph Unterberger* und *Josef Schöpf* geschaffen.

Der seitlich des Domes gelegene **Kreuzgang** ist ein besonderes Juwel. Seine Entstehung geht auf 1200 zurück (an Stelle eines früheren) und zeigt Arkaden, die von zierlichen Doppelsäulen mit unterschiedlichen Kapitellen getragen werden. Der Kreuzgang selbst weist Kreuzgewölbe (1370) an Stelle der früheren Holzdecke auf. An den Gewölben und Seitenwänden reicher Freskenschmuck, der teilweise durch Mauerfeuchtigkeit schwer gelitten hat, teilweise restauriert ist. Die Fresken sind vom 14. bis zum Beginn des 16. Jh. entstanden und zeigen verschiedenste Motive, darunter eine Art *Biblia Pauperum* mit Gegenüberstellungen von Geschehnissen aus dem Alten und Neuen Testament, ferner sehr viele Erinnerungen an bedeutende Mitglieder des Domklerus. Zu den Schöpfern der Fresken zählt bestimmt *Jakob Sunter*, wahrscheinlich sind auch *Johann von Bruneck*, *Leonhard von Brixen* und *Rupert Potsch* beteiligt. – Aus dem Kreuzgang gelangt man in die hochinteressante *Taufkirche St. Johannes*, wohl ein Teil des ältesten Münsters, deren Entstehung in das 11. Jh. zurückreicht und damit das älteste Baudenkmal Brixens ist. Die Fresken stammen teilweise aus dem 13. Jh. Hier fand 1080 das denkwürdige Konzil unter Kaiser Heinrich IV. statt, in dem Papst Gregor VII. abgesetzt und Erzbischof Wibert von Ravenna als Clemens III. zum Gegenpapst gewählt wurde.

Die **fürstbischöfliche Hofburg** ist das weitläufigste Gebäude der Stadt. Ursprünglich stand hier das Schloß des Stadthauptmannes. 1265 verlegte *Bischof Bruno* seinen Sitz hierher und befestigte die Burg. Die heutige späte Renaissanceform erhielt das Gebäude durch den Ausbau unter den Bischöfen *Andreas von Österreich* und *Christoph von Spaur* um 1600. Die Burg ist von Wassergräben umgeben, über die eine Brücke zum eisenbeschlagenen Tor führt, das Kugellöcher und Hellebardenhiebe aufweist. Hinter der Burg ein schöner, von einer festen Mauer mit befestigten Gartenhäuschen umgebener Garten. Überraschend schön wirkt der Burghof, der auf zwei Seiten von offenen Säulengängen mit darüber zweistöckigen Loggien umzogen ist. In den Pfeilernischen 24 lebensgroße *Terrakotta-*

▷

Links: BRIXEN, WEISSER TURM, *ein Wahrzeichen der Stadt. Im Vordergrund die Renaissancestatue des hl. Joh. von Nepomuk an der Adlerbrücke.*

Rechts: BRIXEN, *ein Teil des in die Ruhe seiner Parkanlagen eingebetteten* DOMPLATZES *mit der mächtigen Fassade des* DOMES.

BRIXEN. *Der berühmte Dom-Kreuzgang mit Freskenschmuck aus dem 14.–16. Jh.*

Statuen, die die Vorfahren der Habsburger von den legendären Merowingern bis zum Fürstbischof Andreas von Österreich darstellen (*Johann Reichle*, 1599).

Das **Diözesanmuseum** und das **Krippenmuseum** ist jetzt in der fürstbischöflichen Hofburg untergebracht. Der Besuch ist ein ganz besonderes kunstgeschichtliches Erlebnis.

Es bietet eine verwirrend reichhaltige Sammlung kirchlicher Kunstgegenstände aller Arten, darunter kostbare Meßgewänder, Meßbücher, Gold- und Silbergefäße, Holzschnitzereien, Altarbilder u. a. m. Von einmaliger Eigenartigkeit ist das *Krippenmuseum* mit seiner einzigartig reichen Sammlung von naturalistischen Weihnachtskrippen mit eindrucksvoller Kulissengestaltung; besonders interessant die Krippe von *Alois Probst* (um 1800), die mit rund 4000 Figuren das Leben Jesu darstellt.

Vor kurzem fand die Wiedereröffnung des **Brixner Domschatzes** statt, der nun in den Räumen, in denen früher das Krippenmuseum untergebracht war, eine neue Heimstätte gefunden hat. – Glanzstück des Domschatzes sind die Adlerkasel des hl. Albuin, eine byzantinische Arbeit um 1000 n. Chr., und ein Kardinalshut, von dem man annimmt, daß ihn Bischof Nikolaus von Kues getragen hat.

Der **Domplatz** und der anschließende Platz vor der fürstbischöflichen Hofburg sind das monumentale Zentrum der Stadt. Mit ihren Baumpflanzungen und Gartenanlagen strömen sie eine wunderbar gedämpfte Stille und Versonnenheit aus. Auf dem Platz vor der Hofburg die *Erinnerungssäule* an die 1000-Jahr-Feier Brixens im Jahre 1901 (von Norbert Pfretschner, 1909 errichtet). Auf der Spitze der Säule das Lamm als Symbol der Stadt, am Fuße die Statue des *Bischofs Zacharias*, am Sockel Bronzereliefs: links der Freiheitskämpfer von 1809 *Peter Mayr* und rechts *Bischof Zacharias*, der den Mairhof Prichsna zum Geschenk erhält.

SPAZIERGÄNGE: Die engere Umgebung von Brixen ist sehr reich an reizvollen, bequemen Spaziergängen, von denen genannt sein sollen: Über Kranebitten nach Schloß Krakofel, zur Seeburg oder nach Elvas (Weinbaugebiet) oder der Wanderweg Pinaz, von den Weinbergen zu den waldigen Höhen um Elvas mit herrlicher Fernsicht. Jenseits von Eisack und Rienz nach Köstlan oder Waldspaziergang nach Milland. Orientierungstafel bei der Kurverwaltung. Spezialführer für Wanderungen in die weitere Umgebung bei der Kurverwaltung erhältlich.

BERGBAHNEN: **Plose-Seilbahn**, 2 Sektionen. Talst. *Brixen*, 570 m, Mittelst. *St. Andrä*, 980 m, Bergst. *Plose (Kreuztal)*, 2000 m; **Sessellift**, Talst. *Palmschoß*, 1894 m, Bergst. *Pfannberg*, 2426 m; **Gondellift**, Talst. *Kreuztal*, 2000 m, Bergst. *Plose*, 2410 m; **Doppelsessellift**, Talst. *Palmschoß*, 1720 m, Bergst. *Kreuztal*, 2020 m, HU 300 m.

AUTOAUSFLÜGE: **Augustiner-Chorherrenstift Neustift.** Ein besonders Kunstliebhabern und Freunden guten Weines empfohlener Ausflug. Auf der Brennerstraße nordw. und nach 1,5 km an der Gabelung der Autostraße in das Pustertal vorbei gleich zur Abzweigung rechts der Fahrstraße nach Neustift. Auf dieser am Eisack entlang, dann über eine gedeckte Holzbrücke über den Fluß. Rechts *Gasthof Brückenwirt*, wo klostereigene Weine ausgeschenkt werden. Mit wenigen Schritten erreicht man den malerischen Komplex des noch heute teilweise mauerumgürteten Klosters. Es wurde zusammen mit einem Pilgerhospiz im Jahre 1141 von *Bischof Hartmann* und *Graf Reginbert von Säben* gegründet und später mehrfach erweitert und befestigt. Im Mittelalter war Neustift ein hochbedeutender Mittelpunkt klösterlicher Kultur und Gelehrsamkeit; besonders gepflegt wurden die Choralmusik und Miniaturmalerei. Während der Kämpfe der Landesfürstin *Margarethe Maultasch* gegen die *Grafen von Görz* (1336–38) wurden die inneren Umfassungsmauern mit ihren Türmen erbaut, zur Zeit der Türkenbedrohung Ende des 15. Jh. die äußeren Wehrmauern errichtet. Im Bauernkrieg von 1525 wurde das Kloster von mehreren tausend Bauern gebrandschatzt. 1797 wurde es von den Franzosen erstürmt und eine große Besatzung lag durch 2 Monate darin. Im Jahre 1807 wurde das Stift durch die bayr. Regierung aufgehoben und erst 1816 von Kaiser Franz I. wieder hergestellt. — Am Eingang alte Bauten und Überreste von Befestigungen *(Türken-*

Das Augustiner-Chorherrenstift NEUSTIFT *(gegr. 1141) wenige Kilometer vor* BRIXEN, *wie man es von der neuen Brennerautobahn aus erblickt.*

turm). Rechter Hand der originelle Bau der *Michaelskapelle*, ein 1190–99 errichteter Rundbau als Nachahmung der Heiliggrabkirche in Jerusalem. Zu Verteidigungszwecken wurde die Kapelle später umgebaut und trägt nun einen doppelten Zinnenkranz und einen Turm. – Im Mittelhof ein interessanter Ziehbrunnen (1508), überdacht von einer achteckigen Pfeilerhalle mit Renaissancebildern, die die 7 Weltwunder darstellen und als achtes Neustift selbst. – Durch einen großen Torbogen zu der in prunkvollem Barock umgebauten, lichtvollen Stiftskirche (1735–73) mit großartigen Deckengemälden von *Matthias Günther* aus Augsburg und reichem Schmuck an Marmor und farbigem Stuck. Besonders sehenswert die Deckenfresken in der Sakristei, darunter eine Madonna von *Michael Pacher*. – Aus dem rechten Seitenschiff in den *Kreuzgang* aus dem 13. Jh., der Ende des 14. Jh. gotischen Stil und Freskenschmuck erhielt. Hier zahlreiche Grabdenkmäler von Prälaten und Adeligen, ganz besonders interessant das gotische für *Oswald von Säben* (1465) und das Renaissancedenkmal für *Christian Truchseß von Staz*, ein Werk von *Sebastian Borksdorfer* (1511). Eine eindrucksvolle Sehenswürdigkeit ist die *Stiftsbibliothek*, ein herrlicher Barockbau durch

Die Nordabstürze der GEISLERGRUPPE *von der Plosestraße gesehen.*

zwei Stockwerke mit reicher Stuckverzierung und schönen Portalen. Trotz öfterer Beraubung im Laufe der Jahrhunderte ist die Bibliothek noch sehr reichhaltig, darunter auch an zahlreichen illuminierten Handschriften.

Plose, 2504 m, 26 km. Großartige Bergfahrt auf gut ausgebauter Hochstraße, der zweithöchsten Gipfelstraße (nicht Paßstraße!) der Alpen überhaupt (sie wird nur von der Straße auf die Edelweißspitze, 2571 m, einer kurzen Abzweigung von der Großglockner Hochalpenstraße, übertroffen). Man gewinnt auf dieser außerordentlich abwechslungsreichen Auffahrt von fast 2000 m Höhenunterschied mit einem ununterbrochenen Wechsel von Nah- und Fernblicken einen Aussichtsberg von erstklassiger Großartigkeit und Weite. Die Straße endet bei der *Plosehütte*, 2447 m (CAI) auf dem S-Grat und nur 20 Min. unter dem Gipfel. In Brixen über die Eisenbrücke beim Zusammenfluß von Eisack und Rienz und durch den lieblich mitten in Obstgärten gelegenen Ort, 1,5 km, *Milland*, 580 m, nahe an dem schönen *Schloß Ratzötz*, das aus dem 13. Jh. stammt und 1809 von den französischen Truppen eingeäschert wurde (1905 wieder aufgebaut) vorbei. Dann auf Kehren im Wald und durch Wiesen immer mit schönen Blicken auf Brixen und seine Randberge. Die Ortschaften *Klerant*, 851 m, und *Melaun*, 894 m, bleiben abseits liegen. Weiter nach *St. Andrä*, 958 m, mit prächtigem Niederblick auf Brixen. Die Plosestraße biegt nun durch Wald südöstl. in das *Aferer Tal* ein, wo überraschend der Blick auf die scharfzackigen *Geisler-Dolomiten* frei wird. Nach 14,5 km rechts unten an überaus steilen Wiesenhängen das Dörfchen *Afers*, 1505 m. Weiter immer in aussichtsreicher Fahrt nach *Palmschoß*, 1700 m, einem hervorragenden Aussichtspunkt auf das Aferer Tal. Hier zweigt rechts, östl., eine Fahrstraße ab, die nach 2,8 km zu einem Sporthotel (früher Skihütte) führt (reger Skibetrieb, Sessellift). Die Plosestraße biegt von Palmschoß scharf nach W ab und erreicht durch Wald, 21 km, die Örtlichkeit *Kreuztal*, 2026 m, in aussichtsreicher Lage an der Waldgrenze (beliebtes Skigebiet, Skilifte). Nun weiter auf primitiverer Straße durch Almgelände aufwärts zur, 26 km, *Plosehütte*, 2447 m, mit unermeßlich weitem Panorama, das von den *Zillertaler Alpen* im N über *Passeirer* und *Vinschgauer Berge* bis zum *Ortler* und zur *Presanella-Gr.* reicht; im S ragen nahe die *Geislersp.* mit dem mächtigen *Peitlerkofel* auf. Zu Fuß in nur 20. Min. auf den Hauptgipfel der *Plose*, 2504 m, mit noch weiterem Rundblick (Orientierungstafel).

Sehr empfehlenswert für gute Geher ist der herrlich aussichtsreiche **Brixner Höhenweg**. Ausgangspunkt *Plosehaus*, 2447 m, Mark. 6, zur Ochsenalm, 2066 m; oder Ausgangspunkt Kreuztal, 2020 m (Bergst. der Ploseseilbahn) Mark. 30 direkt zur Ochsenalm, 2066 m. Von hier über Ackerboden, 1760 m, und Prast, 1370 m, nach Burgstall und St. Andrä (Seilbahnstation). Brixner Wanderführer von H. Kammerer empfehlenswert.

Von Palmschoß führt eine sehr schmale und nicht asphaltierte Fahrstraße über das „*Halsl*" (Kofelscharte, 1866 m) und dem *Würzjoch*, 2006 m, nach *Untermoi*, 1514 m, zuoberst im Campillertal im ladinischen Gadertal.

Feldthurns, 851 m, rd. 1900 Einw., südl. von Brixen am W-Hang des Eisacktales auf asphaltierter Autostraße (8 km) über das Dörfchen *Tschötsch*, 706 m, mit schöner Aussicht auf die gegenüberliegende *Plosegruppe* und die *Dolomiten*, zu erreichen. Von besonderem Interesse im Ort ist das *Schloß Feldthurns* (Schloß Ziernberg), die frühere Sommerresidenz der Fürstbischöfe von Brixen, einer der schönsten Renaissancebauten Südtirols (1587). Sehenswerte Gemächer mit prächtigen Holzdecken, mythologische, allegorische und historische Fresken, ferner prächtige Kachelöfen. Bemerkenswert das Fürstenzimmer mit vergoldeter Holzdecke. Das Schloß, heute im Besitz der Stadt Bozen, kann, auch mit Führung, besichtigt werden. — Neues schönes Schwimmbad, VV.

Lüsen, 971 m, rd. 1500 Einw., 13 km, Hauptort des Lüsener-Tales nordöstl. von Brixen. Auf 4—6 m breiter Fahrstraße mit schönen Blicken auf die Moränenhochfläche von Naz und Schabs und die großartigen Baulichkeiten der Halbruine *Rodenegg*, erreicht man *Lüsen*, einen Ort mit vielen schönen Ausflugsmöglichkeiten. Eine kleine Seilbahn führt von der Talst. Lüsen, 970 m, in 7 Min. und 559 m HU auf den Lüsener Berg, 1529 m. Ausgangspunkt für die Lüsener Alm. VV.

Knapp nach der südl. Ausfahrt aus Brixen führt die StStr. hier sehr breit in einer langen Geraden an Industriewerken linker Hand und rechts an den Bahnkörper angelehnt, bis sie sowohl Eisenbahnkörper wie Autobahn auf die westliche Seite überbrückt.

Auf halbem Wege befand sich hier früher die Bahnunterführung, durch die die Reichsstraße zum bekannten „Wirtshaus an der Mahr" führte, der Heimat des Tiroler Freiheitskämpfers Peter Mayr, Wirt an der Mahr, der 1810 von den Franzosen in Bozen standrechtlich erschossen wurde. (Obelisk und Gedenktafel.) Nach der Straßen-Überführung (Vorsicht!) folgen einige Geradstrecken. Die Brennerstraße durchzieht hier das noch immer breitoffene Eisacktal, das mit seinen beidseitig an den Berghängen verstreuten kleinen Ortschaften mit ihren nordisch spitzen Kirchtürmen idyllische Anblicke bietet. Schöner Rückblick auf den großen Bergzug der *Plose*. An der östl. Talseite das Dörfchen *Sarns* mit dem großartigen Gebäudekomplex von *Schloß Pallaus*, dann an der Mündung des *Aferer Tales* der Ort *Albeins* mit einer Burgruine; durch den Taleinschnitt werden ganz kurz die kühnen Dolomitenzinnen der *Geislergr.* sichtbar. Nach der brüsken Verengung des Eisack-Tales an der Abzweigung links, östl., der Fahrstraße in das *Villnößtal* (s. Autoausflüge von Klausen) vorbei und durch kleine Obst- und Weinpflanzungen, Wiesen und Äcker mit herrlichem Blick auf das kühn auf steilstem Dioritfelsen thronende *Kloster Säben* zur Talenge von Klausen und zum Stadtrand. Hier zweigt links die Stadteinfahrt ab, während die Umfahrungsstraße am Säbener Berg entlang sanft ansteigt, mit einem kurzen Straßentunnel den Felsen der *Burg Branzoll* (hübscher Anblick!) durchstößt, den *Thinnebach* überbrückt und sich leicht fallend bald mit der südl. Stadtausfahrt vereinigt. Die schmale Stadtdurchfahrt durch Klausen ist so originell und zeigt so interessante Bilder, daß sie vorgezogen werden sollte. **R 1**

KLAUSEN, 516 m, rund 5000 Einw. Wie der Name besagt, liegt das Städtchen in einer schmalen Enge zwischen dem rechten Ufer des *Eisacks* und dem steil aufragenden Felsen des *Säbener Berges*, auf dem das weitläufige *Kloster Säben* thront. Klausen bietet ein ungemein malerisches, mittelalterliches Bild voll Stilleben und Romantik mit seinen altertümlichen Häusern (davon einige aus dem 15. und 16. Jh.). Eine enge, langgezogene und von zahlreichen Erkern noch schmäler verwinkelte Stadtgasse bildet mit zwei Häuserzeilen den ganzen Stadtkern. Der Ort ist als Sommeraufenthalt wegen seiner ruhigen und schönen Lage und der vielen Ausflugsmöglichkeiten beliebt und wird gerne besucht. Vor dem ersten Weltkrieg war Klausen in den Sommermonaten ein bekannter Künstlertreffpunkt. Schon von *Albrecht Dürer* stammt vom Ende des 15. Jhs. eine köstliche Stadtansicht, die er spiegelverkehrt für sein berühmtes Bild „*Das große Glück*“ *(Nemesis)* verwendete. *55/29*

VV an der Hauptstraße (Ecke Thinneplatz). Orientierungstafel am Eingang. Großes Freischwimmbad, 2 öffentl. Tennisplätze (mit Beleuchtung).

Anschlußstelle **Klausen-Waidbruck** der Brennerautobahn für das *Gröden-Tal*, das *Villnößtal* und die größeren Ortschaften der Umgebung unmittelbar am nördl. Stadtrand von Klausen.

Neue Autostraße in das *Grödental*. Auf der Trasse der 1960 aufgelassenen Kleinbahn durch das Grödner Tal führt eine gut ausgebaute Autostraße (15,5 km) über die Orte *Lajen*, *St. Peter* und vereinigt sich in *Pontives* mit der alten Straße von Waidbruck her. Die Straße hat direkten Anschluß an die Ausfahrt von **Klausen-Waidbruck** der Brennerautobahn.

Die Seilbahn vom nördl. Stadtrand von KLAUSEN *nach* VERDINGS, *960 m, erschließt ein schönes Wandergebiet an den westl. Hängen des Eisacktales. Links das prächtige* BENEDIKTINERINNENKLOSTER SÄBEN, *dessen steile Dioritfelsen direkt zum Städtchen Klausen abstürzen.*

GESCHICHTLICHES: Auf dem mächtigen Felsen des Säbener Berges, wo jetzt das schöne Kloster thront, war eine *römische Militärstation*, die wohl auf den Resten einer vorgeschichtlichen, *rätischen Ansiedlung* stand. Schon im 6. Jh. ist auf Säben ein *Bischofsitz* nachgewiesen, der 993 nach Brixen verlegt wurde. Später wurde Säben zum festen Bollwerk ausgebaut. Klausen behielt durch das ganze Mittelalter große Bedeutung als wichtigste Zollstätte der Bischöfe von Brixen. Schon um 1250 erhielt der Ort das Marktrecht und scheint gleichzeitig zur Stadt erhoben worden zu sein. Um diese Zeit wurde auch *Burg Branzoll* erbaut und diente den Vögten der Bischöfe, den *Grafen von Säben*, als Sitz. Die Burg brannte im 17. Jh. bis auf den Turm ab und wurde erst 1910 wieder aufgebaut. An ihr eine Gedenktafel an den Minnesänger *Leuthold von Säben*. Seit jeher war Klausen als Etappe im Handelsverkehr über den Brenner von Bedeutung. 1685 wurde auf den Mauern der 1535 abgebrannten Festung Säben das heutige *Nonnenkloster der Benediktinerinnen* errichtet. In den Franzosenkriegen wurde die Stadt mehrmals vom Feinde besetzt.

Gesamtansicht des Städtchens KLAUSEN *am Eisack, 516 m, das von der weitläufigen mauerumgürteten Anlage des* KLOSTERS SÄBEN *überragt wird. Links das Schlößchen* BRANZOLL, *dessen Felsen die Staatsstraße mit einem Tunnel durchstößt.*

R 1 SEHENSWÜRDIGKEITEN: Die gotische *Pfarrkirche zum hl. Andreas* mit einer großen, geschnitzten Madonnenstatue von *Rupert Potsch* und Tafeln von *Grasmair* und *Schöpf.* — Am Nordende der Stadtgasse die *Apostelkirche*, deren erster Bau auf das 8. Jh. zurückgehen soll. — *Loreto-Kapelle* am Kapuzinerkloster im südl. Vorort *Frag* jenseits des Thinnebaches mit dem sehenswerten „*Spanischen Schatz*", einer Sammlung von teilweise wertvollen Kunstgegenständen und Gemälden. Dieser Schatz wurde 1701 von der Königin Maria von Spanien, einer österreichischen Erzherzogin, dem Kloster geschenkt, das von ihrem Beichtvater, dem Kapuzinerpater Gabriel Pontifesser, 1697 gegründet worden war. Das Kloster wurde 1972 gänzlich aufgehoben.

BERGBAHN: Seilbahn **Klausen-Verdings.** Talst. an der Brennerstraße am nördl. Ortsende von Klausen, 520 m, Bergst. Verdings, 960 m, HU 440 m. Die Bergbahn nach Verdings erleichtert die schönen Wanderungen von Klausen aus nach Feldthurns und Latzfons, 1163 m.

SPAZIERGÄNGE: *Eisackpromenade* mit einem Standbild des berühmten Kapuzinerpaters *Joachim Haspinger*, einem der Anführer im Tiroler Freiheitskampf von 1809. — *Dürer-Stein*, auf dem Wege nach Lajen, 30 Min., von wo man den schönsten Anblick auf die Stadt Klausen und das Kloster Säben genießt. Es ist der Punkt, wo *Albrecht Dürer* seine berühmte Zeichnung schuf. — *Schloß Anger* am linken Eisackufer und auf dem Wege nach Gufidaun, 30 Min. Hier soll *Martin Luther* auf seiner Romreise eine Nacht verbracht haben. — *Burg Branzoll*, wenige Minuten über der Stadt. — *Kloster Säben*, das man auf gutem Weg in 30 Min. erreicht. Prächtige Sicht auf das Eisacktal. Das eigentliche Kloster ist wegen Klausur nicht zugänglich. — *Villanders*, 880 m, weitläufige Ortschaft am westl. Talhang, die man auf Fahrstraße in südwestl. Richtung (Markierung Nr. 4) in rund 1 Std. erreicht. Sehenswert die *Pfarrkirche* und das nahe *Schloß Pardell*, früher im Besitz der Grafen Wolkenstein. — *Gufidaun*, 730 m, in schöner Lage auf einem Rücken zwischen Eisack- und Villnößtal. Man erreicht den Ort auf Fahrstraße am linken Eisackufer in schöner Wanderung von rund 1 Std. Bemerkenswert Schloß *Summersberg* aus dem 13. Jh. Besuch nur auf schriftliche Anfrage gestattet. *Lajen*, 1093 m, eine uralte Ansiedlung mit malerischen Bauernhöfen auf dem Bergrücken zwischen dem Eisack- und Grödner Tal auf sehr schön ausgebauter, asphaltierter Autostraße von Waidbruck aus zu erreichen. Im *Lajener Ried*, etwas tiefer, der schöne *Vogelweiderhof*, der mit großer Wahrscheinlichkeit die Heimat des berühmten Minnesängers *Walther von der Vogelweide* ist (13. Jh.).

AUTOAUSFLÜGE: **Villnößtal**, bis *St. Magdalena* 11 km, die ganze Länge des Tales 24 km, fahrbar bis zur *Zanseralm*, 1669 m, 20 km. — Das Villnößtal ist ein kurzes, östl. verlaufendes Seitental des Eisacktales, das anfangs tief eingeschnitten, dann in seinem Talschluß zwischen der großartigen, wildzerzackten *Geislergruppe* (Grödner Dolomiten) südl. und den filigranen Aferer Geiseln nördl. eingebettet ist.

Das Tal ist sehr waldreich, weitet sich jedoch im obersten Teil zu schönem Almgelände und ist wegen der eindrucksvollen Berglandschaft seines Talschlusses, besonders wegen der ungemein kühnen Nordabstürze der Geislergruppe eines der an dolomitischen Szenerien reichsten Täler. Besonders hervorzuheben sind die zahlreichen Möglichkeiten, vom Endpunkt der Straße im Talschluß bequeme und landschaftlich sehr lohnende kürzere und längere Ausflüge und Wanderungen zu nahegelegenen Almen und Schutzhütten zu machen.

Abzw. von der Brennerstraße, R 1, 3 km nördl. von Klausen an der Bahnhaltestelle Villnöß. Die gut ausgebaute, bis zu 6 m breite asphaltierte Fahrstraße mit Höchststeigung von 10—12% erreicht nach 8,5 km den Hauptort des Tales *St. Peter in Villnöß*, 1151 m, und schließlich weiter gegen den Talschluß vorgeschoben den, 11 km, Weiler St. Magdalena, 1256 m. Autobus von Klausen. Von der Brennerstraße auf neuer Brücke über den Eisack und auf schienengleicher Bahnübersetzung in die schluchtartige Talmündung zwischen dem Bergsporn von Gufidaun und dem Talhang von Theis. Nach 2 km zweigt rechts eine schmale Fahrstraße zu dem schöngelegenen, 1 km, Weiler *Gufidaun*, 730 m, ab (s. Spaziergänge Klausen). Die schmale Talfurche weitet sich allmählich, und mit malerischen und abwechslungsreichen Nahbildern auf zerstreute Kleinsiedlungen erreicht man, 8,5 km, *Pitzak* und *St. Peter in Villnöß*, 1151 m, den Hauptort des Tales an einem sonnigen Hang zwischen ausgedehnten Wäldern. Besuchter Sommerfrischort mit aussichtsreichen Spaziergängen, der besonders wegen seiner Ruhe und Lärmfreiheit beliebt ist. Man kann die Fahrt bis zur Häusergruppe von St. Magdalena, 1256 m, (11 km) und weiter bis zur Zanseralm, 1669 m, fortsetzen. St. Magdalena, dieser schön gelegene Standort mit Blick auf die großartig zerfurchten Nordabstürze der *Geislergruppe* bietet zahlreiche Möglichkeiten zu schönen Spaziergängen und Wanderungen (Zanseralm, 1669 m, auf idyllischem Wiesenplan, überhöht von den mächtigstürzenden Felswänden des *Furchettamassivs*; *Broglesalm*, 2045 m, ebenfalls landschaftlich sehr schön gelegen; auf der Broglesalm Möglichkeit zu Heubädern! VV in St. Peter in Villnöß.

Feldthurns, 851 m, rd. 1900 Einw., in freier Mittelgebirgslage am W-Hang des Eisacktales zwischen Klausen und Brixen. Vom Nordende von Klausen führt eine neue asphaltierte Autostraße nach Feldthurns und ermöglicht mit der Straße Feldthurns—Brixen eine lohnende Rundtour. VV. Schönes Schwimmbad.

Villanders, 880 m, rd. 1700 Einw. (s. Näheres unter Spaziergänge). Am südl. Ende der Umfahrungsstraße von Klausen zweigt eine neue Autostraße ab, die in 4,5 km nach *Villanders* führt. — VV.

Die Strecke der Brennerstraße zwischen Klausen und Waidbruck verläuft ziemlich gewunden, unübersichtlich und mit kurzen Gegensteigungen und Gefällen in dem verhältnismäßig engen Tal. Knapp vor Waidbruck die bekannte Einkehrstätte „*Zum Kaltenkeller*“ (14. Jh.). Darnach rechts ein großes, unterirdisches E-Werk.

WAIDBRUCK, 468 m, rd. 300 Einw. Die Ortschaft liegt am linken *61/23*
Eisackufer und wird von der *Trostburg*, 622 m, der Grafen Wolkenstein überragt, die weithin beherrschend auf einer Anhöhe nahe der schluchtartigen Einmündung des Grödentales liegt. — VV.

R 1 Die Erbauung der **Trostburg** geht auf das 12. Jh. zurück. Ihr heutiges Aussehen erhielt sie durch Erweiterungsbauten im 16. und 17. Jh. Die Burg ist seit 1370 im Besitz der Grafen Wolkenstein. Hier wurde vermutlich *Oswald von Wolkenstein*, 1367—1445, der letzte große Minnesänger und vielgereiste Abenteurer, geboren. Die Trostburg wurde im letzten Krieg durch Artilleriebeschuß schwer beschädigt, was am Dach des Bergfrits noch zu erkennen ist, noch mehr aber wurde die Burg durch verschiedene Einquartierungen verwüstet. Die Burg ist heute Eigentum des Südtiroler Burgeninstitutes. Die Restaurierung ist abgeschlossen. Die prächtige Burg — durch Kultur und Tradition eng mit dem Tiroler Volk verbunden — ist wieder allgemein zugänglich. Man kann die Höfe, die Prunkräume, die gotische Stube und vor allem die große Oswald-von-Wolkenstein-Ausstellung besichtigen, die auf der Trostburg ihre endgültige Heimstatt gefunden hat.

Waidbruck ist ein wichtiger Straßenknotenpunkt. Hier zweigt links, östl., über die Eisackbrücke die Autostraße in das *Grödner Tal* ab, R 16, und eine Zufahrtstraße nach *Kastelruth, Seis* und auf die *Seiser Alm*, die gut ausgebaut wurde. Die Straße (erb. 1887) ist als direkte Zubringerin von der StStr. und der Brennerautobahn aus dem Eisacktal auf die Hochfläche von *Kastelruth, Seis, Völs* und *Seiser Alm* von großer Bedeutung.

Eine weitere Abzweigung direkt im Ort Waidbruck nach links ist eine gut ausgebaute, asphaltierte Straße nach Lajen, 1093 m, (s. unter Klausen; Spaziergänge) und vereinigt sich bei St. Peter, 1150 m, mit der von Klausen kommenden neuen Autostraße.

Direkt von der Brennerstraße zweigt rechts, westl., eine breite asphaltierte Straße zum Ort *Barbian*, 836 m, rd. 1400 Einw., 3,5 km, ab.

An einem großen Staubecken entlang nach 1 km zu der etwas am Hang erhöhten Häusergruppe von *Kollmann*, 490 m, mit dem zinnengeschmückten früheren *Zollhaus*, das 1483 durch Erzherzog Sigmund von Tirol erbaut wurde.

Hart an der Straße das merkwürdige, um 1500 erbaute Leonhardkirchlein mit einer Fassadenglockenmauer und einem hübschen Barockaltar und Tafelbild mit den hl. Kosmas und Damian.

Im Mittelalter verließ hier die Brennerstraße die Talsohle und zog schräg am westl. Talhang auf den *Rittner Berg* hinauf, an dem von unten eindrucksvoll sichtbaren und in herrlicher Lage gelegenen, uralten Kirchlein von *St. Verena* vorbei, über die Orte *Lengstein, Klobenstein* am Ritten und absteigend wieder in das Eisacktal zu seiner Mündung in den Bozner Tal-

---

▷

Die TROSTBURG, *ein prächtiges Bild mittelalterlicher Burgenromantik. Im 12. Jh. von den Herren von Trostberg erbaut, ist sie seit dem Ende des 14. Jh. im Besitze der* GRAFEN VON WOLKENSTEIN. *Vermutlich wurde hier* OSWALD VON WOLKENSTEIN *(1367—1445) geboren, der als „letzter Minnesänger" berühmt wurde. Unten die Brennerautobahn.*

R 1 kessel bei *Rentsch*. Damit wurde die rund 20 km lange, schluchtartige Talspalte des Eisacks, die sehr unwegsam war, umgangen. Vermutlich führte die römische Heerstraße anfangs durch die Eisacktal-Schlucht zwischen Bozen und Kollmann, wurde jedoch später wohl durch Murbrüche unpassierbar. Nachweisbar ging im Mittelalter der gesamte Reise- und Handelsverkehr auf dem Saumweg über den Ritten. Auch die Heerzüge der Deutschen Kaiser nahmen diesen beschwerlichen Umweg mit seinen gewaltigen Höhenunterschieden. Erst 1314 baute der Bozner Kaufmann *Heinrich Kunter* die wohl schon vorhandene Trasse in der Talsohle wieder zu einer Fahrstraße aus. So hat dieses Straßenstück bis heute den Namen „*Kuntersweg*" behalten.

Auf der gut ausgebauten StStr. bald zum „*Dreibrückenwirt*" mit einer der drei malerischen, gedeckten Holzbrücken, die in der Schlucht des Kuntersweges den Eisack übersetzen und von den jeweiligen Haltestellen der Brennerbahn zu den hoch am Berge liegenden Dörfern leiten. In der Folge weist die StStr. breite Geradstücke auf, ist modernisiert und gut befahrbar.

Auf der ganzen rund 20 km langen Strecke von Kollmann bis Bozen behält das Eisacktal den schluchtartigen Charakter bei. An vielen Stellen hat die Talsohle nur knapp für das Flußbett, die Eisenbahnlinie und die Straße Raum. Mehrmals setzen Eisenbahn und Straße von einem auf das andere Ufer über. An einigen Stellen treten die dunklen Porphyrwände der Talspalte, die teilweise mit Buschwald durchsetzt sind, fast mit lotrechter Steilheit an Straße und Bahnlinie heran und geben der Landschaft eine ernste, fast düstere Note. Nur kurz gibt die Schluchtenge einmal links oben einen schönen Blick auf das eindrucksvoll mächtige Massiv des *Schlern* mit seinen silbergrauen Dolomitwänden frei. Bemerkenswert interessant sind die drei alten, überdachten Holzbrücken, die an verschiedenen Punkten den Eisack übersetzen.

69/15 ATZWANG, 347 m. Kleine Häusergruppe in einer felsigen Weitung, die der Eisack mit einem mächtigen, quergestellten Felssporn fast abzuriegeln scheint. Hier führt die zweite gedeckte Holzbrücke über den Eisack an das Ostufer. An der StStr. einer der schönsten alten Postgasthöfe der Brennerstraße, aus dem 16. Jh. stammend, in bestem Zustand und modernisiert. Höher am Hang der Ansitz *Hochatzwang* mit den ersten Zypressen. Bei Atzwang führt die Trasse der Brennerautobahn, als Schutz gegen Überschwemmungen und Murbrüche, in Form eines Viadukts den Eisack entlang. Nach dem Felssporn von Atzwang setzt die Brennerautobahn auf kühnem Pfeiler mitten im Flußbett auf die westliche Talseite über.

75/9 BLUMAU, 315 m, rd. 600 Einw., der letzte Felskessel der Eisackschlucht, dessen Sohle großteils von Bachgries ausgefüllt wird und wieder durch einen quergestellten Felssporn der Hochklause zu einem gewaltigen Felstor geschlossen erscheint. Der kleine Ort hat als Knoten-

EISACKSCHLUCHT. *Die Trassen der verschiedenen Verkehrsmittel füllen die schmale Schlucht gänzlich aus. Von oben die* BRENNERAUTOBAHN, *dann eine alte, gedeckte Holzbrücke, die Eisenbahn und rechts, auf dem Bilde nicht sichtbar, doch direkt benachbart, die Brenner-Staatsstraße. Knapp nur bleibt für den Eisack Raum.*

punkt für einige Bergstraßen Bedeutung. Hier zweigt im spitzen Winkel die schöne Panoramastraße nach *Völs*, *Seis*, *Kastelruth* und *Seiser Alm* ab, ferner die seit der großen Überschwemmung im Jahre 1966 nur schlecht befahrbare Bergstraße nach *Tiers*. Diese schlecht auszubauende alte Talstraße durch die Schlucht des Breibaches wird durch eine große neue Umleitung umfahren. Sie setzt wenige Kilometer oberhalb *Blumau* an der Straße nach *Völs* an und führt in weitem Bogen über *Völseraicha* nach *Tiers*. Diese Umfahrung ist noch im Bau.

Eine weitere neue Bergstraße führt vom Ortszentrum aus, 5,3 km, sehr kurvenreich, zu dem auf einer Mittelgebirgsstufe vorgeschobenen kleinen Dörfchen *Steinegg*, 820 m, rd. 800 Einw., das eine instruktive

Aussicht auf den Bozner Talkessel ermöglicht. Schöne, weite Waldspaziergänge, neues Schwimmbad.

Auf der Weiterfahrt knapp vor Kardaun

Anschlußstelle BOZEN-NORD der Brennerautobahn, 3 km vom Stadtzentrum Bozen entfernt.

81/3 KARDAUN, 290 m. Die kleine Ortschaft am linken Eisackufer liegt bereits am Stadtrande von Bozen. Knapp vor ihm Abzweigung rechts der Umfahrungsstraße nach Trient auf einer Überführung. Die kürzeste Einfahrt zweigt links ab. Bei Kardaun mündet von links das *Eggental*, durch das die *Große Dolomitenstraße* bei einem beschrankten, schienengleichen Bahnübergang von der Brennerstraße abzweigt, R 9. An der Schluchtmündung des Eggentales links in beherrschender Lage über Kardaun das schöne *Schloß Karneid*, rechts höher gelegen *Schloß Kampenn*, 612 m. In leichter Gegensteigung zwischen üppigen Weingärten und mit einem herrlichen Rückblick auf die berühmte *Rosengartengr.* zum Vorort *Rentsch*, 300 m, wo am Ortseingang nach der Brücke über den Katzenbach rechts eine Autostraße auf den *Ritten* abzweigt. Durch Rentsch und in leichtem Gefälle über den sogenannten „*Hohen Weg*“ mit Blick auf das Häusergewirr von Bozen und am Fuße des auffallend dicht und steil mit Weingärten bepflanzten Hügels von *St. Magdalena*, wo einer der vorzüglichsten Weine Südtirols gedeiht *(St. Magdalener)*, und unter dem Viadukt der aufgelassenen Zahnrad-
0/84 bahn auf den *Ritten* zur Einfahrt nach BOZEN, 265 m.

Die obengenannte Umfahrungsstraße, die knapp vor Kardaun von der Brennerstraße rechts abzweigt (Achtung! Gefährliche Kreuzung!), übersetzt auf einem Rundpfeilerviadukt die Brennerstraße und Brennerbahn nach links, durchschneidet den Ortskern von Kardaun und verläuft nun weiterhin am linken Eisackufer durch Weinberge und hart an dem interessanten, uralten Kirchlein von Kampill vorbei gleich zu einer weiteren STADTEINFAHRT nach *Bozen*, die von der Umfahrungsstraße nach rechts über die große Eisackbrücke abzweigt.

Weiter an der Talstation der neuen *Kohlern-Seilbahn* vorbei. Direkt gegenüber dem am jenseitigen Eisackufer liegenden Stadtzentrum von Bozen erreicht sie den langen Straßentunnel, der den mächtigen Felssporn des *Virgl* durchstößt. Gleich nach dem Austritt aus dem Virgl-Tunnel mündet die Umfahrungsstraße im Vorort Oberau in die Autostraße nach Trient.

Auch wenn man keinen längeren Aufenthalt in Bozen plant, ist es lohnender, die Stadt nicht abseits liegen zu lassen, sondern mit einer Durchfahrt durch die Altstadt einen flüchtigen Eindruck von der Landeshauptstadt Südtirols zu gewinnen.

 ROUTE 2

Sterzing—Penser Joch—Bozen

66 km

STRECKENÜBERSICHT: Die Straße über das *Penser Joch* ist an Kilometern die gleich lange Verbindung zwischen dem Talkessel von *Sterzing* und *Bozen*, der Zeitaufwand hingegen ist wegen der Überschreitung des *Penser Joches*, 2214 m, natürlich größer. Diese Straße wurde 1938 fertiggestellt. Ihr Bau ist hauptsächlich aus militärischen Gründen erfolgt. Die Straße ist an der Nordrampe und auf der Scheitelstrecke bis Pens rd. 5 m breit, asphaltiert und weist ein kurzes Steilstück bis zu 20% auf. Von Pens durch das Sarntal nach Bozen ist die asphaltierte Straße 6 m breit. Die Bedeutung dieser Straße liegt vornehmlich darin, daß man auf ihr die Hauptverkehrsader durch das *Eisacktal* bei Verkehrsstockungen, Unterbrechungen usw. umgehen kann.

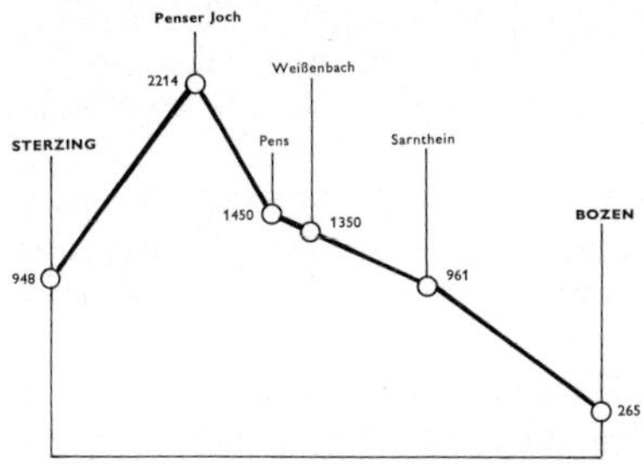

LANDSCHAFTLICHER CHARAKTER: Die Auffahrt aus dem Sterzinger Talkessel ist nicht so aussichtsreich wie jene über den Jaufenpaß nach Meran. Das *Penser Joch* bietet geringen Fernblick. Das am Penser Joch beginnende *Sarntal* ist in seinem obersten Teil nur schwach mit kleinen Weilern und Einzelhöfen besiedelt. Im mittleren Teil wird der liebliche Talgrund von Wiesen- und Waldstücken belebt und hat an den Hängen uralte Bauernhöfe. Das bei Astfeld einmündende *Durnholzer Tal* ist wegen seiner einsamen Hochgebirgsstimmung interessant. Das *Sarntal* mündet nach *Sarnthein* mit einer eindrucksvollen Porphyrschlucht von rd. 15 km Länge unvermittelt beim *Schloß Runkelstein* in den Talkessel von *Bozen*. Das ganze *Sarntal* ist nicht besonders reich an landschaftlichen Schönheiten, strömt jedoch einen lieblichen Reiz aus. Von besonderem Interesse sind die schönen Bauernhöfe, der Hauptort Sarnthein selbst und die Sarntaler Schlucht.

Von Sterzing auf der Jaufenstraße R 3 und gleich nach der Pfarr- *0/66*
kirche Abzweigung nach links auf die Straße zum Penser Joch. Noch auf dem Talboden an dem schönen Schloß Reifenstein und dem Weiler Elzenbaum (s. unter Sterzing) vorbei und in stärkerer Steigung durch Wald in Windungen am Berghang zum kleinen Weiler *Egg*, 1498 m. Schöne Rückblicke auf den Talkessel von Sterzing. Die Straße schlängelt sich nun in das *Eggertal* hinein und zieht in seinem nördl. Graben und durch die Südhänge des *Zinselers*, 2422 m, in weitem Bogen zum

R 2 PENSER JOCH, 2214 m, einem schmalen Almsattel zwischen der
17/49 *Feldsp.*, 2322 m, westl., und der *Plattsp.*, 2361 m, südöstl. (Paß-Gasthaus). In Teilausschnitten Blick auf die Berggruppen im Raume um Sterzing.

In weiten Ausbiegungen durchschneidet die Straße die mageren, steilen, steinigen Hochweiden des weiten Talschlusses des Penser Tales (Oberes Sarntal), zieht unter dem beherrschenden *Weißhorn*, 2705 m, durch, wo die *Talfer* entspringt. Die höchste Siedlung *Asten*, 1512 m, bleibt links unten auf der Talsohle.

26/40 PENS, 1450 m, rund 700 Einw., ist der Hauptort des gleichnamigen Tales. Die gotische Pfarrkirche (erbaut um 1500) zeigt an der Außenwand ein Fresko mit dem hl. Christophorus (1511). Hier werden im Tal noch Kartoffeln, Buchweizen und auf kleinen Feldern Mohn angebaut, dessen Saft als Würze verwendet wird.

In geringen Abständen führt die Straße an den Weilern *Weißenbach*, 1350 m, *Rabenstein*, 1250 m, mit kleinem Bergwerk auf Fluorit und rechts, westl., an einem sonnigen Bergsporn *Aberstückl*, 1325 m, vorbei.

43/23 ASTFELD, 1021 m, ist eine kleine Häusergruppe, wo von NO als einziges größeres Seitental des Sarntales das *Durnholzer Tal* mündet. Auf einem Hügel nördl. von Astfeld das St.-Valentin-Kirchlein mit Fresken aus dem 14. Jh.

Ein Abstecher in das *Durnholzer Tal* ist sehr zu empfehlen. Von Astfeld, 11 km, auf schmaler Straße an dem talseitig gegenüberliegenden Weiler *Reinswald*, 1492 m, mit seinen auffallend urtümlichen und schönen Bauernhöfen vorbei. Es folgen einige Häusergruppen und Straßenwirtshäuser; schließlich nach einem Steilstück in die langgestreckte fjordartige Talfurche von *Durnholz*, 1658 m, mit seinem romanischen Kirchlein, das einen gotischen Turm und Fresken aus dem 15. Jh. aufweist. Der *Durnholzer See*, ein prächtiges Forellenwasser, ist nur knapp 1 km lang und an die 200 m breit. Das einsame Hochgebirgstal von Durnholz ist ein Stück Alpenparadies von stillem, friedsamem Reiz, wie es nur mehr selten anzutreffen ist.

Reinswald, 1492 m, rd. 450 Einw., hat seit 1969 eine eigene Zufahrtsstraße. Sie zweigt von der Talstraße nach *Durnholz* ca. 6 km hinter Astfeld (Gasthof) ab und erreicht in rd. 2 km den Ort. Ein Doppelsessellift führt auf die *Pfnatschalm*, 2137 m, und erschließt ein schönes weites, noch nicht überlaufenes Wander- und Tourengebiet z. B.: Die *Kassianspitze*, 2581 m (nicht schwierig), die *Wallfahrtskirche Latzfonser Kreuz*, 2298 m (Gasthaus u. Kirche) und die *Klausnerhütte*, 1919 m, eventuell mit Abstieg ins *Eisacktal*, alles Touren mit herrlichen Ausblicken. Auf der *Pfnatschalm* wurde auch ein weiträumiges Skigebiet erschlossen. **Doppelsessellift:** Talst. *Reinswald*, 1579 m, Bergst. *Pfnatschalm*, 2137 m, HU 558 m, Fahrz. 15 Min. Im Winter stehen noch ein Doppelschlepplift und Übungslift für Kinder zur Verfügung.

Südl. von Astfeld weitet sich das Sarntal zu seiner muldigsten Breite, in der der Hauptort und die einzige ausgeprägte Dorfsiedlung des Tales

SARNTHEIN, 961 m, rd. 6000 Einw., außerordentlich anmutig liegt. 47/19
An den Berghängen ringsum verstreut zahlreiche schöne, meist sehr alte Bauernhöfe in altüberlieferter Bauform. Beliebter Sommeraufenthalt mit schönen Spaziergängen und Ausflügen. Reitschule. VV.

Im Dorf interessante alte Häuser. Sehenswert sind der gotische Saal im Gasthaus „*Zum Hirschen*" (15. Jh.) und die *Kirche zum hl. Zyprian* mit Fresken aus dem 14. Jh. — Am östlichen Talhang über dem Dorf, 30 Min., das schöne *Schloß Reinegg*, 1103 m, aus dem 13. Jh., sehr gut erhalten und bewohnt, auf drei Seiten von einer hohen Mauer umschlossen, innen ein mächtiger Turm, eine romanische Kapelle mit Fresken aus dem 14. und 15. Jh.; der Palas ist ein prächtiger Bau aus der Übergangszeit von der Romantik zur Gotik mit geräumigem Saal (Besichtigung gestattet).

Von Sarnthein ab auf sehr guter Straße und bald an *Bad Schörgau* vorbei, 880 m, das auf einem schönen Wiesenplan mit Waldumrandung liegt, und weiter zur Häusergruppe von *Bunschen*. Nun schließt sich das Sarntal immer mehr zur Schlucht. Die neue Straße verläuft in kühner Trassenführung in halber Höhe auf dem rechtsseitigen Ufer durch die oft senkrecht stürzenden Schluchtwände und bohrt sich mit 24 teilweise etwas längeren und gekrümmten Straßentunnels (numeriert) durch den Porphyrfels. Auf dem Grunde der wilden Klamm und neben dem Bachbett die Überreste der teilweise vermurten, aufgelassenen alten Straße. Beim Tunnel 17 talseitig gegenüber in eindrucksvollem Anblick der mächtige, fast überhängende Porphyrsporn des *Johanniskofels*, der vom uralten *Johanniskirchlein* gekrönt wird. Etwas weiter, ebenfalls auf dem linken Ufer, auf einem isolierten Felskopf die Ruinen des einst mächtigen *Schlosses Wangen-Bellermont*. Knapp vor der Mündung der Schlucht, direkt an der Straße über einer Tunnelmündung, die kümmerlichen Mauerreste des *Fingellerschlößchens* und schließlich unten im Flußbett die Halbruine von *Schloß Ried*. Überraschend erreicht man das Schluchtmaul und das Ufer der Talfer, wo sich auf senkrechtem Porphyrfelsen in herrlichem Anblick direkt über dem Fluß am linken Ufer *Schloß Runkelstein* aufbaut und der weite Talkessel von Bozen mit seinen Rebenhängen auftut. Nun entweder nach links über die Brücke, am Runkelsteiner Schloßfelsen entlang und durch das Villenviertel *Dorf* zur Stadtmitte oder auf der Straße am rechten Talufer weiter zur Talferbrücke und nach Bozen. 66/0

BOZEN *(Bolzano)*, 265 m, rd. 107.000 Einwohner, Hauptstadt des *Landes Südtirol* (Autonome Provinz Bozen) in der Autonomen Region *Trentino-Südtirol (Trentino-Alto Adige)*.

Die Stadt liegt in der nordöstlichen Einbuchtung des hier zu einem breiten Talkessel geweiteten *Etschtales*, angelehnt an die steilen Hänge des *Rittner Berges* und an der Mündung des *Eisack-* und *Sarntales*. Der alte Stadtkern breitet sich im Mündungsdreieck der Flüsse *Eisack* und *Talfer* aus. Die früher selbständige Marktgemeinde *Gries* und die durch außerordentlich rasche Entwicklung entstandenen neuen Stadtviertel dehnen sich an den jenseitigen Ufern der beiden Flüsse aus.

Die landschaftliche Lage von Bozen ist sehr schön. Im Halbrund wird es von Berghängen umschlossen, gegen W dehnt sich der weite Fruchtkessel des Etschtales, das vom Hügelgelände des *Überetsch* und von den schönen geradlinigen Umrissen des *Mendelgebirges* begleitet wird. Im O und über der Mündung des Eisacktales leuchtet — ein berühmter Anblick — das Wahrzeichen der Stadt herein, die sagenumsponnene Dolomitgruppe des *Rosengartens*.

Das außerordentlich milde und gesunde Klima macht Bozen in seinem sonnen- und blütenreichen Frühling, dann in dem von klarsten Tagen durchwobenen Herbst und zur Zeit der Weinlese und Obsternte besonders auch für längeren Aufenthalt sehr geeignet, während die Sommermonate durch einen starken Durchgangsverkehr in die umliegenden, vielbesuchten Fremdenverkehrsgebiete ausgefüllt werden.

Bozen ist der Mittelpunkt des gesamten Fremdenverkehrs Südtirols. Hier ist der Knotenpunkt für die große Reiseroute der *Brennerstraße* nach N, der Route nach S über *Trient* zum *Gardasee*, ferner nach *Verona* und *Venedig*, weiters die Route etschtalaufwärts nach *Meran* und in das *Ortlergebiet* und schließlich der Beginn der berühmten *Großen Dolomitenstraße* quer durch die *Dolomiten* nach *Cortina d'Ampezzo*.

HINWEISE: *Hauptpostamt*: Pfarrplatz, gegenüber der Hauptfassade der Pfarrkirche, nahe dem Waltherplatz. — *Telephonzentrale*: Pfarrplatz, gegenüber Hauptfassade der Pfarrkirche, nahe dem Waltherplatz. — *Reise- und Informationsbüros*: *Dolomit-Expreß*, *Reisebüro*, Waltherplatz 8. — *C. I. T.*, Waltherplatz 11 — *Kurverwaltung* der Stadt Bozen, Waltherplatz 28, Sparkassengebäude. — Landesverkehrsamt, Waltherplatz 22, Sparkassen-

---

◁

BOZEN. *Der berühmte Blick auf das sagenumwobene Dolomitenmassiv des* ROSENGARTEN *und der* VAJOLETTÜRME. *Links der durch seinen Wein bekannte Hügel St. Magdalena. Rechts an der Berglehne Schloß Karneid.*

gebäude. — A. C. I. (Italienischer Automobil-Club), Italienstraße 19; durch die Freiheitstraße zum Mazziniplatz und links in die Italienstraße.

Städtische Autobuslinien: Fast alle Stadtlinien haben Ausgangspunkt vom Bahnhofplatz, einige vom Dominikanerplatz.

Autobahnhof: Ausgangspunkt aller Postauto-Linien (SAD) und der sommerlichen sowie winterlichen, auch internationalen Autobus-Linien. Zwischen Bahnhof und Waltherplatz (stadtwärts links), auch mit Zufahrten von der Tiroler-Etschland-Straße und Garibaldistraße. *Parkgaragen*: Unterirdisch im Autobahnhof.

Badeanstalten: Lido, Trieststraße 1. Drei Bassins, Kinderbecken, Sprungturm, Liegewiese, Terrassen, Wasserrutschbahn, Turngeräte, Ballspielplatz, Restaurant. *Großes, modernes Hallenschwimmbad*.

GESCHICHTLICHES: Der Name Bozen taucht in der Frühform *Bauzanum* erstmals gegen 800 n. Chr. in den Schriften des *Paulus Diaconus Warnefried*, des Geschichtsschreibers der Langobarden, auf. Laut dieser Geschichtsquelle saß bereits um 680 ein *bayrischer Graf* in „*Castellum Bauzanum*“ und beherrschte auch die weitere Umgebung. Die Ableitung des Namens Bozen geht wahrscheinlich auf einen illyrisch-lombardischen Flurnamen für Sumpf, Moos zurück, was durch die Lage der Ansiedlung im Überschwemmungsgebiet der beiden Flüsse gerechtfertigt erscheint. Demnach wäre also „*Castellum Bauzanum*“ als „*Moosburg*“ zu erklären. — Die in der römischen Straßenkarte *Tabula Peutingeriana* aus dem 4. Jh. n. Chr. vermerkte römische Militärstraße und Brücke *Pons Drusi* dürfte wohl im Mündungswinkel der Flüsse Eisack und Talfer, und zwar in der Nähe des heutigen Vorortes *Rentsch*, von wo schon in vorrömischer Zeit der Bergweg über den Ritten nach N führte, zu suchen sein.

Geschichtlich tritt also der Raum von Bozen schon im Jahre 15 v. Chr. auf, als *Drusus*, der Stiefsohn des römischen Kaisers *Augustus*, durch das Etsch- und Eisacktal und über den Brenner bis zu dem heutigen Augsburg vorstieß. Die römische Herrschaft über die Urbevölkerung der *illyrischen Räter* dauerte bis 476, da der *Skyrenführer Odoaker* in Italien an die Macht kam; unter *Theoderich dem Großen* (Dietrich von Bern) kam der Raum von Bozen zum Reiche der *Ostgoten*, dem es bis zu seinem Untergang im Jahre 555 angehörte. Mit dem Einbruch der *Langobarden* von Süden etschtalaufwärts und der *Bayern* über den Brenner herab, beide gegen Ende des 6. Jh., wurde die rätische Bevölkerung überschichtet und eingedeutscht. Nach einem Jahrhundert feindlicher Auseinandersetzungen scheint die Grenze zwischen dem *Stammesherzogtum Bayern* und dem *langobardischen Herzogtum Trient* südl. von Bozen und in der Nähe von Leifers gezogen worden zu sein. Mit der Zertrümmerung des *Langobardenreiches* durch die Gefangennahme des *Langobardenkönigs Desiderius* im Jahre 774 und die Absetzung des letzten *Bayernherzogs Tassilo III.* durch den Frankenkönig *Karl den Großen* wurde das Gebiet dem großen Frankenreich einverleibt.

Die Belehnung der *Bischöfe von Trient und Brixen* mit den Grafschaften des Etsch-, Eisack und Inntales durch Kaiser *Konrad II.* i. J. 1027 brachte Bozen unter die Herrschaft der Trentiner Bischöfe. Im Verlaufe deren kämpferischen Auseinandersetzungen mit ihren Vasallen, den *Grafen von Tirol und Görz*, wurde die Stadt diesen Geschlechtern untertan.

Blick vom schönen SCHLOSS KARNEID, *das die Schluchtmündung des Eggentales (Große Dolomitenstraße) beherrscht, auf Stadt und Talkessel von* BOZEN. *Das im 12. Jh. entstandene Schloß gehörte an die 400 Jahre den Grafen Liechtenstein. Seit 1880 Besitz der Familie des bekannten Münchner Erzgießers Ferdinand von Miller.*

Im J. 1363 endlich erfolgte die Abtretung Tirols durch die letzte Landesfürstin *Margarethe Maultasch* an *Österreich*, unter dem Südtirol bis zum Frieden von St. Germain 1919 verblieb. Seither gehört Bozen als Provinzhauptstadt zu Italien. Im J. 1948 wurde Bozen auf Grund des *Pariser Vertrages* von 1946 (Gruber-Degasperi) zur *Autonomen Region Trentino-Südtirol* geschlagen und Hauptstadt des mit einer Provinzialautonomie ausgestatteten Landes (Provinz) Südtirol.

Schon im hohen Mittelalter wurde Bozen durch seine *Märkte und Messen* zu einem der wichtigsten Umschlagplätze für den Handel zwischen Italien und Süddeutschland. Die Bedeutung als Handelsstadt stieg im Laufe der Jahrhunderte immer mehr und erreichte mit der Kodifizierung des Handelsrechts und der Gründung des mit außerordentlichen Sonderrechten, darunter eigener Gerichtsbarkeit, ausgestatteten *Merkantilmagistrats* von Bozen durch die Landesfürstin *Claudia von Medici* i. J. 1635 Höhepunkt und Blütezeit. Die Handelsmessen, die in jener Zeit viermal im Jahre abgehalten wurden, verloren erst Mitte des vorigen Jahrhunderts jegliche Bedeutung. 1948 wurde die *Bozner Messe* neu ins Leben gerufen und hat sich seitdem wieder zu beachtlicher Bedeutung im mitteleuropäischen Wirtschaftsraum entwickelt.

Nicht minder große Bedeutung hatte Bozen im letzten Jahrtausend als gewerblicher Mittelpunkt des *Südtiroler Weinbaugebietes*. Der „*Bozenaere*" (Südtiroler Wein) wurde schon vor tausend Jahren als köstlich gerühmt. Seit dem hohen Mittelalter besaßen nicht weniger als zwei Dutzend *Klöster und Hochstifte* in Bayern und Schwaben ausgedehnte Weingüter im Etschlande. Noch heute hat die Stadt im Südtiroler Wein- und Obsthandel führende Bedeutung.

Bozen ist ferner von jeher der Mittelpunkt des seit dem 19. Jh. allmählich immer mehr anwachsenden Fremdenverkehrs gewesen, der sich sehr bald über das ganze Land ausgebreitet hat.

ZEITAUFWAND: Die Stadt Bozen verdient aus guten Gründen einen *mehrtägigen Aufenthalt*. Als geringsten Zeitraum für die Besichtigung der Stadt und ihrer interessantesten Sehenswürdigkeiten ist mindestens *ein Tag* anzusetzen; *drei Tage* reichen knapp, auch die vielfältige und abwechslungsreiche engere Umgebung kennenzulernen, wobei man einige *Bergbahn-* und *Autoausflüge* nicht unterlassen soll. Als geographischer und verkehrstechnischer Mittelpunkt des Landes ist Bozen auch als Standort und Ausgangspunkt für eine Reihe von *ausgedehnten Autoausflügen* sehr günstig gelegen; hier sind besonders anzuführen: Die verschiedenen *Dolomiten-Rundfahrten*, ein Besuch von *Meran* mit der *Mendel-Rundfahrt*, Ausflug in die *Ortlergruppe* mit Befahrung der *Stilfser-Joch-Straße* und schließlich auch die *Gardasee-Rundfahrt*.

GANG DURCH DIE STADT: Die Stadt *Bozen* kann nicht mit vielen Monumentalbauten prunken, doch der auf kleinem Raum enggeschlossene Kern der *Altstadt* mit seinen heimeligen Plätzen, den schmalen Gassen und schönen alten Häusern mit ihren charakteristischen Lichthauben, die die Innenhöfe erhellen, mit seinem vielgerühmten *Obstplatz* und den einzigartig originellen *Lauben* strömt einen so starken Liebreiz aus, daß ein Gang durch die Stadt wohl für jedermann lohnend und interessant ist.

Der *Waltherplatz* ist der Mittelpunkt des Stadtlebens und Verkehrs. Seine Entstehung geht auf die Zeit der *Bayrischen Herrschaft* von 1805—1809 zurück und sein erster Name dementsprechend *König-Maximilians-Platz*. Seit 1814 wurde er zu Ehren von *Erzherzog Johann von Österreich* in *Johannesplatz* umgetauft. Nach der Errichtung des Walther-Denkmals von *Heinrich Natter* (1889) zu Ehren des großen deutschen Minnesängers *Walther von der Vogelweide* (1170—1230), dessen Heimat mit größter Wahrscheinlichkeit der Vogelweid-Hof im Lajener Ried (bei Klausen im Eisacktal) ist, wurde er 1901 in *Waltherplatz* umbenannt. Das Walther-Denkmal wurde unter der faschistischen Herrschaft in einen kleinen, abgelegenen Park an der Marconistraße, Nähe Drususbrücke, verbannt. Es laufen jedoch zur Zeit Verhandlungen, das Denkmal wieder an die alte Stelle am Waltherplatz zurückzuversetzen. Nach Einverleibung Südtirols durch Italien erhielt der Platz den Namen *Viktor-Emanuel-Platz* und führt nunmehr seit dem Ende des zweiten Weltkrieges wiederum seinen früheren Namen *Waltherplatz.*

An der südwestlichen Ecke des Platzes erhebt sich die schöne *Pfarrkirche* zu Himmelfahrt Mariä (s. Sehenswürdigkeiten) mit ihrem herrlichen gotischen Turm, dem Wahrzeichen der Stadt. Geradeaus südl. leitet die breite und von modernen Bauten flankierte *Tiroler-Etschland-Straße* zur Eisackbrücke (Loretobrücke); links davon und südöstl. führt als breite Baumallee die *Bahnhofstraße* durch schöne Parkanlagen zum *Bahnhofplatz* mit dem originellen *Froschbrunnen* links an der Einmündung der *Laurinstraße*. Nördl. und rechts an dem Sparkassengebäude vorbei und über den kleinen *Kornplatz* ist der kürzeste Zugang zu den *Lauben*.

An der linken oberen Ecke des Platzes setzt die *Mustergasse* an, die die kürzeste Verbindung zum *Obstmarkt* herstellt. An ihr gleich links das *Palais Campofranco* (18. Jh.), dann der kleine *Musterplatz* mit dem schönen Barockbau des früheren Hotels „*Kaiserkrone*" (18. Jh.), dem Absteigequartier vieler Fürstlichkeiten und des Papstes Pius VI. Vom Ende der Mustergasse rechts durch die schmale *Goethestraße* zu einem der größten Anziehungspunkte Bozens, dem vielgerühmten *Obstmarkt*, der diesen Namen schon seit 1487 führt. Die überquellende Fülle an herrlichem Obst und Gemüse, die hier das ganze Jahr über von den „*Grampen*" (Verkäuferinnen) an den abgeschrägten Verkaufsständen, die den ganzen, unregelmäßigen Platz bedecken, angeboten wird, macht ihn zu einem der schönsten und originellsten Obstmärkte südl. der Alpen. Besonders im Sommer und Herbst erreicht er ein Bild von ungewöhnlicher Fülle und Farbigkeit. An der Ecke zu den Lauben der barocke *Neptunbrunnen* von Georg Mayr, gegossen von Joachim Reis, 1746; hier standen früher der *Pranger* und das *Narrenhäusl* der Stadt. Gegenüber am Beginn der heutigen Museumstraße stand von 1290—1873 der Gasthof zur Sonne, einst eines der bevorzugtesten Logierhäuser, wo neben Majestäten auch berühmte Geistesfürsten (Goethe, Mozart u. a.) auf der Durchreise gewohnt haben. Nördl. verengt sich der Obstplatz zur *Franziskanergasse* mit der schönen *Franziskanerkirche* (s. Sehenswürdigkeiten).

Die *Laubengasse*, kurz *Lauben* genannt, ist das originellste Prunkstück der Stadt. Sie ist vom Obstmarkt bis zum Rathausplatz 300 m lang und wird zweizeilig von Häusern aus dem 16. bis 18. Jh. mit reichen Stuckverzierungen und eleganten Portalen gebildet, die von zwei durchgehenden, breiten Laubengängen durchzogen werden. Die Bozner Lauben sind seit dem Mittelalter der Handels- und Geschäftsmittelpunkt der Stadt. Noch heute bilden sie die Hauptgeschäftsstraße Bozens. Sie wirken außerordentlich reizvoll und interessant, weil auf der 600 m langen Entwicklung fast alle Ladengeschäfte sehr neuzeitlich und mit prächtigen Schaufenstern gestaltet sind. Ein Bummel durch die Bozner Lauben, unter denen an heißen Tagen wohlige Kühle herrscht, ist sehr unterhaltsam und interessant. Im unteren Teil der

B Lauben trifft man rechts auf den schönen Barockbau des *Merkantilgebäudes* (s. Sehenswürdigkeiten). Ihm schräg gegenüber mit gotischen Gewölben das *alte Rathaus* (15. Jh.).

Am unteren östl. Ende der Lauben der heimelige *Rathausplatz* mit dem in modernem Barockstil vom Münchner K. Hocheder 1907 erbauten *Rathaus* mit Stadtturm. Vom Rathausplatz in gerader Fortsetzung der Lauben gelangt man durch einen Torbogen und die *Piavestraße* zum *Zwölfmalgreienerplatz* und weiter durch die Brennerstraße zur Ausfahrt in Richtung Brenner. Wendet man sich vom Rathausplatz am Rathaus vorbei südl., gelangt man durch die *Weintraubengasse* in die *Laurinstraße*, die rechts von einem schönen Hotel mit Parkanlage und Schwimmbad und links von *Regierungsbauten* gesäumt wird und in den Bahnhofplatz endet.

Die vom Rathausplatz nördl. ziehende, schmale, interessante *Bindergasse* wird von zahlreichen alten Wirtshäusern mit kunstvoll schönen, schmiedeeisernen Wirtshausschildern flankiert; darunter dem Gasthaus „*Zum Eisenhut*", das bereits 1288 als „*Ortolf am Eisenhut*" urkundlich erwähnt wird. Gleich zu Beginn der Bindergasse zweigt links die schmale, altertümliche *Dr.-Streiter-Gasse* (benannt nach dem Bozner Bürgermeister Dr. Josef Streiter 1861—1870) ab, die zum oberen Ende des Obstmarktes zurückleitet. In ihr malerische, alte Häuser mit schönen Erkern und quer über die Straße strebenden Stützbogen.

Am oberen Ende der Bindergasse rechts mit hochragendem Dach das *Landesfürstliche Amtshaus* (Zoll- und Finanzamt), von *Kaiser Maximilian I.* 1491—1502 erbaut. Wenige Schritte in der Querstraße nach rechts das weitbekannte „*Batzenhäusl*", seit dem 17. Jh. eine Weinschenke des Deutschen Ritterordens; in den Jahrzehnten vor dem ersten Weltkrieg war das Batzenhäusl eine bekannte Künstlerkneipe, deren Räume mit zahlreichen geschenkten Erinnerungsbildern geziert waren.

Als Forsetzung der Bindergasse zieht nördl. die *Weggensteinstraße*, an der ein kurzes Stück weiter das sogenannte „*Deutschhaus*", der frühere Ansitz *Weggenstein* liegt, wo sich um 1400 die *Deutschordenskommende* ansiedelte. Anschließend die *St. Georgskirche (Deutschhauskirche)*, erb. im 15. Jh., in der *30 Totenschilde* und Fahnen der *Deutschordenskomture* zu sehen sind.

Vom Obstmarkt gelangt man durch die schmale *Museumstraße* und vorbei am Städtischen Museum (s. Sehenswürdigkeiten) zur *Talferbrücke*, wo rechts die schöne Promenade der *Bozner Wassermauer* beginnt (s. Spaziergänge). Über die 132 m lange Brücke geht die kürzeste Verbindung zum *Grieser Hauptplatz*. Von der Brücke prachtvoller Blick nach O, wo über den Dächern der Stadt der sagenumwobene *Rosengarten* in den Himmel ragt. Am westl. Brückenkopf das italienische *Siegesdenkmal (Monumento della Vittoria)* an den ersten Weltkrieg 1915—1918, das die Verherrlichung der Eroberung Südtirols bis zu den natürlichen Grenzen Italiens bekunden soll (erb. in faschistischer Architektur 1928 nach den Plänen von M. Piacentini und mit Skulpturen von A. Wildt u. a.).

Durch die breite und von modernen Bauten mit Laubengängen flankierte *Freiheitsstraße* zum großen *Mazziniplatz*. Von diesem zweigt links der breite *Corso Italia* ab, an dem nach einem kurzen Stück links die Geschäftsstelle des A. C. I. liegt. Vom Mazziniplatz weiter durch die Freiheitsstraße

Die BOZNER LAUBENGASSE, *die Hauptgeschäftsstraße, in der das* MERKANTILGEBÄUDE *(erb. 1708 – 1727), heute Sitz der Handels- und Industriekammer, das schönste Bauwerk ist (links der „Kaisersaal" des Merkantilgebäudes).*

zum *Grieser Hauptplatz*, der in seiner ganzen Länge vom *Benediktinerstift Muri-Gries* und seiner festlichen Barockkirche flankiert wird (s. Sehenswürdigkeiten). Die gut ausgebaute Ausfahrt auf der alten Grieser Straße zur Meraner Autostraße bleibt links. Durch die *Knollerstraße* geradeaus weiter zur alten restaurierten *Pfarrkirche* mit dem berühmten *Pacheraltar* (s. Sehenswürdigkeiten) und zur *Guntschnapromenade*.

Vom Waltherplatz, wie oben erwähnt, zur Eisackbrücke (Ausfallstraße nach Trient); hier jedoch rechts durch die Marconistraße zur Drususbrücke (erb. 1931). – Die jenseits anschließende Drususstraße ist die Ausfallstraße nach Überetsch und Meran.

SEHENSWÜRDIGKEITEN: Die schöne gotische *Pfarrkirche* ist ein Bau aus dem 12. Jh., der im 14. Jh. Erweiterungen und Zubauten erhielt. Sie wurde im zweiten Weltkrieg durch Bombentreffer schwer beschädigt, jedoch getreu dem Vorbilde wieder aufgebaut. Dem früher romanischen Turm wurde nach einem Brande in den Jahren 1501 – 1519 der spätgotische Aufbau mit dem durchbrochenen, ungemein zierlich wirkenden Helm aufgesetzt. Die Zeichnungen hierzu stammen von Meister *Burkhard Engelberg*

B *von Augsburg*, den Bau führte der schwäbische Parlier *Hans Lutz von Schussenried* aus. Der 65 m hohe Turm ist zum Wahrzeichen von Bozen geworden. Aus der Glockenstube prächtige Aussicht über Stadt und Umgebung. Im eindrucksvollen dreischiffigen Innern des Domes ist die steinerne *Kanzel* (1514) zu beachten, ferner *Fresken* aus dem 14. Jh., die durch die Bombenzerstörungen freigelegt wurden.

Die *Dominikanerkirche* aus dem 13. Jh. wurde 1785 profaniert, vor dem letzten Kriege wieder ausgebaut und geweiht, dann aber durch Fliegerangriffe ebenfalls schwer beschädigt. Der Bau ist jetzt wieder restauriert. Die *Fresken* aus der Schule *Giottos* sind durch Bomben schwer beschädigt. Das früher anschließende Dominikanerkloster dient jetzt nach modernem Ausbau als *Musikkonservatorium*. Im interessanten *Kreuzgang* aus dem 14. und 15. Jh. sind noch teilweise Fresken von *Friedrich Pacher* und anderen Bozner Malern erhalten.

Von den anderen Kirchen der Stadt ist noch die gotische *Franziskanerkirche* (erbaut 1221) sehenswert, die ebenfalls durch Bomben beschädigt wurde. In ihr soll nach der Überlieferung der *hl. Franziskus von Assisi* als Knabe, da er seinen Vater zu Handelsmärkten nach Bozen begleitete, bei einer Messe ministriert haben. In der Marienkapelle der prachtvolle *Schnitzaltar* (1500) von *Hans Klocker* aus Brixen. Der stimmungsvolle gotische Kreuzgang zeigt bloßgelegte Fresken aus dem 15. Jh.

Den Grieser Hauptplatz beherrscht das weitläufige *Benediktinerkloster Muri* (Schweiz), mit seiner schönen Barockkirche. Ursprünglich ein Schloß der Grafen von Tirol, schenkte es *Herzog Leopold von Österreich* dem Orden der *Augustiner*, als deren Kloster es Ende des 18. Jh. durch die Reformen *Kaiser Josefs II.* aufgehoben wurde. 1845 wurde dann hier ein Kloster der Benediktiner von Muri (Schweiz) eingerichtet. Einige Überreste des alten Herzogsschlosses sind noch zu erkennen: der romanische Turm, das alte Tor und Fresken aus dem 15. Jh. Im Kloster wird der *Psalter von Muri* mit Miniaturen aus dem 11. Jh. aufbewahrt. An das Kloster angebaut ist die festliche *Barockkirche*, deren Inneres 1771–1774 von dem bekannten Tiroler Barockmaler Martin Knoller mit prächtigen Deckengemälden ausgeschmückt wurde.

Besonders sehenswert ist die in geringer Entfernung bergseitig gelegene alte gotische *Pfarrkirche* von Gries mit ihrem weihevollen *Friedhof* mit herrlichen, schmiedeeisernen Grabkreuzen, von dem sie rings umgeben wird. Sie birgt in der Erasmuskapelle eines der wertvollsten Juwele tirolischer Gotik, den berühmten *Schnitzaltar* von *Michael Pacher* (1471–1475). Im Schrein die Krönung Mariä mit dem hl. Michael und Erasmus. In den Flügeln zwei Reliefs: Mariä Verkündigung und Anbetung der Hl. Drei Könige. Auf der Rückwand Tafelbilder eines süddeutschen Meisters. Die seit Jahren laufenden Restaurierungsarbeiten sind nun fertiggestellt.

Das *Merkantilgebäude*, Haupteingang von der Silbergasse und mit Front auch gegen die Laubengasse, heute Sitz der Handelskammer, ist ein Barockpalast mit klassizistischem Stilempfinden, vom Veroneser Architekten Fr. Perotti 1708–1727 erbaut. Hier amtete bis 1850 die von *Erzherzogin Claudia von Medici*, der damaligen Landesfürstin von Tirol, 1635 eingesetzte. privilegierte, erste freigewählte, sich selbst verwaltende und nach eigenem Rechte alle Streitigkeiten schlichtende *europäische Handelsgemeinschaft.*

Die gotische Bozner PFARRKIRCHE *vom* WALTHERPLATZ *aus.*

der sogenannte *Merkantil-Magistrat*, dem die ausländischen Kaufleute angehörten, die die berühmten Bozner Messen (je zwei vierzehntägige im im Frühjahr und Herbst) besuchten. Von hier aus hat auch das von Italien herübergekommene Wechselrecht seinen Eingang in die großen Handelsplätze in Frankfurt, Braunschweig, Leipzig und Wien gefunden. Schöner *Innenhof* mit zweistöckigen Loggien. Sehenswert der großartige und festliche „*Kaisersaal*" mit vielen Gemälden von Mitgliedern des Hauses Habsburg-Lothringen in wertvollen Rahmen, allegorischen Wandmalereien, Murano-Spiegeln und einem wertvollen orientalischen Teppich *(Uschack)* aus dem frühen 17. Jh. In einem Nebenzimmer ein prächtiger *Majolikaofen* in Weiß und Gold (18. Jh.).

B Das besuchenswerte *Städtische Museum* liegt am westlichen Ende der Museumstraße und an der Auffahrtsrampe zur Talferbrücke. Im Erdgeschoß sind die vorgeschichtlichen und römischen Sammlungen untergebracht, im ersten und zweiten Stock die Kunstsammlungen von der gotischen bis in die Biedermeierzeit sowie die keramische Ausstellung, im dritten Stock die volkskundliche Abteilung. Besuchszeiten: Werktäglich 10–12 Uhr und 15–17 Uhr, an Sonn- und Feiertagen von 10–12 Uhr, Montag vormittag geschlossen.

SPAZIERGÄNGE: Die *Bozner Wassermauer*, die nahe, sehr bequem erreichbare und schönste Promenade Bozens, führt auf dem sehr breiten, linksufrigen Schutzdamm der Talfer auf der Bozner Seite (der schon seit dem 13. Jh. besteht) von der *Talferbrücke* in rund 1 km Länge nördl. bis zur Häusergruppe von *St. Anton* (*Schloß Klebenstein*, Brücke über die Talfer). Die mit schönen, teilweise seltenen Bäumen bepflanzte und auserlesenen Blumenanlagen geschmückte Promenade ist wegen der überreichen Ausblicke nach allen Seiten sehr berühmt und viel besucht. Ungefähr auf halber Länge der Promenade und auf der Höhe von *Schloß Maretsch* (13. Jh.), das mit seinen vier Rundtürmen und dem mächtigen Palast malerisch mitten in Weingärten liegt, genießt man die Rundsicht am umfassendsten. Schloß Maretsch wurde von der Kurverwaltung Bozen angekauft und für Ausstellungen und als Kongreßzentrum durchgehend restauriert.

Rechts und links des Talferbettes wurden hübsche Grünanlagen, Sportplätze und Kinderspielplätze geschaffen, ebenso zwei Fußgängerbrücken über die Talfer.

Gegen S und W geht der Blick das breite Etschtal hinunter und über den weiten Talkessel, der vom *Überetscher Hügelland* und dahinter vom *Mendelgebirge (Etschbucht-Gebirge)* mit seiner schönen, eben geschwungenen Kammlinie begrenzt wird. In diese deutlich eingesenkt links der *Mendelpaß*, 1363 m, noch weiter links davon die höchste Erhebung *Roen*, 2215 m, und rechts vom Paß der vielbesuchte Aussichtspunkt *Penegal* (s. Autoausflüge), noch weiter rechts und etschtalaufwärts der kantig abfallende *Gantkofel*, 1866 m. Gleich jenseits des breiten Talferbettes der Stadtteil *Gries*, hinter dem als höchster Punkt des begrenzenden Höhenzuges der *Alten*, 1226 m, aufragt, in dessen Hang die Bergstufe von *Guntschna* eingebaut ist. Direkt im N der *Jenesier Berg* und an dessen Fuß, kaum über die Talsohle erhöht, der auffallende „*G'scheibte Turm*" (Runder Turm), der Rest einer Burganlage aus dem 12. Jh. Darüber am Berghang das Kirchlein von *St. Georgen*, noch höher, gegen den Horizont und über der Mündung der Sarntaler Schlucht aufragend die Ruine von *Schloß Rafenstein*, 680 m.

Am *Rittner Berg* nordöstl. der Stadt, dessen Hänge zuunterst teilweise von Weinbergen gesäumt werden, schlängelt sich die schöne *Oswaldpromenade* quer durch die Berglehne. Weiter rechts bemerkt man die Trasse der *Rittner Bahn*. Die schönste und vielberühmte Schau geht gegen O, wo über der Mündung des Eisacktales die sagenumwobene Dolomitgruppe des *Rosengartens*, 2981 m, mit den flankierenden, spitzgotischen *Vajolettürmen* thront (in Luftlinie kaum 20 km entfernt). Der in die Felswand eingebettete, meist schneeglänzende helle Fleck ist das „*Gartl*", ein Felskar zwischen dem *Rosengarten* und der *Laurinswand*. Besonders eindrucksvoll ist dieser

Anblick, wenn die Felswände bei Sonnenuntergang manchmal in brennendem Rot erglühen und dann allmählich zu kaltem Silbergrau erstarren. Hier kann man die großartige Naturerscheinung des *Alpenglühens* an einer der eindruckvollsten Szenerien der Alpen erleben. Die Rosengartengruppe ist der Schauplatz der *Rosengartensage*, die uns durch das deutsche *Spielmannslied „König Laurin“* überliefert wird. In diesen Bergen hatte der zauberkundige *Zwergkönig Laurin* seinen mit einem Seidenfaden umgrenzten, herrlichen Rosengarten. Dorthin entführte er *Similde von Steier*. Ihr Bruder *Dietleib* und der mächtige Recke *Dietrich von Bern (Ostgoten-König Theoderich der Große)* versuchte mit seinen Recken Similde zu befreien. Dabei verwüsteten sie in den Kämpfen mit König Laurin und seinen Zwergen den Rosengarten. Nach wechselvollem Geschehen wird Similde befreit, König Laurins Reich zerstört und dieser als Gefangener nach Bern (Verona) geführt. **B**

Vom oberen Ende der Bozner Wassermauer erreicht man nach links auf einer schmalen Brücke über die Talfer die *Neue Sarntaler Straße* und auf ihr die Talstation der *Seilbahn nach Jenesien*; nach rechts hingegen und an *Schloß Klebenstein* vorbei zur *Alten Sarntaler Straße*, wo schräg gegenüber der Aufgang zur *Oswaldpromenade* ist; auf der Straße taleinwärts in etwa 15 Minuten zum Fuße des Burgfelsens von *Schloß Runkelstein*.

Die *Grieser Wassermauer* am rechten Talferufer beginnt an der Grieser Seite der Talferbrücke, ist ebenfalls schön als Promenade ausgebaut, reicht jedoch nördlich nicht so weit wie die Bozner Wassermauer. Dafür hat sie eine südl. Fortsetzung entlang dem Talferufer bis zur *Drususbrücke*.

Die *Oswaldpromenade* ist eine hervorragend angelegte Bergpromenade, sehr lohnend und interessant, dabei sehr bequem und kann auch nur in Teilstücken begangen werden. Sie führt bis zu etwa 150 m Höhe über die Stadt quer durch die sonnige Lehne des *Rittner Berges* von der Häusergruppe *St. Anton* an der Mündung des Sarntales bis nach *St. Magdalena* ober der Mündung des Eisacktales. Die Länge des Promenadenweges ist 3 km, die Wegbreite 2 m und die durchschnittliche Steigung nur 6%. Sie wird von schönen Gartenanlagen mit teilweise seltenen Pflanzen der mittelländischen Flora und aussichtsreichen Ruhebänken eingesäumt. Die Promenade vermittelt in ihrer ganzen Länge interessante Niederblicke auf die Stadt und auf das Etschtal. Begehung des reinen Promenadenweges rund $1^1/_2$ Stunden.

Man begeht die *Oswaldpromenade* am besten von St. Anton (Wassermauer) aus. Bis hierher entweder über die Bozner Wassermauer oder durch das Villenviertel „Dorf“ (Autozufahrt, Autobuslinie SASA 5). Die Promenade leitet zuerst durch Weingärten aufwärts, dann in die teilweise felsige Berglehne hinein und erreicht bei den „*Wilden Männern*“ (Felsgebilde aus Porphyrtuff) ihren höchsten Punkt. Hierher kürzer, jedoch steiler vom Stadtrand am Oswaldweg teilweise über bequeme Treppen. An der Einmündung Orientierungsstein. Auf dem Weiterweg öffnet sich eine eindrucksvolle Schau auf die zwischen waldigen Vorbergen mit den Dörfern *Karneid* und *Steinegg* ausgebreitete Dolomitkette des *Rosengartens*. In leichtem Gefälle führt die Oswaldpromenade schließlich wieder durch Weinberge zu dem idyllisch von Rebgärten umsponnenen Dörfchen *St. Magdalena*. Von hier auf etwas steilerem Plattenweg zum Stadteingang an der Brennerstraße.

Weindorf ST. MAGDALENA *bei Bozen inmitten seiner Rebleiten, wo einer der bekanntesten Südtiroler Weine gedeiht.*

Guntschnapromenade. Sie ist das Gegenstück zur Oswaldpromenade in *Gries* und führt durch die Berglehne des *Guntschnaberges.* Ihr Beginn ist gleich oberhalb der alten Pfarrkirche von Gries. In mäßiger Steigung (5%) leitet die Promenade mit vielen in die Felsen gesprengten Kehren durch interessante Gartenanlagen mit vielen Arten subtropischer Pflanzen (Aloen, Agaven, Kakteen, Zypressen, Pinien u. a.). Bis zum Beginn der Guntschna-Rebleiten 1/2 Stunde. Man kann die Begehung bis zum *Reichriegler-Hof* (Hotel-Restaurant) auf Guntschna, 500 m, ausdehnen (s. Autoausflüge). Rückkehr auch auf der Autostraße vom Reichriegler-Hof. Gesamtzeit für die Wegrunde bis zum „Scharfeck" 1 1/2 Stunden.

BERGBAHNEN: **Kohlerer Seilbahn**, die erste Seilbahn der Welt für Personentransport, erb. 1908. Nach Zerstörung im zweiten Weltkrieg seit

---

▷

Blick von der aussichtsreichen Bergstation der KOHLERNSEILBAHN *auf den Talkessel von* BOZEN *mit der Mündung des Eisacktales (rechts) und Sarntales mit der Talfer (Mitte). Dazwischen der Sporn des Rittner Berges. Gegenüber die Hochfläche von Jenesien.*

1964 wieder in Betrieb. Talst. direkt an der Umfahrungsstraße der Brenner-Route, Bergst. Kohlern, 1140 m, HU 876 m, Fahrz. 5 Min. Von den drei Bozner Seilbahnen ist die Kohlerer Seilbahn wegen der Nähe der Talstation, der kurzen Auffahrt und der landschaftlichen Schönheiten, die sie erschließt, am lohnendsten. Großartig ist die Aussicht aus dem Raum rings um die Bergstation, unübertroffen vor allem der Blick auf Schlern und Rosengarten, die Stadt Bozen, das Etschtal, das Mendelgebirge und das Überetsch. Von der Bergst. aus gibt es eine Reihe von schönen, mühelosen Waldspaziergängen. Schließlich finden sich hier in der nächsten Umgebung Bozens Skiübungsmöglichkeiten mit Skiliften (Autobus-Pendelverkehr zur Talstation).

Rittner Seilbahn: Die 1907 erb. Zahnradbahn Bozen—Ritten wurde aufgelassen und durch die leistungsfähige *Großseilbahn Bozen—Oberbozen* ersetzt und 1966 in Betrieb genommen. Die Talst. ist wie früher am Ende der Rittner-Bahn-Straße (250 m vom Hauptbahnhof entfernt). Die Bergst. liegt in *Oberbozen*, 1221 m, unmittelbar neben dem Bahnhof der Elektrotram, die wie früher *Oberbozen* mit *Klobenstein* verbindet. Die Auffahrt mit der Seilbahn an der Lehne des Rittens über die dichten Weinberge von *St. Magdalena* mit dem sich immer mehr weitenden Blick auf die westlichen Dolomiten ist prachtvoll.

Von **Oberbozen**, 1221 m, einem besuchten Fremdenplatz und Ausflugsort, der mit dem nahen *Maria-Himmelfahrt*, 1175 m, auch durch die zahlreichen idyllischen Sommerfrischansitze von Bozner Adeligen und Bürgern aus dem 17. und 18. Jahrhundert bekannt ist, durchzieht die elektrische Trambahn nun fast eben und in vielen Windungen die *Rittner Hochfläche* und erreicht über die Sommerfrischorte *Wolfsgruben*, 1225 m, mit einem kleinen Weiher, und *Lichtenstern*, 1250 m, dann (10 km) *Rappersbichl*, 1239 m, die Endstation (12 km) und den Hauptort **Klobenstein**, 1156 m, Sitz der Gemeinde Ritten und ein sehr schön und besonders aussichtsreich gelegener Fremdenort. Die stattliche Ansiedlung besteht aus einer größeren Anzahl von behäbigen, alten Bauernhöfen, Hotels, Pensionen und einer Reihe von idyllisch gelegenen Sommerfrischevillen aus dem 17. und 18. Jh., die vielfach noch ganz stilecht eingerichtet sind. Wie bei allen Orten auf der Rittner Hochfläche sind auch hier die vorzüglichsten Eigenschaften das schöne Panorama und die überaus große Anzahl von Spaziergängen und Ausflügen jeder Art bis zu leichten Bergbesteigungen. Sehr eindrucksvoll ist der Blick auf das *Schlernmassiv* mit seinen kühnen Flankentürmen (Santner- und Euringer-Spitze) in den westlichen Dolomiten jenseits des Eisacktales. Außerordentlich lohnend ist die Besteigung des *Rittner Horns*, 2260 m, 3 Std., eine der klassisch-schönen und ganz unschwierigen Gipfelersteigungen in in Südtirol mit geradezu unermeßlich weiter Rund- und Fernsicht über einen Kranz von Gebirgen, der im N von den *Ötztaler und Stubaier Alpen* und der *Nordkette* bei Innsbruck über die *Zillertaler Berge* und *Hohen Tauern* reicht, über die *Dolomiten* bis zur Marmolata geht und im S bis zum *Monte Baldo* am Gardasee und in der Rundsicht mit den Firngipfeln der *Adamello- und Presanellagruppe*, des *Ortlers* und der *Bernina* (Schweiz) abschließt. — Mit dem Ausbau der Straße von *Klobenstein* zur *Tann* nach *Pemmern* und der Errichtung eines Doppelsesselliftes mit Talst. *Pemmern*, 1532 m, auf die

Schwarzsee-Spitze, 2070 m, HU 538 m, Fahrz. 19. Min., wurde der Anstieg zum *Rittner Horn* wesentlich erleichtert und verkürzt und für den Wintersport besonders viel benützt. Skilifte am Rittner Horn und in Pemmern. – Öffentl. Schwimmbad, Hotelschwimmbäder, Tennisplätze in allen Orten des Ritten (auch beleuchtet). **B**

Nur zehn Minuten entfernt der alte Weiler *Lengmoos*, 1164 m, die Ursiedlung und der kirchliche Mittelpunkt des Ritten und seit der Römerzeit durch das ganze Mittelalter herauf wichtig als Straßenort, weil der älteste Verbindungsweg von Bozen nach N und über den Brenner bis zur Erbauung des „*Kunterweges*" durch die Eisackschlucht über den Ritten führte und in Lengmoos seinen höchsten Punkt erreichte. Von hier leitete der Weg nach Kollmann bei Waidbruck wieder in das Eisacktal zurück. Sehenswert die gotische *Pfarrkirche* mit römischem Turm und Portal und der Grabstätte der *Herren von Feldthurns* (15. Jh.). In der Nähe das frühere *Hospiz des Deutschen Ritterordens* (erbaut um 1220), wo die *Kommende der Ballei „an der Etsch und im Gebirge*" gegründet wurde. Die heutige Form des Gebäudes ist aus der Zeit um 1650, hat schöne Stuckdecken, Öfen, Täfelungen, Gobelins aus der Mitte des 18. Jh.

Mendelbahn: Standseilbahn (erb. 1903) von *St. Anton*, 513 m, 2 km von Kaltern zum *Mendelpaß*, 1363 m. Länge 2,4 km. HU 850 m, Höchststeigung 64%, Fahrz. 26 Min. Man erreicht die Talst. in St. Anton mit kurzem Spaziergang von Kaltern-Markt oder mit Auto. Die Auffahrt mit der Mendelbahn ist ein einzigartiges Panoramaerlebnis, wie sie nur wenig Bergbahnen bieten (s. Route Bozen—Mendel).

Jenesienbahn. Luftseilbahn von *Bozen nach Jenesien*, 1087 m. Länge 2490 m, HU 765 m, Fahrz. 8 Min. Man erreicht die Talst. am Beginn der Neuen Sarntaler Straße entweder direkt mit Auto (s. Stadtplan) oder mit Stadtautobuslinie. Prächtige Auffahrt über Weinberglehnen, dann mit schönen Nahblicken und immer weiterer Fernsicht auf die Dolomiten (Latemar, Rosengarten und Schlern). Interessanter Niederblick auf die Stadt. Von der Bergst. in 15 Min. zum Ort *Jenesien*, 1087 m. – VV. Autostraße nach Jenesien in Bau.

AUTOAUSFLÜGE: **Rittner Autostraße:** Die Hochfläche wird auch durch eine neue, sehr schöne Autostraße erschlossen. Diese hat in ihrer Gesamtentwicklung Bozen—Klobenstein eine Länge von 14 km und ist rund 7 m breit, mit einer Steigung von 7%. Sie zweigt von der Brennerstraße R 1, gleich nach dem Vorort *Rentsch*, und zwar sofort nach der Brücke über den Katzenbach, 2,5 km von Bozen, links ab und führt durch das Rebgelände von *Justina* und dem *Leitach* in weiten Schleifen, dann immer an der Hanglehne des Rittner Berges ansteigend durch *Unterplatten* zum lieblich und aussichtsreich gelegenen Dörfchen *Unterinn*, 904 m, 9,5 km. Weiter zum „Weber im Moos" im Weiler *Gasters*, 1116 m. In Gasters zweigt ein Straßenstück ab, das über *Wolfsgruben*, 1206 m, nach *Oberbozen*, 1221 m, leitet, 5 km, schmal mit Ausweichen. Die Rittner Autostraße bietet eine an panoramischer Sicht geradezu einzigartige Fahrt, die ihresgleichen in Südtirol nicht hat.

B **Reichriegler-Hof**, 500 m (s. auch Spaziergänge), ein dominierender Aussichtspunkt an der Lehne des Glaninger Berges, der mit wenig Zeitaufwand zu erreichen ist. Vom westl. Ende der *Talferbrücke* durch die *Cadornastraße* entlang der Grieser Wassermauer zum Beginn der Neuen Sarntaler Straße an der Brücke über den *Fagenbach (Scharfeck)*. Hier beginnt links die staubfreie Autostraße von 1 km Länge, die teilweise wohl sehr steil (16%), jedoch sehr gut fahrbar ein kurzes Stück in die *Fagenschlucht* (hübscher Wasserfall) hineinleitet, dann in mehreren scharfen Steilkehren hubschrauberartig ihren höchsten Punkt beim Reichriegler-Hof gewinnt. Von hier kirchturmartiger Tiefblick auf das gesamte Stadtbild von *Bozen-Gries*, den weiten *Etschtalkessel* und das Gebiet von *Überetsch*. Besonders eindrucksvoll die Fernsicht auf die Dolomitgruppen des *Rosengartens und Latemar* (Hotel, Restaurant, Cafeterasse, Freibad).

Schloß Runkelstein, 363 m (s. auch Spaziergänge). Schloß Runkelstein ist eine der schönsten, berühmtesten und dazu am besten erhaltenen Burganlagen Südtirols. Wer es nicht besucht, versäumt das *wertvollste Kleinod mittelalterlicher Burgenromantik des Etschlandes* gesehen zu haben. Man verläßt die Stadt auf der Runkelsteiner Straße und Heinrichstraße durch den Villenvorort „Dorf“ und erreicht an *Schloß Klebenstein* vorbei auf der Alten Sarntaler Straße nach rund 2 km den Fuß des Schloßfelsens, der steilwandig direkt auf die Straße absetzt (Parkplatz). Um den schönsten Anblick von Runkelstein zu haben, fahre man noch das kurze Stück über die Talferbrücke und bis zur Einmündung in die Neue Sarntaler Straße. Von hier ist der mächtige Aufbau des Schlosses über senkrecht stürzenden Porphyrwänden, die von den munteren Wellen der Talfer umrauscht werden. besonders eindrucksvoll. Auf dem etwas steilen Zugangsweg in 10 Minuten zum Schloß (Wirtschaft).

Geschichtliches: Im Jahre 1237 erbauten die mächtigen *Herren von Wanga*, die Brüder Friedrich und Beral, auf dem nach drei Seiten senkrecht abstürzenden Felsklotz „*Runchenstayn*“ ein Bollwerk, das schon wenige Jahrzehnte später (1274) vom *Grafen Meinhard II. von Tirol* zerstört wurde. Nach dem Wiederaufbau wechselten verschiedene Südtiroler Adelsgeschlechter im Besitz. Im Jahre 1385 erwarb es der Bozner Ritter *Niklas von Vintler*, dessen Reichtum, Freigebigkeit und Kunstsinn der großzügige Ausbau und vor allem die überreiche künstlerische Ausschmückung zu danken ist. Seit 1460 im Besitze der *Habsburger*, war Runkelstein von Kaiser *Maximilian I.* dem berühmten Landsknechtführer *Jörg von Frundsberg* vergeben. Unter Kaiser Maximilian wurden die zahlreichen, schon schadhaft gewordenen Wandgemälde zwischen 1503—1511 durch die Maler *Jörg Kölderer*, *Friedrich Lebenpacher*, einem Bruder Michael Pachers und *Marx Reichlich* ausgebessert. Von 1538—1754 besaßen das Schloß die *Grafen von Liechtenstein*, das dann wieder an die Habsburger und schließlich

---

▷

Die über der Talfer aufragende BURG RUNKELSTEIN, *ein einzigartiges Juwel und Kulturdenkmal der späten Ritterzeit mit einer verschwenderischen Fülle von wertvollen, meist ziemlich gut erhaltenen Fresken aus dem ritterlich-höfischen Leben um 1400.*

an die Bischöfe von Trient fiel. 1880 kaufte *Erzherzog Johann Salvator von Österreich* (nachmalig *Johann Orth*) Schloß Runkelstein, schenkte es Kaiser *Franz Josef I.*, der die Ruine vom Wiener Dombaumeister *Friedrich von Schmidt* umfassend wieder herstellen ließ. 1893 endlich gelangte Schloß Runkelstein durch Schenkung Kaiser Franz Josefs I. an die *Stadt Bozen.* **B**

Ein Rundgang durch die verschiedenen Baulichkeiten des Schlosses, *Westpalas*, *Sommerhaus* und *Ostpalas* und besonders das Verweilen in einigen der bekanntesten Räume (*Liechtenstein-Saal*, *Kammer der Liebespaare*, *Badezimmer*, *Tristan-Zimmer*, *Garel-Zimmer* u. a.) sind auch für Laien hochinteressant. Die Wandmalereien von Schloß Runkelstein stellen den *umfangreichsten und vielseitigsten Zyklus mittelalterlicher Profanmalerei* dar, der uns erhalten geblieben ist. Man könnte diesen Freskenzyklus geradezu als eine großartige, bildliche Darstellung der Literatur der damaligen Zeit, der Epen, Spielmannslieder und Romane, ansehen! (Kunstgeschichtliche Broschüren in der Schloßwirtschaft.)

DAS SCHLERNGEBIET

Völs – St. Konstantin – Seis – Kastelruth – Seiser Alm

Die in Blumau im Eisacktal, R 1, abzweigende Mittelgebirgsstraße durch das Schlerngebiet (von Blumau – Seiser Alm, 30 km) ist eine schöne asphaltierte Autostraße mit 6 m breiter Fahrbahn und gleichmäßiger Steigung von 11%.

Autobuslinie Bozen – Kastelruth und Seis – Seiser Alm. Die Fortsetzung von Seis bis zum Rande der Seiser Alm (Kompatsch) ist eine 6 m breite, 8 km lange, sehr schöne Bergstraße mit Asphaltdecke.

Ein Autoausflug zum Rande der Seiser Alm bietet eine Fülle von auserlesenen Schönheiten und großartigen Blicken. Die breite Bergstufe, entlang dem tief eingerissenen Eisacktal, ist eine der eigenartigsten und an ihrer Schönheit merkwürdigsten Landschaften Südtirols. Man erreicht die bekannten Fremdenorte *Völs*, *Seis* und *Kastelruth* und als Krönung den Rand der vielgerühmten *Seiser Alm.* Die Fahrt entlang dem massigen Gebirgsstock des *Schlerns* mit seinen stürzenden Wänden und der ständige Blick zum mächtigen Bergrücken des Ritten und auf die Sarntaler Berge ist ein besonders eigenartiges Landschaftserlebnis.

Von Bozen nach Blumau, R 1, 8 km. Abzweigung nach rechts an einer unübersichtlichen Windung der Brennerstraße gleich nach der Brücke über den Breibach mitten in der Ortschaft. Achtung bei Rück- und Einfahrt in die Brennerstraße! In gleichmäßiger Steigung und windungsreich zieht die *Völser Straße* durch die abschüssige Berglehne empor. Man gewinnt

---

◁

Blick in den Burghof von RUNKELSTEIN, *eine der interessantesten Sehenswürdigkeiten Bozens und ein sehr beliebtes Ausflugsziel. Im Bild der* SOMMERPALAS *der* VINTLER *mit den Fresken an der Söllerwand, die in Triaden die größten Helden des Altertums, die berühmtesten Liebespaare, die gewaltigsten Riesen u. a. im größten Zyklus mittelalterlicher Profanmalerei darstellen.*

VÖLS *am Schlern, 880 m. Im Hintergrund das Schlernmassiv mit Santner- und Eurningerspitzen.*

▷

SEIS AM SCHLERN, *1004 m, der liebliche und vielbesuchte Fremdenort am Fuße der Santnerspitze des Schlernmassivs. Von Seis führt eine hervorragend eindrucksvolle, modern ausgebaute Panoramastraße zum Rande der* SEISER ALM.

B überraschend schnell an Höhe über dem engfurchigen Eisacktal mit interessantem Blick auf die mächtigen, kahlen Berghänge des Ritten. Bald erscheint voraus, urgewaltig, das großartige Massiv des Schlern, ein überwältigender Anblick! Nach einigen Kilometern an der ungemein steilen und gleichmäßig abschüssigen Berglehne mit mächtigen Schutz- und Böschungsbauten und zwei Tunnels und einem erregend schönen Blick in die tief unten ziehende Talsohle des Eisacks, biegt die Straße in die kurze Schlucht des Schlernbaches ein.

Unter dem schön gelegenen Schloß und Dörflein *Prösels*, 855 m, (hierher ab Völser Straße schmale Autostraße, die weiter bis *Völser Aicha* führt) und nun weiter zur Ortschaft, 7,5 km,

Völs am Schlern, 880 m, mit schöner spätgotischer Pfarrkirche. Diese uralte, interessante Bergsiedlung auf einer kleinen Kuppe wird schon im Jahre 888 als „*Fellis*" erwähnt. Seine schöne, ungewöhnlich aussichtsreiche Lage zusammen mit der abwechslungsreichen Wiesen- und Waldumgebung machen Völs zu einem beliebten Sommerfrischort. Hübsche Spazierwege, so nach *Schloß Prösels*, 40 Min. (erb. 12. Jh., Erweiterungsbauten aus dem 16. Jh.); ferner ganz nahe zur Felskuppe des *Peterbühels* mit dem romanischen Kirchlein *St. Peter* (12. Jh.) mit gotischem Portal und Schnitzaltar aus dem 16. Jh. Völs ist weiterhin durch seine originellen, vielbesuchten *Heubäder* bekannt. Eine breite asphaltierte Straße führt zum Völser Weiher. Abzw. von der Hauptstraße bergseitig beim Hotel *Wolfgang*. Am idyllisch gelegenen Völser Weiher Badegelegenheiten, modernes Hotel-Hallenbad, Restaurants und 2 herrlich gelegene Tennisplätze. Im Dorf selbst öffentl. Schwimmbad, Hotel-Schwimmbäder u. Tennisplätze. VV.

Die Straße führt nun in schöner, ebener Trassierung durch Wald und Wiesengelände nach

St. Konstantin, 907 m, einer weitgestreuten Villen- und Hotelsiedlung mit einigen Bauernhöfen in reizvoller Lage mit einem entzückenden Hügelkirchlein (16. Jh.). Von hier in 20 Min. zum kleinen *Völser Weiher* mit hübscher Waldumrahmung nahe dem Fuße des *Schlernstockes* gelegen, der hier mit kulissenartig ineinandergeschobenen Felswänden abbricht. Der *Völser Weiher* ist von *St. Konstantin* mit Auto auf schmaler Waldstraße zu erreichen.

Durch Wald erreicht die Straße die weite Einbuchtung sanft ansteigender Wiesen und Äcker, die sich im Halbrund zwischen dem *Hauensteiner Forst* und dem vom felsigen Rand der Seiser Alm herabziehenden Hängen einschmiegt und worin in ausgezeichnet schöner Lage, 14 km,

Seis am Schlern, 1004 m, eingebettet ist. Durch seine idyllisch schöne, freie und anmutige Lage und die interessante und abwechslungsreiche Umgebung, besonders auch wegen der herrlichen Blicke auf den *Schlern* mit seinen Nordabstürzen und der klassisch geformten, kühnen Turmgestalt der *Santnerspitze* ist Seis von altersher ein vielbesuchter Sommerort. Geh. Schwimmbad, 3 Tennisplätze (mit Licht), Anlage Salegg. VV.

Von Seis führt eine schmale Fahrstraße durch das Villenviertel von Oberseis zur Einmündung, 3 km, in die Hauptzufahrtstraße auf die Seiser Alm.

Blick vom SCHLERN *auf* SANTNERSPITZE, SEIS (Vordergrund) *und* KASTELRUTH *(Bildmitte).*

Von den zahlreichen Möglichkeiten an Spaziergängen ist besonders hervorzuheben: *St. Valentin*, 30 Min., ein weithin beherrschend und frei gelegenes Kirchlein (erb. 13. Jh., Fresken aus dem 14. und 15. Jh.) nördl. des Dorfes; von hier mit dem Schlern im Hintergrund eines der klassischen Landschaftsbilder Südtirols. — Auf schmaler Fahrstraße, 3 km, nach *Bad Ratzes*, 1199 m (Schwefel- und Eisenquelle verschüttet), in einem schluchtartig engen Waldtal mit eindrucksvollen Steilblicken auf die hier ungeheuerlich aufgetürmten Felsgestalten der *Santner- und Euringerspitze und Burgstallkante*. Ratzes wird im Hochsommer wegen seiner erfrischenden Waldkühle besucht. — *Burg Hauenstein*, $^1/_2$ Stunde auf gutem Waldweg.

B Die Ruine thront auf einem mächtigen Felsblock mitten in dem vom Nordfuß der Santnerspitze herabziehenden Forst. Hauenstein ist bekannt als Alterssitz des berühmten letzten *Minnesängers Oswald von Wolkenstein*, 1377–1455.

Auf der schönen Autostraße von Seis (nach 1 km Abzw. der *Seiser-Alm-Straße*) in 3,5 km nach

Kastelruth, 1060 m, rd. 5300 Einw. in der Gesamtgemeinde, dem reizend in einer waldumsäumten Wiesenmulde gelegenen malerischen Gemeindeort mit engen Gassen, stattlichen alten Häusern, gemütlichen teilw. sehr bekannten und beliebten Gasthöfen und Pensionen, dann einem entzückenden *Dorfplatz* mit schönem Brunnen, vom mächtigen, sehr hohen, freistehenden Kirchturm überragt. Sehenswert die großräumige Pfarrkirche (18. Jh.) und der anschließende stimmungsvolle Friedhof mit weitem Ausblick auf den Schlern und die Grödner Dolomiten.

Sehr schön gelegenes, modernes geh. Schwimmbad, von sonnigen, weiten Liegewiesen umsäumt. Neben dem Schwimmbad 2 öffentl. Tennisplätze (mit Licht). VV.

BERGBAHN: **Gondellift Marinzen.** Talst. *Kastelruth*, 1056 m, Bergst. *Marinzen*, 1483 m, HU 427 m, Fahrz. $18^{1}/_{2}$ Minuten.

Von *Waidbruck* im Eisacktal (R 1), 6 km südl. der Autobahnausfahrt Klausen, führt die alte, jetzt gut ausgebaute, asphaltierte Autostraße nach Kastelruth.

Von Kastelruth führt eine schön ausgebaute, breite und asphaltierte Straße unter dem Abfall der Seiser Alm über das Dorf St. Michael und dem Panidersattel, 1442 m (Gasthaus), nach St. Ulrich in Gröden (12 km).

Seiser Alm *(Kompatsch)*, 1870 m. 9,5 km lange staubfreie, fast durchwegs 6 m breite Autostraße, zum Rande der Seiser Alm (Kompatsch), einer kleinen Hotelgruppe und Villenkolonie. Die Straße ist auch im Winter gebahnt und sehr gut zu befahren. Autobusverkehr. Die Auffahrt auf dieser Straße ist ein landschaftliches Erlebnis ersten Ranges. Sie erreicht den an

---

▷

KASTELRUTH – SEIS. *Das hochmoderne, geheizte Freischwimmbad liegt auf halbem Wege zwischen Seis und Kastelruth. Es kann vielleicht als das schönst gelegene Freischwimmbad mit der eindrucksvollsten Landschaftsumgebung in Südtirol gelten. Im Hintergrund* SANTNERSPITZE, *2412 m, und der* SCHLERN, *2564 m.*

B steilem Wiesenhang gelegenen Berggasthof *Gstatsch* und leitet in Kehren und am Berghaus *Frommer* vorbei, im letzten Teil schon durch das Mattengelände der Alm zum Endpunkt. (Parkplatz!) Die von *Kompatsch* die *Seiser Alm* überziehende Militärstraße, die in *Monte Pana* endet, darf nur von Fahrzeugen der Hotels auf der Alm und deren Gästen befahren werden, (siehe auch unter „Seiser Alm", St. Ulrich-Ortisei, R 16).

Tierser Tal, 11 km von Blumau. 3 m breite Fahrstraße mit Naturdecke und teilweise sehr starken Steigungen (21%). Das tief eingeschnittene, waldreiche Tal weitet sich im oberen Teil, wo das bekannte Rosengartendorf **Tiers** und weiter im Talschluß *Weißlahnbad* liegen und führt bis an den Fuß der *Rosengartengruppe*, die hier besonders großartige Felsszenerien zeigt. Die Autostraße *St. Zyprian—Niger—Karerpaß* ist ausgebaut und staubfrei. So kann man den Talschluß des Tierser Tales besser von der Großen Dolomitenstraße, R 9, über die Nigerstraße erreichen. Der untere Teil der schmalen Bergstraße durch das *Tiersertal* wurde 1966 fast vollkommen zerstört. Da dieser Streckenabschnitt kaum überschwemmungs- und mursicher gebaut werden kann, wird von der Straße *Blumau—Völs* eine neue Umleitungsstraße über *Völser Aicha* gebaut, die das Dorf *Tiers* somit auch aus dem Eisacktal herauf gut erreichbar macht.

Von *Bozen* auf der Brennerstraße, R 1, bis 8 km, *Blumau*. Hier mitten im Ort und am höchsten Punkt zweigt die schmale Fahrstraße rechts ab und windet sich längs des Tierser Baches und am, 3 km, Gasthaus *Halbweg* vorbei zur Häusergruppe *Breien*, 655 m, mit dem hübschen *Katharinenkirchlein* aus dem 13. Jh. (interessanter Freskenzyklus). Bald leitet die Straße mit starker Steigung (21%) durch dichten Wald von der Talsohle weg und an der Berglehne hinauf in freies Wiesengelände mit schönem Blick auf den *Rosengarten* und erreicht, 8 km, *Tiers*, 1028 m, einen frei und reizend gelegenen Sommerfrischort und sehr günstigen Ausgangspunkt für schöne Bergwanderungen in der Rosengarten- und Schlern-Gruppe. †. Nun fast eben nach, 10 km, *St. Zyprian*, 1071 m, mit einer romanischen Kapelle und dem berühmten Blick auf *Laurinswand und Rosengarten*. Bald darauf erreicht man den, 11 km, kleinen Ort *Weißlahnbad*, früher ein kleines Bauernbad, 1179 m, in einem großartigen dolomitischen Szenarium. Kleiner, privater Badebetrieb im Hotel. VV in Tiers.

▷

Heuarbeit auf der Hochweide der SEISER ALM. *Im Bilde ein Ausschnitt ihres östl. Teiles mit dem mächtigen, hufeisenförmigen Felsrahmen der* LANGKOFELGRUPPE. *Links der königliche Langkofel, 3185 m, ganz rechts der pultartige Plattkofel, 2964 m. Im Kranz reihen sich Fünffinger-, Grohmannspitze und Innerkoflerturm. Die tiefe Einkerbung in der Mitte ist die Langkofelscharte, 2681 m, die von der anderen Seite (Sellajoch) mit einem Gondellift erreicht wird.*

SÜDTIROLER WEINSTRASSE

Eppan — Kaltern — Tramin — Kurtatsch — Margreit — Kurtinig — Salurn

Das *Überetsch* dehnt sich südwestl. von Bozen zwischen der Talsohle des Etschtales, gegen die es mit dem langgezogenen Kamm des Mitterberges steil abfällt, und dem steilen, langgestreckten Höhenzug der Mendel als liebliches Hügelgelände mit Mittelgebirgscharakter aus. Dieser außerordentlich fruchtbare, klimatisch so bevorzugte Landstrich ist in allem zauberhaft und reizvoll. Die wellige Hügelplatte, die durchschnittlich rund 200 m höher als die Etschtalniederung liegt, ist zum großen Teil von geschlossenem Rebgelände in dichten Pergelwellen und von Obstpflanzungen bedeckt und weitet sich nach allen Seiten zu entzückenden Nahbildern. Großartig und von faszinierender Vielfältigkeit ist der Gebirgsrahmen, der diese Landschaft umgibt. Aus dem weiten Bergkranz leuchten die Ausläufer der *Ötztaler Alpen* herein, im *O* stehen über Bozen und waldigen Vorbergen die steinernen Monumente der Dolomiten, während gegen *S* senkrecht gekantete und wie Kulissen verschobene Porphyrwände die breite Sohle des Etschtales begleiten. In seiner ganzen Ausdehnung lehnt sich das hügelige Überetsch eng an das *Mendelgebirge* an, das über seinen waldigen und bebuschten Steilwänden und dem aus geschnitten glatten Felswänden geformten Stirnkranz mit einer fast ebenen Kammlinie den Horizont durchzieht.

Das zauberhafte Bild dieses gesegneten Erdenflecks wird von der Landschaft mit seinen stattlichen und altertümlichen Dörfern und über *hundert Burgen, Schlössern und Ruinen* zu idyllischer Romantik geprägt. Verstreut in dem unübersehbaren *Rebgelände* und zwischen großen *Obstpflanzungen* gedeihen *Edelkastanien*, *Mandel-*, *Feigen-* und *Maulbeerbäume*, während in den ausgedehnten Parkanlagen der Edelsitze seltene Laub- und Nadelhölzer und Sträucher mittelländischer Vegetation wachsen.

Das Überetsch war schon in vorgeschichtlicher Zeit von *rätischer Urbevölkerung* stark besiedelt, wofür die Überreste zahlreicher Wallburgen und Pfahlbauten zeugen. Im Mittelalter wurde es der Sitz von herrschenden Adelsgeschlechtern auf den heute noch als mächtige Ruinen eindrucksvollen Burgen. Im 16. und 17. Jh. bevölkerte sich das Überetsch immer mehr mit Familien des Südtiroler Schwert- und Dienstadels, wovon heute noch über hundert Schlösser, Burgen und Ansitze, teilweise nur mehr als Ruinen, Zeugnis geben. Eben in dieser Zeit, nämlich in der zweiten Hälfte des 16. Jh. und ersten Hälfte des 17. Jh. entwickelte sich hier der interessante *Überetscher Baustil*, der aus einer ungemein glücklichen Vereinigung malerischer Wohnkultur der ausklingenden *Gotik* mit den schmückenden Stilelementen lombardischer *Renaissance* und deren großzügiger Raumgestaltung durch Säulenhöfe, Loggien und Freitreppen erwuchs.

Das Überetsch ist das *größte geschlossene Weinbaugebiet Südtirols*. Die Spitzenmarken der Überetscher Weine, namentlich der weltbekannte *Kalterer See*, dann *Eppaner Weißburgunder*, *Missianer*, *Cabernet* u. a. genießen von alters her hohen Ruf. Aus dem Überetsch dürfte auch jener „*rätische Wein*" gekommen sein, der nach römischen Schriftstellern schon von Kaiser Augustus an seiner Hoftafel bevorzugt wurde.

BURGEN- UND REBLANDSCHAFT *bei* EPPAN *in* ÜBERETSCH. *Links oben Schloßruine* BOYMONT, *darunter Schloß* KORB, *am Horizont die Ruine von* HOCHEPPAN, *rechts darunter der schlanke* KREIDETURM.

Als *Südtiroler Weinstraße* in weiterem Sinne kann man schon die Überetscher Straße bezeichnen, die von der Autostraße Bozen—Meran abzweigt und Eppan erreicht, von wo die Mendelstraße weiterführt. Man verläßt Bozen wie bei R 8 und zweigt nach der großen Pappelallee, 3 km, von der Autostraße nach Meran links ab und erreicht bald, 5 km, die Häusergruppe von *Sigmundskron (Castel Firmiano)*, 257 m, wo die Meraner Bahn und Etsch überquert werden. Links voraus thronen die mächtigen türmereichen Ruinen von *Schloß Sigmundskron* auf einem scharf vorspringenden, zur Etsch abbrechenden Porphyr-Felssporn, wo diese mit einem scharfen Knick nach S umbiegt.

SCHLOSS SIGMUNDSKRON, *eine der ältesten und ausgedehntesten Burganlagen Südtirols.*

Schloß Sigmundskron ist eine der ältesten und wohl die ausgedehnteste Burganlage Südtirols. An der Stelle einer vorgeschichtlichen rätischen Wallburg entstand hier eine römische Befestigungsanlage, möglicherweise zum Schutz von *Pons Drusi.* Vor dem Jahre 1000 trug die Burg den Namen *Formicaria,* dann *Formian* und *Firmian.* Seit dem 10. Jh. diente sie als Grenzfestung der Bischöfe von Trient gegen die welfische Grafschaft Bozen. 1473 erwarb *Erzherzog Sigmund der Münzreiche von Tirol* die Burg und baute sie großzügig mit mächtigen Ringmauern (300 m lang und bis zu 5 m dick), starken Bastionen, Rund- und Vierecktürmen aus. Von diesen eindrucksvollen Anlagen sind heute nur mehr bescheidene Reste vorhanden, so vom Palas, vom romanischen Weißen Turm und der zweigeschossigen St.-Stefans-Kapelle mit Fragmenten von Fresken. Nach ihrem Erneuerer wurde die Burg in Schloß Sigmundskron umbenannt und war zur Regierungszeit dieses Landesfürsten der Mittelpunkt des höfischen Lebens in Südtirol. Im Laufe der Jahrhunderte war Schloß Sigmundskron im Besitze verschiedener Südtiroler Adelsgeschlechter und gehört heute dem *Grafen Toggenburg* in Bozen. Eine Besichtigung lohnt allenfalls wegen der umfassenden Aussicht auf den Talkessel von Bozen und das Etschtal. Im alten Wirtschaftsgebäude des Schlosses wurde ein Restaurant eingerichtet, das viel und gerne besucht wird. Man erreicht Schloß Sigmundskron auf einer schmalen, staubfreien Straße, die von der Autostraße nach Girlan abzweigt. Die Aussicht vom Schloß auf die Landeshauptstadt Bozen und ihre Bergumrahmung ist einmalig.

Eine noch umfassendere Aussicht genießt man vom beliebten Ausflugsziel *Marklhof,* 445 m. Vor *Frangart,* am Beginn der Südtiroler Weinstraße, hinter dem Sigmundskroner Schloßhügel Abzweigung nach links und durch Weingüter gegen den Kamm des Mitterberges hinauf. Bevor sie sich dem großen *Weindorf Girlan,* 435 m, zuwendet, zweigt spitzwinkelig eine schmale Fahrstraße zum Marklhof gegen Norden ab.

Diese Schleife der Weinstraße macht Girlan zufahrtsmäßig selbständig von der Hauptroute der Weinstraße nach *Eppan.* Die Entfernung von Girlan nach Eppan beträgt knapp 3 km.

Der sehr schön auf einem Rücken gelegene *Marklhof* (mehrere Wegweiser!) war im Mittelalter ein Weinhof des Klosters *Steingaden* in Bayern und ist heute Besitz des Augustiner Chorherrenstiftes Neustift bei Brixen. Vom nahen Plateaurand umfassender Blick nach drei Seiten über das Etschtal und fast die ganze Hügelplatte des Überetsch bis zur Mendel. **B**

Der Hauptstrang der Weinstraße (von der Etschbrücke bis Salurn rd. 40 km) führt durch den Weiler *Frangart* durch das lieblich-romantische Warttal hinauf. Am Beginn der Steigung zweigt rechts eine Fahrstraße ab, die in kurzem, steilem Anstieg durch die sogenannte „Paulsner Höhle" direkt nach St. Pauls führt (1 km). Auf dem das Tälchen begleitenden Bergsporn in beherrschend freier Lage, die gut erhaltene und bewohnte Wartburg, 374 m, mit Bergfried und Palas aus dem 11. Jh. Auf einem Hügel weiter rückwärts die spärlichen Reste eines klobigen Turmes mit zerbröckelten Mauerresten der *Altenburg*, wohl auch aus dem 11. Jh., und vor *Schloß Hocheppan* der ursprüngliche Sitz der Grafen von Eppan.

Nach einer kurzen Steigung durch Rebanlagen und Obstgärten knapp am Ortsrand von Eppan eine scharf nach rechts abbiegende Fahrstraße nach St. Pauls, mit der besonders charakteristischen Pfarrkirche, der bekannte „DOM AUF DEM LANDE" und dem klassischen Blick auf die berühmten Schloßruinen *Hocheppan* und *Boymont* (10 km).

Vor der Abzweigung auf der Hauptroute weiter nach

St. Michael—Eppan, 411 m, rd. 10.000 Einw. (Großgemeinde mit 13 Fraktionen), das erste der drei großen Überetscher Weindörfer in lieblicher Lage und ganz von Weinbergen umgeben. Die schmale Hauptstraße des Dorfkerns ist malerisch von zahlreichen Adelsansitzen im Überetscher Baustil eingesäumt. Als besonders schöne Beispiele gelten das malerische *Haus Wohlgemuth* (fr. *Ansitz Hammerstein* oder *Wendelstein*) am Südrand des Ortes (gegenüber der St.-Anna-Kirche), zwei Gebäudekomplexe, die durch einen Loggiengang verbunden sind; ferner der Ansitz *Talegg* am Nordrande des Ortes und an der Fahrstraße nach *St. Pauls*. In dem ungemein reizvollen, durchwegs von Weingärten und Obstwiesen aufgelockerten Siedlungsgebiet rings um Eppan sind einige der bekanntesten und schönsten Schlösser und Ruinen des Überetsch bequem auch mit Auto zu erreichen. Die unten angegebene kurze Autorundfahrt bietet eine solche Fülle von landschaftlichen Schönheiten und interessanten Anblicken, daß sie zu einem romantischen Erlebnis höchsten Ranges wird. Wer die Umgebung von Eppan kennengelernt hat, erfüllt zutiefst das Wesen dieses paradiesischen Landstriches Überetsch. In der Gemeinde Eppan und seinen Fraktionen gibt es über 150 Schlösser, Burgen und Ansitze (alle unter Denkmalschutz). Die Gemeinde besitzt 2 öffentl. Schwimmbäder, 1 öffentl. Hallenbad, ca. 70 Privatschwimmbäder und 4 Privathallenbäder, 3 öffentl. Saunas, 15 Tennisplätze, 1 Minigolfplatz, Reitstall u. a. m. VV. Im Runggwald bei Girlan befindet sich das Eppaner Sportzentrum. Hinter der Gastwirtschaft Rungghof beginnt ein 3,7 km langer, immer durch Misch- und Nadelwald führender „*Trimm-dich-Pfad*", ohne größere Schwierigkeiten für jung und alt sehr geeignet.

Die schmale Hauptstraße durch den idyllischen Dorfkern kann man neuerdings durch eine Umfahrungsstraße, die kurz vor Eppan beginnt, vermeiden.

B Vom südl. Ortsausgang fährt man nach rechts die *Mendelstraße* noch einige hundert Meter aufwärts und biegt hier scharf rechts in eine versteckt abzweigende schmale Fahrstraße ein (Richtungsweiser „Zum Stroblhof"). Durch den Weiler Pigenò mit den Ansitzen Kuensegg und Liebenburg kommt man in ein Tälchen (man verfolge die Richtungsweiser zum „Stroblhof"), wo bald links in einem schönen Park am Fuße der Waldhänge des *Matschatschberges* der massive Bau von *Schloß Gandegg*, 487 m, mit seinen vier runden Ecktürmen und einem viereckigen Mittelturm aufragt. Das im 15. Jh. erbaute, später umgestaltete Schloß ist heute noch mit dem Hausrat aus der Erbauungszeit ausgestattet. Die hübsche, barocke *Schloßkapelle zu Maria Schnee* ist von 1698. Gandegg ist seit 1550 und noch heute im Besitz der *Grafen Khuen*. Besichtigung nicht gestattet. – In geringer Entfernung oberhalb rechts das durch seine strenge, gotische Schönheit auffallende *Schloß Englar* mit seinen mächtigen, abgewalmten Giebelsteildächern, dessen ältester Teil aus dem 13. Jh. stammt, spätere Zubauten aus dem 15. und 16. Jh. Schloß Englar gilt als prächtigster und stilreinster gotischer Schloßbau Südtirols. Es ist seit 1621 im Besitze der *Grafen Khuen*. Besichtigung nicht gestattet.

Den sehr beschaulich liegenden *Stroblhof*, eine der bekanntesten Überetscher Weinwirtschaften, erreicht man gleich nach den beiden erwähnten Schlössern auf schmaler Fahrstraße (Wegweiser). (Öffentl. Hallenbad u. Sauna.) Von hier interessanter Spaziergang in 15 Min. zu den sogenannten „*Eislöchern*", 590 m, einem merkwürdigen, ungeklärten Naturwunder, einer klimatischen und dadurch botanischen Kuriosität. In einer etwa 100 m breiten Mulde bilden hier die mächtigen Porphyrtrümmer eines Bergsturzes tiefe Spalten, aus denen auch zur Zeit der größten Hochsommerhitze blankes Eis schillert. Dadurch wird die Temperatur in der engsten Umgebung so beeinflußt, daß hier wenige Schritte neben Reben und Edelkastanien Alpenrosen und andere Bergblumen blühen.

Sehr sehenswert ist der *Ansitz Schulthaus* (fr. *Edelsitz Moos*), den man gleich nach Schloß Englar auf einem schmalen Fahrweg nach rechts einbiegend erreicht. Der turmartige Kern der Anlage geht wohl noch ins 13. Jh. zurück, wurde jedoch durch ungewöhnlich viele Zu- und Umbauten der verschiedenen adeligen Besitzer im Laufe der Jahrhunderte zu einem kleinen, hochinteressanten Burglabyrinth. Der Ansitz wurde erst in den letzten Jahren stilgerecht restauriert und beherbergt eine ungewöhnlich reichhaltige Kunstsammlung des neuen Besitzers, des Bozner Kaufherrn *Walter Amonn*; die Sammlung enthält fast durchwegs Werke moderner Südtiroler Künstler. Besichtigung ist nicht gestattet.

Man kann vom Ansitz Schulthaus aus die Burgen- und Schlösserfahrt in einem Zuge fortsetzen, indem man auf dem schmalen Fahrweg nördl. weiterfährt, wobei man nahe an der *Gleifkapelle*, 551 m, dem Eppaner Kalvarienberg, vorbeikommt (von dem plattigen Porphyrbuckel mit schönen Gletscherschliffen, auf dem sie steht, besonders eindrucksvoller Rundblick auf das Überetsch und das Etschtal!). Nach kurzer Fahrt erreicht man das prächtig auf einem mit Weinreben und edlen Nadelhölzern bestockten Parkhügel liegende *Schloß Freudenstein*, 540 m (hierher auch auf einer Fahrstraße direkt von Eppan). Die massige Burganlage mit zinnengekrönten Mauern ist im besten Bauzustande und zeigt zwei mächtige Bergfrits, die von

SCHLOSS HOCHEPPAN, *636 m, mit umfassender Aussicht auf Überetsch. Rechts* ST. PAULS *mit dem „Dom auf dem Lande"*.

der ursprünglichen Anlage aus dem 13. Jh. stammen; die übrigen Teile, darunter zwei *Kapellen* (die äußere von Jakob Fuchs, 1519 erb.), sind Zubauten aus verschiedenen Epochen. Wer Freudenstein erbaute, ist unbekannt; wahrscheinlich war auf dem Hügel schon eine vorgeschichtliche Wehranlage und später ein römisches Kastell. Das Schloß wurde 1860 und 1897 jeweils von den damaligen Besitzern *Grafen Lodron* und *Frhr. von Siebold* (ehem. kais. deutscher Botschafter in Tokio) gründlich restauriert.

Nun nordwestl. weiter auf der Fahrstraße gegen *Perdonig*, die direkt von Eppan herkommt, durch den Weiler *Berg* mit zahlreichen Edelsitzen, darunter der bemerkenswerten *Zinnenburg*, dann leicht ansteigend und durch die Häusergruppe von *Gstrein* zur rechts liegenden romanischen *Schloßruine Boimont*, 601 m, einer der großartigsten Burganlagen Südtirols, die mehr als Residenz denn als Wehranlage im 13. Jh. erbaut wurde. Noch heute ist die Mächtigkeit des rechteckigen und aus einem Gusse geschaffenen Palas mit dem starken Viereckturm zu erkennen. Trotz des starken Verfalls

B sind jetzt noch romanische Rundbogenfenster mit zierlichen Säulen und Kapitellen der großen prächtigen Säle zu sehen. Die Burg brannte 1742 aus und ist seitdem Ruine, jetzt im Besitz der Familie Dellago. Im restaurierten Burgteil wurde eine Jausenstation eingerichtet, die von Mitte April bis Ende Oktober bewirtschaftet ist. Im Turm der Ruine führt eine hölzerne Wendeltreppe (rd. **26** m hoch) auf eine Plattform, von der man eine großartige Aussicht auf die ganze Überetscher Landschaft, die Stadt Bozen und die Dolomiten genießen kann.

An der unteren Mündung der Schlucht, zu der Schloß Boimont abbricht, erblickt man *Schloß Korb*, einen romantischen Wohnturm aus dem 13. Jh., der noch heute in gutem Zustande und als Schloßhotel u. Restaurant ausgebaut ist. Schloß Korb kann auch von St. Pauls her auf schmaler Fahrstraße erreicht werden (2 km). Heute Schloßhotel.

Man befährt die Straße weiter bis vor *Perdonig*, wo man nach rechts hinunter zum berühmten *Schloß Hocheppan*, 636 m, gelangt. Die Ruine der einst historisch hochbedeutsamen Burg liegt einzigartig kühn und wehrhaft auf einem gegen das Etschtal vorspringenden, nach drei Seiten unersteiglich steil abfallenden Felssporn, der nur über eine schmale Landbrücke zugänglich ist. Die beherrschende Lage dieses großartigen Befestigungswerkes ist besonders eindrucksvoll. Man überblickt den ganzen Talkessel von Bozen und den Lauf des Etschtales von Meran bis Salurn. Die Erbauung geht wohl auf das 11. Jh. zurück. Hocheppan war der Sitz der mächtigen *Grafen von Eppan*, die welfischer Abstammung waren. In den Kämpfen gegen ihre Lehensherren, die *Fürstbischöfe von Trient*, unterlagen die Eppaner Grafen und ihre Burg wurde auf Befehl *Kaiser Friedrichs Barbarossa* von *Heinrich dem Löwen* gebrochen und zerstört. Nach dem Aussterben der Grafen von Eppan um 1300 wechselte der Besitz der Burg unter zahlreichen führenden Adelsgeschlechtern Südtirols, bis sie allmählich dem Verfall preisgegeben wurde. Heute ist sie im Besitz des *Grafen Enzenberg*, der sich verdienstvoll um die Erhaltung und Restaurierung bemüht. Man erreicht den Burghof über einen tiefen Graben und durch drei Tore. Der mächtige, 30 m hohe Bergfrit ist mit dem dreistöckigen Palas (Wirtschaft) verbunden. Am Rande des Burghofes und senkrecht mit dem Burgfelsen abfallend die kleine und einfache, der *hl. Magdalena* geweihte *Burgkapelle* mit drei Apsiden und gewölbter Krypta, deren Einweihung im Jahre 1131 bezeugt ist. Die Kapelle ist wegen ihres hochinteressanten Freskenschmuckes aus dem 12. Jh. berühmt. An der nördl. Außenwand das kunstgeschichtlich besonders interessante Fresko, das die Legende darstellt, nach der *Dietrich von Bern (Ostgotenkönig Theoderich der Große)* als wilder Jäger auf der Hirschjagd den höllischen Mächten verfällt. Der teilweise vollkommen erhaltene *Freskenzyklus* im Innern der Kapelle bedeckt die Apsiden und Wände und stellt eine echte *romanische Bilderzählung* aus dem Alten und Neuen Testament mit noch stark byzantinischem Einfluß dar.

Zehn Min. unterhalb der Schloßruine Hocheppan der weithin sichtbare *Kreideturm*, ein 32 m hoher, viereckiger und schlank aufragender Turm, dessen Erbauung wohl in das 12. Jh. zurückgeht. Man nimmt an, daß es sich beim Kreideturm um einen Signalturm für Kreidefeuer handelt, die durch seine außerordentlich günstige Lage das ganze Etschtal hinauf und hinunter zu erblicken waren.

St. Pauls, 389 m, rund 800 Einw. Mit einem kurzen Abstecher, 2 km, von Eppan, wobei man am nördl. Ortsausgang von der Autostraße nach Bozen abbiegt, erreicht man das liebliche, zwischen Obstwiesen auf einer weiten Bergstufe über der Etschniederung gelegene Überetscher Dorf. Sehenswert die majestätische *Pfarrkirche*, der *„Dom auf dem Lande"*, ein prunkvoller gotischer Bau, 1552, mit mächtigem Zwiebelturm und bekannt schönem Glockengeläute. **B**

Montiggler Seen, 492 und 519 m, von Eppan auf staubfreier Waldstraße 5 km. Die Seen liegen am östl. Rande von Überetsch, lieblich in die Waldhänge des Mitterberges eingebettet. Die Seen sind von allen Seiten (ausgenommen bei den Badeanstalten) frei zugänglich. Bei der Badeanstalt des großen Sees ein schönes Freischwimmbad mit olympischen Maßen, Bootsverleih, Kahnfahrten. Im schönen Restaurant bei der Badeanstalt ist ein im See gefundenes prähistorisches *Original-Einbaumboot* ausgestellt und zu besichtigen.

Der große Montiggler See hat eine Oberfläche von rd. 18 ha, der kleine rd. 5 ha, die durchschnittliche Tiefe beider Seen liegt bei rd. 8—10 m.

Die vielen Wandermöglichkeiten im ganzen Überetscher Gebiet sind fast nicht aufzählbar. An die 270 bis 300 km gut markierte Wege, durch Wein-Obstgärten und herrlichen Mischwald ohne nennenswerte Höhenunterschiede kreuz und quer durch das Land, stehen dem Wanderer zur Verfügung.

Zum kleinen Montiggler See führt nordöstl. ein reizvoller Waldspaziergang in 20 Minuten. Die Wälder ringsum sind sehr pilzreich, doch ist das Pflücken streng verboten.

Am südl. Ortsausgang von *Eppan* zweigt von der Mendelstraße links die *eigentliche Weinstraße* ab, die über *Kaltern* und am *Kalterer See* vorbei das Gebiet von Überetsch verläßt und die bekannten Weinbauorte des Südtiroler Unterlandes *Tramin*, *Kurtatsch* und *Margreid* untereinander verbindet und über *Kurtinig* die große Autostraße Bozen—Trient an der Ortschaft Salurn erreicht. Die Weinstraße ist durchwegs mindestens 6,5 m breit und staubfrei.

Die Strecke von Eppan nach Kaltern ist das Herzstück der Weinstraße im Überetsch. Die Fahrt ist ein einzigartiges Gleiten durch unübersehbar weitgedehnte Rebenhügel. Die Landschaft ertrinkt geradezu in einem Gewoge von Pergelwellen über Mulden und Hänge. Rechts am Hang das uralte Weindorf *Ober-Planitzing*, 504 m, links an der Straße die geschlossene Häusergruppe von, 3 km, *Unter-Planitzing* mit dem Kirchlein *St. Stefan*. Nach kurzer Fahrt unvermittelt die Einfahrt nach, 5 km

Kaltern, 405 m, rd. 6000 Einw., dem stattlichsten und berühmtesten Weinbaudorf des Überetsch und Mittelpunkt dieses ausgedehnten Weinbaugebietes. Gleich an der Ortseinfahrt links die Abzweigung der neuen Umfahrungsstraße. Das ungemein anziehende und heimelige Antlitz des weitläufigen Marktfleckens wird durch die prächtige Lage, eine Reihe von besonders charakteristischen Baulichkeiten, Kirchen, Schlösser und Ansitze geprägt. Besonders schön der geschlossene *Dorfplatz* mit ansehnlichen Renaissancehäusern, dem *barocken Dorfbrunnen* und der *spätbarocken Pfarrkirche zu Mariä Himmelfahrt* aus dem 18. Jh., deren ursprüngliche Erbauung schon auf 1147 zurückgeht, mit dem mächtigen, freistehenden

B Turm. Kaltern ist durch seine glückliche Lage, sein mildes Klima und die zahlreichen, schönen Spaziergänge und Autoausflüge, schließlich die Bademöglichkeit im Kalterer See als Fremdenort auch für längeren Aufenthalt sehr beliebt geworden. Viele Hotelschwimmbäder, Tennisplätze.

Ein kleines Naturschutzgebiet in der Nähe von Altenburg ist die „*Rastenbachklamm*", eine wildromantische Schlucht mit einer Reihe von Stiegen und Brücken, ein Wanderweg, nicht schwierig, jedoch mit einigen Steilstücken (für Schwindelfreie). Beachtenswert ist eine seltene Flora. (Blumenpflücken verboten!) Eigener Gebietswanderführer erhältlich.

Von Kaltern aus erreicht man auf einer Zweigstr. von 3–4 km Länge direkt die Mendelstraße.

Tennisplätze, Minigolf, Schwimmbäder in Hotels, Bademöglichkeiten am Kalterer See. VV in Kaltern am See, Tel. 0471/53169.

Weinseminare in Abendkursen über Wein- und Weinverkostung, Motto: „Jeder kann Weinkenner werden!"

Sehenswert: Die *Pfarrkirche* mit reichen Deckengemälden von Josef Schöpf (1792) mit prächtigen gotischen Prozessionsfahnen der Innungen. Die Katharinen-Kirche in Mitterdorf mit interessanten Fresken der Bozner Schule (um 1400). – *Ansitz Windegg* am südöstl. Ortsausgang mit herrlicher Aussicht auf den Kalterer See; Schloß Kampan (1268) mit zweistöckigem, von Loggiengalerien umsäumtem Mittelhof, wertvoller *gotischer Stube* und reichem Inventar an Stilmöbeln, Öfen und Kaminen. Besichtigung beider Ansitze nicht möglich.

Altenburg, 650 m, auf guter Fahrstraße, 5,5 km. Zuerst in Richtung Weiler St. Anton, 513 m (Talst. der Standseilbahn auf die Mendel), dann auf schmalem Fahrweg nach links abzweigend durch Weinberge, Buchen- und Föhrenwald zu der auf einem Bergsporn mit großartig schöner Fernsicht gelegenen Häusergruppe von *Altenburg*. Kleine St. Vigilius-Kirche mit Wandbildern aus dem 15. Jh. Nordöstl. der Kirche eingeebnet und nur mehr die Grundmauern erkennbar, *Schloß Altenburg*. Der kleine Ort ist auch wegen der Aufdeckung vorgeschichtlicher Ziegelgräber bekannt geworden. Auf einer nahen, südl. vorgelagerten Porphyrkuppe die Ruinen des *St. Peterskirchleins* (über gute, neue Weganlage zu erreichen), mit Schalensteinen und einem vermutlichen Opferstein, wohl eine der ältesten Kirchen Südtirols.

Nach Altenburg führt auch ab Waldrand ein schöner Wanderweg (Gehzeit ca. 1 Std.). An der Straße nach Altenburg liegt am Waldrand die Sportzone von Kaltern mit Sportplatz, Tennisplätzen und Trimm-dich-Pfad. – Ein schmaler Fahrweg (nur für kleine Kraftfahrzeuge), leitet von Altenburg durch den Wald südl. zum Weiler *Söll*, 431 m, mit einem malerischen romanischen Kirchlein, das wertvolle Fresken aus dem 14. Jh. birgt.

Auf der Weiterfahrt erreicht man bald das schöne Weinbaugebiet um *Tramin* und die *Weinstraße* und kann nördl. den Kalterer See erreichen und so eine interessante und aussichtsreiche Rundfahrt beenden.

Von der Straßengabelung am südl. Ortsaufgang von *Kaltern* führt die *Südtiroler Weinstraße* zur Umfahrung und in die weite Mulde des *Kalterer Sees* hinunter. (Das rechts abzweigende Straßenstück leitet über die Kalterer Höhe in 3,4 km direkt zur Mendelstraße.) In der Abfahrt genießt man ständig einen bezaubernden Blick auf den weiten Seespiegel mit seinen

KALTERN *am* SEE, *405 m, der Hauptort des südl. Überetsch und das stattlichste Dorf dieses ausgedehnten Weinbaugebietes. Weit aufgelockert liegen seine verschiedenen Fraktionen, hier auf dem Bilde an den Kirchtürmen auszumachen; ganz links* KALTERN-MARKT *(Gemeindesitz), dann* MITTERDORF *und* ST. NIKOLAUS. *Im Hintergrund der* KALTERER SEE *mit dem Rücken des Mitterberges und auf ihm die Ruine der Leuchtenburg.*

flachen Ufern, die im Halbrund von Rebleiten gesäumt, im O von den Buschhängen des *Mitterberges* begrenzt werden. Beherrschend grüßt von dessen Rücken die Ruine der *Leuchtenburg*, 575 m, davor in einer tiefen Einsattelung die Mauerreste der *Leimburg*, 388 m; beide um die Wende des 12. und 13. Jh. erbaut und schon im 14. Jh. zerstört.

Nach kurzer Fahrt, auf der immer wieder die geradezu kunstvoll angelegten Weinberge an den Hängen in ihrer dichten Fülle entzücken, liegt rechts etwas über der Weinstraße, 8 km, *Schloß Ringberg*, wo seit 1955 das hochinteressante *Südtiroler Weinmuseum* und die *Südtiroler Burgenschau* untergebracht sind, deren Besuch man keinesfalls versäumen sollte. Besuchszeiten: Vom 20. April bis Ende September von 14—18 Uhr, im Oktober bis 17 Uhr mit Führungen. Reisegruppen eventuell auch vormittags nach rechtzeitiger Anmeldung unter Tel. Bozen 31723.

Der stattliche Edelsitz **Ringberg** mit seinen barocken Formen stammt aus der Zeit Herzog Leopolds von Österreich und seiner Gattin Claudia von Medici, deren bevorzugtes Jagdschloß es war. Durch ein schmiedeeisernes

B Tor zwischen Rusticapilastern und unter arkadischen Reblauben zum Schloß empor, das in seinen Räumen zu ebener Erde und im ersten Stockwerk das *Südtiroler Weinmuseum* und *die Burgenschau* beherbergt. Altbäuerliche Weinbau- und Keltergeräte vermitteln gleich den Trinkgefäßen aus Holz, Leder und Ton einen Einblick in Brauchtum und Kultwesen längst entschwundener Zeit — kostbare Gläser, Kelche und Humpen zeugen von der Trinkfreudigkeit früherer Geschlechter. Aus den Druckwerken und Handschriften erliest man das hohe Lob für den etschländischen Wein, dessen hoher Schutzherr St. Urbanus neben dem salurnerischen Zwerg und Hofnarren Perkeo von Heidelberg im Weinmuseum den verdienten Ehrenplatz behauptet. Der Flurhut und dem geheimnisvollen Saltnerwesen, wie der ältesten Arbeitszunft der Küfer und Binder ist ein eigener Raum vorbehalten, während in zwei weiteren Stuben 80 maßstabgetreue Burgenmodelle einen eindrucksvollen Einblick in den Burgenreichtum Südtirols vermitteln. Dies alles und noch viel mehr und nicht zuletzt ein Blick von der aussichtsreichen Wiesenterrasse über Pinien und Zypressen vereinigen sich zu einem unvergeßlichen Erlebnis an der Südtiroler Weinstraße.

Kurz nach Schloß Ringberg links abzweigend und zwischen uralten Weinhöfen zum *Kalterer See* und *Lido*. Restaurants mit schönen Terrassen zum See, Hotels, Segelbootverleih, Segelunterricht, Windsurfing auch Kurse, Fischen mit Genehmigung vom Verkehrsverein. Der Kalterer See ist durch eine Ringkanalisierung gegen Verschmutzung geschützt. Motorboote sind verboten. — Das ganze Gebiet von Sigmundskron bis einschließlich Kalterer See mit dem Schilfgebiet steht unter Naturschutz. Auch das Betreten des Schilfgürtels am südl. Ende des Sees ist zum Schutz der Fauna (besonders der vielen verschiedenen Vogelarten) nur für wenige Monate gestattet.

Der **Kalterer See** ist der größte natürliche See Südtirols. Er liegt in einer weiten Mulde und sein Wasserspiegel ist um 6 m tiefer als jener der Etsch. Seine Länge beträgt rund 2 km, die Breite 1,5 km und die Oberfläche rund 147 ha, die Tiefe lediglich 7 m. Wegen der meist milden Wassertemperaturen (er gilt als der wärmste See im Alpengebiet!) eignet er sich sehr zum Baden vom April bis zum Oktober. Der fast regelmäßig in den Nachmittagsstunden aufkommende *Südwind*, die sogenannte „*Ora*", der vom Gardasee her durch das ganze Etschtal und bis zum Bozner Talkessel streicht, erfrischt die Temperatur auch an starken Hitzetagen. Der Kalterer See ist sehr fischreich (Hechte, Karpfen, Eschen, Forellen und Aale).

Auf der *Weinstraße* weiter gelangt man zur, 10 km, Häusergruppe mit dem Kirchlein *St. Josef am See*, 231 m (Wirtschaft). Mit dem Erreichen der Talsohle leitet die Weinstraße bei einer Straßenteilung rechts leicht ansteigend nach Tramin. Geradeaus und durch schöne Obstpflanzungen quer durch die Niederung führt die andere Straße zur Verbindungsstraße *Auer—Tramin*. Von hier nach links und quer über das Tal, am Südsporn des Mitterberges, die Bahnlinie unterfahrend und über die Etsch gelangt man nach Auer (17 km).

Zufahrt zur Anschlußstelle **Auer—Neumarkt—Tramin** der Brennerautobahn.

KALTERER SEE, *begrenzt durch den Mitterberg mit Ruine* LEUCHTENBURG. *Dahinter die ins Etschtal abfallenden Steilwände der Porphyrplatte.*

Tramin, 276 m, rd. 2900 Einw., die Hochburg edelster Südtiroler Weine, ist eines der wichtigsten Weindörfer des Südtiroler Unterlandes in beherrschender Hanglage unter den Abstürzen des Roèn und inmitten eines ausgedehnten Weinbaugebietes, dessen Weinsorten bereits seit dem Mittelalter geschätzt sind. Schon der letzte Minnesänger Oswald von Wolkenstein klagt in einem seiner Gedichte: „dick nach Tramin stet mein gedank ..." Am Ortseingang von Tramin liegt die neue Sportzone mit Freischwimmbad, Sportplatz und Tennisplätzen. Ein Netz von Spaziergängen und Wanderwegen bieten dem Gast Erholungsmöglichkeiten in einer nicht alltäglichen Naturromantik.

Sehenswert die stattliche, neugotisch umgebaute *Pfarrkirche* mit dem 86 m hohen *Kirchturm*, einem der höchsten Südtirols. Berühmt ist das auf einem Hügel thronende Kirchlein *St. Jakob* in *Kastelatz* durch seine einmaligen Fresken. Der halb romanische, halb gotische Bau mit einem wehrhaften romanischen Turm und niedrigem Spitzhelm stammt aus dem 12. Jh. Der romanische Freskenzyklus in der Apsis stellt im oberen Streifen Christus mit seinen 12 Apostels dar, ferner die Mutter Jesu und Johannes den Täufer, schließlich Abel und Kain. Im unteren Streifen ist eine Reihe von Fabelwesen und Zwittern aus Mensch und Tier zu sehen, die teils miteinander kämpfen und teils in lebhaften Bewegungen dargestellt sind. An der Stirnseite der Apsis sind links und rechts zwei unförmig gedrungene Figuren zu sehen, die vom Volke als Adam und Eva gedeutet werden. Über dem Adam ist eine Frau mit Vogelkörper abgebildet, die seine Verführung darstellen soll, über dem Bildnis der Eva das Einhorn mit dem Flossenschwanz, das die Verführung Evas bedeuten könnte. Die Figuren des Streifens in der Apsisrunde stellen verschiedene Fabelwesen dar, für die noch keine befriedigende Erklärung gefunden wurde. Neuere Forschungen haben alle diese Darstellungen als ithyphallisch gedeutet. Der Sinn der Gegenüberstellung dieser beiden Streifen, die von verschiedenen Malern stammen, ist ungeklärt. Im oberen wahrscheinlich die Majestas Domini, im unteren die wilde abstoßende Darstellung von Bestiarien.

Das etwas tiefer und direkt an der Weinstraße gelegene St. Valentinkirchlein mit seinem modernen Friedhof ist ein romanischer Bau, der innen ganz mit Fresken geschmückt ist. Diese Fresken wurden erst vor wenigen Jahrzehnten aufgedeckt. Die großartigen Kompositionen eines deutschen Meisters werden hier vermutet.

Der Abschnitt der Weinstraße *Tramin—Kurtatsch* ist sehr aussichtsreich und bietet besonders schöne Blicke auf den weiten Talboden und die gegenüberliegende Talseite.

Kurtatsch, 333 m, rd. 2100 Einw., liegt auf rebenumsponnener Aussichtswarte höher am Berghang zwischen die durch Obstgärten aufgelockerten Rebleiten gesiedelt. Eng drängt sich der Ortskern um die *Pfarrkirche zum hl. Vigilius*, die mit ihren ältesten Teilen aus dem 13. Jh. stammt. Die Kirche soll auf einem römischen *Merkurheiligtum* errichtet sein. Nach zahlreichen Funden ist die Annahme berechtigt, daß die römische Heerstraße *Claudia Augusta* hier durchgeführt hat. Die wohltuende Geruhsamkeit, die schöne Lage und die Möglichkeit zu weiten Spaziergängen und Wanderungen machen *Kurtatsch* zu einem immer beliebteren Aufenthaltsort für erholungsuchende Gäste.

In schönem Verlauf durch Wein- und Obstland senkt sich die Weinstraße durch den Berghang nach

Margreid, 226 m, rd. 1200 Einw. Es ist eine sehr alte Ansiedlung, römische Münzfunde weisen darauf hin und die älteste urkundliche Erwähnung i. J. 1181 zeugt davon. Das Dorfbild ist interessant, Rundbogen, Spitzbogen und Renaissanceportale zeigen sich hier so häufig, daß sie ein charakteristisches Merkmal des Dorfes bilden und zu Recht als „Das Dorf der Torbogen“ (Malfèr) genannt werden kann.

Nach kurzer Fahrt erreicht man die Häusergruppe

Kurtinig, 212 m, rd. 600 Einw. Es ist der einzige Ort des Bozner Unterlandes, der wie eine Insel mitten im Etschtal liegt, zugleich ist es die südlichste deutsche Gemeinde am rechten Etschufer. Nach Überquerung der Bahnlinie, der Brennerautobahn und der Etsch mündet die *Südtiroler Weinstraße* in die StStr. Bozen—Trient direkt in der Ortschaft **Salurn.**

Sterzing – Jaufen – Meran

59 km

Die *Jaufenpaßstraße* zweigt an der südl. Stadtausfahrt der Umfahrung und der Zufahrt zur Anschlußstelle ab und durchzieht mit schönen Blicken auf die Umrahmung des Talbeckens den ebenen Boden des Sterzinger Mooses mit Geradstrecken (links die Abzweigung zur Penser-Joch-Straße R 2) bis nach *Gasteig*, 975 m. Hier setzt die Steigung der nördl. Paßrampe an, die vom Talhang des *Ratschingser Tales* gebildet wird. Die Befahrung dieser Paßrampe ist sehr reizvoll und unterhaltend, die Straße ist gut angelegt, schöne Nah- und Fernsichten wechseln in bunter Folge. In bezwingender Anschaulichkeit und Pracht entwickelt sich jetzt der Alpenhauptkamm von den *Zillertaler Alpen* über die *Tuxer Berge*, *Stubaier Gletschergipfel* bis zu den *Ötztaler Bergen*. Zuerst tut sich ein schöner Blick auf das breite *Ridnauner Tal* auf, in dessen Hintergrund die Stubaier Ferner schimmern. Interessant die hoch hinauf bebaute südl. Berglehne von Ridnaun mit der altertümlichen Ortschaft *Telfes*. Das Pfitscher Tal (nordöstl. von Sterzing) umranden die Wilde Kreuzsp., der mächtige Hochfeiler und Olperer. Durch Wald und an einer einsamen Häusergruppe des Weilers, 10 km, *Kalch*, 1443 m, vorbei (vom Jaufen bis hierher wird die Straße im Winter auch als Naturbobbahn benützt) und mit einigen Kehren in freieres Gelände hinauf. Die Schau auf die Stubaier Gletscherberge und die Berggruppen östl. des Eisacktales wird immer weiter und eindrucksvoller. Nach der Waldgrenze bald zum *Sterzinger Jaufenhaus*, 1993 m, 1,5 km vor der eigentlichen Paßhöhe, mit einer kleinen Kapelle. Bis hierher bleibt die Straße im Winter durchgehend gebahnt. 0/59

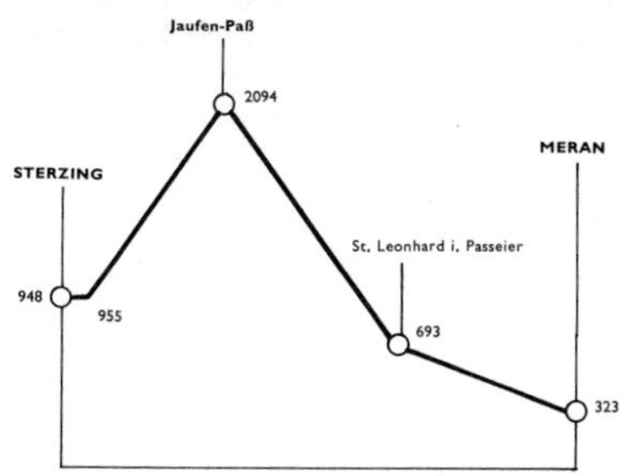

SPAZIERGÄNGE: *Jaufensp.*, 2481 m, großartiger Aussichtspunkt südöstl. im Bergkamm. Beliebte Ersteigung, 1 ¾ Std. Auf Steig von der Paßhöhe zu den steilen Felshalden und an der W-Seite mit einer Ausbiegung auf den NW-Grat leicht auf den Gipfel.

JAUFENPASS, 2094 m, wird mit wenigen Kehren vom Jaufenhaus durch Almweiden erreicht. Die weite Einsattelung scheidet die *Sarntaler Alpen* von den *Passeirer Bergen*. Nach verschiedenen Erklärungen soll der Name des Passes entweder von der römischen Bezeichnung *Mons Jovis* abzuleiten sein oder einfach vom lateinischen *Jugum* (Joch). 18/41

R 3 Der Straßenpaß selbst wird durch eine tiefe, grabenartige Einkerbung im Kamme gebildet. Hochinteressant, fast schwindelnd ist der Blick über die südl. Paßrampe. Die Straße quert weit hinaus die mächtige Bergflanke, die in einer einzigen glatten Steilheit an die 1000 m tief bis zur Talsohle hinabschießt. Im Hintergrunde schließen im schönen Aufbau die *Passeirer Berge* und die Nordseite der *Texelgruppe* mit ihren kleinen Gletscherflecken das eindrucksvolle Bild ab.

Die Straße durchzieht abwärts die äußerst steilen, spärlichen und teilweise gerölldurchsetzten Weidehänge bis zum Waldrand und erreicht mit großen Kehren den oberen Rand des Weilers *Walten*, 1261 m, der steil am Talhang klebt. Immer an abschüssigen Hängen in steilen Windungen, von denen der Blick bis zu den Bergen westl. des Etschtales geht, nach *St. Leonhard in Passeier*, das von der Ruine der Jaufenburg, 780 m, von der nur mehr einige Mauern und der hohe Turm erhalten sind, überragt wird.

ROUTENEINMÜNDUNG. **Timmelsjoch — St. Leonhard** i. Pass. Das **Timmelsjoch**, 2497 m, ist ungefähr in der Mitte zwischen dem Brenner und dem Reschenpaß im Alpenhauptkamm eingebettet und mit den vorgenannten Pässen der einzige eisfreie Übergang. Über ihn verläuft auch die österr.-italienische Staatsgrenze. Alpingeographisch scheidet das Timmelsjoch die Ötztaler- von der Stubaier Gruppe. Schon seit dem Mittelalter wurde das Timmelsjoch für einen regen Saumverkehr zwischen Süd- und Nordtirol benützt. In einer Urkunde aus dem Jahre 1241 wird das Joch erstmals als „Thymels" erwähnt. Der Plan zur Erbauung einer Talstraße reicht weit in das vorige Jahrhundert zurück, doch wurde der Straße über dem Jaufen (1912) der Vorzug gegeben. Vor dem letzten Krieg wurde von Italien der Bau einer Militärstraße begonnen und dann eingestellt. Auf Grund zwischenstaatlicher Vereinbarungen wurde der vollständige Ausbau einer Autostraße beschlossen. Die Straße ist seit 1968 für den Verkehr in den Sommermonaten (Juni—September) nur für Pkw freigegeben.

STRECKENÜBERSICHT. Von der neuzeitlich ausgebauten Autostraße durch das *Ötztal* (Österreich) zweigt zwischen *Unter- und Obergurgl* das österr. Teilstück der *Timmelsjochstraße*, 6 m breit und staubfrei (Mautstraße) ab und erreicht an der Hotelkolonie *Hochgurgl* vorbei nach 11 km das *Timmelsjoch*, 2497 m.

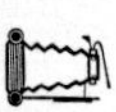

Von der Jochhöhe (Grenze) zieht die Straße mit 6,5 m Breite und staubfrei durch mehrere Tunnels, von denen einer 600 m lang ist, und in schönen Kehren am Südhang des *Scheibkogels* rd. 6 km hinunter. Das anschließende Teilstück bis zum Gasthaus *Saltnuß* schwankt in der Breite zwischen 5—6 m. Von hier ab bis *St. Leonhard i. P.* noch nicht ausgebaut, schwankt in der Breite zwischen 4—5 m mit zahlreichen Engstellen. Die Straße der Südrampe bis *St. Leonhard im Passeier* entspricht noch nicht voll den Erfordernissen einer modernen Bergautostraße, daher ist vorsichtiges Fahren, besonders bei schlechtem Wetter und wenig Sicht, unbedingt notwendig.

Die Aussicht vom Joch aus ist etwas begrenzt. Erst in der Abfahrt weitet sich die Sicht über die das oberste Passeier und seine Nebentäler einrahmenden Berggruppen. Die Weiler *Schönau*, 1586 m, und *Rabenstein*, 1419 m,

ST. LEONHARD IN PASSEIER. *Knotenpunkt der Straßen über den Jauffenpaß und über das Timmelsjoch. Im Hintergrund* ST. MARTIN *in Passeier, talauswärts nach Meran.*

bleiben in der Tiefe liegen und man erreicht den Hauptort des Hinterpasseier *Moos*, 1250 m, das mit seinen verstreuten, „an den Berghang angenagelten Bauernhöfen" an der Mündung des *Pfelderer Tales* liegt. Nunmehr in dem schluchtartig engen Tal der Passer auf senkrecht über dem Bach in die Felsen gesprengte Straße und durch *Langwies*, 886 m, mit einem schönen Wasserfall, weiter durch Wald nach *St. Leonhard i. P.* (Vom Timmelsjoch bis St. Leonhard i. P. rd. 30 km.) — VV in Moos.

ST. LEONHARD IN PASSEIER, 693 m, 4500 Einw., ist der Hauptort des Passeier und ein beliebter, aufstrebender Sommerort. Er liegt *38/21*

R 3 in einem geräumigen Talbecken am Zusammenfluß der *Passer*, die nordwestl. aus dem Hinterpasseier einströmt, mit dem *Waltener-Bach*. Den ganzen Talraum beherrscht die *Hohe Kreuz-Sp.*, 2744 m, und ihre Kette. Interessant ein Besuch des *Franzosenfriedhofes*, wo die gefallenen französischen Soldaten des Jahres 1809 beerdigt sind. — VV — Geh. Schwimmbad.

Von St. Leonhard talaus erreicht die Straße schon nach 1,5 km den von schattigen Bäumen umgebenen *Sandhof*, 638 m, die Heimat des Tiroler Freiheitshelden *Andreas Hofer*, Oberkommandanten von Tirol in den Freiheitskämpfen von 1809.

Hier wurde *Andreas Hofer* 1767 geboren und lebte dann als Sandwirt, bis der unerschrockene und in ganz Tirol bekannte und geachtete Mann durch das Vertrauen des österreichischen Kaiserhauses zum Anführer des Aufstandes gegen die Franzosen im Jahre 1809 berufen wurde. In den Schlachten am *Bergisel* bei Innsbruck blieben seine Schützenkompanien mehrmals gegen die verbündeten Franzosen und Bayern unter Marschall Lefèbvre siegreich. Durch den unglückseligen Ausgang des Krieges und den Frieden von Wien, Oktober 1809, war er gezwungen, sich nach Südtirol zurückzuziehen, wo er auf Grund falscher Gerüchte wieder zu den Waffen griff und unterlag. In der *Pfandleralm*, 1441 m, $2^1/_2$ Std. östl. von St. Martin in Passeier gelegen und 1920 abgebrannt, hielt sich hierauf Andreas Hofer verborgen, wurde jedoch von dem Bauern *Franz Raffl* an die Franzosen verraten und Ende Januar 1810 ausgehoben. Am 20. Februar wurde Andreas Hofer nach kurzem Standgerichtsverfahren zu Mantua erschossen. — Im Sandwirtshaus bescheidenes Museum mit Andenken, Fahnen u. a. an die Freiheitskämpfe, ferner ein Fremdenbuch mit interessanten Eintragungen. Anschließend die 1899 erbaute Gedächtniskapelle mit Fresken von Eduard Wörndle.

Kurz nach dem Sandhof überbrückt die Straße die Passer und zieht an dem rechts in Wiesen eingebetteten Ort 2,5 km, *St. Martin in Passeier*, 597 m, vorbei. — VV — Geh. Schwimmbad.

Die Straße weist nun zahlreiche Windungen mit vielen unübersichtlichen Kurven auf. Das Passeiertal ist hier wenig reizvoll, nur im Ausschnitt der Talmündung erscheint die schöne Berggestalt der doppelgipfeligen *Laugensp.*, die westl. des Etschtales aufragt. Man berührt *Saltaus*, einen der schönsten der 12 Schildhöfe des Burggrafenamtes.

Von *Saltaus*, 493 m, als Talstation, führt eine Seilbahn in zwei Sektionen in das neu erschlossene Ski- u. Wandergebiet „*Hirzer-Panorama*". Mittelst. Prenn-Tall, 1414 m, Bergst. Hirzer-Klammeben, 2088 m. Gesamtlänge 4 km, HU 1595 m.

Die sogenannten *Schildhöfe* sind eine Art bäuerlicher Feudalbesitz; ihre Entstehung geht wohl auf den Landesherrn *König Heinrich* und seine Tochter *Margarethe Maultasch* zurück. Die Schildhofbauern waren vermutlich eine Art Leibwache des Landesherrn in Frieden und Krieg. Ihre

Das SANDWIRTSHAUS *bei St. Leonhard in Passeier, Geburtshaus von* ANDREAS HOFER, *dem Oberkommandanten der Tiroler Schützenkompanien im Freiheitskampf von 1809.*

Vorrechte wurden im Jahre 1396 bestätigt. Diese galten besonders auf dem Gebiete der Steuern, Jagd und Fischerei, wovon Fischereivorrechte noch heute in Kraft sind.

Der Saltauser Bach bildet die Grenze zwischen dem Passeier und dem Burggrafenamt. Auffällig ist, daß hier, ebenso wie im Sarntal, die alte Volkstracht auch an Werktagen und nicht nur an Sonn- und Feiertagen getragen wird. Sehr schön sind bei der Männertracht die breiten Hosenträger, das Leibl und der Rock mit den auffallenden, hochroten Aufschlägen. Um den geschweiften, runden Hutkopf sind bei den ledigen Männern rote, bei den Verheirateten grüne Schnüre geschlungen. Auch die Frauentracht mit dem weißen, herzförmigen Halstuch, der Schürze und dem Brusttuch aus farbiger Seide wirkt sehr freundlich und hell.

Die Vegetation ändert sich nun rasch, immer mehr Weinberge und Obstpflanzungen beleben das Bild. Man kommt durch *Riffian*, 504 m, das nur noch 5 km von Meran entfernt ist und mit seinen alten Gehöften, gepflegten Obst- und Weingärten und sehenswerten Hügelkirchen (Wallfahrtsort) ein stimmungsvolles Bild gibt. Je mehr man sich der Einfahrt nach Meran nähert, desto interessanter wird die Landschaft des Passeiertales. Die Straße wird hart an die tief unten in breitem Bette fließende Passer gedrängt, darüber weitet sich die andere Talseite zu einem außerordentlich anmutigen und heiteren Anblick; zwischen verstreuten Ortschaften und Häusern terrassenförmig angelegte Pflanzungen und Gärten. *Schenna* mit seinem massigen Schloß, der tiefer liegenden Kirche und dem zierlichen Mausoleum dominieren darin.

Bald gabelt sich die Straße: rechts die Auffahrt nach Dorf Tirol, links die modern ausgebaute Zufahrtsstraße nach Meran, die in leichtem Gefälle mit einer großen Brücke über die Passer, unter dem senkrechten Felsen der *Zenoburg* direkt den Stadtteil *Obermais* und durch diesen die Postbrücke im Zentrum erreicht. *59/0*

ROUTE 4

77 km

DAS WESTLICHE EINFALLSTOR SÜDTIROLS

Reschenpaß—Mals—Meran

STRECKENÜBERSICHT: Die Straße vom *Reschenpaß* nach *Meran* schwankt in ihrer Breite zwischen 6,3 und 7,5 m und ist durchwegs staubfrei. Sie wird den ganzen Winter über für den Autoverkehr offen gehalten. Die früher zahlreichen und meist sehr engen Ortsdurchfahrten und schienengleichen Kreuzungen sind teilweise durch Umfahrungsstraßen behoben, so daß der Verkehr sich nun viel flüssiger abwickeln kann.

Die Scheitelstrecke des Passes bis *Mals* ist besonders entlang dem großen Stausee sehr gut ausgebaut, mit langen Schutzgalerien versehen und mit weiten Windungen in geringem Gefälle sehr gut zu befahren. Die enge und steile Ortsdurchfahrt durch *Mals* hat eine gute Umfahrung.

Das anschließende Straßenstück von *Mals* bis zur Talstufe oberhalb *Schlanders* ist sehr wellig und windungsreich. *Schlanders* mit seiner engen Durchfahrt kann auf einer weiten Umfahrung vermieden werden. Von hier ab bis *Meran* ist der Ausbau der Straße in ihrer Breite und mit Umfahrungen weiter gediehen.

Geschichtlich erwähnenswert ist, daß der noch aus dem Mittelalter über den Reschenpaß führende Karrenweg erst nach einem Besuch von Kaiser Franz I. im Jahre 1832 durch eine modernere Straße ersetzt werden sollte. Der Erbauer der Semmeringbahn, Karl Ritter von Ghega wählte das Projekt des Baudirektionsadjunkten Duile aus Graun (1776—1863), der damit seiner engeren Heimat diese schöne Paßstraße schuf. Die Fertigstellung erfolgte i. J. 1854. Heute ist auch die von Landeck durch das Inntal über Finstermünz bis zur österr.-ital. Grenze führende Straße zu einer erstklassigen Schnellstraße ausgebaut.

LANDSCHAFTLICHE CHARAKTERISTIK: In letzter Zeit ist die touristische Bedeutung des Reschenpasses Dank seiner zentralen Lage an der Grenze dreier Fremdenverkehrsländer stetig gestiegen. Nicht zuletzt tragen zur Beliebtheit des Reschenpasses seine landschaftliche Schönheit, die jene des Brenners weit übertrifft, und die schöne und interessante Fahrt durch den *Vinschgau* nach Meran bei. Der Vinschgau ist das an landschaftlichen Schönheiten vielfältigste der großen Täler Südtirols. Die meist breite und fruchtbare Talsohle steht in einem herrlichen Gegensatz zu den mächtigen Gebirgszügen, die sie begleiten. In bunter Folge sind schöne alte Ortschaften und besonders zahlreich Schlösser und Ruinen im Talboden und an den Hängen verstreut.

Die eigentliche *Grenzstation* mit mehreren Zollgebäuden befindet sich rund 2 km nördl. der Paßhöhe gegen Österreich vorgeschoben. Alle *Grenz- und Zollformalitäten* werden hier sowohl von österreichischer als auch von italienischer Seite vorgenommen *(A. C. I., E. N. I. T.*, Reise*büro, Geldwechsel usw.)*.

RESCHENPASS, 1508 m, ist als weiter, muldiger Wiesensattel **R 4**
zwischen dem *Piz Lad*, 2808 m, westl. (Schweizer Grenze), und *Klopeir-Sp.*, 2917 m, östl., eingebettet. *0/77* Der Reschen ist nach dem Brenner, den er nur um rund 130 m überhöht, der zweitwichtigste Paßübergang im Alpenhauptkamm zwischen Nord- und Südtirol. Er ist ebenfalls Wasserscheide zwischen dem *Schwarzen Meer (Stillebach und Inn)* und *Adria (Etsch)*. Der Reschen stellt die Verbindung zwischen dem Oberen *Etschtal*, dem sogenannten *Vinschgau* und dem *Inntal* her. Seit 1919 verläuft über den Paß die *Staatsgrenze* zwischen Österreich und Italien. Diese zieht von hier aus östl. über den Alpenhauptkamm zuerst der Ötztaler, dann der Stubaier Alpen bis zum Brenner in einer Luftlinie von rd. 80 km. Auf einer Wiese, 5 Min. östl. des Passes in 1586 m, entspringt die *Etsch*. Die Etsch ist der Hauptfluß Südtirols und durchzieht dieses bis zur Sprachgrenze an der Salurner Klause. Als zweitlängster Fluß Italiens mit 404 km mündet die Etsch südlich der Brenta und knapp nördlich des Po in die Adria. Das Einzugsgebiet der Etsch beträgt 14.700 km^2. Nordwestlich von Verona werden die Wasser der Etsch in einem großen E-Werk abgearbeitet. Außerdem dienen diese zur Bewässerung einer Fläche von ungefähr 30.000 ha.

GESCHICHTLICHES: Die römische Militärstraße *Via Claudia Augusta*, die nach der Eroberung Rätiens durch die Römer im Jahre 15 v. Chr. durch das Etschtal und über den Reschen erbaut wurde und die Verbindung mit dem Inntal herstellte, ist von Anfang an in Dunkel gehüllt. Ihre Bedeutung scheint gegenüber der Brennerstraße nie sehr groß gewesen und später gänzlich gesunken zu sein. So steht fest, daß keiner der Italienzüge der Deutschen Kaiser aus dem Süddeutschen Raum im Mittelalter über den Reschenpaß ging. Hingegen scheint zeitweilig ein Teil des Handelsverkehrs aus Oberitalien den Reschen benutzt zu haben. Um 1140 ist die Gründung eines *Hospizes* (in St. Valentin) nachweisbar. Die sogenannte *Malser Seenplatte* bestand früher aus drei Seen: *Reschen-, Mitter- und Haidersee*. Mit der Erbauung des großen Staudammes gleich nördl. von St. Valentin im Jahre 1949 wurden Reschen- und Mittersee zusammen aufgestaut und die Dörfer *Graun* und teilweise *Reschen* überflutet und an anderer Stelle neu aufgebaut. Gleichzeitig wurde die neue, schöne Autostraße am östl. Ufer des Staubeckens geschaffen.

RESCHEN, 1510 m. Diese Paßsiedlung ist ein landschaftlich sehr *1/76*
anmutig, direkt am Nordrande des großen Staubeckens gelegener, an die Paßhöhe angelehnter, sauberer Ort und beliebter Sommerplatz. Neuerdings auch als Wintersportplatz besucht (Skilifts, Rodeln, Eislaufen, Eisschießen). Mehrere Hotels und Pensionen. Ruder- und Badegelegenheit.

Ein landschaftliches Juwel ist das westl. parallel zum Stausee eingeschnittene *Rojental*, das besonders im Winter wegen seines ausgezeichneten Skigeländes und der ruhigen Abgeschiedenheit besucht wird. Zufahrt mit dem Auto von *Reschen* oder *St. Valentin* möglich.

STAUSEE *von* GRAUN, *1497 m, mit dem Kirchturm des überfluteten früheren Graun. Straße nach rechts oben zum Reschenpaß. Berggipfel links Piz Russena, 2797 m; rechts Piz Lad, 2808 m.*

Die neue Straße führt, mit herrlichem Panorama gegen S auf die Ortlergruppe und schönen Blicken auf die begleitenden Bergzüge, am Staubecken des Reschensees entlang. Knapp vor dem neuerbauten Ort Graun taucht aus dem Wasser als gespenstisches Bild der Turm der überfluteten, *früheren Pfarrkirche von Graun* (14. Jh.) auf. — VV.

Das *Staubecken* ist 7,5 km lang, hat eine größte Breite von 1,5 km und eine Oberfläche von rund 6,5 km^2. Es faßt 112 Mill. m^3 Wasser und dient als Speicher für das große, unterirdische E-Werk von *Schluderns*. Ein Stollen von 12 km Länge bringt das Wasser zu einem Druckstollen von 991 m Länge mit einem Gefälle von 591 m. Die Stromerzeugung beträgt bei der Zentrale in Schluderns 103.000 kW, an den andern, weiter unten im Etschtal angeschlossenen E-Werken von Kastelbell, Töll und Marling zusammen rund 150.000 kW.

Durch einen Straßentunnel unter dem Hügel, auf dem ein Teil der neuen Ortschaft erbaut ist, erreicht man

3/74 GRAUN, 1497 m, 2400 Einw., an der Mündung des *Langtauferer Tales* mit dem wilden *Karlingbach*, das aus der *Ötztaler Gr.* (Weißkugel,

Blick über den HAIDERSEE *gegen Süden mit* ORTLER, *3905 m, und (links)* KÖNIGSSPITZE, *3859 m. Ganz links der weitflächige* CEVEDALE, *3778 m. Dieses glanzvolle alpine Bild begleitet die Fahrt vom Reschenpaß südwärts. Die Weite des Etschtales schon hier, wo früher die sogenannte Malser Seenplatte mit drei Seen war, von denen der Mitter- und Reschensee zum Stausee zusammengefaßt wurden, nimmt dem Reschenpaß ganz die übliche Enge eines Paßüberganges der Alpen.*

3736 m) herabkommt. Der neue Ort hat einen regen Fremdenverkehr. Mehrere Hotels und Pensionen. Ruder- und Badegelegenheit. — VV. — Geh. Schwimmbad.

AUTOAUSFLUG: **Melag**, 1918 m, im Langtauferer Tal, 11 km. 3,5—6 m breite staubfreie Bergstraße, auf der man die letzte Siedlung im Talschluß des Langtauferer Tales erreicht. Ausgangspunkt für Besteigungen in der Gruppe der Weißkugel. Ein Doppelsessellift bringt von *Langtaufers*, 1870 m, auf die *Maßebneralm*, 2274 m, HU 404 m, Fahrz. 10 Min. und erschließt ein schönes Wander-, Touren- und Skigebiet.

Weiter am Ufer des Reschensees und durch eine Reihe von großen Galerien, die als Schutzbauten gegen Murbrüche dienen, zum Südende mit der großen Staumauer und gleich darauf nach

R 4 ST. VALENTIN auf der HAIDE, 1470 m, rd. 1000 Einw., auf einem
8/96 von Wald umgebenen Wiesenplan an der Nordseite des 2,5 km langen und 700 m breiten, malerischen *Haidersees* in schöner Bergumrahmung und mit herrlichem Anblick der Ortlergr. Der Ort wird zur Sommerfrische und zum Wintersport viel besucht. Schöne Spaziergänge und kleinere Bergausflüge. Östl. auf dem höchsten Punkt der *Malser Haide*, 1716 m, der uralte adelige Ansitz der *Herren von Plawénn* seit 1140. — VV.

BERGBAHN: **Gondellift Haideralm.** Talst. *St. Valentin a. d. Haide*, 1460 m, Bergst. *Haideralm*, 2160 m, HU 700 m, Fahrz. 20 Min.

Nach dem Haidersee senkt sich die Reschenstraße mit leichtem Gefälle und in weiten, schönen Kehren über die *Malser Heide*, der sehr breiten, leicht geneigten und baumlosen Talsohle mit einem immer eindrucksvoller werdenden Blick auf den weiten Talkessel von Mals. Das Flußbett der jungen Etsch bleibt rechts, westl., am Rande tief eingekerbt und unsichtbar. In einer Kehre der Rundbau eines *Italienischen Ossariums*, Grabstätte von 312 im ersten Weltkrieg gefallenen italienischen Soldaten, deren Gebeine hierher gebracht wurden, wo niemals Kämpfe stattgefunden haben. Von O mündet das einsame *Planailtal.* Durch magere Wiesen und Roggenäcker führt die seitlich mit Ebereschen bepflanzte Straße zur (3,5 km vor Mals) Abzweigung rechts einer Fahrstraße nach dem kleinen halbverdeckten Ort

BURGEIS, 1216 m, 1 km, an den Ufern der Etsch gelegen, einem idyllischen, sehr ruhigen und erholsamen Aufenthaltsplatz mit reichem Ausflugsgebiet. — VV.

Von *Burgeis* führt eine schön ausgebaute Auto-Bergstraße zur *Benediktinerabtei Marienberg*, 1,5 km, und weiter nach *Schlinig*, 7,2 km. *Schlinig* ist heute noch ein Winkel der Stille und Geborgenheit, eine Einladung zum Wandern und Ausruhen! Ungefähr Halbweg zweigt eine Straße, 1,3 km, zum neuen Skizentrum von *Watles* zur Talstation des Doppelsesselliftes auf die *Höfer Alm* ab. — Parkplatz.

Doppelsessellift Watles. Talst. *Prämajur*, 1730 m, Bergst. *Höfer Alm*, 2150 m, HU 420 m, Länge 1360. Skilifts.
Durch diese Bergbahn wurde das Gebiet erst erschlossen und bietet schönste Abfahrten und vor allem herrliche Tourenmöglichkeiten im Winter und im Sommer. — Weite Rundsicht auf den *Oberen Vinschgau*, die *Gletscherwelt* der *Ortlerberge* und *Ötztaler Alpen.*

Die *Fürstenburg* wurde im Jahre 1272 von den *Bischöfen von Chur* (Schweiz) erbaut und im 16. Jh. als ihr ständiger Wohnsitz erweitert (1803 säkularisiert, jetzt landwirtschaftliche Fachschule). Sehenswert der mächtige, zinnengekrönte Turm, eine romanische Kapelle, Reste von Fresken aus dem 16. Jh., Getäfel und Möbel aus eben dieser Zeit.

BURGEIS, *1216 m, das ungemein hübsche und interessante Dörfchen, das von den weiten Flächen der* MALSER HAIDE *und dem Flußlauf der jungen* ETSCH *ganz an den schützenden Berghang gedrängt wird. Es liegt zu Füßen der* FÜRSTENBURG *(rechts) und der hoch am Berghang thronenden Benediktinerabtei Marienberg. Burgeis ist wegen seiner malerischen Bauernhäuser aus dem 16. u. 17. Jh. mit interessanter und reichhaltiger Innenarchitektur bekannt. Von hier stammt der Eichstätt. und Augsburg. Hofmaler Joh. Ev. Holzer, 1709–49. Jenseits der Malser Haide die Ausläufer der Ötztaler Alpen.*

Nach einer scharfen Kehre gegen N erreicht man den mächtigen, weithin erschimmernden Bau des Klosters *Marienberg*. Von hier aus eine herrliche Schau auf Mals und seine Berggruppen. Das Kloster wurde um 1150 von *Graf Udalrich von Tarasp* (Engadin) und seiner Gemahlin Uta neben einer noch älteren Marienkapelle erbaut. Um 1250 wurde es von *Benediktinern* aus *Schuls* (Engadin) besiedelt. Der heutige Bau stammt aus dem Jahre 1645. Besonders sehenswert u. a. die wertvollen Fresken in der Apsis der Krypta aus dem 12. Jh. Die Abtei Marienberg war von jeher eine Pflanzstätte geistiger Kultur. Aus den Reihen der Marienberger Benediktiner sind Gelehrte und Wissenschaftler von europäischem Ruf hervorgegangen (heute Schule mit einem neuzeitlich ausgestatteten Internat).

Die FÜRSTENBURG *bei* BURGEIS, *1216 m, darüber die* BENEDIKTINERABTEI, MARIENBERG, *1336 m, an der Autostraße Reschen-Mals.*

Am nördl. Ortseingang von Mals biegt die Reschenstraße mit einer weiten Schleife nach W zur Umfahrung des Ortes aus.

18/59 MALS, 1050 m, rd. 5000 Einw. Das vieltürmige *Mals* ist der Hauptort des Ober-Vinschgaus und liegt schön und aussichtsreich inmitten von Obstgärten auf der untersten, niedrigen Talstufe der Malser Haide. Es beherrscht weithin den breiten und langgestreckten, fast ebenen Talkessel mit dem mauerumgürteten Städtchen *Glurns* mitten drinnen und im weiten Rund einer Reihe von Dörfern und Burgen. Großartig ist der Blick auf den *Ortler*, 3905 m, und seine Berge. Mals ist im Sommer ein beliebter Aufenthaltsort und besonders auch als Ausgangspunkt für eine Reihe von kürzeren Autoausflügen in die Ortlergr. und in die nahe Schweiz sehr günstig gelegen. Mals ist Endstation der Bahnlinie Meran—Mals, 60 km (erbaut 1906).

Die *Verkehrslage* von *Mals* ist günstig. Von hier zweigt man entweder direkt auf asphaltierter Straße über *Laatsch*, oder von *Schluderns* über *Glurns* und durch das Taufterertal zur Schweizer Grenze ab; weiter durch das Münstertal nach *Santa Maria im Münstertal* und von dort

---

▷

Blick über die FÜRSTENBURG *und den unteren Teil der* MALSER HAIDE *auf das vieltürmige* MALS, *1050 m. Im Hintergrunde die Berge im Nordzuge der Ortlergruppe.*

R 4 entweder zum *Ofenpaß* R 7 oder zum *Umbrailpaß* R 7. Von dem nahen *Spondinig*, 8 km talwärts, zweigt die berühmte Stilfser-Joch-Straße R 5 ab.

Wer von N über den Reschenpaß kommt, der genießt auf der ganzen Fahrt bis Mals den Anblick einer Alpenlandschaft, wie sie so romantisch, so anmutig und großartig zugleich, nur ganz vereinzelt in den Alpen anzutreffen ist: Die *Seen* in der Paßfurche, die *Malser Heide*, die junge *Etsch*, der weite, hangumhütete Kessel des *Oberen Vinschgaues* und dahinter über walddunklen Vorbergen in makellos weißen und in das Blau des Himmels spielenden Firngraten der *Ortler*, 3905 m, der höchste Gipfel der Ostalpen, und seine Gletscherberge. Die Weite des Vinschgauer Talkessels ist der Auftakt für die herbe Schönheit dieses gesamten Bergraumes. Es ist eine heroische Tallandschaft, die den beherrschenden Bergen ebenbürtig ist. Nirgendwo in Südtirol stehen die Zeugen kampfbedrohter Vergangenheit so zuhauf wie hier. Der *Tartscher Bichl*, den vorgeschichtliches Ahnen umweht, die heute noch von ihren Stadtmauern umgürtete kleine Stadt *Glurns* und die Türme von Mals, dann die vielen Ruinen, deren Grundmauern noch viel älter sein mögen als die mittelalterlichen Mauern, die heute auf ihnen zerbröckeln: *Fröhlichsburg*, Ruine *Lichtenberg*, *Rotund*, *Reichenberg*, *Helfmirgott* u. a., dann das Schlachtfeld „*in der Calv*", alles Stätten großen, vergangenen Geschehens. Hier kommt auf Schritt und Tritt urrätische Erde zu Tage, die von so geheimnisvoll undeutbaren Namen verschleiert wird wie *Laas* und *Latsch*, *Tschars* und *Tarsch* und *Tartsch*. Hier hat frühestes Christentum tiefe Spuren gegraben. Im Vinschgau stehen die ältesten Kirchen Südtirols (*St. Prokulus* bei Naturns und *St. Benedikt* in Mals), hier finden sich sehr bemerkenswerte *Malereien* aus der Karolingerzeit (8. und 9. Jh.), die ältesten Fresken im deutschen Sprachraum. Hier im obersten Vinschgau hausten die *Herren von Matsch* und die Ahnen derer, die einmal als *Grafen von Tirol* die Herren des Landes werden sollten.

GESCHICHTLICHES: Nach den zahlreichen Funden zu schließen, war Mals eine *römische Militärstation* an der *Via Claudia Augusta*. Mit dem Eindringen der *Franken* vom Engadin her im 8. Jh. nach Südtirol kam der Ort zu großer Bedeutung als Hauptsitz der *fränkischen Gaugrafen* des Vinschgaus. Im späteren Mittelalter war Mals als churerischer Gerichtsort „*Siebenkirchen*" der Mittelpunkt der Herrschaft der Bischöfe von Chur über den ihrer Diözese zugehörigen Vinschgau. Alle Ortschaften des Talkessels, besonders auch Mals, haben im Laufe der Jahrhunderte öfters, so besonders im Engadiner Krieg 1499, unter kriegerischen Einfällen von der Schweiz her schwer gelitten. Mit der Erbauung der Brennerbahn im Jahre 1867 schlief der geringe Handelsverkehr über den Reschenpaß vollkommen ein. Erst im Zeichen der Motorisierung und mit dem Ausbau der Reschenstraße hat der Touristenverkehr außerordentlich stark zugenommen und reicht besonders im Sommer knapp an den Brennerverkehr heran.

SEHENSWÜRDIGKEITEN: Besonders charakteristisch für Mals sind die *fünf Türme* auf verhältnismäßig kleinem Raum, die weithin sichtbar die Dächer überragen: *Drei romanische Kirchtürme* und der *gotische Turm* der *Pfarrkirche*, schließlich der geborstene *Rundturm* der *Ruine Fröhlichs-*

MALS, *1050 m, der fünftürmige, uralte Marktflecken und Hauptort des oberen Vinschgaues. Im Bilde links die* PFARRKIRCHE *mit ihrem gotischen Kirchturm, rechts der geborstene Rundturm der* FRÖHLICHSBURG *und einer der romanischen Kirchtürme.*

burg, der *Fröhlichsturm*. — Hochinteressant ist die kleine *Benediktkirche* aus dem 9. Jh. mit wertvollen *karolingischen Fresken* aus der gleichen Zeit; der romanische Kirchturm wurde der Kirche im 12. Jh. hinzugebaut. Sehenswert ferner die *gotische Pfarrkirche* mit schönem Marmor-Hochaltar; an den Seitenaltären Tafeln von Martin Knoller. — Neben der kleinen *Michaelkirche* (1516) mit Fresken aus dem Beginn des 16. Jh., die Überreste der *Fröhlichsburg* mit dem weithin sichtbaren, auffallenden „*Fröhlichsturm*", einem Rundturm aus dem 12. Jh. — Daneben der romanische Kirchturm (13. Jh.), der früher der *Johanneskirche* zugehörte. Der dritte romanische Kirchturm (12. Jh.) gehört zur *Martinskirche*. — VV, geheiztes Schwimmbad. — 2 Campingplätze.

TARTSCH, *1030 m, mit dem lärchenbestandenen Tartscher Bichl und der freskengeschmückten* ST. VEITS-KAPELLE *aus karolingischer Zeit. Hinten die Berge der Tschengelser Hochwand.*

SPAZIERGÄNGE: Vom Hauptplatz erreicht man in 10 Min. den etwas höher gelegenen *Park*, von dem aus man eine besonders schöne Sicht über die Umgebung hat.

AUTOAUSFLÜGE: **Matsch**, 1561 m, im Matscher Tal, 7 km. Die Straße ist im Ausbau und von Matsch talauswärts auf 3,5 km vollendet. Parkplatz unmittelbar vor dem Dorf. Das Dorf liegt lieblich inmitten weiter Wiesen und Äcker. Die *Pfarrkirche* ist dem *hl. Fiorin* geweiht, der in *Matsch* im 8. Jh. geboren wurde. Nahe die Reste der *Burg Matsch*, der Stammsitz der *Grafen von Matsch*. Rundtour rings um den ganzen Talkessel mit Besuch von *Laatsch*, 970 m, 2 km, dann weiter bis zur Autostraße ins Tauferer Tal, 1,8 km, und auf dieser zurück nach *Glurns*, 920 m, 3,5 km; schließlich über *Schluderns*, 2,8 km, zurück nach Mals, 4 km; zusammen rund 14 km. — Diese Rundtour kann noch weiter mit dem Besuch von *Lichtenberg*, *Prad* und *Spondinig* ausgedehnt werden.

Von Mals erreicht die Reschenstraße nach knapp 2 km den kleinen Ort *Tartsch*, 1030 m, am Fuße des auffallenden, talseitig isoliert liegenden *Tartscher Bichls*, der durch zahlreiche vorgeschichtliche Funde bekannt geworden ist.

In 10 Min. gelangt man durch schönen Lärchenwald auf die Kuppe des *Tartscher Bichls* und zur freskengeschmückten *St. Veitskapelle*, die aus karolingischer Zeit (10. Jh.) stammt und einen holzgeschnitzten, bemalten *Altar* von *Ivo Strigel* (1514) aus Memmingen und *Hans Goldschmid* besitzt. Prächtiger Rundblick von der Kuppenhöhe auf den ganzen Talkessel des

Oberen Vinschgaus. Aus Funden ergeht, daß in vorgeschichtlicher Zeit auf der Kuppe eine Wallburg bestand. Der Tartscher Bichl ist unterirdisch durch Befestigungen vollkommen ausgehöhlt und war eines der stärksten Bollwerke des sogenannten italienischen Alpenwalles, der von Mussolini knapp vor dem zweiten Weltkrieg errichtet wurde.

Am Berghang entlang leitet die Straße zu dem nahen, großen, unterirdischen E-Werk der Montedison-Werke, das vom Reschen-Stausee gespeist wird. Auf der Talsohle darunter ein kleines Speicherbecken. Auf dem aussichtsreichen Platz vor dem Werk ein *Monumentalbrunnen (Rossebändiger)*. Mit leichtem Gefälle führt die Straße nach

SCHLUDERNS, 921 m, rd. 1600 Einw., das von der herrlichen, voll- 22/55
kommen erhaltenen *Churburg* majestätisch überragt wird. Ort und Schloß, die an der Mündung des einsamen *Matscher Tales* liegen, geben zusammen ein ungemein anmutiges, romantisches Bild. Schluderns ist ein vielbesuchter Sommerort. Bis Schluderns reicht der Vinschgauer Obstbau. Hier Abzweigung der Autostraße über *Glurns* zur *Schweizer Grenze* und nach *Santa Maria im Münstertal*. — VV.

Die **Churburg**, 995 m, ist wohl das schönste und am besten erhaltene Schloß Südtirols und eine seiner größten Sehenswürdigkeiten. Besichtigung gestattet. Das mächtige Bollwerk wurde gegen Mitte des 13. Jh. von den *Bischöfen von Chur* erbaut, ging 1295 in den Besitz der *Herren von Matsch* über, von denen im Jahre 1504 es auf deren Erben, die Grafen Trapp, kam, die es noch heute besitzen. In dreifachen Loggiengängen mit romanischen, gotischen und Renaissance-Stilelementen gruppieren sich die Baulichkeiten um den Schloßhof. Im ersten Stock Renaissance-Fresken, die den Stammbaum der Burgherren mit Namen und Wappen von 1171 bis 1580 darstellen. Ferner mehrere Säle mit kostbaren Vertäfelungen, Malereien, Skulpturen und Möbeln, schließlich die *Burgkapelle* von 1561 mit einem holzgeschnitzten Altar (Mitte des 16. Jh.) und *Totenschilden* mit Wappen der Grafen Trapp. Als prächtigstes Schaustück die weltberühmte *Rüstkammer*, eine der interessantesten und größten privaten Waffensammlungen der Welt; darinnen die gigantische Ritterrüstung von 2,10 m des *Ulrich von Matsch*; zahlreiche Rüstungen von lombardischen Waffenschmieden, andere der süddeutschen Waffenschmiede *Michael Wilz jun.*, *Jörg Seusenhofer* und *Sebastian Katzmair* (alle Mitte des 16. Jh.); ferner zahlreiche Rüstungsstücke und Waffen, Helme, Armbrüste, Schwerter, Spieße u. a. Den Wert dieser glanzvollen und reichen Sammlung erhöht die Tatsache, daß ausnahmslos alle Stücke aus dem Besitz der zwei adeligen Geschlechter stammen, die die Burg seit den Bischöfen von Chur besaßen; mithin kann man diese Rüstkammer geradezu als die „mittelalterliche Garderobe der Grafen von Matsch und Grafen Trapp" bezeichnen. (Besichtigung mit Führung, außer Wintermonate.)

Nach 4 km erreicht die Straße die Talsohle und die Häusergruppe von

SPONDINIG, 885 m, mit der wichtigen Abzweigung der Straße auf 27/50
das *Stilfser Joch* R 5. Schöner Blick in das Tal von Trafoi. Hier erreicht der Talboden des Vinschgaus seine größte Breite.

Die CHURBURG, *995 m, bei Schluderns, eines der schönsten und besterhaltenen Schlösser Südtirols mit herrlicher Innenarchitektur und seiner berühmten Rüstkammer. Die Burg entstand im 13. Jh. als Bollwerk der Bischöfe von Chur.*

In welligem Verlauf führt die Straße nach 3 km zum kleinen Ort *Eyrs*, 902 m, wo von N das *Tanastal* mündet. Hier das schloßartige Gebäude der *Moosburg* (13. Jh.), daneben die Ruinenreste von *Schloß Eyrs* mit einem quadratischen Turm. Eyrs bildet die Grenze zwischen Ober- und Unter-Vinschgau.

Talseitig gegenüber und jenseits der Etsch (Fahrstraße 2 km) zum Dorf *Tschengels*, 948 m, auf einem kleinen Schuttkegel zu Füßen des mächtigen Bergmassivs der *Tschengelser Hochwand*, 3375 m. Über dem Dorf erhöht die Ruine *Tschengelsburg*, 1250 m, 1 Std. und weiter 1 Std. zur Ruine der *Hinterburg*, 1287 m, aus dem 12. Jh. mit Mauern und Turm romanischen Ursprungs.

Hier findet sich eine geographische Merkwürdigkeit, nämlich die größte *relative* Höhe in den Ostalpen: Der Talboden liegt auf rd. 900 m, die Spitze der *Tschengelser Hochwand* ist 3375 m. Es besteht also ein *relativer HU* von 2475 m.

Auf der nun fast ebenen, wiesigen Talsohle gegen Laas. Vorher erblickt man auf einem Hügel links, nördl., das einsame, mauerumfriedete

Sisiniuskirchlein, 886 m, aus dem 10. Jh., mit seinem etwas unförmigen Turm.

LAAS, 870 m, rund 3600 Einw., liegt auf einer Talterrasse gegenüber 34/43
dem von S einmündenden *Laaser Tal*, das aus der nördl. Ortlergr. kommt und einen schönen Blick auf die weißschimmernden Berge freigibt.

Der Ort ist wegen seiner schon seit dem Altertum ausgebeuteten *Marmorbrüche* bekannt. Der Laaser Marmor hat wegen seiner zarten Farben in Weißgeädertem Grün und Grün-rosa einen großen Ruf; er ist auch härter als Carraramarmor. Die Marmorbrüche liegen auf rund 1600 m Höhe im Bergmassiv des *Hohen Angelus*, 3520 m. Die gebrochenen Blöcke werden bis zur Steilstufe des Laaser Tales gebracht und dann mittels eines mächtigen Schrägaufzuges nach Laas zur Verarbeitung geliefert. — VV — geh. Schwimmbad.

Mit einer kurzen Gegensteigung beginnt die Straße den gewaltigen Schuttkegel der *Gadria-Mur* zu umfahren, auf der das Dorf *Allitz*, 1150 m, liegt. In der Steigung links das gotische *Nikolauskirchlein* mit Spuren von Fresken an der Außenwand (hl. Christophorus). Wo die Straße den höchsten Punkt erreicht, rechts die *Kirche Maria von Lourdes* (1895). Schön ausgebaut überwindet die Straße nun in leichtem Gefälle und mit wenigen, weit ausholenden Kehren die große Talstufe „*Laaser Höhe*“, deren Hänge von prächtigen Obstpflanzungen bedeckt sind.

Diese auffallende Talstufe wird durch den enormen alluvialen Schuttkegel des *Gadriabaches* gebildet, der das Vinschgau querüber verrammelt und die Etsch ganz an die südl. Talseite abdrängt, wo sie sich ein tiefes Bett gegraben hat. Am Fuße der Talstufe links, nördl., etwas höher der Ort *Kortsch*, 801 m, und fast mit ihm zusammengewachsen *Schlanders;* 1 km südl. und talseitig gegenüber an der Etsch, *Göflan*, 755 m, mit Marmorbrüchen.

An der Straße bei einer Kehre links ein auffallend großes und bemaltes *Kruzifix* mit den Statuen des hl. Johannes und der Mutter Gottes. Bei der Abfahrt weiter Blick auf das breitoffene Tal mit seinen dichten Obstkulturen. In Schlanders begegnet man den ersten Weinbergen und Kastanienbäumen, die hier noch prächtig gedeihen.

SCHLANDERS, 721 m, rd. 5000 Einw., ist der Hauptort des Unteren 40/37
Vinschgaus, ein großer Marktflecken an der Mündung des *Schlandernaun-Tales* in schöner, geschützter Lage am Berghang und großen Obstanlagen. Der Ort bildet eine klimatische Grenze im Vinschgau, hier gedeihen noch Wein, Edelkastanien, Feigen und Edelobst. Beliebter Aufenthalt im Sommer und Herbst. Zahlreiche Gasthäuser und Pensionen.

Neben schönen, alten *Adelsansitzen* mit Zinnen und charakteristischen Portalen und Höfen fällt die alte *Pfarrkirche* des *Deutschen Ritterordens*

R 4 mit ihrem 97 m hohen, äußerst spitzen Glockenturm auf. Höher gelegen die *Schlandersburg*, wohl der schönste Renaissancebau des Vinschgaus, inmitten von Obstgärten und Kastanienhainen; jetzt Gerichtsgebäude. Der Ort wird von Schloß Schlandersberg (erbaut im 16. Jh.) mit seinem Turm aus dem 13. Jh. überragt. — VV. Geheiztes Schwimmbad; neues Hallenbad — 1 km südwestl. an der Etsch *Göflan*.

Rund 3 km nach *Schlanders* zweigt eine neuerbaute *Straßenvariante* geradeaus ab, die 7 km links der Etsch verlaufend wieder in die alte Straße am Beginn der *Latschander Schlucht* einmündet. Dadurch wird die Fahrt über zwei Etschbrücken, zwei schienengleiche Bahnkreuzungen und die sehr schmale Ortsdurchfahrt in *Latsch* ausgeschaltet. Die Beschreibung folgt der alten Route.

Die Fahrt geht jetzt fast eben durch dichtbepflanzte Obstgärten. Man überschreitet die Etsch und die Bahnlinie. Rechts, südl., die Mündung des *Martelltales*. Man gelangt zur Straßenkreuzung von

45/32 GOLDRAIN an der gleichnamigen Bahnstation. Südl. Abzweigung der Fahrstraße in das *Martelltal*, nördl. über die Etsch zum Ort *Goldrain*, 662 m, einem kleinen Bauerndorf an dem neuen Straßenstück.

Am oberen Ortsrand und am sanften Berghang das *Schloß Goldrain*, von den *Grafen Hendl* im 15. Jh. erbaut und in der 2. Hälfte des 16. Jh. gänzlich im Renaissancestil umgebaut. Der außerordentlich harmonische Bau mit seinem niederen Turm wird von hohen Mauern mit Rundtürmen und Kegeldächern umgürtet. Der herrschaftliche Palas hat einen schönen Renaissancehof mit Loggien. Seit 1863 im Besitz der Gemeinde, dient es heute als Pfarrhof und Schule. — Hoch am Berghang über Goldrain *Schloß Annenberg*, 1049 m, das aus dem 13. Jh. stammt. Seit dem 17. Jh. in Verfall, wurde es 1910 fast gänzlich wieder neu aufgebaut.

Martelltal. Teilweise neuausgebaute, 4,5—6 m breite Fahrstraße, bis Gand staubfrei, dann teilweise steiler, kurvenreich und ohne Belag. Von der Abzweigung an der Kreuzung bei der Bahnstation Goldrain bis zum Hotel Paradiso 26 km. Das *Martelltal* ist eines der schönsten Gebirgstäler Südtirols; sein großartiger, einsamer Talschluß wird von einem herrlichen Kranz von teilweise vergletscherten Bergen umstanden, darunter dem *Cevedale*, 3778 m, mit seinen weiten Firnflächen einer der höchsten und dabei leichtesten Skiberge der Alpen. Das Martelltal, auf dessen großem und regelmäßigem Mündungskegel das Dorf *Morter* und die Ruinen der

---

▷

SCHLANDERS, *721 m, der schmucke und gepflegte Hauptort und kulturelle Mittelpunkt des Vinschgaues, umrahmt von weitgedehnten Obstpflanzungen. In dem milden Klima gedeihen bereits Feigen und Kastanien. Der Marktflecken wird von vielen Adelsansitzen, besonders dem prächtigen Renaissancebau der* SCHLANDERSBURG *mit einem großen Loggienhof verschönt.*

Schlösser Unter- und *Ober-Montani* stehen, ist im unteren Teil tief eingerissen und bewaldet, weitet sich dann und gibt immer mehr und schönere Ausblicke auf die umliegende Bergwelt frei.

Von der Abzweigung der Martellstraße nach, 1 km, *Morter*, 729 m, einem kleinen, malerischen Ort an der Talmündung. Sehenswert die uralte *St. Vigiliuskapelle*, die schon 1080 geweiht wurde. Im Inneren eine Inschrift aus dem gleichen Jahre. Links und am *Plimabach* etwas erhöht die Ruinen von *Schloß Ober-* und *Unter-Montani*, 838 und 751 m, *erbaut* vom *Grafen Albert II. von Tirol* im Jahre 1228. Seit dem 17. Jh. in Verfall, seit 1839 Bauernbesitz. Hier wurde 1837 die sogenannte *Berliner Handschrift* des *Nibelungenliedes* aufgefunden. Zwischen den beiden Ruinen die frühere *Stephanskirche* mit bemerkenswerten Fresken aus dem 15. Jh. Nun im vorerst engen Tal nach *Bad Salt*, 1150 m, mit Eisenquelle, dann an den zerstreuten Häusern von *Martell* (jenseits ist *Enethal*, Sitz der Gemeinde *Martell*), vorbei nach *Gand*, 1268 m. Bis hierher ist die Straße vorzüglich ausgebaut und staubfrei. Man berührt, 14 km, *St. Maria in der Schmelz*, 1558 m, und erreicht mit einigen Kehren und schönen Blicken auf die dominierende *Zufrittsp.*, 3438 m, und andere Berge und Firne den schönen Talboden von *Zufritt*, 1812 m, den ein Stausee von rund 16 Mill. Kubikmeter Inhalt ausfüllt. Am linken Seeufer entlang und nach einem Straßentunnel der erste Blick auf den weißschimmernden *Cevedale*. An zwei Schutzhütten vorbei und in starker Steigung zum Hotel Paradiso, wo die Fahrstraße endet. Einzigartig schöne Hochgebirgslage und Standpunkt für eine große Anzahl von meist leichten Paßwanderungen und Bergersteigungen. Großen Ruf genießt der Platz als Ausgangspunkt für eine Reihe von hervorragenden Ski-Hochtouren, darunter besonders der *Cevedale*, 3778 m, der höchste, ganz auf Ski ersteigbare Gipfel der Ostalpen. Der touristisch noch wenig erschlossene, grandiose Gebirgskessel wird von rund 20 Gletschern eingesäumt. In $^1/_2$ Std. vom Hotel Paradiso zur *Zufallht.*, 2264 m. — VV in Martell.

Auf Schloß Montani ist seit kurzem eine Burgfalknerei eingerichtet, in der Greifvögel (Falken, Habichte, Bussarde u. a.) für die Falkenjagd abgerichtet werden. Besichtigung möglich.

48/29 LATSCH, 639 m, rd. 4000 Einw., Mittelpunkt des Obstbaues im Unteren Vinschgau. Auch als Sommeraufenthalt besucht. Besonders hervorzuheben die schöne Ungebung mit schönen Spaziergängen.

Gleich am westl. Ortseingang links die durch ihre Barockfassade auffallende *Villa Mühlrain* (erbaut 1580) und anschließend die zierliche *St. Annakapelle.* — Sehenswert die gotische *Hl.-Geist-Kirche* (erbaut 1334 von *Heinrich von Annenberg*), darinnen der holzgeschnitzte Altar, ein Meisterwerk von *Jörg Lederer* (um 1517), ferner ein Taufbecken von 1522. — VV; modernes Sportzentrum mit Schwimmbad geh. (Hallenbad in Bau), 2 Tennisplätze mit Licht, 2 Campingplätze.

BERGBAHN: Seilbahn nach **St. Martin auf dem Kofel**, 1738 m, eine moderne, kühne Anlage, die in 8,40 Min. einen HU von 1108 m überwindet. Die Talstation (Parkplatz) liegt links direkt an der Straße, knapp

Die romantische, in den letzten Jahren restaurierte Halbruine SCHLOSS KASTELBELL *direkt über der Vinschgauer Straße und dem gleichnamigen Ort. Im 13. Jh. erbaut und seit 1531 im Besitz der Grafen Hendl.*

nach dem Ortsausgang gegen Meran und am beschrankten Bahnübergang. Von der Bergstation *großartiges Panorama* über den Vinschgau und auf die Ortlerberge. Eine Fahrt ist außerordentlich zu empfehlen. Abstieg zu Fuß über Schloß Annenberg und den Weiler Tyss auf Karrenweg interessant, doch etwas anstrengend, $2^1/_2$ Std.

Die Straße verläuft nach Überquerung der Bahn und der Etsch und Einmündung des neuen Straßenstückes am linken Ufer in einer hübschen Talenge (Latschander Schlucht) zwischen Felswänden und dem tiefer eingeschnittenen Fluß. Talseitig gegenüber ein mächtiger, dicht bewaldeter Schuttkegel.

R 4 KASTELBELL, 586 m, 2300 Einw., ein hübsch gelegener Ort in-
52/25 mitten von üppigen Obstpflanzungen. Kastelbell ist der Mittelpunkt des bekannten Vinschgauer Aprikosenanbaues, die wegen ihres köstlichen Geschmackes außerordentlich geschätzt werden. Ein ungemein romantisch-eindrucksvolles Bild bietet die Halbruine des *Schlosses Kastelbell*, deren Gemäuer auf senkrecht stürzendem Fels direkt an der Straße aufragen (erbaut 13. Jh., seit 1531 im Besitze der *Grafen Hendl*, deren letzte Nachkommen es noch bis vor wenigen Jahren bewohnten). — VV.

Dicht aufeinander folgen inmitten strotzender Obstplantagen die Orte *Golsaun*, 646 m, mit der beherrschenden *Ruine Hochgolsaun*, 772 m, der *Herren von Montalban* und im Dorf dem *Ansitz Kasten;* dann Tschars, 631 m. An dem kleinen *Bad Kochenmoos* (Schwefelquelle) vorbei nach

59/18 STABEN, 536 m, das vom weithin sichtbaren *Schloß Juval* überragt wird.

Beherrschend thront auf dem Bergsporn, der westl. die Mündung des Schnalser Tales begrenzt, der mächtige Bau von *Schloß Juval*, dessen Erbauung wahrscheinlich vor das 12. Jh. zurückgeht. Ursprünglich im Besitz der *Herren von Montalban*, wurde es im 16. Jh. erweitert. Schon bald darauf dem Verfall preisgegeben, wurde es erst 1926—29 von einem holländischen Besitzer wieder aufgebaut, dessen Familie es noch heute bewohnt.

Weiter bis zur Abzw. der Straße in das Schnalstal.

AUTOAUSFLUG: Das *Schnalstal* wird vom Schnalser Bach durchflossen und stößt aus dem Vinschgau in ungefähr NW-Richtung bis tief an den Alpenhauptkamm vor. Es wird östl. von der *Texelgr.*, westl. von den *Vinschgauer Bergen* begrenzt und endet knapp unter dem *Hochjoch*, 2875 m, im Kammverlauf zwischen *Weißkugel*, 3739 m, und *Similaun*, 3602 m. Das Tal ist im unteren Teil schluchtartig eingerissen, im Mittelteil wiesen- und waldreich; erst in seinem Talschluß nimmt die Landschaft großartigen Hochgebirgscharakter an und zeigt in prächtigen Blicken einige der bekanntesten Gletscherberge der Ötztaler Alpen.

Von der Abzweigung an der Vinschgauer Straße in starker Steigung auf die in die Felsen gehauene Straße in die malerische Schlucht hinein, die kurz einen Blick auf Schloß Juval auf einem hohen Felsriegel freigibt. Nach wenigen Kilometern öffnet sich das Tal etwas. Im Hintergrunde erscheint die weiße Pyramide des Similaun. An den Weilern *Alt- und Neu-Ratteis* vorbei und durch schöne Waldpartien mit interessanten Ausblicken zum lieblich, etwas abseits liegenden, 10 km, Ort *Karthaus*, 1237 m. Hier war

---

▷

UNSERE FRAU *im* SCHNALSTAL, *1504 m, ist mit seiner schönen Barockkirche, deren Ursprünge auf das Jahr 1304 zurückgehen, einer der beliebtesten Wallfahrtsorte Südtirols. Der Ort nimmt als Sommerfrischplatz und auch als Wintersportort großen Aufschwung.*

R 4 früher ein Karthäuserkloster (gegründet 1326, aufgehoben 1782); 1924 wurde der Ort durch einen Brand zerstört, dann wieder aufgebaut. Noch jetzt ist die rechteckige Anlage des großen und kleinen Klosters an Überresten deutlich zu erkennen. Im immer alpiner werdenden Tal erreicht man, 13 km, *Unsere Frau im Schnalstal*, 1508 m, rund 600 Einw., einen hübsch gelegenen Ort an der Einmündung des *Mastauner Tales*. Von hier ab noch auf ordentlich fahrbarer Straße durch lichten Wald und Wiesen bis zum Staubecken von *Ober-Vernagt*, dann in immer alpinerer Umrandung von herber Schönheit auf die Wiesenflächen von, 24 km, *Kurzras*, 2014 m, in prachtvoller, alpiner Bergumrahmung. Der Ort ist Ausgangspunkt für Hochtouren und im Winter für zahlreiche Skitouren in die Ötztaler Alpen. Eine Seilbahn erschließt das großartige Gletschergebiet der Ötztaler Alpen zu einem „Ganzjahr-Skiparadies". Der Sommerskilauf wird hier besonders groß geschrieben.

GLETSCHER-SEILBAHN: Talst. *Kurzras*, 2011 m, Bergst. *Grawand*, 3211 m, HU 1200 m, Länge 2154 m. In Kurzras 1 Doppelsessellift und Skilift; am Gletscher (Bergstation) ein Doppelsessellift und Schlepplift.

Die Straße ist bis Kurzras ausgebaut und ganzjährig befahrbar. (Bei großen Schneefällen oder Lawinenabgängen im Winter zuweilen kurzfristig gesperrt.) VV.

61/16 NATURNS, 554 m, rd. 3800 Einw., der bedeutendste Ort im untersten Vinschgau, Mittelpunkt des hier besonders intensiven Obstbaues mit großen Kühlhäusern und Obstmagazinen, davon eines mit dem Fassungsvermögen von 400 Waggons. — Beliebter Fremdenplatz mit vielen lohnenden Ausflugs- und Tourenmöglichkeiten. Schwimmbad, Minigolf; Reiten; 2 öffentl. Tennisplätze mit Licht; 2 Campingpl.

Sehenswert die gotische *Pfarrkirche* und einzelne bemalte Häuser. Nördl. über dem Ort *Schloß Hochnaturns* mit seinem zinnengeschmückten Turm; im 19. Jh. restauriert, jetzt bäuerliche Behausung und Pension. — Eine außergewöhnlich interessante Sehenswürdigkeit ist das 5 Min. von Naturns östl. gelegene romanische Kirchlein *St. Prokulus* (geöffnet, sonst Schlüssel im Pfarrhaus). Der ursprüngliche Bau stammt aus der Karolingischen Epoche im 8. Jh. Neben Fresken an der Außenseite aus dem 15. Jh. ist hier ein *Freskenzyklus* aus dem 8. Jh. von außerordentlichem Wert erhalten geblieben. Nach verschiedenen Auslegungen handelt es sich bei diesen entweder um Wandmalereien nach Art irischer Miniaturen oder um die ersten mittelalterlichen Fresken mit nicht klassischen Vorwürfen. Die bekannteste Darstellung ist die *Flucht des hl. Paulus über die Stadtmauer von Damaskus*. Zahlreiche andere Motive sind ungedeutet. Die Fresken von St. Prokulus sind die ältesten Südtirols und überhaupt im deutschen Sprachraum. Das Kirchlein war die Grabstätte der Grafen von Tarant. — Talseitig gegenüber Naturns und jenseits der Etsch der uralte Ort *Plaus* mit dem nahen Schloß *Dornsberg*, auch *Tarantsberg* genannt, ein massiger Bau mit hohen Mauern, um 1217 von den *Herren von Tarant* erbaut. Im Jahre 1964 hat der Münchner Architekt *Eduard Gottschall* Schloß Dornsberg erworben und die völlig verwahrloste Anlage mit größtem Verständnis und unter

NATURNS, *554 m, Gesamtansicht des aufstrebenden Fremdenplatzes im unteren Vinschgau, der durch seine herrlichen Obstpflanzungen bekannt ist. Sehr berühmt und viel besucht ist das romanische Kirchlein von* ST. PROKULUS *mit seinen Fresken aus karolingischer Zeit (8. Jh.). Links, talseitig gegenüber und weißleuchtend* SCHLOSS DORNSBERG *(Tarantsberg), links am Bildrand* SCHLOSS HOCHNATURNS.

R 4 Aufwand bedeutender Mittel nicht nur vor dem restlosen Verfall gerettet, sondern das Schloß wieder im alten Glanz erstehen lassen. Vor allem wurde die vor zwei Jahrhunderten eingestürzte Kapelle neu aufgebaut und damit die alten Fresken geschützt. Das Schloß ist mit gotischem und Renaissancemobiliar weitgehend eingerichtet. Besonders sehenswert ist auch der Innenhof mit romanischen Säulen und Loggien (Privatbesitz, Besichtigung nicht möglich).

Durch RABLAND, 525 m, Schwimmbad, zur Abzweigung der Fahrstraße zum links, nördl., höher gelegenen Ort PARTSCHINS, 641 m. Der Ort liegt an der Mündung des Zieltales aus der Texelgruppe. Er dürfte schon zu römischen Zeiten eine gewisse Bedeutung als Grenzort des Vinschgaues und später als Zollstation gehabt haben, was durch drei Burgen und Edelsitze im Ort, die wahrscheinlich in früheren Zeiten den Zugang zum Vinschgau sicherten, erhärtet wird. Die heute allerdings durch zahlreiche stillose Umbauten veränderten Ansitze sind: *Schloß Stachelburg*, ein massiver Bau, *Schloß Spauregg* und der *Gaudententurm*, erbaut um 1300, heute eine Villa. — Partschins ist der Geburtsort von *Peter Mitterhofer*, geb. 1822, gest. 1893, dem Erfinder der Schreibmaschine und erstem, der 1864 ein brauchbares Modell aus Holz schuf das heute im technischen Museum in Wien zu sehen ist. — VV — Schwimmbad.

Am rechten Etschufer im Ortsteil *Rabland-Saring* befindet sich die Talstation der **Aschbach-Seilbahn.** Talst. *Rabland-Saring*, 550 m, Bergst. *Aschbach*, 1350 m, HU 800 m, Fahrz. 7 Min.

Diese Seilbahn ermöglicht eine ganze Reihe von schönen und leichten Spaziergängen sowie kürzere und längere Wanderungen z. B. zum *Gasthof Mahlbach* mit Abstieg über die *Quadrathöfe* ins Tal (bis zu den *Quadrathöfen* von der *Töll* aus schmale Autostraße); *zum Vigiljoch* (ca. 2 Std.) mit eventueller Rückfahrt mit der Seilbahn nach *Lana*.

Weiter zur Häusergruppe von TÖLL, 520 m, wo die Straße am Rande der letzten Talstufe des Vinschgaues die Etsch übersetzt. Bald darauf Blick auf den weiten Talraum von *Meran*, der wie ein großer Garten ausgebreitet ist, und die umliegenden Ortschaften.

Der kleine Ort scheint im Altertum eine bedeutende Rolle als römische Zollstätte gespielt zu haben. Dies ergeht aus verschiedenen Funden: Lappenaxt aus der Bronze- und Hallstattzeit, Dianaaltar (Museum Meran). Eine Zollstätte bestand hier auch noch unter den Tiroler Grafen.

In schöner Fahrt mit leichtem Gefälle an der teilweise felsigen Berglehne entlang auf den Talboden hinunter. An der Brauerei *Forst* links und knapp vor Überquerung der Etsch *Schloß Vorst* (Hotel) vorbei und durch *Algund* und auf der langen Geraden durch Villenvororte und das
0/70 *Vinschgauer Tor* nach MERAN.

Das romanische Kirchlein ST. PROKULUS *(8. Jh.) nahe* NATURNS *mit seinen wertvollen Fresken, den ältesten Südtirols und überhaupt des deutschen Sprachraumes.*

ROUTE 5

50 km

DIE ÄLTESTE UND KÜHNSTE AUTOSTRASSE DER ALPEN

Spondinig—Trafoi—Stilfser Joch—Bórmio

ALLGEMEINE STRECKENBESCHREIBUNG: Die Straße über das *Stilfser Joch*, die als italienische Staatsstraße die Nummer 38 führt (StStr. Nr. 38), verbindet das Etschtal vom Talpunkt *Spondinig*, 885 m, über das *Stilfser Joch*, 2757 m, mit der Tallandschaft des *Veltlin* mit seinem Talort *Bórmio*, 1217 m, in einer Länge von 50 km. Die durchschnittliche Steigung beträgt 10—12%. Die Stilfser-Joch-Straße hat in ihrer ganzen Länge von *Prad* bis *Bórmio* staubfreien Belag. Keine andere Paßstraße in den Alpen hat wie diese vom Talort an der Nordrampe bis zur Scheitelhöhe in einem Zuge eine so durchgehende, gewaltige Höhendifferenz, nämlich rund 1880 m auf einer Strecke von 27 km! Die Paßstraße hat durchwegs eine *Breite* von mindestens 6 m, die *Kehren* sind außerordentlich erweitert und gut ausgebaut. Auf der Gesamtstrecke sind 82 Spitzkehren zu befahren, davon 48 an der Nordrampe (numeriert). Die Strecke durch die Braulioschlucht an der Südrampe ist gegen Steinschlag und Lawinen durch 9 *Galerien* in einer Gesamtlänge von ungefähr 1000 m geschützt. Die Stilfser-Joch-Straße ist nur von ungefähr anfangs Juni bis gegen Ende Oktober, nämlich bis zu den ersten größeren Schneefällen, befahrbar.

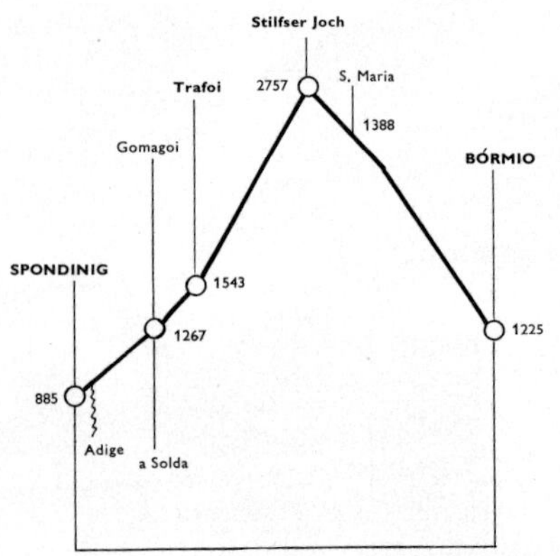

Diese Straße ist unbestritten die „Königin der Alpenstraßen“. Neben der Höhe von 2757 *m*, die sie erreicht, ist auch das Alter eine Einmaligkeit an diesem Meisterwerk alpiner Straßenbaukunst. Ihren glanzvollen Titel als höchste Autostraße der Alpen mußte sie seit 1936 an die Straße über den Col de l'Iseran (Frankreich) abtreten, die mit einer Höhe ihres Scheitelpunktes von 2769 m jedoch nur um ganze 12 m höher ist.

Der kühne Straßenbau über das Stilfser Joch wurde auf Anordnung von Kaiser *Franz I. von Österreich* 1820 begonnen und schon nach fünfjähriger Bauzeit 1825 fertiggestellt. Die Arbeiten an diesem gigantischen Bauwerk leitete *Ing. Carlo Donegani* aus Brescia. Für die zur Verfügung stehenden primitiven technischen Hilfsmittel ist die kurze Bauzeit von 5 Jahren ein bewundernswerter Erfolg. Am Bau waren oft bis zu 2000 Arbeiter beschäftigt. Die Gründe für die Erbauung waren militär- und verwaltungstechnischer Natur, die durch die Zugehörigkeit der Lombardei zu Österreich gegeben waren. Mit dieser Straße wurde die kürzeste Verbindung zwischen *Mailand* und *Tirol* hergestellt.

Bis zum Jahre 1859, da Österreich die Lombardei an das Königreich Sardinien abtreten mußte, wurde die Stilfser-Joch-Straße auch im Winter für schmale einspännige Schlitten aufgebrochen und fast durchgehend offengehalten. Zu diesem Zweck waren besonders an der Nordrampe längere Strecken durch große, hölzerne Lawinendächer geschützt. **R 5**

Die Verkehrsdichte auf der Stilfser-Joch-Straße hat in den letzten Jahren außerordentlich stark zugenommen. Sie erreicht an schönen Hochsommertagen über 3000 Kraftfahrzeuge im Tag, darunter eine große Anzahl von Autobussen. Schon aus diesem Grunde erfordert das Befahren der Straße erhöhte Vorsicht und technisches Können.

LANDSCHAFTLICHE CHARAKTERISTIK: Das Befahren der Stilfser-Joch-Straße gehört sowohl technisch als auch landschaftlich zweifelsohne zu den großartigsten Erlebnissen, die die Alpen dem Automobilisten bieten. Die Straße erschließt Alpenszenerien, wie sie bei anderen bekannten Alpenrouten kaum großartiger zu finden sind. Ihre Höhe ermöglicht es, im bequemen Verkehrsmittel das Alpenbild von einem Hochpaß aus zu genießen, der ohne Straße nur berggewandten Touristen zugänglich wäre. Durch den Verlauf der Straße direkt am Nordrande der Ortlergruppe, wird sie besonders an der *Trafoirampe* zu einer unvergleichlich schönen *Panoramastraße*. Hier paradiert die Gletscherkette des Ortlers von seinem Gipfel über die zahlreichen Firnspitzen und Gletscher bis zur Geister-Spitze und dem Monte Scorluzzo in der Nähe des Passes. Die Spitze des *Ortlers*, 3905 m, des höchsten Berges der Ostalpen, ist von der Straße in der Luftlinie nur etwa 4 km entfernt, während man sich den Gletschern talseitig gegenüber teilweise bis auf nur 1 km nähert.

PLANUNG: Das Befahren des Stilfser Joches ist sowohl landschaftlich als auch fahrtechnisch in der Richtung Nord-Süd (die Scheitelstrecke des Passes verläuft eigentlich genau in der Achse Ost-West) schöner und empfehlenswerter. Man genießt in dieser Richtung den großartigen Aufbau des gewaltigen Ortlermassivs von den Talpunkten bis auf die Höhe des Passes. Will man das Stilfser Joch nur im Zuge einer Rundfahrt besuchen, dann ist folgende Route besonders empfehlenswert: Man fährt von Spondinig nach Gomagoi, kann hier zeitlich sehr gut einen Abstecher in den Talkessel von Sulden, 11 km, R 6 einschalten und kehrt nach Gomagoi zurück. Man versäume in Trafoi nicht, eine Fahrt mit dem Sessellift auf den Kleinboden zu unternehmen, um das herrliche Panorama auf das Ortlermassiv zu genießen.

Von Trafoi auf der Scheitelstrecke bis auf das Stilfser Joch. Wenn man keine größeren Ausflüge unternimmt, reicht für den Besuch des Passes ein zweistündiger Aufenthalt. Zur Rückfahrt wähle man am besten die R 7 über den *Umbrailpaß*, 2502 m, dessen Straße 3,5 km westlich des Stilfser Jochs bei der *IV. Cantoniera* von der Stilfser-Joch-Straße in die Schweiz abzweigt. Durch das etwas einförmige *Val Muranza* nach *Santa Maria im Münstertal* und weiter in hübscher Fahrt durch das *Münster*- und nach Überschreitung der Staatsgrenze *Tauferer Tal* wieder zurück in den Vinschgau.

SPONDINIG, 885 m. Bei dieser kleinen Häusergruppe und Haltestelle der Vinschgauer Bahn zweigt südlich von R 4 die Straße zum Stilfser Joch ab. Eine schnurgerade Straße bringt quer über das Etschtal nach *0/50*

R 5 PRAD AM STILFSER JOCH, 913 m, rd. 2800 Einw., an der Mündung
2/48 des Trafoitales. Anmutig gelegener, im Sommer vielbesuchter Ort, der auch als Stützpunkt für Autotouren sehr geeignet ist. Zahlreiche Gastbetriebe.

Auf einem Hügel über dem Ort das romanische *Johanneskirchlein* aus dem 12. Jh.; an der Außenwand Fresken (hl. Christophorus) von 1400. Sehenswert die neue *Pfarrkirche*, eine der wenigen modernen Kirchenbauten Südtirols. — In der reizvollen Umgebung zahlreiche hübsche Spaziergänge. Auf der Talstraße nach Glurns zum Weiler *Agums*, in dessen Pfarrkirche ein Holzkruzifix große Verehrung genießt. Weiter nach 3 km, *Lichtenberg* mit der Ruine *Schloß Lichtenberg*; von dem berühmten profanen *Freskenzyklus* des Ritterlebens aus dem 14. Jh. sind nur mehr einige Reste zu sehen, die schönsten Fresken wurden 1908 abgelöst und sind im Museum Ferdinandeum in Innsbruck.

VV; geh. Schwimmbad; 1 öffentl. Tennisplatz neben dem Schwimmbad; Campingplatz.

Der unterste Teil des fast schluchtartig gezwängten *Trafoitales*, in dem sich Straße und die tosenden Wasser des *Suldenbaches* auf engstem Raum drängen, bildet einen romantischen Auftakt für die große Paßfahrt. Talseitig gegenüber kahle, stark erodierende Moränenhänge. Die wilde Kraft des Suldenbaches ist durch große *Wildbachverbauungen* gebändigt. Bald schon erblickt man rechts an den Berghang geklebt die Dorfsiedlung von *Stilfs*, 1310 m. Im Rückblick sieht man immer wieder im Talausschnitt die weißschimmernde Kuppe der *Weißkugel*, 3736 m, in den Ötztaler Alpen. Rechts Abzweigung einer 6 m breiten, staubfreien Straße nach, 3 km, *Stilfs*.

9/41 GOMAGOI, 1267 m, eine kleine Häusergruppe an der Einmündung des *Suldentales*. Hier zweigt links die Straße nach Sulden ab. Im ersten Weltkrieg wurden alle Häuser des Ortes gesprengt, um für das große österreichische Sperrfort Ausschuß zu gewinnen. Dieses alte Sperrfort, das jedoch nie in Aktion trat, wird nunmehr von der Straße direkt durchschnitten.

Das noch immer enge Tal wird von steilen Hängen mit schönen Wäldern, meist Lärchen, flankiert. Mehrmals muß die Straße den *Trafoibach* übersetzen. Über vier kunstvoll ausgebaute Kehren gewinnt sie an Höhe. Allmählich weitet sich das Tal und im Hintergrund erscheint der Kranz von schimmernden Firngipfeln, die den machtvollen Talschluß von Trafoi bilden.

14/36 TRAFOI, 1543 m. Die kleine Hotelkolonie entwickelt sich entlang den Borden der Straße. Der Name Trafoi wird aus dem ladinischen *Tres Fontes = Drei Brunnen* abgeleitet, nach anderen ist es ein vorrömisches Wort, das soviel wie Wiese, Rodung bedeutet. Die Lage des Ortes ist

TRAFOI, *1541 m. Der idyllische Talboden mit der Stilfser-Joch-Straße rechts. Im hintersten Talwinkel der Wallfahrtsort* DREIBRUNNEN. *Den Talschluß bildet im Süden der Trafoier Kamm mit (von links) Thurnwieserspitze, 3652 m, Trafoier Eiswand, 3558 m, Schneeglocke, 3470 m, und die drei Madatschspitzen, 3446 m.*

R 5 zwar durch steile Waldhänge und den tief eingeschnittenen Bachlauf etwas eingeengt, dafür ist die Schau auf die nahgerückten, majestätischen Bergriesen ungewöhnlich eindrucksvoll. Der Talschluß von Trafoi ist ein überwältigendes alpines Schaustück in Schwarzweiß: Die grünen Matten, der dichte Nadelholzwald und darüber das schimmernde Weiß der Firne und die schwarzen Felsen geben der Berglandschaft von Trafoi starke Gegensätze. Aus den glitzernden Firngraten, die vom Stilfser Joch bis zum Ortler ziehen, ragen die schönen Gletschergipfel der *Naglerspitze* und des *Monte Livrio*, der *Schneeglocke*, *Trafoier Eiswand* und *Thurwieserspitze* auf, während die *Vordere Madatschspitze* mit ihrer schwarzen dräuenden Wand wie ein gewaltiger Bergschild gegen den Talkessel vorspringt. Dazwischen stürzen steile Gletscherströme mit zerrissenen Eisbrüchen zu Tal.

Trafoi ist ein sowohl im Sommer wie im Winter gernbesuchter Ort. In den Hochsommermonaten hat es außerdem einen starken Durchgangsverkehr. Die Stilfser-Joch-Straße bleibt bis Trafoi den ganzen Winter über gebahnt. — VV.

SPAZIERGÄNGE: Rings um Trafoi dehnt sich ein dichtes Netz von schönen, meist schattigen Waldspaziergängen jeder Länge und Ausdehnung. Nähere Auskünfte und Pläne bei der Kurverwaltung.

AUTOAUSFLUG: **Hl. Drei Brunnen,** 1607 m, rund 2 km, großartigromantischer Winkel im Talhintergrund. Der Besuch ist sehr empfehlenswert und landschaftlich hochinteressant. Auf schmaler Fahrstraße am oberen Ortsende links von der Hauptstraße ab und längs dem Bach durch lichten Wald talein. Vom Ende der Fahrstraße in wenigen Minuten zur *Wallfahrtskapelle* der *Madonna zu den Hl. Drei Brunnen* jenseits des Baches, einem uralten Heiligtum (1701 nach Zerstörung wieder aufgebaut).

Hier war früher eine *Einsiedelei.* In einem Schupfen neben der Kapelle drei große *Holzfiguren (Christus, Madonna und Apostel Johannes)*, aus deren Sockel durch Rohre drei Wasserstrahlen entspringen. Die Madonnenstatue im Wallfahrtskirchlein, die hohe Verehrung genießt, wird alljährlich im Frühjahr in feierlicher Prozession von der Pfarrkirche in Trafoi in die Kapelle gebracht und am 29. September wieder zurückgeholt. — Großartige *Nahbilder* auf das Gletscher- und Felsenrund. — Von hier führte im ersten Weltkrieg eine *Seilbahn* mit nur einer Stütze zur Franzenshöhe, 2188 m, an der Stilfser-Joch-Straße; auf der Franzenshöhe verzweigten sich mehrere Seilbahnen bis nahe an die vordersten Front- und Geschützstellungen.

BERGBAHN: **Gondellift Kleinboden.** Talst. neben Hotel Post, HU 625 m, Bergst., 2175 m, Fahrz. 20 Min. Man sollte eine Fahrt zum Kleinboden nicht versäumen. Die Bergstation (Restaurant, Sonnenterrasse) ist ein *Panoramapunkt ersten Ranges*, von hier ist einer der großartigsten Anblicke des Ortlermassivs. Der Gondellift erschließt das *Hauptskigebiet* von Trafoi. — Die Rückkehr nach Trafoi zu Fuß auf gutem Steig in $1^1/_2$ Std. ist sehr lohnend.

Ausblick von der Bergstation des Sesselliftes TRAFOI-KLEINBODEN *auf den herrlichen Talschluß des Trafoier Tales.*

In Trafoi beginnt die eigentliche Auffahrt zum Stilfser Joch. Die Straße scheint sich nun durch Wald und Steilhänge und an Firnen entlang in den Himmel zu schrauben. Die ersten 16 Kehren, von 44 bis zum Joch (numeriert), leiten durch schönen, lichten Wald zur vorspringenden Felskanzel des (4 km) „*Weißen Knott*“, 1877 m, einem der besten *Aussichtspunkte* an der Nordrampe (Restaurant). Man ist dem gewaltigen Bergstock des *Ortler*, dessen Spitze hier noch nicht sichtbar ist, auf nur etwa 4 km Luftlinie gegenüber. Eindrucksvoller Tiefblick auf den Talschluß von Hl. Drei Brunnen. Am „Weißen Knott“ ein Gedenkstein an den ersten Ersteiger des Ortlers, den Jäger *Josef Pichler*, genannt „*P'seirer Josele*“, der im Auftrag des Erzherzogs Johann von Österreich am 27. September 1804 den ersten Durchstieg bis auf den höchsten Punkt der Ostalpen fand.

Panoramaartig aufgereiht sind von diesem Punkt aus die verschiedenen *Schutzhütten* am Ortlermassiv gut auszumachen. Am weitesten nordöstlich vorgeschoben an einem Felskamm die *Alpenrosenhütte*, 2028 m, 1½ Std. oberhalb Trafoi auf dem Anstiegsweg zum Ortler. Höher oben am Felskamm des Bärenkopfes die private *Edelweißhütte*, 2481 m, 2¾ Std. von Trafoi. Ausgezeichnet auszumachen und als Silhouette in luftiger Lage auf dem Nordgrat des Ortlers, der das Trafoital vom Suldental scheidet, die große *Payerhütte* (früher Sekt. Prag des DuÖAV, jetzt CAI Mailand), 4 Std. von Trafoi; diese Hütte ist der Hauptstützpunkt für die Ersteigung des Ortlers auf dem gewöhnlichen Weg sowohl von Trafoi als auch von Sulden aus. — Direkt gegenüber und am unteren Ende des großen Bergsporns der *Stickle Pleiß*, der den oberen vom unteren Ortlerferner scheidet, die *Berglhütte*, 2191 m (früher Sekt. Hamburg des DuÖAV, jetzt Sekt. Mailand des CAI) in dominierender Lage über dem Talschluß von Trafoi.

Die Straße wendet sich nun scharf westlich, führt mit stärkerer Steigung und in 11 Kehren an einem Wegmacherhaus (Cantoniera) an der Waldgrenze vorbei zum kleinen Talboden der

21/29 FRANZENSHÖHE, 2188 m, die über eine kurze Zufahrtsstraße erreicht wird. Besonders wuchtig wirken auf der Strecke hierher die Eisbrüche des stürzenden *Madatschgletschers*, die man in der Luftlinie knapp einen Kilometer entfernt talseitig gegenüber bewundern kann.

Franzenshöhe (Hotel) hat ihren Namen nach Kaiser Franz I. von Österreich, der die Straße mit seiner Gemahlin und dem Erzherzog Rainer, Vizekönig von Italien, im Jahre 1832 besuchte. Seit 1830 stand hier eine Kaserne, die 1848 bei der Revolution von Aufständischen aus dem Veltlin eingeäschert wurde. Im ersten Weltkrieg waren hier Depots sowie ein Seilbahnhof, von dem mehrere Seilbahnen, so bis unter die Drei-Sprachen-Spitze und zu den österreichischen Geschützständen am Goldsee führten.

Die Straße verläßt das Trafoital und klimmt an dem orographisch linken Riesenhang des grabenartigen *Klammbachtales* hinan; jetzt wird die Spitze des *Ortlers*, 3905 m, sichtbar. Immer kühner und kurzschleifiger dreht sich Kehre um Kehre, im ganzen 17, an dem beängstigend steilen Hang hinauf, so daß manchmal ein Straßenstück direkt über dem anderen verläuft. Die Schau auf die Kette der Ortlerberge wird immer weiter. An dem in den Steilhang eingekerbten Straßenarbeiterhaus „*Casa dei Rotteri*“ (Rotteri wurden früher die Schneeschaufler genannt, die im Winter die Straße aufbrachen) und der Kehre „*Jüngstes Gericht*“, wo sich im hundertjährigen Wagen- und Schlittenverkehr über den Paß der einzige Lawinenunfall ereignete, auf das

▷

Die weltberühmte STILFSER-JOCH-STRASSE, *2757 m, die älteste (erbaut 1825) Paßstraße Europas, mit ihrer ununterbrochenen Folge von Spitzkehren. Bildmitte (Pfeil) Franzenshöhe.*

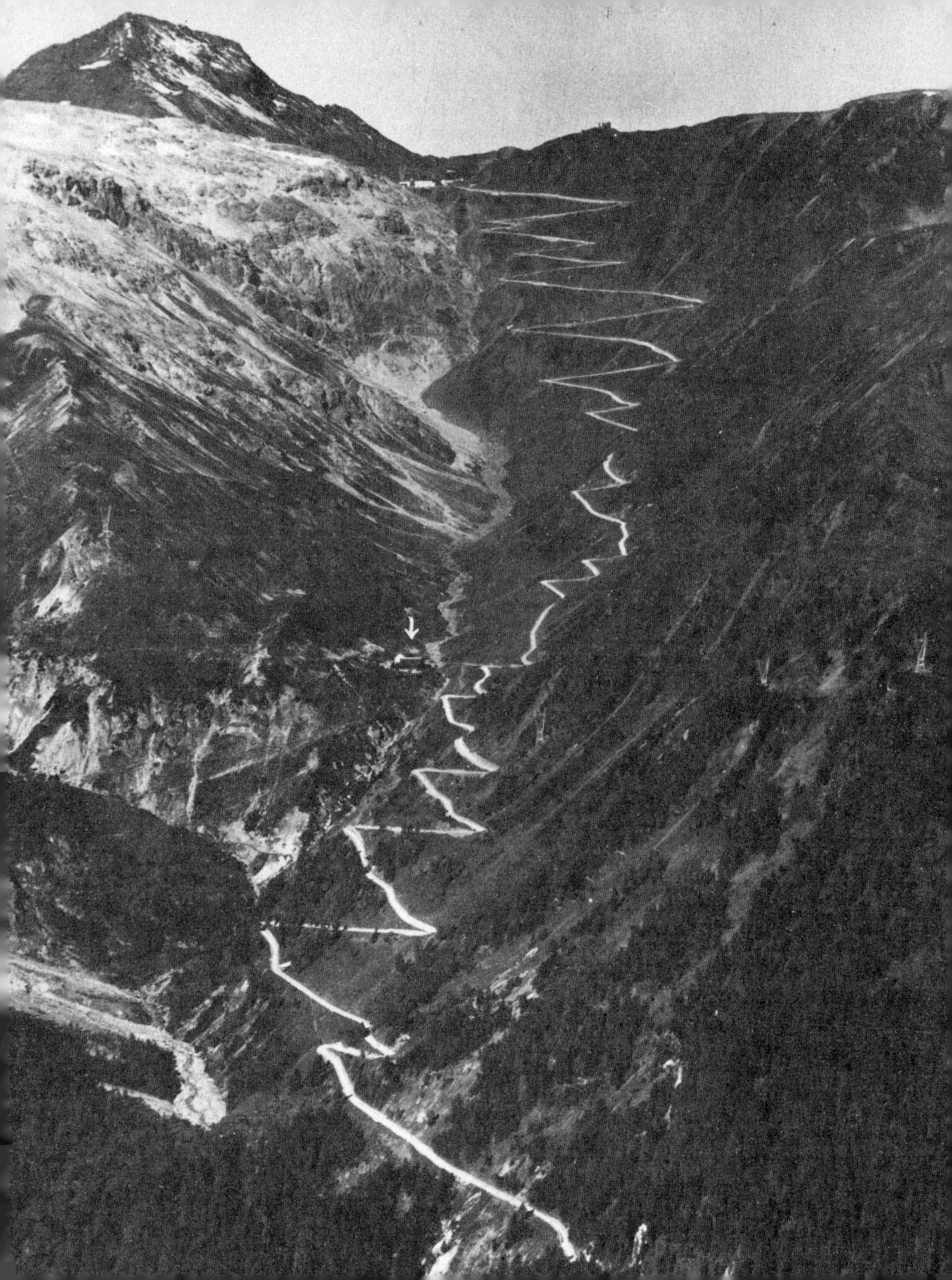

R 5 STILFSER JOCH, 2757 m. Die sehr enge Einsenkung des Stilfser
28/22 Jochs, die nur an der Straße und an deren Borden einer Zeile von dichtgedrängten Hotelgebäuden Raum gibt, wird unmittelbar nördlich von dem steilen Kamm der *Drei-Sprachen-Spitze*, 2838 m, südlich hingegen von den mäßiger geneigten Felshalden des Monte Livrio gebildet. Der Ausblick aus der Paßsenke ist zwar etwas eingeengt, immerhin genießt man einen interessanten Tiefblick auf das Kehrengewirr der Straße im Klammbachtal und eine prachtvolle Schau auf die Berge der zentralen Ortler-Gruppe. Meist bis in den Hochsommer reicht Schneebelag bis nahe an den Paß heran. Der tiefste Punkt des *Ebenferners* ist etwa 150 m über dem Joch.

Sehr interessant ist der Anblick der Kette von Firngipfeln, die von der *Geisterspitze* gegen den mächtigen Stock des *Ortlers* zieht, und dieser selbst, mit seinem gewaltigen Nordgrat, auf dem die *Payerhütte* steht. Südwestlich, nahe dem Paß, fällt die unförmige Felsgestalt des *Monte Scorluzzo* auf, die der Hauptstützpunkt der österreichischen Verteidigungslinie während des ersten Weltkrieges war. An der Rampe gegen *Bormio* ist das erste Straßenstück mit seinen vielen Kehren und die *IV. Cantoniera* nahe dem *Umbrailpaß* an der schweizerischen Grenze, R 7, gut zu überblicken.

Die Berühmtheit des Stilfser Jochs als *zweithöchster Autopaß der Alpen* (von 1825 bis 1936 war es der höchste fahrbare Alpenpaß) bewirkt einen *sehr starken Verkehr*. Die Statistik weist an einzelnen Tagen im August einen Besuch von annähernd 3000 Kraftfahrzeugen täglich auf! Dadurch und durch die beschränkten Parkierungsmöglichkeiten entsteht manchmal ein starkes Gedränge, das ein ruhiges Verweilen in der großartigen Hochgebirgslandschaft stört. Der kurze Ausflug zur nahen Tibethütte, 5 Min., ist daher und auch wegen der größeren Aussicht zu empfehlen. — Ein Zeitaufwand von mindestens 2 Std. (wenn keine längeren Ausflüge beabsichtigt sind) sollte veranschlagt werden, um diesen so einzigartig charakteristischen Hochgebirgspaß kennenzulernen. — Das Stilfser Joch genießt ferner als einer der berühmtesten Alpenplätze für den *Sommer-Skilauf* hohen Ruf. Von 3 Skischulen mit über 60 Skilehrern werden bis in den Monat August *Skikurse* abgehalten.

Das Stilfser Joch bildet die westliche Grenze des *Stilfser Nationalparkes*, in den die gesamte Gruppe des Ortlers und Cevedale einbezogen ist. Die Gesamtfläche des Nationalparkes, der 1935 errichtet wurde, beträgt 95.000 ha, davon 30.000 ha *Weideland*, 20.000 ha *Wald* und 3300 ha *bearbeitetes Land*. Der Nationalpark schließt folgende Täler ein. *Valfurva* und ein Teil des *Valcamonica*, *Ultental*, *Martelltal*, *Sulden-* und *Trafoital*. Als geschützte Tiergattungen finden sich: Gemsen, Rehe, Hirsche, Murmeltiere und Adler, jedoch keine Bären; die Einsetzung von Steinböcken ist nicht gelungen. Der Wildstand im Nationalpark wurde 1962 amtlich wie folgt angegeben: 80 Adler, 700 Hirsche, 3000 Rehe, 4000—5000 Murmeltiere u. a.

STILFSER JOCH, *2757 m, der zweithöchste und älteste (1825) befahrbare Paß Europas. Im Bilde die Hotelkolonie auf der Paßhöhe mit Blick nach Süden zu den mit zwei Bergliften und zwei Seilbahnen erreichbaren Gletschergebieten, auf denen sich ein überaus reger Sommerskilauf entwickelt hat. Die ○ bezeichnen die Tal- und Bergstationen der einzelnen Bergbahnen. Links am Bildrand Berghaus Tibet. Links oben Bergstation der Seilbahn Livriohütte.*

BERGBAHNEN: **Stilfser-Joch-Seilbahn.** Talst. *Stilfser Joch*, 2779 m, Bergst. *Ortlerhaus (Trincerone)*, 3030 m, HU 251 m. **Livrioseilbahn.** Talst. *Ortlerhaus, Ebenferner*, 3037 m, Bergst. *Livrio-Haus*, 3177 m, HU 140 m. **Stilfser-Joch-Sessellift.** Talst. *Stilfser Joch*, 2820 m, Bergst. *Nagler-Hütte (Trincerone)*, 3009 m, HU 189 m.

SPAZIERGÄNGE UND AUSFLÜGE: *Drei-Sprachen-Spitze*, 2838 m, der schönste und umfassendste Aussichtspunkt in nächster Nähe des Passes, 20 Min., auf steilem Steig leicht erreichbar. Auf diesem Gipfel stießen vor 1919 die *Grenzen Österreichs, der Schweiz und Italiens* zusammen. Jetzt *italienisch-schweizerische Grenze*. Auf Schweizer Boden die Ruinen des im

TIBETHÜTTE, *2771 m, 5 Min. vom Stilfser Joch, einer der bequemsten und aussichtsreichsten Spaziergänge auf ebenem Steig durch die zum Klammbachtal abfallenden Felswände. Blick auf die letzten Kehren der Stilfser-Joch-Straße.*

ersten Weltkrieg abgebrannten Hotels Drei-Sprachen-Spitze. — *Tibethütte*, 2771 m, 5 Min., Restaurant. Sehr lohnender, bequemer Spaziergang auf ebenem Steig in südöstlicher Richtung durch die zum Klammbachtal abfallenden Felshänge. Großartige Tiefblicke.

GESCHICHTLICHES: Vor dem Jahre 1859 lag die ganze Stilfser-Joch-Straße auf österreichischem Boden. Von 1859 bis 1919 war das Stilfser Joch Staatsgrenze zwischen Österreich und Italien. Auf der nahen Drei-Sprachen-Spitze verläuft die Staatsgrenze gegen die Schweiz.

Seit jeher bildete das Stilfser Joch die *deutsch-italienische Sprachgrenze.* Die nahe Drei-Sprachen-Spitze hat ihren Namen davon, daß in den benachbarten *Schweizer Tälern* das *räto-romanische Idiom* gesprochen wird. — Im ersten Weltkrieg war auf der *Drei-Sprachen-Spitze* der westlichste Punkt der *österreichisch-italienischen Front.* Die österreichischen Frontlinien verliefen von hier über das Stilfser Joch zum Gipfel des *Monte Scorluzzo*, der bei Kriegsbeginn im Mai 1915 von den Italienern besetzt worden war, jedoch

STILFSER JOCH. *Die Seilbahn von der Naglerhütte, 3037 m, zur* LIVRIO-HÜTTE, *3177 m. Mit ihr erreicht man von den Bergstationen der beiden Berglifte, die vom Joch heraufführen, das Hauptgebiet für den Sommerskilauf. Links der Ortler, 3905 m, der höchste Gipfel der Ostalpen.*

schon nach wenigen Tagen durch einen kühnen Handstreich von österreichischen Truppen erobert wurde und den ganzen Krieg über fest in österreichischer Hand verblieb. Weiter ging die Frontlinie über *Nagler- und Geisterspitze* zur *Hohen Schneid (Monte Cristallo)*, dann über *Trafoier Eiswand*, *Thurwieserspitze*, *Königspitze* zum Gipfel *des Ortlers*, dem höchsten Punkt der österreichischen Stellungen im ersten Weltkrieg. (Siehe Anhang: „Die Tiroler Alpenfront im ersten Weltkrieg" und Kriegsbuch „*Die Front in Fels und Eis*" vom gleichen Verfasser, Athesia-Verlag, Bozen.)

Die Fahrt über die Westrampe des Stilfser Jochs durch das *Val Bràulio* nach *Bórmio* bietet nicht so großartige Landschaftsbilder wie die Trafoier Seite. Vom Joch weg verläuft die Straße durch das steinige Hochtal mit spärlichem Graswuchs in Kehren hart an der schweizerischen Grenze und erreicht nach 3 km die

R 5 IV. CANTONIERA (Wegräumerhaus), 2489 m, mit der wichtigen
31/19 Abzweigung zum nur 200 m entfernten *Umbrailpaß*, 2502 m, R 7, der zwischen *Piz Umbrail*, 3031 m, und den Hängen der *Drei-Sprachen-Spitze* eingelagert ist und den Übergang in das schweizerische *Val Muranza* vermittelt.

Weiter durch das hier ziemlich breite Val Bráulio, vorbei an der Kapelle S. Ranieri (erbaut 1830), der gegenüber ein kleines Beinhaus aus dem ersten Weltkrieg mit 65 bestatteten Gefallenen steht, zur *III. Cantoniera*, 2320 m, in einer weiten Mulde mit mageren Weidegründen. Bald darnach zum Beginn der *Bráulioschlucht*, in früheren Zeiten „*Wormser Loch*" genannt (nach der deutschen Bezeichnung *Worms* für *Bórmio*) mit einigen hübschen Wasserfällen des Bráuliobaches. Die Straße überwindet nun eine Steilstufe mit den weitgeschweiften Kehren von *Spondalunga*. Wo sich die Schlucht verengt, bleibt die Straße am Berghang, durchquert fünf Straßentunnels (zusammen rd. 1000 m lang) und erreicht die *I. Cantoniera*, 1716 m. Talseitig gegenüber mündet das *Val Fraele*, in dem der Fluß *Adda* entspringt. Allmählich beginnt sich der Blick auf die Talebene von *Bórmio* zu weiten.

Man fährt an den unterhalb der Straße gelegenen Hotels von *Bagni Vecchi*, 1454 m, und gleich darauf an dem großen Badehotel *Bagni Nuovi*, 1325 m, mit schönen Parkanlagen, vorbei. Hier *radioaktive Heilquellen* (40°), die schon vom römischen Schriftsteller *Plinius* gerühmt wurden.

50/0 BÓRMIO, 1225 m, ein teilweise noch altertümliches Städtchen in schöner Lage und von mächtigen Bergkulissen eingerahmt an der Mündung des *Valfurva*, das die Ortlergruppe südlich begrenzt. Als Badeort, Sommerfrische und Wintersportplatz sehr besucht.

Bórmio hat eine bewegte, weit zurückreichende Vergangenheit, besonders seine heilkräftigen Quellen scheinen schon im Altertum bekannt und besucht gewesen zu sein. Ferner war Bórmio schon im Mittelalter ein wichtiger Ort für den Transithandel zwischen der Lombardei, Tirol und Süddeutschland.

In letzter Zeit hat es durch seine Badeanstalten, die *Bagni Vecchi*, *Bagni Nuovi* und das *Badezentrum* im Ort selbst erhöhte Bedeutung gewonnen; ebenso als Wintersportplatz, der mit einem ausgezeichneten Seilbahnnetz ausgestattet ist.

▷

BORMIO, *1225 m. Blick gegen den Talschluß. Links ist die Trasse der Straße zum Passo di Foscagno und Livigno zu sehen. Rechts im oberen Drittel der Beginn der Straße auf das Stilfser Joch. Von rechts her im unteren Drittel des Bildes mündet die Straße vom Gaviapaß über S. Caterina Valfurva.*

Rundtouren von Bórmio aus: Wer vom Stilfser Joch kommt, hat von Bórmio aus die Möglichkeit, in einigen ausgezeichnet schönen und lohnenden Rundtouren wieder das Vinschgau oder Bozen zu erreichen.

BÓRMIO – GAVIA-PASS – PONTE DI LEGNO – TONALEPASS

Die Straße über diesen Hochpaß, 2621 m, wurde im ersten Weltkrieg erbaut. Sie hat an den breitesten Stellen nur 4,5 m und ist nicht staubfrei, weist ferner auf der Sondrioseite 16%, gegen Ponte di Legno teilweise 20% Steigung auf. Die schwierig und möglichst nur mit Kleinfahrzeugen zu befahrende Hochstraße zeigt prachtvolle Landschaftsbilder auf die Gletscherberge der südlichen Ortlergruppe. Die Straße über den Gaviapaß wird offiziell nicht instand gehalten. Die Entfernung Bórmio—Ponte di Legno beträgt 42 km. Für die Weiterfahrt siehe R 29.

BÓRMIO – LIVIGNO – OFENPASS

Die Entfernung von Bormio über den *Passo Foscagno* nach *Livigno* und den *Ponte del Gallo* zur schweizerischen Staatsgrenze und zum Punkt *La Drossa* an der Ofenpaßstraße beträgt 57 km. Diese Rundfahrt, die wieder ganz andere, jedoch auch sehr interessante Landschaftsbilder zeigt, überschreitet den *Passo Foscagno*, 2291 m, und den unbedeutenderen *Passo d'Eira*, 2208 m, und erreicht das durch seine Eigenart bekannte Tal von *Livigno* mit dem Hauptort *Livigno*, 1816 m. Livigno ist wegen seiner abgeschiedenen Lage und geographisch eigentlich schon jenseits der Wasserscheide liegend *Zollausschlußgebiet*. Die Ortschaft dehnt sich mehrere Kilometer entlang der Talsohle aus. Das Tal von Livigno, das den ausgesprochenen Charakter eines Hochalmtales hat, verläuft von der südlichen Staatsgrenze gegen die Schweiz beim *Passo della Fòrcola*, 2315 m, leicht fallend über Livigno bis zum *Ponte del Gallo*, zur nördlichen Grenzstelle gegen die Schweiz rund 30 km.

Die Entfernung von *Bórmio* bis *Livigno* beträgt 40 km. Die Straße über die beiden Pässe hat eine Breite von 6,5 m, ist staubfrei und wurde zu einer großzügigen Alpenstraße mit ausgedehnten Lawinenschutzbauten ausgebaut.

Als Zollausschlußgebiet sind verschiedene Handelswaren in Livigno sehr preiswert, besonders Benzin, Tabakwaren, Spirituosen und Parfums. Über die zulässige Ausfuhrmenge Erkundigungen einholen!

Die unübersehbar weiten, fast vollkommen baumfreien Hänge der das Tal begleitenden Bergzüge haben die Entwicklung Livignos zu einem schneesicheren Skiort außerordentlich begünstigt. Tatsächlich hat der Ort in den letzten Jahren durch den Bau von zahlreichen Fremdenheimen und Hotels sowie Bergbahnen einen starken Aufschwung genommen. Im Winter wird die Zufahrt sowohl über den Passo di

Foscagno als auch von der schweizerischen Ofenpaßstraße her durch den Tunnel von La Drossa offengehalten.

Man setzt nun die Rundtour auf der Straße von Livigno zum Ponte del Gallo (Staatsgrenze) auf guter, staubfreier Straße fort. Der das Tal durchfließende *Spölbach,* der in den Inn mündet, ist im untersten Teil des Livignotales zu einem großen Stausee gespeichert. Dieses Straßenstück ist 5 m breit und fast ohne Gefälle. An der Grenze passiert man den Straßentunnel von La Drossa, der 3,6 km lang, 4,50 m breit und für dessen Benützung eine Mautgebühr zu entrichten ist. Am Ende des Straßentunnels erreicht man die Ofenpaßstraße, und auf dieser den *Ofenpaß* und das Münstertal mit Santa Maria und Münster (Müstair) selbst. Damit befindet man sich in Santa Maria an der Auffahrt zum Umbrailpaß, in Münster an der Schweizer Grenze gegen das Vinschgau. Siehe R 7.

Man kann diese Rundtour von Livigno aus erweitern, indem man talaufwärts auf guter, 6,5 m breiter und staubfreier Straße den Passo della Fòrcola, 2315 m (Staatsgrenze), erreicht und in wenigen Kilometern auf der anderen Paßrampe in die Straße Tirano — Berninapaß einmündet. Damit erreicht man die unten angegebene Rundtour.

Die Entfernungen dieser Rundtour sind folgende: Bórmio—Livigno 40 km; Livigno—Passo del Gallo (La Drossa) Tunnel 12 km; Staatsgrenze und Zollabfertigung, Länge des Tunnels 3,5 km; La Drossa (schweizerische Zollstelle am Tunneleingang)—Zernez 12 km; La Drossa—Santa Maria in Müstair 23,5 km.

BÓRMIO — TIRANO — BERNINAPASS — ST. MORITZ — ZERNEZ — OFENPASS. Diese längste Rundtour von Bórmio aus und über Schweizer Gebiet und den Ofenpaß zurück in das Vinschgau hat eine Länge von 130 km, bietet jedoch mit einer Vielfalt von landschaftlichen Schönheiten verschiedenen Charakters und den Besuch der bekannten Schweizer Höhenplätze im Oberengadin ganz besondere Reiseeindrücke.

Auf der gut ausgebauten StStr. in 40 km durch das *Veltlin* mit dem Fluß *Adda* nach *Tirano,* 430 m, einem kleinen Städtchen mit lebhaftem Verkehr, der besonders durch die Nähe der schweizerischen Grenze gegen das *Puschlav (Poschiavo)* bedingt ist. In Tirano sind Reste von zwei mittelalterlichen Stadttoren sowie einige Paläste sehenswert. Ebenso die Pfarrkirche zum hl. Martin aus dem 15. Jh. mit einem schönen romanischen Turm und einem Spitzbogenportal. Die Entfernung *Tirano—St. Moritz* ist 56 km. Etwa 3 km nach Tirano erreicht man schon die Staatsgrenze Italien — Schweiz und durchfährt nun das Puschlav, das in seinem unteren Teil liebliche Anblicke bietet und eine ausgesprochen subalpine Vegetation zeigt. Über den kleinen Ort Puschlav, 1011 m, der reizend zwischen weiten Wiesen und Matten gelegen ist, erreicht man allmählich die alpine Zone. Puschlav ist der Hauptort dieses südl. der Wasserscheide liegenden Tales, das noch schweizerisches Gebiet ist. Diese merkwürdige Grenzziehung hat sich durch die Glaubenskämpfe im 16. u. 17. Jh. ergeben. Oberhalb der Häusergruppe von *La Rösa* steigt die Straße in scharfen Kehren bergauf. Schon bald mündet die Straße vom *Passo della Fòrcola* von rechts ein. (Siehe oben beschriebene Rundtour über Livigno.) Man überschreitet den bekannten und landschaftlich großartigen *Berninapaß*, 2330 m, der neuerdings durch große Seilbahnen ein wichtiger Platz für den Skisport geworden ist.

Auf der nördl. Paßrampe gelangt man auf ausgezeichnet ausgebauter Straße zu den weltbekannten Kurorten u. Wintersportplätzen Pontresina, St. Moritz u. a.

Auf der Fahrt talaus durch das Inntal kommt man an dem bekannten Ort *Samedan* und weiter dem typisch engadinischen größeren Ort *Zuoz* vorbei nach *Zernez*. Die Entfernung von St. Moritz bis Zernez beträgt 33 km. Hier zweigt die in jahrelanger Arbeit ganz hervorragend ausgebaute Straße über den Ofenpaß nach Santa Maria in Müstair ab. Die Entfernung beträgt 35 km. Im oberen Teil der Punkt La Drossa, wo der Straßentunnel der Strecke von Livigno her einmündet.

Vom *Ofenpaß* (rom. *Passo del Fuorn*, 1794 m) schöne Aussicht auf die Berge der Ortlergruppe. Weiter in schöner Abfahrt über die breite, meist wiesige Paßrampe hinunter nach *Santa Maria in Münster (Müstair)*, 1248 m. Hier mündet man wieder auf die unter R 7 beschriebene Route ein.

Gomagoi – Sulden

11 km

ALLGEMEINE BESCHREIBUNG: Die 11 km lange Straße von *Gomagoi* nach *Sulden* wurde im Jahre 1892 aus Privatmitteln durch den DuÖAV erbaut. Dazu trugen besonders ein Legat eines begeisterten Stammgastes von Sulden, des österreichischen Ministers *Freih. von Hoffmann* und andere freiwillige Spenden bei. In den letzten Jahren ist die Straße sehr gut ausgebaut, auf 6 m verbreitert und staubfrei gemacht worden. Die *Höchststeigung* ist 15%. Die Straße wird auch im Winter offen gehalten.

LANDSCHAFTLICHE CHARAKTERISTIK: Das Suldental, das sehr tief in die Ortlergruppe eindringt, ist eines der schönsten und interessantesten Hochgebirgstäler Südtirols. Es erschließt zutiefst das Herz dieser prächtigen Gletschergruppe. Die tiefe Furche des Tales ist im unteren Verlauf wenig reizvoll, wandelt sich aber im oberen Teil, wo es sich zum langgestreckten Talkessel von *Sulden* weitet, zu einem Hochtal von ungeahnter Großartigkeit mit Fels- und Gletscherszenerien, die zu den schönsten der Alpen zählen.

Die *Ortlergruppe* ist eine der mächtigsten und formenschönsten Gletschergruppen der Alpen. Im W wird sie vom Stilfser Joch mit dem Trafoi- und Bráuliotal begrenzt, nördlich vom Vinschgau, östlich vom Ulten- und Rabbital, im S vom Sulzberg und dem Tonalepaß. Von den vier großen Ketten, die ihren Angelpunkt im *Cevedale* haben, interessieren hier nur die nördlich und nordwestlich streichenden, die das Suldental einschließen. Die nördliche Kette gipfelt in der *Vertainspitze*, 3544 m, und schiebt sich mit schönen Dreitausendern (*Tschengelser Hochwand*, 3485 m) bis an die tiefe Talfurche des Vinschgau heran, während die nordwestliche Kette bis zum Stilfser Joch reicht und die alpinen Großgestalten des *Ortlers*, 3905 m, und der *Königspitze*, 3859 m, trägt. Während der Hauptteil der Gruppe aus Urgestein besteht, ist die engere Ortlergruppe aus Kalk aufgebaut. Von der Südtiroler Seite dringen die schönsten Täler in die Gruppe ein, darunter besonders das einsame *Martelltal*, dann das *Trafoi-* und das herrliche *Suldental*. Besonders letztere sind durch ausgezeichnete Autostraßen leicht und bequem zugänglich.

In GOMAGOI, noch vor dem alten Sperrfort, nach links hinunter und über die malerische Schlucht, durch die der *Trafoibach* schäumt. Im waldigen *Suldental* bald über den *Suldenbach* und nun in mehreren Kehren steiler an der orographisch rechten Talseite sofort an Höhe gewinnend mit schönen Rückblicken auf Gomagoi hinauf, bis die Straße direkt taleinwärts die Wiesenhänge von *Außer-Sulden*, 1679 m, erreicht. Um ein durch Lawinenabgänge gefährdetes Straßenstück auszuschalten, wurde eine Umfahrung durch Verlegung auf die andere Talseite gebaut. Hier werden erstmals die mächtigen Bergflanken des *Ortlers* sichtbar. In mäßiger Steigung weiter talein, wieder auf die andere Talseite zurück *0/11*

INNER-SULDEN, *1908 m, mit einem Teil des großartigen Talschlusses. Im ○ die Schaubauchhütte, 2573 m, die Bergstation der Seilbahn.*

und gleich in starker Steigung in einer doppelten S-Kehre über den Kegel der schütter bewachsenen, früheren Moräne des Martlferners, auf einen Waldrücken hinauf. Von hier erreichte im ersten Weltkrieg eine Seilbahn die *Payerhütte*, 3020 m. Ein Teil des Bergkranzes, der das Hochtal von Sulden umringt, tritt ins Blickfeld.

11/0 SULDEN, 1906 m, auch *St. Gertraud in Sulden*. VV. Die Ansiedlung ist eine in dem ebenen, langgestreckten Hochgebirgskessel verstreute Hotelkolonie mit nur wenigen Privathäusern und den uralten Gampen-Höfen ganz im Talschluß. Sulden ist schon seit dem vorigen Jahrhundert einer der bekanntesten Hochgebirgsplätze der Alpen und in den letzten Jahren auch zum erstrangigen, vielbesuchten Wintersportplatz aufgerückt. Die Großartigkeit seiner Gletscherwelt und Felsberge, der schöne, umrahmende Hochwald und die lieblichen Almwiesen des Talgrundes ergeben ein glanzvolles, in seinen Gegensätzen außerordentlich eindrucksvolles Hochgebirgsbild. Der *Talschluß von Sulden* mit dem Blick auf die *Königspitze*, 3859 m, mit ihrer klassisch geformten Eiswand gehört zu den bewundertsten Schaustücken der alpinen Gletscherwelt. Das

Der TALSCHLUSS *von* SULDEN *mit der* KÖNIGSPITZE, *3859 m, dem großartigsten Schaustück der Ortlergruppe. In den ○ links die Schaubachhütte, 2573 m, rechts die Hintergrathütte, 2651 m.*

Klima ist im Verhältnis zur Höhe von würziger, trockener Milde. Als Wintersportplatz ist der Ruf von Sulden durch die absolute Schneesicherheit und den Reichtum an Skimöglichkeiten begründet.

ZEITAUFWAND: Auch wenn man Sulden nur in Verbindung mit einer Befahrung des Stilfser Jochs besucht, soll man mindestens einen halben Tag dort verbringen und entweder einen der kurzen Spaziergänge machen oder mit dem Sessellift zum *Langenstein* auffahren. Lohnender jedoch ist mehrere Tage auf den Besuch zu verwenden. Ein Aufenthalt ist vom Frühsommer, wo die Berge noch tief verschneit sind, bis zum Herbst, der mit seinen Schönwettertagen und kräftigen Farben besonders eindrucksvolle Bilder gibt, immer empfehlenswert.

GESCHICHTLICHES: Noch zu Anfang des vorigen Jahrhunderts berichtete eine Innsbrucker Zeitung über Sulden vom „Sibirien Tirols, allwo die Bauern mit den Bären aus einer Schüssel essen und die Kinder auf Wölfen daherreiten". Die ursprüngliche Besiedlung waren die Gampen-Höfe, die ganz gegen den Talschluß vorgeschoben sind. Noch vor $1^1/_2$ Jahrhunderten kam die Gletscherzunge bis knapp an diese Siedlungen heran. Durch die

R 6 erste Ersteigung des Ortlers, 3905 m, des höchsten Berges der Ostalpen, durch den Jäger *Josef Pichler*, vulgo *P'seirer Josele*, im Jahre 1804, die allerdings von Trafoi aus erfolgte, wurde der Bann dieser Berge für die Außenwelt gebrochen. Schon eine der nächsten Besteigungen erfolgte von Sulden aus über den Hintergrat. Nach einer Reihe von Besuchen geriet der Berg durch Jahrzehnte wieder ganz in Vergessenheit. Erst 1864 begann mit dem Besuch englischer Alpinisten die große alpine Epoche. *C. C. Tuckett* und *Buxton* erstiegen mit den Schweizer Bergführern *Franz Biener* aus Zermatt und *Christian Michel* aus Grindelwald erstmals die zu einer wahrhaft königlichen Pyramide aufgebaute schönste und zweithöchste Berggestalt der Gruppe, die *Königspitze (Gran Zebrú)*, 3859 m. Noch im gleichen Jahre bezwang der bekannte Wiener Geologe *E. von Mojsisovics* mit dem Bergführer *S. Holzknecht* den *Cevedale*, 3778 m. 1865 besuchte der damalige österreichische Oblt. *Julius von Payer*, der später als Arktisforscher berühmt wurde, erstmals diese Berge und begann ihre systematische Erschließung. – Den immer stärkeren Besuch von Bergsteigern begünstigte die Erbauung der zwei ersten Schutzhütten im weiten Bergrund: 1875 die *Payerhütte* auf dem Tabarettakamm des Ortlers durch die Sekt. Prag des DuÖAV, 1876 die *Schaubachhütte* am Suldengletscher. In den ersten Zeiten fanden Besucher im Pfarrhaus des *Kuraten Eller* Unterkunft. Später wurde als erste Gaststätte das bekannte *Hotel Eller* erbaut, bald darauf das *Hotel Post*, 1893, ein Jahr nach der Fertigstellung der Fahrstraße öffnete das große *Suldenhotel* seine Pforten.

Das Suldental war im ersten Weltkrieg engstes Frontgebiet. Auf dem *Ortlergipfel*, 3905 m, waren eine österreichische Besatzung und sogar ein Gebirgsgeschütz in Stellung, wohl die höchste Kanone aller Kriege. Die Frontlinien verliefen über den Gipfel der *Königspitze*, 3859 m, und weiter auf dem Firnkamm zum *Cevedale*, 3778 m. Dieser Krieg über den Gletschern gehört wohl zu den einmaligsten Erscheinungen der Kriegsgeschichte aller Völker und Zeiten. Durch vier Sommer und drei Winter wurde diese Front in Fels und Eis unter unsagbaren Mühen und Entbehrungen gehalten. Zur Versorgung der Hochgebirgsfront entstand ein kühn angelegtes *Seilbahnnetz*, das teilweise bis in die vordersten Stellungen führte. Besonders erwähnenswert die Seilbahn von *Sulden* (Ortseingang) zur *Payerhütte*, 3020 m; dann die Seilbahn vom Talschluß zur *Schaubachhütte*, 2573 m, und von hier über den Suldengletscher auf das *Königsjoch*, 3295 m.

SPAZIERGÄNGE UND AUSFLÜGE: Von den zahlreichen, hübschen Spaziergängen ist besonders der *Waldweg* zu empfehlen, der von der Kirche aus und nahe dem Suldenbach zu den Gampen-Höfen führt. – *Kanzel*, 2323 m, der schönste Aussichtspunkt des Tales mit unvergleichlich großartigem Blick auf Ortler und Königspitze, $1^1/_2$ Std. auf gutem Fußweg hinter dem Suldenhotel. Von der Kanzel erreicht man in weiteren 30 Min. den *Rosimboden*, 2473 m, knapp unter dem prächtigen Eisbruch des *Rosimferners*. Abstieg direkt durch das *Rosimtal* in 1 ¼ Std. – *Schaubachhütte*, 2573 m, $2^1/_2$ Std. auf sehr gutem, bequemem Weg. Die Hütte liegt in großartiger Bergumrahmung an der Moräne des Suldengletschers. Auch für mittelmäßige Fußwanderer leicht und wenig beschwerlich. Der Glanzpunkt der Bergwelt um Sulden.

ORTLER, *3905 m, der höchste Berg der* OSTALPEN, *und die königliche Gestalt der Eiswelt um* SULDEN *und* TRAFOI. *In halber Höhe, ganz links, die nach dem österreichischen Nordpolfahrer Julius von* PAYER *benannte* PAYERHÜTTE, *durch die die Ersteigung des Ortlers auch mindergeübten Bergsteigern ermöglicht ist.*

BERGBAHNEN: **Seilbahn Sulden – Schaubachhütte.** Talst. *Sulden*, 1900 m, Bergst. *Schaubachhütte*, 2700 m. Eine Fortsetzung dieser Seilbahn zum *Eisseegrat*, 3243 m, ist geplant. Von der *Schaubachhütte* zum *Madritschjoch*, 3123 m, und somit eine Verbindung zum *Martelltal* ist durch eine Schleppliftanlage hergestellt und erschließt ein herrliches, weitgedehntes Skigebiet, vor allem aber ein Sommerskigebiet par excellence.

Langenstein Sessellift. Talst. *Sulden*, 1900 m, Bergst. *Langenstein*, 2326 m. Dieser Lift erschließt eine großartige Landschaft nahe dem *Ortlermassiv (Marltgrat, End-der-Welt-Ferner, Ortlernordwand)*. Prachtvoll aufgereiht liegt von hier aus die Bergkette der *Schöntaufspitze* bis zur *Tschengelser Hochwand* vor dem Beschauer. Die *Tabarettahütte*, 2556 m, und die *Hintergrathütte*, 2551 m, sind von hier aus in $1^{1}/_{2}$ bis $1^{3}/_{4}$ Std. zu erreichen; von beiden Hütten leichte Abstiege ins Tal.

Kanzel-Sessellift. Talst. *Sulden*, 1900 m, Bergst. *Kanzel*, 2350 m. Schönster Aussichtspunkt um *Sulden*. Guter Ausgangspunkt für beliebte Hochtouren (*Vertainspitze*, 3545 m, *Großer Angelus*, 3521 m, *Kleiner Angelus*, 3318 m); lohnende, leichte Spazierwege und leichter Abstieg ins Tal.

ROUTE 7 RUNDTOUR DURCH DIE SCHWEIZ

31 km

Umbrailpaß — Santa Maria — Vinschgau

Dieser Route, die vom *Umbrailpaß* bis nach *Taufers* durch Schweizer Gebiet führt, kommt für das Stilfser Joch besondere Bedeutung zu, weil es mit der Stilfser-Joch-Straße eine ideale Rundtour ergibt, die wieder in das Vinschgau zurückleitet. Das Befahren des Stilfser Joches wird dadurch noch viel abwechslungsreicher gestaltet. Es ist entschieden anzuraten, den Umbrailpaß in der Abfahrt zu machen, und zwar aus verschiedenen Gründen: Nicht jedem Autofahrer liegt es, die immerhin technisch schwierige und eindrucksvoll ausgesetzte Trafoier Rampe des Stilfser Jochs nach der Auffahrt wieder abzufahren. Dazu kommt, daß der Umbrailpaß naturgemäß viel weniger befahren wird. Man hat daher auch an Spitzentagen des Verkehrs am Stilfser Joch hier eine geruhsame Talfahrt. Die Straße über den Umbrailpaß ist schmal, hat jedoch nicht übermäßig viel Kehren. Die Höchststeigung beträgt 9%.

Landschaftlich bietet das *Val Muranza* vom Umbrailpaß bis S. Maria keine besonderen Reize. Hingegen ist die kurze Fahrt durch das Münster- und *Taufererta*l zurück ins Vinschgau hübsch. Außerdem sind in Münster einige hochinteressante Kirchen sehenswert. — Es ist nachgewiesen, daß schon seit frühesten Zeiten der Verkehr aus dem Veltlin in das Vinschgau nur über den Umbrailpaß ging. Seit der Erbauung der Stilfser-Joch-Straße im Jahre 1825 hatte dieser Paß jedoch jede Bedeutung verloren. Erst durch die Erbauung der Straße durch das Val Muranza bis zum Anschluß an die Stilfser-Joch-Straße im Jahre 1901 gewann das Engadiner Straßennetz eine direkte Verbindung mit dem Stilfser Joch. — Im Mittelalter trug der *Umbrailpaß* den Namen „*Wormser Joch*" nach der deutschen Bezeichnung *Worms* für *Bórmio*.

0/31 Abzweigung von der *Stilfser-Joch-Straße* bei der *IV. Cantoniera* (3 km vom Stilfser Joch) und schon nach 200 m zum Scheitelpunkt mit der *italienisch-schweizerischen Grenze* auf dem UMBRAILPASS, 2502 m, dem höchsten befahrbaren Paß der Schweiz. Ein Ausflug auf den nahen *Piz Umbrail*, 3031 m, ist wegen der umfassenden Aussicht sehr lohnend. 1½ Std.

Über eine Anzahl von Kehren erreicht man an der *Alpe Muranza* vorbei den geradlinigen Talboden und *Plan Teal*, 1903 m, und bald darauf die Steilstufe über dem Münstertal und die Wirtschaft *Platatschas*, 1790 m, mit schöner Aussicht über den ganzen Talverlauf vom Ofenpaß bis Taufers. Mit 19 Kehren durch Wald bewältigt man den Höhenunterschied der Steilstufe und erreicht den Ort

17/14 SANTA MARIA IM MÜSTAIR *(Santa Maria im Münstertal)*, 1388 m, zwischen Wiesen an der Mündung des *Val Muranza* und des *Val Vau* gelegen. Die Bevölkerung des Münstertales spricht das *räto-*

romanische Idiom, die vierte schweizerische Landessprache. S. Maria wird im Sommer rege besucht. Hier Abzweigung der Straße über den Ofenpaß.

Die Entfernung von *Santa Maria* über den *Ofenpaß*, rom. *Passo dal Fuorn*, 2155 m, beträgt 35 km bis nach *Zernez* im Engadin (Inntal). Er stellt so die kürzeste Verbindung zwischen dem oberen Engadin und dem Münstertal bzw. Vinschgau dar.

Die Straße über den Ofenpaß weist durchschnittlich geringen Verkehr auf, wird jedoch den ganzen Winter über sehr gut offengehalten. Die gesamte Straßenroute ist mit einem durchgreifenden Ausbau zu einer modernen Paßstraße mit Lawinengalerien geworden.

Von *Santa Maria* aus erreicht man durch liebliches Wiesengelände in weiten Kehren die Scheitelhöhe des *Ofenpasses*, 2155 m, Wirtschaft (14 km). Die Talfahrt führt, zum Teil sehr windungsreich, meist durch schönes Waldgelände, das zum *Schweizer Nationalpark* gehört. Nach 21 km die große Gaststätte „*Il Fuorn*“, 1794 m, und nach weiteren 14 km erreicht man *Zernez* im Inntal. Von *Zernez nach St. Moritz* 34 km.

12 km vorher Abzweigung der Route durch den Straßentunnel *La Drossa* nach *Livigno*.

Nach kurzer Fahrt talaus über den *Rambach* und an der Mündung des *Val da Pisch* mit schönen Wasserfällen vorbei zum schweizerischen Grenzort

MÜSTAIR *(Münster)*, 1248 m. Das kleine Straßendorf, teilweise 17/14
noch von Stadtmauern mit Türmen umgeben, bietet einen altertümlichen Anblick und ist kunstgeschichtlich wegen seiner *Benediktinerabtei* hochinteressant.

Die Gründung der Abtei soll der Überlieferung nach auf *Karl den Großen* zurückgehen, der ein Kloster zum Dank für die geglückte Überschreitung des *Wormser Jochs (Umbrailpaß)* errichten ließ. Tatsächlich stammen die ersten Baulichkeiten des umfangreichen Komplexes aus der zweiten Hälfte des 8. Jh. Durch einen Brand zerstört und 1087 wieder aufgebaut und vergrößert, wurde das Kloster nach 1150 *Benediktinerabtei*. Karolingische, romanische und spätgotische Stilelemente sind gut zu unterscheiden. Die *Johanneskirche* stammt aus karolingischer Zeit, wurde jedoch später in gotischem Stil umgebaut. Im Chor ein wertvoller *karolingischer Freskenzyklus* aus dem 9. Jh., der unter Wandmalereien aus dem 13. Jh. entdeckt wurde; sehenswert ferner ein bemaltes *Standbild Karls des Großen* (12. Jh.). Im Kloster ist besonders der *Fürstensaal* (1659) mit romanischen Fresken, die von den Kirchenwänden stammen, beachtenswert; ferner Stuck- und Marmorfragmente aus karolingischer Zeit und gotische Holzplastiken. — Die abseits stehende *Hl. Kreuzkapelle* dürfte in der zweiten Hälfte des 12. Jh. erbaut worden sein.

Ruine SCHLOSS ROTUND *(Oberreichenberg) bei* TAUFERS *im Münstertal mit Blick nach* SANTA MARIA *im Münstertal in der Schweiz.*

Nach Überschreiten der schweizerisch-italienischen Grenze gelangt man nach

20/11 TAUFERS IM MÜNSTERTAL, 1240 m, rd. 1000 Einw. Malerisches Dorf entlang der Straße mit schöner *Pfarrkirche*. Oberhalb des Dorfes die sagenumwobenen Ruinen der Burg *Rotund (Oberreichenberg)*, 1507 m, die höchste Burgruine Tirols außer Schloß Andraz in den Dolomiten und Ruine Wolkenstein im Grödental, darunter die Ruine *Reichenberg*, schließlich auf einsamem Felsen talaus der Ruinenturm der Burg *Helfmirgott*. Schon diese Ruinen sind ein starkes Zeugnis, welch große Bedeutung die Handelsstraße durch dieses heute einsame Nebental im Mittelalter hatte. — VV.

Das „Wormser Joch" (Umbrailpaß) scheint als Übergang und Verbindung zwischen dem Vinschgau und dem Veltlin (Lombardei) schon in frühester Zeit größere Bedeutung gehabt zu haben. Der Volksüberlieferung nach soll auch Karl der Große über den Paß geritten sein (s. Gründung von Müstair). Vom 13. bis in das 15. Jh. blühte das Saumwesen durch das Münstertal und über das Wormser Joch ganz besonders, denn hier verlief die wichtigste Salzstraße von Hall in Tirol, mit dem Stapelplatz in Glurns, in das Veltlin. In der Gegenrichtung

GLURNS, *920 m, einer der drei mächtigen Tortürme, die in die 10 m hohe Stadtmauer eingebaut sind. Rechts die Pfarrkirche (15. Jh. mit Turm aus dem 13. Jh.) mit den interessanten Fresken „Das Jüngste Gericht“. Das Städtchen ist heute noch ganz mauerumgurtet.*

wurden Öl, Wein, Fastenspeisen (Fische) und allerlei Webwaren nach dem Norden gesäumt.

Man durchfährt die historische Talenge von *Calven* („in der Calv“), an derem Ausgang 1499 im *Engadiner Krieg* das tirolische Aufgebot von 12.000 Kriegern mit 300 adeligen Rittern von 8000 Engadinern unter Führung von *Benedikt Fontana* durch Umgehung vernichtend geschlagen wurde. In der Folge wurden die Orte *Glurns*, *Laatsch* und *Mals* von den siegreichen Engadinern gebrandschatzt. Die Straße leitet weiterhin durch Wiesenhänge in den großen Talkessel des Oberen Vinschgau hinein. Die Abzweigung der Straße nach *Laatsch* und *Mals* bleibt links (wer gegen Reschen fährt, benützt abkürzend diese Variante). Weiter nach

GLURNS, *920 m. Das* „SCHLUDERNSER TOR“ *in der 10 m hohen Stadtmauer des kleinsten Städtchens Südtirols. Diese Stadtmauer mit 7 Eckrondellen und 350 Schießscharten ist vollkommen erhalten. Damit dürfte* GLURNS *wohl eine der wenigen Städtchen im deutschen Sprachraum sein, das seine mittelalterlichen Wehrbauten so unverändert bis heute bewahrt hat.*

28/3 GLURNS, 920 m, rd. 900 Einw. Diese kleinste der sieben Städte Südtirols in hübscher Lage ist eine außerordentlich originelle Ansiedlung. Noch heute ist das Städtchen, das jetzt fast ganz ein Bauerndorf ist, von 10 m hohen Stadtmauern mit 350 Schießscharten, sieben Eckrondellen und drei schönen Tortürmen umgeben. Glurns gewann vom 13. Jh. ab immer größere Bedeutung als Handesumschlagplatz besonders für Salz. Es erhielt schon zu Beginn des 14. Jh. Stadtrecht und eigene Münze. In seiner bewegten Vergangenheit wurde es 1499 von den *Engadinern*, 1799 von den *Franzosen* geplündert, eingeäschert und zerstört und mehrmals von Bränden und Überschwemmungen heimgesucht. Margarethe Maultasch, die Landesfürstin von Tirol, belehnte 1363 *Ulrich von Matsch* mit Glurns; die Stadt verblieb im Lehensbesitz deren Erben, der Grafen *Trapp*, bis 1824. An die ehemalige Blüte und Bedeutung als Handelsstadt erinnern noch heute das *Ballhaus* und Gebäude, die einstmals große Warenmagazine waren. Jenseits der Etsch die *Pfarrkirche* (1481) mit dem älteren Turm aus dem 13. Jh., den interessanten Fresken, die das „Jüngste Gericht“ darstellen, schmücken (1496). — VV.

0/31 Quer durch das Etschtal erreicht die Straße *Schluderns*, R 4.

Meran und das Burggrafenamt

MERAN, 320 m, rd. 33.000 Einw. Die Stadt Meran, Mittelpunkt des historischen *Bruggrafenamtes* mit dem *Stammschloß Tirol*, und ihre Parkvororte *Ober- und Untermais* hatten schon seit dem vorigen Jahrhundert Weltruf als klimatischer Kurort am Südfuße des Alpenhauptkammes. Die Entwicklung Merans als Kurort geht fast an die 150 Jahre zurück. Eine Reihe von Umständen, wie sie in dieser glücklichen Auswahl kaum anderswo vereint anzutreffen sind, haben den unumstrittenen Vorrang Merans bewirkt. Da ist einmal die Lage der Stadt, 1 km östl. der *Etsch* und am Fuße des *Küchelberges*, einer Bergstufe der mächtigen, bis über 3000 m Höhe aufstrebenden *Texelgruppe* in einem weiten, halbrunden und nach Süden offenen Talbecken, das sich mit sanft geneigten Hängen an die Berge anschmiegt. In den Meraner Talkessel münden die großen Talfurchen des *Vinschgaues* und des *Passeiertales* mit den Flüssen *Etsch* und *Passer*. Die Tal- und Berglandschaft von Meran sind von einzigartiger Schönheit und haben ein einmalig mildes, niemals ermattendes und für den Erholungsbedürftigen prickelndes Klima. Die üppige Flora, die großen Parkanlagen mit subtropischem Baumbestand und Sträuchern, die Rebhügel und in der Niederung die unübersehbar gedehnten Obstpflanzungen sind ein voller Beweis für die überaus günstigen klimatischen Bedingungen der Meraner Landschaft. Einzigartig abwechslungsreich und von schier unausschöpfbarer Fülle ist die nähere und weitere Umgebung des Kurortes. Hier ist eine der burgen- und schlösserreichsten Gegenden Südtirols.

Zu dieser bevorzugten Lage und den außerordentlich günstigen klimatischen Bedingungen gesellt sich die *Tradition Merans*, die es in allem und jedem und besonders mit allen seinen Einrichtungen zu einem hervorragend organisierten *Kurort* macht. Meran hat in jeder Jahreszeit besondere Attraktionen, die es als Ziel und Aufenthalt fast das ganze Jahr über beliebt machen. Für längere Aufenthalte eignen sich vorzüglich der Frühling und der Herbst, jener mit der großartigen *Baumblüte* des Etschtales, dieser mit seiner meist sehr günstigen Wetterlage, seinen klaren und milden Tagen bis in den November und dem Reiz der *Obst- und Weinernte* (Traubenkur).

Einige großartig angelegte Bergbahnen, einzigartig originelle Promenaden und ein Netz von Spazierwegen, das an die 50 km Länge erreicht, ermöglichen es, den ganzen Zauber der Meraner Landschaft voll und bequem zu genießen. In den letzten Jahren hat sich auch der touristische *Sommerverkehr* stark entwickelt. Mit der Zunahme der

Motorisierung ist Meran immer mehr zu einem Mittelpunkt für Auto-Rundfahrten durch ganz Südtirol und bis zum Gardasee und Venedig geworden.

Verkehrslage: Meran liegt am Schnittpunkt schöner und wichtiger Autostraßen Südtirols. Zur großen Verkehrsader über den *Brenner* nach Italien steht es mit dem Straßenstück nach *Bozen* in naher Verbindung. Eine eigene und direkte Zufahrt von Norden stellt die Route über den *Jaufenpaß*, 2094 m, R 3, dar, die in Sterzing von der Brennerstraße abzweigt und mit einer Länge von 59 km durch das Passeiertal direkt nach Meran bringt. Seit 1970 ist der Autoverkehr über das Timmelsjoch für knapp drei Monate im Sommer möglich. Eine zweite Direktverbindung von Österreich und der Schweiz her bildet die schöne Straße durch den *Vinschgau*. Hier ist der *Reschenpaß*, 1508 m, die Grenzstation gegen Österreich und *Taufers im Münstertal*, 1240 m, jene zur Schweiz (Ofenpaß, Engadin). Eine andere Direktverbindung nach dem S ist die Straße über das *Gampenjoch*, 1518 m, auf der man unter Vermeidung der meist überlasteten Strecke Brenner—Verona durch die schönen und interessanten Berggebiete westl. der Etsch den *Gardasee* erreicht.

Der Kurort: Meran verfügt etwa über 170 Hotels, Pensionen, Gasthöfe und Garnis. Hierzu kommen zahlreiche Weinstuben, Tanzlokale, Caféhäuser, Stadttheater, Kinos usw. Das Kurleben konzentriert sich in den schön an der Kurpromenade gelegenem Kurhaus, aber hautsächlich in den modernen Thermalanlagen nahe dem Zentrum, linksseitig der Passer (verschiedene Kureinrichtungen, Thermalhallenbad, Thermalfreischwimmbad, Kongreßsäle u. a. m.).

Mit der Auswertung der radioaktiven Heilquellen, die in der nächsten Umgebung entspringen, ist Meran zu einem führenden *Heilbad* geworden. Besonders gerühmt wird der hohe Stand der Meraner Gastbetriebe, die den Gästen modernsten Komfort und außerordentlich fürsorgliche Betreuung bieten.

ZEITAUFWAND: Bei einem *eintägigen Aufenthalt* wird man nur den Kern der Stadt und des Kurorts kennenlernen, damit also nur einen kleinen Teil der landschaftlichen und baulichen Schönheiten von Meran. Vor allem werden jedem Besucher bei einem solch kurzen Zeitaufwand alle die eindrucksvollen Schönheiten der Meraner Umgebung verborgen bleiben. Es lohnt also, für den Besuch von Meran mindestens *drei Tage* zu verwenden. Besonders empfehlenswert ist es auch, Meran als *Standort* für eine Reihe von großen *Autoausflügen* durch Südtirol und bis zum Gardasee zu wählen.

HINWEISE: *Postämter*: Hauptpostamt, Romstr. an der Postbrücke; Postamt Obermais, Brunnenplatz; Postamt Untermais, Romstr. 120; *Postleitzahl I-39012 Meran.*

Blick auf MERAN *und das* ETSCHTAL *gegen Südost. Als Abschluß im Hintergrund rechts die markante Silhouette des* GANTKOFELS *(Mendelgebirge).*

Telefonzentrale: Romstraße neben dem Hauptpostamt. *Vorwahl für Meran* 0473.

Reise- und Informationsbüros: C. I. T. Freiheitsstr. 1—3, Tel. 22460 — Südtiroler Reisebüro „*Alpina*", Freiheitsstr. 146, Tel. 25200 — Reisebüro „*Tourdolomit*", Freiheitsstr. 122, Tel. 26209 — Reisebüro „*Bergland*", Eurotel, Thermenstr. 5, Tel. 25005 — *Kurverwaltung* der Stadt Meran, Freiheitsstr. 47, Tel. 26393 (Auskünfte und Zimmernachweis) — A. C. I. *(Ital. Automobil-Club)* Leopardistraße 77, Tel. 23422.

Städtische und lokale Autobuslinien: Die städtischen Autobuslinien haben als Ausgangspunkt den Bahnhofplatz. Die meisten Linien zu den Ortschaften der Umgebung gehen vom Sandplatz aus.

Autobus-Fernlinien: Abfahrt der Internationalen Linien vom Reisebüro C. I. T. in der Freiheitsstraße.

M

Badeanstalten: Thermalbadeanlagen zwischen Thermenallee und Piavestraße. Thermalhallenbad, geheiztes Freibad. — Lido, geöffnet von Mai bis Oktober, am unteren, westl. Ende der Passerpromenade. Drei Schwimmbassins, eines für Nichtschwimmer und ein Kinderbecken, Sprungturm, Liegewiese, Terrassen, Restaurant usw. — Hallenbad Josefsberg oberhalb Forst, schmale Straße ab Forst auf den Josefsberg. — Öffentl. Badeanstalten in Algund, Dorf Tirol, Lana a. d. E. und Schenna, alle geheizt.

Campingplatz: Neben den Tennisplätzen in Untermais, Wiesengelände beschattet, Duschen, Telefon, Parkplatz (zugänglich auch für Kraftwagen mit Wohnwagen), Trinkwasser, W. C. Eigenes Freibad.

Sportanlagen: Großer Pferderennplatz in Untermais. Pferderennen finden in der Frühjahrs- und Herbstsaison durch einige Wochen, meist an Sonntagen statt. Zu Ostern findet alljährlich das Bauerngaloppreiten, im April das internationale Reitturnier, Ende September der „Große Preis von Meran" statt.

Tennisplätze: Große Anlage mit 10 Plätzen auf dem Sportplatz neben dem Pferderennplatz. Im Winter gedeckte Tennisanlagen. — Eispalast am Bahnhofplatz (Oktober—April).

GESCHICHTLICHES: Die geschichtlichen Anfänge *Merans* gehen wohl auf das befestigte römische Lager *castrum majense* zurück, das im Feldzug des *Drusus* in den Jahren 16 und 15 v. Chr. wahrscheinlich auf dem Hügel, wo jetzt die *Zenoburg* steht, errichtet worden war. Die *Völkerwanderung* scheint ohne bedeutende Einwirkung an diesem Landstrich vorübergegangen zu sein. Daß die Siedlung auch im frühen Mittelalter von einer gewissen Bedeutung gewesen ist, mag daraus ergehen, daß sich der *hl. Valentin* um die Mitte des 5. Jh. hier niedergelassen und im heutigen *Obermais* ein Kirchlein erbaut hat. Er wurde nach seinem Tode in der Kapelle auf der *Zenoburg* beigesetzt. Ferner wirkte im 8. Jh. der *hl. Korbinian* in Meran, dessen Leben uns in der „*Vita Corbiniani*" des Bischofs *Aribo von Freysing*, eines gebürtigen Meraners, geschildert wird.

Im Jahre 857 scheint erstmals der Name *Meirania* auf. 1234 wird Meran als Lehen der *Fürstbischofe von Trient* an die *Grafen von Vinschgau* erwähnt, die sich nach ihrem Stammsitz, der *Burg Tirol*, auf der sie seit ungefähr 1100 saßen, erstmals im Jahre 1141 *Grafen von Tirol* nannten. In jahrzehntelangen Kämpfen dehnten die Grafen von Tirol ihre Macht weit über das Burggrafenamt auf andere Gebiete Süd- und Nordtirols aus. 1274 erhielt Meran das Münzrecht und wurde 1317 zur Stadt erhoben. Mit der Abtretung Tirols an die *Habsburger* im Jahre 1363 durch die letzte Landesfürstin

---

▷

MERAN-UNTERMAIS. *Der großzügig angelegte* PFERDERENNPLATZ *am Fuße des* KÜCHELBERGES, *seiner Lage nach wohl der schönste Europas. Von Ostern bis Oktober finden hier große, meist internationale Pferderennen statt. Die wichtigsten sind der* „GROSSE PREIS VON MERAN" *in der letzten Septemberwoche, der mit der Millionenlotterie von Meran gekuppelt ist, ferner der* „PREIS DER NATIONEN" *Anfang Oktober und das* „HAFLINGER BAUERN-GALOPPREITEN", das immer zu *Ostern gelaufen wird.*

Margarethe Maultasch, die „*häßliche Herzogin*", wurde Meran zur *Landeshauptstadt von Tirol*. Obschon Mitte des 15. Jh. die Hofhaltung der Landesfürsten nach Innsbruck verlegt wurde, verblieb Meran doch noch längere Zeit nominell die Hauptstadt des Landes. Durch die Verlegung der Residenz aber büßte Meran sehr an Leben und Bedeutung ein. Dazu kamen in jener Zeit gewaltige Naturkatastrophen, so die Hochwassereinbrüche von 1419, 1503 und 1512, die ausgedehnte Zerstörungen und Verwüstungen brachten.

Am *Bauernaufstand* von 1525 nahm das bäuerliche Volk des Burggrafenamtes regen Anteil; dort fand das politische Programm des Südtiroler Rebellenführers *Michael Gaismayr* in den bekannten 106 „*Meraner Artikeln*" ihren Niederschlag.

Auch die folgenden Jahrhunderte sind ohne besondere Entwicklung an der Stadt vorübergegangen, was sich auch in der Baugeschichte Merans ausdrückt, die bei der Spätgotik stehengeblieben und von Renaissance und Barock kaum Spuren hinterlassen hat. Erst die Geschehnisse der *Napoleonischen Kriege* von 1805 und 1809 und die Zugehörigkeit zu *Bayern* seit dem *Frieden von Preßburg* griffen tief in das Leben der Stadt Meran ein und brachten gleichzeitig den größten Tiefstand. Besonders durch die Gestalt *Andreas Hofers* und die letzten Kämpfe des Unglücksjahres 1809 rückte Meran damals in das Blickfeld Europas. Seit der Rückkehr unter österreichische Herrschaft im Jahre 1814 erholte sich die Stadt allmählich, wozu vor allem die Entwicklung als klimatischer Kurort ausschlaggebend war.

Meran als Kurort: Der Beginn der Geschichte des *Kurortes Meran* fällt in das vierte Jahrzehnt des vorigen Jahrhunderts. Die Schriften hervorragender Meraner Ärzte, darunter *Dr. Tappeiner*, *Dr. Mazegger* und *Dr. Haller*, der durch 38 Jahre Bürgermeister der Stadt war (1823–1861), bewirkten einen starken Zuzug von fremden Gästen. Dr. Haller war gegen den ursprünglichen Widerstand der Bürger der zäheste Verfechter des Gedankens, aus Meran einen Kurort zu machen. Mit dem Kauf von *Schloß Schenna* durch *Erzherzog Johann von Österreich* für seine Nachkommen, die *Grafen von Meran*, dann durch den Kuraufenthalt der *Könige von Preußen*, *Belgien*, *Württemberg* und *Russischen Fürsten* in den folgenden Jahren wurde Meran ein Modekurort des europäischen Hochadels und besonders auch des österreichischen Kaiserhauses.

Merkbaren Aufschwung nahm der Kurbesuch durch die Fertigstellung der *Brennerbahn* im Jahre 1867. Meran wurde dieser starken Aufwärtsentwicklung durch die Verbesserung der Unterkünfte, Anlage von Promenaden und Spazierwegen, ferner durch den Erlaß einer Kurordnung gerecht. Meran veränderte so sein früheres Antlitz stark. Um den Kern der Altstadt entstanden Villenvororte mit Hotels und Sanatorien, alle in ausgedehnte Grünanlagen mit herrlicher, subtropischer Vegetation gebettet.

An den Zahlen der fremden Besucher von Meran läßt sich am eindrucksvollsten sein Aufstieg als Kurort dartun. Im Jahre 1850 zählte man 350 fremde Gäste, 1855 deren 9000, um 1900 wuchs die Zahl auf 18.000 und betrug im letzten Jahre vor dem ersten Weltkrieg 40.000! Bis 1973 ist die Besucherzahl auf 1,5 Millionen angewachsen.

In der Zeit zwischen den beiden Weltkriegen wurden die Einrichtungen von Meran auf den Sektoren des Hotelwesens, der Hygiene, der Motorisierung und des Sports sehr verbessert und ausgebaut. Es entstand der große *Pferderennplatz* (1935), neue Sportanlagen, der schöne Lido u. a. Auch der äußere Aspekt von Meran wurde verbessert und verschönert.

Das seit jeher auffallend wirksame *Heilklima* von Meran wäre aus den klimatischen Bedingungen heraus allein nicht zu erklären. Auf Grund eingehender Forschungen konnte nun eine außerordentlich heilsame *Radioaktivität* im Talbecken von Meran festgestellt werden, die in der Folge zur Entdeckung der *radioaktiven Heilquellen* im Vorort *Gratsch* und in der Gegend des *Vigiljochs* führten. Mit der Nutzbarmachung der radioaktiven Quellen durch die große *Thermalbadeanstalt* und der Zuleitung des radioaktiven Wassers direkt in die Hotels erscheint der Aufschwung Merans als Heilbad gesichert.

MERAN ALS THERMALKURORT

Die ergiebigsten radioaktiven Quellen entspringen am Vigiljoch in einer ungefähren Höhe von 1700 m. Kleinere Quellen wurden bei Martinsbrunn in Gratsch nahe bei Meran erschlossen. Die Wasserleitung vom Vigiljoch nach Meran beträgt etwa 4600 m. Sie wurde so vorsichtig angelegt, daß keine der Eigentümlichkeiten des Wassers auch nur wesentlich vermindert wird. Die Quellen von St. Vigil sind mineralarm und weisen eine Radioaktivität des Wassers von durchschnittlich 115 Mache-Einheiten auf. Diese wechselt allerdings von Quelle zu Quelle. Seiner Art nach eignet sich das Heilwasser von Meran für alle Hydrotherapien, also Bäder, Inhalationen und Trinkkuren. In vieljähriger Arbeit wurden die ungemein großzügigen Anlagen für Bade- und Thermalkuren geschaffen. Sie liegen sehr zentral auf dem Real des früheren Grandhotels Meranerhof mit seinem ausgedehnten Park, also im engsten Kurbezirk und dabei restlos von Außenlärm abgeschirmt. 1971 wurden die Badeanstalten und Thermalanlagen in Betrieb genommen.

Das Freibad hat ein Becken von olympischen Maßen, nämlich 25 : 50 m und eine vollständige Sprunganlage für Wettbewerbe. Die Anlage ist großzügig zwischen Liegewiesen, Duschen, Liegepritschen und schattenspendenden Parkflächen angelegt. Das Wasser des Olympia-Freibades wird alle sechs Stunden vollständig umgewälzt und in einem Durchlauferhitzer auf 27 Grad erwärmt. Die Räume der Thermen sind nach den modernsten Erfordernissen und Erkenntnissen erstellt. Die Sauna ist besonders groß gehalten, sie besitzt zwei großräumige Kabinen mit verschiedenen Temperaturen und kann gleichzeitig von 46 Personen benützt werden.

Ebenso vorbildlich sind die übrigen Anlagen des Thermalbades. Das Wasser im großen Thermalhallenbad hat eine Temperatur von etwa 33 Grad, die Umkleideräume sind sehr bequem und angenehm gehalten. Alle Möglichkeiten der Kuranwendung sind vorhanden, so Unterwassermassage, Inhalationen, Trinkkuren u. a. Ein eigener Moorgarten, in dem der Heilschlamm aus Abano zugeführt und mit dem radioaktiven Wasser versetzt wird, liefert den Rohstoff der hochwirksamen Schlammbäder.

Im Gebäude der Thermalanlagen liegt auch das neue Meraner Kongreßzentrum mit einem 1200 Personen fassenden Kongreßsaal und allen notwendigen Nebenräumen und Einrichtungen.

GANG DURCH DIE STADT: Der Kern von Meran, nämlich die enggedrängte *Altstadt* und der an der Passer gelegene *Kurbezirk*, ist in verhältnismäßig kurzer Zeit zu begehen und bietet viel interessante Einzelheiten. Dieser Stadtkern ist klar und einfach gegliedert, er wird durch zwei große, fast parallel laufende Hauptverkehrsstraßen gebildet, die gleichzeitig die belebtesten Geschäftsstraßen der Stadt sind, die *Freiheitsstraße* und die *Laubengasse*. Querverbindungen zwischen diesen beiden Straßenzügen sind die kurze *Postgasse* zwischen dem Sandplatz und dem Pfarrplatz, in der Mitte ungefähr die ebenfalls kurze *Sparkassenstraße* und am westl. Ende der breite *Rennweg* zwischen Theaterplatz und *Vinschgauer Tor*.

Die *Freiheitsstraße* nimmt vom Bahnhofsplatz ihren Ausgang und erreicht durch ein schönes, parkreiches Villen- und Hotelviertel den *Theaterplatz* und damit den Verkehrsmittelpunkt der Stadt mit dem Stadttheater. Von hier aus führt die Theaterbrücke über die Passer nach Untermais und damit zur Ausfallstraße nach Bozen.

Vom *Theaterplatz* zieht die Freiheitsstraße als verkehrsreiche und außerordentlich lebendige Geschäftsstraße parallel zur Kurpromenade, die gleich südl. am rechten Ufer der Passer angelegt ist, zum *Sandplatz*, wo die zweite große Brücke Merans, die *Postbrücke*, die Passer nach Obermais übersetzt. Der *Sandplatz* ist ein zweiter Verkehrsknotenpunkt der Stadt, über den insbesondere der Verkehr von den Villenorten Obermais und Untermais und zum Teil von Bozen geht.

Die kürzeste Verbindung zur Laubengasse bildet das erwähnte enge und steile Postgäßchen, das als Abschluß gegen den Sandplatz hin das *Bozner Tor* zeigt, eines der vier Stadttore, die einstmals in die Ringmauern der alten *Stadt* eingelassen waren und von denen heute noch drei *(Bozner Tor, Passeirer Tor, Vinschgauer Tor)* erhalten sind. Das Bozner Tor trägt einen gemalten Doppeladler und die gemeißelten Wappen von Österreich, Tirol und Meran mit der Jahreszahl 1589.

Durch die Postgasse gelangt man zum romantischen *Pfarrplatz* mit der schönen *Pfarrkirche* (s. Sehenswürdigkeiten). Es lohnt sich, von hier einen kurzen Abstecher durch die schmale *Hallergasse* und damit durch den ältesten Stadtteil von Meran, *Steinach*, bis zum *Passeirer Tor* zu machen. Dieses zweite alte Stadttor von Meran ist ein hoher, schlanker Torturm mit viereckigem Pyramidendach, der früher nach der Stadtseite offen war; das Spitzbogentor mit den Klauensteinen und Rollen für das Fallgitter ist noch zu erkennen.

Ähnlich wie in Bozen und Brixen bildeten auch in Meran die „*Lauben*“ den alten Geschäftskern der Stadt und sind dies auch heute noch. Mit ihren schmalbrüstigen und erkergeschmückten Giebelfronten sind die Laubenhäuser für den fremden Besucher nicht nur ein charakteristisches Merkmal der alten Landeshauptstadt, sondern vermitteln auch ein ungemein anheimelndes Stadtbild. Die nördl. Laubenzeile, eben weil sie mit der Rückfront ihrer Häuser teilweise fast unmittelbar an den Hang des Küchelberges anstößt, wird als „*Berglauben*“ bezeichnet, die andere Seite als „*Wasserlauben*“, weil von deren Rückfront früher die Hausgärten über die heutige Freiheitsstraße und Kurpromenade bis an das Ufer der Passer heranreichten.

MERAN. *Die Thermalbadeanlagen mit geheiztem Freischwimmbad, Sprunganlage für Wettbewerbe und Hallenschwimmbad. Im Hintergrund die* MUTSPITZE, *2295 m (rechts), und der* TSCHIGAT, *2999 m (Mitte).*

Etwa in der Hälfte der Berglauben zweigt in rechtwinkeligem Durchbruch die *Galileistraße* nördl. ab, an der gleich links die *Landesfürstliche Burg* (s. Sehenswürdigkeiten), dieser gegenüber die Talstation des *Sessellifts auf den Küchelberg* (s. Bergbahnen) und noch ein Stück weiter links das *Städt. Museum* liegen. An der Mündung der Galileistraße in die Lauben erhebt sich das neue Rathaus, das an Stelle des 1317 erwähnten *Fürstenhauses* und späteren *Kelleramtes* und alten Magistratsgebäudes errichtet wurde (1932).

Die Lauben abwärts erreicht man den geräumigeren *Kornplatz*, den der *Rennweg* schneidet. In diesem nach rechts einbiegend, kommt man zum *Vinschgauer Tor*, dem dritten noch bestehenden Stadttor von Meran. Es diente früher auch als Bürgergefängnis und wurde im 16. Jh. umgebaut. An ihm gemalte Wappen von Österreich, Tirol und Meran. Durch das Vinschgauer Tor erfolgt die Ausfahrt nach Forst und in den Vinschgau.

Von der Mündung der Lauben in den Kornplatz nach links über den hier breiten Rennweg, ebenfalls eine lebhafte Geschäftsstraße, die zum Theaterplatz zurückführt.

Die Außenbezirke von Meran, so besonders *Ober- und Untermais*, dann die aufgelockert gesiedelten Villenviertel von *Untermberg* und *Gratsch*, die sich nordwestl. am Fuße des Küchelberg entwickeln, bieten zahlreiche Möglichkeiten für interessante Spaziergänge.

SEHENSWÜRDIGKEITEN: **Stadtpfarrkirche** *zum hl. Nikolaus.* Der schöne gotische Bau, dessen Anfänge auf das Jahr 1367 zurückgehen, erhebt sich am kleinen romantischen *Pfarrplatz* am oberen, östl. Ende der Lauben; charakteristisch der 83 m hohe *Glockenturm* mit ebenerdigem, spitzbogigem Durchgang mit Fresken. Die Kirche hat zwei reichprofilierte *Portale* und weist an der Außenseite verschiedene kunsthistorisch interessante Einzelheiten auf, darunter eine schöne *Nikolausstatue* in einem spitzbogigen Tabernakel und über einem Portal ein mächtiges *Christophorusbild* aus dem Ende des 15. Jh., ferner große Grabsteine u. a.

Das Innere des schönen, dreischiffigen Hallenbaues mit hohen Rundpfeilern und zwei gotischen Seitenaltären (um 1500) zeigt ein großes Bild (Himmelfahrt Mariä) von *Martin Knoller* und im Presbyterium zwölf *Apostelstatuen* von *Joh. Bapt. Pendl*, gotisches Chorgestühl und gemalte Kirchenfenster, davon zwei aus dem 15. Jh.

Barbarakapelle (1423), ein schöner achteckiger Bau hinter der Pfarrkirche mit einem geschnitzten und vergoldeten gotischen *Flügelaltar.* Die in den Fels gesprengte Krypta darunter ruht auf vier Säulen.

Hl.-Geist-Kirche *(Spitalkirche)* gleich östl. der Postbrücke. Der schöne, gotische Bau wurde ursprünglich 1271 von *Meinhard II. von Tirol* als Spitalkirche errichtet, 1419 durch Hochwasser zerstört und 1483 wieder aufgebaut. Das gotische Portal zeigt eine *Hl.-Geist-Gruppe* zwischen den Skulpturen der Stifter. Reiche innere Ausstattung.

Landesfürstliche Burg. Man erreicht sie von den Berglauben her durch die *Galileistraße* mit wenigen Schritten. Das unansehnliche und einfache Gebäude, das fast ganz von Efeu überwuchert ist, wurde zwischen 1449 und 1480 von *Erzherzog Sigmund von Österreich* als *Stadtresidenz* erbaut. In ihr nahmen im Laufe der Zeit viele berühmte Herrscher und Gäste Aufenthalt, darunter *Kaiser Maximilian I.* Nach Verlegung der landesfürstlichen Hofhaltung nach Innsbruck verfiel die Burg im 17. Jh., wurde jedoch im 19. Jh. in Bauform und Mobiliar der Erbauungszeit ganz restauriert. Sehenswert ebenerdig der *Wachraum* mit *alten Waffen* und *Truhen.* Im ersten Stock der *Wehrgang* mit Fresken, die *Jungfernkammer*, die freskengeschmückte *Burgkapelle* mit einer schönen Altarstatue des hl. Georg; weiter das *Schlafgemach* des Landesfürsten mit alter Einrichtung und Holztäfelung; im „*Kaiserzimmer*" ein monumentaler *Majolikaofen* und anderer interessanter Zierat sowie Reste von Fresken; ferner der *Speisesaal* und das *Musikzimmer* mit altertümlichen *Musikinstrumenten.* Besichtigung möglich.

Städtisches Museum. Von der landesfürstlichen Burg in der Galileistraße weiter und am Beginn des Aufstieges zum Tappeinerweg vorbei erreicht man links das Museum. Aufgang: Drei *Menhire* aus der Gegend von *Algund* und aus der *Prokuluskapelle* bei Naturns hierher übertragene *Fresken* (14. Jh.). Saal I: *Vorgeschichtliche Funde* aus der Gegend von Meran und alte Volkstrachten. Saal II: *Mineraliensammlung.* Saal III: *Gemäldegalerie.* Saal IV: Sammlung *religiöser Gemälde.* Saal V: *Neuzeitliche Gemäldesammlung.* Saal VI: *Holzschnitzereien, Münzen und Medaillen.* Saal VII: *Holzskulpturen.*

Steiner Museum: Privatmuseum, Pfarrplatz. Ausstellung von Holzskulpturen und Bildern in zwei Stockwerken. Besichtigung möglich an Werktagen von 11 bis 12.30 und von 15 bis 17 Uhr.

SCHLOSS TIROL *oberhalb* MERAN, *das mächtige „Haupt- und Stammschloß“, das dem Land seinen Namen gegeben hat. Auf einem Moränensporn breit hingelagert ist es heute noch ein stolzes Denkmal für den Machtwillen jener* GRAFEN VON TIROL, *die das frühere „Land im Gebirge“ dies- und jenseits des Brenners einigten.*

Schloß Tirol, 625 m. Man erreicht das Schloß auf einem Fahrweg (Autoverbot) von *Dorf Tirol* aus in 20 Min. mit schönen Blicken bergwärts zu den *Erdpyramiden* und auf die tieferliegende *Brunnenburg*. Die Erbauung von Schloß Tirol durch die *Grafen von Vinschgau* geht ungefähr auf das Jahr 1100 zurück. Erstmals 1141 nennt sich dieses Geschlecht dann *Grafen von Tirol*. Mit ihrem Erlöschen im Jahre 1253 folgte die Familie der *Grafen von Görz und Tirol*, deren letzte Herrscherin *Margarethe Maultasch* das ganze Land Tirol im Jahre 1363 dem *Hause Habsburg* überantwortete. Die Grafen von Tirol und ihre Nachfolger errangen in einem zähen Machtkampf gegen ihre Lehensherrn die *Fürstbischöfe von Trient* und andere mächtig aufstrebende Adelsgeschlechter, so die *Grafen von Eppan*, in jahrhundertelangen Fehden die Herrschaft über das ganze Land. Damals erlebte die Burg ihre großen Zeiten und wurde zum Mittelpunkt des höfischen Lebens des ganzen Landes, das von ihr seinen Namen erhielt. Noch heute ist die Schloßruine das wichtigste historische Denkmal des Landes. Schon ab Beginn des 14. Jh. nahmen die Landesfürsten ihren Wohnsitz auch auf anderen ihnen gehörenden Schlössern. Mit der Verlegung der Landesresidenz von Meran nach Innsbruck unter der Regierung des *Erzherzog Sigmund „des Münzreichen“* büßte Schloß Tirol immer mehr an Bedeutung ein, bis gegen Ende des 16. Jh. allmählich der Verfall eintrat. In der Zeit vorher war es noch der Sitz des *Landeshauptmannes an der Etsch*, später diente es nur mehr als Unterkunft für einen Burgwart, den Burgkaplan und Förster.

1680 wurde der weitläufige Bau durch den Ausbruch einer unterirdischen Wasserkammer und Murstürze schwer beschädigt und wahrscheinlich daraufhin der ganze NO-Trakt mit den Fürstenzimmern abgetragen.

Vom bayrischen Staat wurde die Ruine 1807 versteigert, 1816 von der Stadt Meran erworben und *Kaiser Franz I. von Österr.* geschenkt. Als habsburgisches Eigentum ging Schloß Tirol 1919 in den Besitz des *ital. Staates* und im Rahmen der Erweiterungen der Autonomiebestimmungen ging *Schloß Tirol* im Oktober 1973 in das Eigentum des *Landes Südtirol* über.

Im Vorhof eine Marmortafel mit der Terzine von Dante Alighieri (1265 bis 1321) aus der „Göttlichen Komödie“. Es ist jene Terzine, in der im Originaltext die Bezeichnung „*Tiralli*“ vorkommt; demnach war das *Land Tirol* auch im italienischen Sprachraum zu damaligen Zeiten bereits ein Begriff.

Das *Portal* am Vorhof und das der Kapelle weisen marmorne Rundbogeneinfassungen mit reichen, jedoch roh gearbeiteten *Skulpturen* (Engel, Tierkreisbilder, wilde Tiere) aus dem Geist des 12. Jh. auf. Der große Rittersaal zeigt noch drei gekuppelte *Rundbogenfenster* mit Mittelsäulen. Durch das noch reicher gezierte *Kapellenportal* in die interessante, zweigeschossige, romanische *Burgkapelle* mit Rundapsis und Wandmalereien, ferner einer großartigen *Kreuzigungsgruppe* (Kopie des verloren gegangenen Originals aus dem 14. Jh.). Im Obergeschoß der „*Kaisersaal*“ mit einem Doppelbogenfenster, durch das man den berühmten Blick auf das Etschtal genießt. Im kleinen *Burgmuseum* verschiedene sehenswerte Stücke (darunter Reproduktionen alter Schloßansichten aus dem 18. Jh. u. a.). Besuch zu den für alle staatlichen Sammlungen und Museen festgesetzten Zeiten.

Die **Brunnenburg** liegt unterhalb Schloß Tirol auf einem nach drei Seiten abfallenden Kegel. Die aus dem 13. Jh. stammende Anlage, im letzten Jahrhundert in bäuerlichem Besitz, verfiel vollkommen. 1904 wurde sie von einem ausländischen Besitzer ohne Rücksicht auf die frühere Anlage in den heutigen bizarren Formen aufgebaut. Seit 1958 wurde sie einige Jahre von dem bekannten amerikanischen Dichter *Ezra Pound* und wird jetzt von der Familie *De Rachewiltz*, der Tochter von Ezra Pound, bewohnt. Ein Teil der Burg wurde als *Landwirtschaftliches Museum* eingerichtet.

Zenoburg, 339 m. Diese einstmals ausgedehnte Wehranlage liegt auf einem begrasten Hügel, der einerseits mit einem mächtigen Felssporn steilwandig zum rechten Ufer der Passer abfällt, anderseits bis an die Straße nach Passeier heranreicht. Man nimmt an, daß in vorgeschichtlicher Zeit hier eine *Wallburg* und in der römischen Epoche das *castrum majense*, ein befestigtes römisches Lager, bestanden habe, dem später die Erbauung einer dem *hl. Zeno* geweihten Kapelle gefolgt ist. Einer Überlieferung nach wurden in dieser Kapelle um 470 der *hl. Valentin* beigesetzt und um 730 der Freisinger Bischof *hl. Korbinian*. Seit der Überführung der Gebeine der beiden Heiligen, und zwar des hl. Valentin, 765 nach Passau, und des hl.

SCHLOSS TIROL. *Das marmorne Portal aus dem Rittersaal in die zweigeschossige Burgkapelle, das mit reichen, roh gearbeiteten Skulpturen (Engel, Tierkreisbilder, wilde Tiere u. a.),* „BESTIARIEN" *genannt, geziert ist. Ober dem fehlenden Türsturz eine primitiv gearbeitete* KREUZABNAHME.

Korbinian, 768 nach Freising, verlor die Kapelle ihren großen Ruf als Wallfahrtsort. Der Bau einer mittelalterlichen Wehranlage geht auf den Anfang des 12. Jh., die Erweiterung auf den *Grafen Meinhard II. von Görz und Tirol* um 1288 zurück. In die erste Hälfte des 14. Jh. fällt die Glanzzeit der Burg, als sie bevorzugte Residenz der Landesfürsten war. In den Kämpfen des *Markgrafen Karl von Mähren* gegen *Margarethe Maultasch* und deren zweiten Gemahl, den *Markgrafen Ludwig von Brandenburg*, wurde die Zenoburg zerstört. Seitdem hat sie in der Geschichte des Landes kaum mehr eine Rolle gespielt. Seit 1800 ist sie im Besitze des Südtiroler Geschlechtes der *Herren von Braitenberg*.

Schloß Winkel *in Obermais*. Der im 14. Jh. der Familie Winkler eigene Gutshof, heute ein geräumiges Bauwerk, wurde im 17. Jh. von *Kaspar von Rosenberg* umgebaut und in die heutige stattliche Gestalt im Stile der Renaissance gebracht. In der Folgezeit wechselte es mehrmals den Besitzer. Kurze Zeit gehörte Schloß Winkel auch der damaligen Regentin von Tirol, *Claudia von Medici*. 1935 wurde der Bau durch den jetzigen Besitzer *A. Cembran* mit viel Aufwand erneuert und die Einrichtung mit auserlesenem Mobiliar ergänzt. Man erreicht Schloß Winkel durch den von der Cavourstraße abzweigenden Winkelweg. Besichtigung ist nicht gestattet.

Schloß Rubein in Obermais. Man erreicht es vom Brunnenplatz aus durch die Dante- und die bald links abzweigende Christomannosstraße, an deren Ende es in einem großen, herrlichen Park liegt. Der erste namentlich erwähnte *Rubeiner* ist der 1220 genannte *Berthold Rubein*, der berühmte, zur Schule *Walthers von der Vogelweide* gehörende Dichter *Rubin*. Im Laufe der Zeit wechselten, wie es für so viele Adelsansitze charakteristisch ist, zahlreiche Geschlechter im Besitz. So saßen auf Rubein die *An der Gassen*, *von Gagers*, *von Auer*, *von Tarant*, *Garland*, *Schenken*, *von Tirol*, *die Rottenburger* und *Starkenburger*, *Wirtel*, *Römer*, die *Ragonia* aus Florenz, *von Wangen*, *von Schneeburg*, *Grafen Brandis*, *von Reyer*, *Grafen Wolf-Metternich*. Eine *Gräfin Wolf-Metternich* heiratete 1837 einen *Grafen du Parc*, dessen Enkel der gegenwärtige Burgherr ist. Der ursprüngliche Bau des Wohnturmes reicht wohl ins 12. Jh. zurück. Der Palas wurde im 16. Jh. vollständig umgebaut und auch die Kapelle erhielt ihr gegenwärtiges Aussehen. Eine Reihe weiterer Umbauten, die auch das Äußere stark veränderten, fanden im 19. Jh. statt. Im Schloß befinden sich reichhaltige Sammlungen verschiedener Art, darunter eine schöne Sammlung von *Apothekermörsern*, die einzigartige Stücke von hohem Wert enthält. In Schloß Rubein werden Zimmer und Ferienwohnungen vermietet.

Schloß Rametz. Von der Autostraße nach *Schenna* zweigt man über eine Brücke zum Schloß ab. Rametz macht weniger den Eindruck eines Schlosses als vielmehr einer großen, zinnenbekrönten Villa, die von Gärten und Weinbergen umgeben ist; von hier hat man einen bezaubernden Blick über das Meraner Becken. Der ursprüngliche Bau stammt aus dem 13. Jh. Es war zuerst im Besitz der *Grafen von Ulten*, dann der *Herren von Rametz*. Seit dem Ende des 15. Jh. wechselten die Besitzer mehrmals. Im 19. Jh. wurde das Schloß im Münchener Maximilanstil umgebaut. Die Einrichtung ist wertvoll. Besichtigung nur der Kellerei möglich.

Schloß Trautmannsdorff. Von der Talstation der Haflinger Seilbahn weiter über die Naifbrücke zu dem großen Schloßgebäude. Die Überlieferung will wissen, daß Trautmannsdorff über dem *Oratorium* des *hl. Valentin* erbaut wurde, in dem dieser in seinen letzten Lebensjahren betete. Seinen Namen erhielt es von dem Geschlecht der *Grafen von Trautmannsdorff*, denen das Schloß von 1551 ab gehörte. *Kaiserin Elisabeth von Österreich* war durch drei Jahre für längere Zeit Gast im Schloß. Derzeit ist das Schloß in staatlichem Besitz und baufällig.

Schloß Goyen liegt auf einem Hügel über Obermais und wird entweder vom Naiftal oder von Schenna her erreicht. Die Burg ist ein guterhaltener, bemerkenswerter Bau aus dem 12. Jh., der um 1600 starke Umbauten erfuhr. Goyen bietet einen charakteristischen Anblick und ist einmalig unter den Burganlagen der Meraner Gegend. Der Bau gruppiert sich um den massiven, romanischen Turm, der besonders durch seine einfache Art wirkt. Schloß Goyen kann nicht besichtigt werden.

▷

ZENOBURG. *Die „Akropolis" Merans, auf hohen, bebuschten Felswänden, gesehen von der neuen Umfahrungsstraße durch die Passerschlucht.*

M

PROMENADEN UND SPAZIERWEGE: Der Kurort Meran kann mit Recht auf seine Promenaden und Spazierwege, deren originellen Verlauf und besonders auch die gärtnerischen Anlagen und die Baumbestände, von denen sie gesäumt werden, stolz sein. Das gesamte Netz der Spazierwege rund um Meran erreicht eine Länge von über 50 km.

Die breite und durch außerordentlich schöne Blumenanlagen gepflegte **Kurpromenade** *(Passerpromenade)* verläuft am rechten Ufer der Passer. Sie beginnt oben an der Postbrücke und zieht mit ihrem breiten Mittelteil bis zur Theaterbrücke und Theaterplatz. An ihm liegt das große *Kurhaus*, dessen älterer Teil schon aus dem Jahre 1870, der große *Kursaal* von 1914 stammt. Hier finden in den Hauptsaisonen die *Kurkonzerte* statt, hier ist der Mittelpunkt des *Kurlebens*.

Mit einer schmäleren Fortsetzung leitet die Kurpromenade immer am Passerufer entlang und an der *Evangelischen Kirche* (in neugotischem Stil mit einer Christusfigur von *Thorwaldsen*) vorbei über die Eisenbahnbrücke hinunter bis zum Lido von Meran.

Die **Winterpromenade** zieht als Fortsetzung der Kurpromenade von der Postbrücke am rechten Passerufer aufwärts. An ihr bald die 100 m lange *Wandelhalle*. Am eisernen Passersteg vorbei zum „*Steinernen Steg*“, einer malerischen Bogenbrücke hoch über den Fluten der Passer. Fälschlich wird dem „Steinernen Steg“ mit seiner natürlichen Patina römischer Ursprung angedichtet; in Wirklichkeit wurde die Brücke erst 1620 erbaut.

Gilfpromenade. In Fortsetzung der Winterpromenade führt diese in unmerklicher Steigung vom „Steinernen Steg“ durch den ganzen Hang zwischen Passer und Passeirer Straße bis unter die Mauern der Zenoburg. Von der „*Kanzel*“ prachtvolle Schau in die Passerschlucht; eine belebende, immergrüne Vegetation ringsum verschönt das Bild auch in winterlicher Jahreszeit. Von der „*Kanzel*“ führt ein Steg über die Passer und schließt mit einem *Promenadenweg*, am linken Ufer abwärts zur Sommerpromenade, einen schönen und interessanten Kreis.

Die **Sommerpromenade** am linken Passerufer ist durch herrlichen Baumbestand beschattet *(Mammutbäume, Zedern u. a.)*. Sie beginnt an der Postbrücke, führt durch einen Park mit einem Denkmal für die *Kaiserin Elisabeth von Österreich* und immer am linken Passerufer zum „Steinernen Steg“, über den man zur Winterpromenade hinüberwechseln kann. Die neuerstellte Promenade weiter am linken Ufer erreicht den neuen Passersteg, der zur Gilfpromenade leitet.

Der **Tappeinerweg** ist das Juwel unter den Meraner Promenaden und auch deren längste, abwechslungsreichste und interessanteste. Diese Promenade wurde im vorigen Jahrhundert vom bekannten Meraner Arzt *Dr. Tappeiner* aus eigenen Mitteln in einer Länge von 2 km, eben, in einer durchschnittlichen Höhe von rund 100 m über den Dächern von Meran

---

▷

Der TAPPEINERWEG, *das Juwel unter den Meraner Promenaden. Im Hintergrund der* TSCHIGAT, *2999 m.*

M quer durch den Hang des *Küchelberges* erbaut und später mit zweimaliger Verlängerung bis *Gratsch* unterhalb von Schloß Thurnstein geführt. 4 km.

Man begeht den Tappeinerweg am besten von seinem Beginn an der Passeirer Straße, etwas unterhalb der *Zenoburg*. Hierher am schönsten über die *Winter- und Gilfpromenade*. Mit zwei Kehren und aussichtsreich den Hang entlang zwischen Weinbergen und schönen Gartenanlagen mit teilweise mittelländischer Flora zu einem Aussichtsplatz am zinnengekrönten „*Pulverturm*", einem Wahrzeichen der Stadt. Dieser mächtige Viereckturm war einstmals der Bergfrit der *Burg Ortenstein* (1227 erwähnt) und wurde nach deren Verfall in die Stadtmauern einbezogen. Die Terrasse eröffnet Prachtblicke auf den weiten Talkessel von Meran. Rechts unten die *Meraner Altstadt*, hoch überragt vom *Pfarrturm*, links die Park- und Gartenstadt *Obermais*, voraus die weiten grünen Fluren des *Burggrafenamtes*. Der Blick geht das ganze Etschtal hinunter, das von der klassischen Silhouette des *Gantkofels* rechts flankiert wird. Weiter nach rechts drehend erblickt man die Mündung des *Ultentales* und des *Vinschgaues*, über dem die felsige Kette der *Texelgruppe* das Burggrafenamt abschirmt. Der Tappeinerweg führt nun an der Abzweigung eines Fußweges nach *Dorf Tirol* vorbei und weiterhin westl. unter dem Sessellift zum Segenbühel durch. Bald zweigt links ein Promenadeweg ab, der in bequemen Windungen abkürzend direkt zur *Stadtmitte* (Galileistraße) hinunterleitet. An einer zweiten Abzweigung, die abkürzend in die Verdistraße hinabführt, vorbei erreicht und endet der Tappeinerweg in *Gratsch* unterhalb *Schloß Thurnstein*. Für den ganzen Rundgang benötigt man etwa 2 Stunden.

Obermaiser Spaziergänge: Das liebliche und idyllische *Obermais* mit seinen in Garten- und Parkanlagen gesiedelten Villen, Hotels, Edelsitzen und Schlössern bietet eine reiche Auswahl von hübschen Spaziergängen, wobei man den Brunnenplatz als Mittelpunkt von Obermais wählen und in irgendeiner Kombination die Hauptverkehrswege der Dantestraße, des Winkelweges und der Schennastraße begehen soll.

MERAN 2000. „MERAN 2000" wird der Bergkessel rund um die *Kirchsteiger Alm* unter dem Massiv des *Ifinger* im Norden der *Haflinger Hochfläche* genannt. Dieses „HOCH MERAN" mit seinen vielen, untereinander verbundenen Bergbahnanlagen hat sich zu einem großartigen Ski-, Touren- und Wandergebiet entwickelt. Dank seiner Höhenlage zeichnet sich der ganze Bergkessel (2000—2500 m) durch besonders starke Sonnenbestrahlung aus. Ein ausgedehntes Netz schöner, gepflegter Skiabfahrten für jedes Können, Schneesicherheit bis in den Mai hinein, schier unbegrenzte leichte Spazierwege, hochalpine Wanderwege, größere Tagestouren und Gipfelbesteigungen machen dieses Gebiet zu einem Ausflugsziel par excellence für jede Jahreszeit.

Eine Erweiterung gegen Norden erfuhr dieses Ski- und Ausflugszentrum durch die Entwicklung des *Schennaberg — Hirzer Panoramagebietes*. Eine Seilbahn bringt von der Talstation *Verdings* (Autobuslinie *Schenna*) nach *Oberkirn* und mit zwei Sesselliften nach *Grube* bzw. *Sonntagsweide*, 2290 m. Eine weitere Seilbahn in 2 Sektionen führt von *Saltaus* im Passeier (10 km von Meran) nach *Prenn-Obertall* und weiter nach *Hirzer Panorama*, 1900 m. — Dieses neuerschlossene Gebiet liegt zu Füßen des *Hirzer*; im Winter ein Skigebiet mit gepflegten, breiten Skiabfahrten und in den Sommer- und

Seilbahn MERAN-HAFLING. *885 Höhenmeter in 7 Minuten. Eine Fahrt mit dieser Bergbahn ist ein eindrucksvolles Erlebnis im Weichbild von Meran.*

Herbstmonaten ein weites, herrliches Wandergebiet. Eine der großartigsten Wanderungen (Bergerfahrung und gutes Schuhwerk notwendig) führt von der *Hirzerhütte*, 2050 m, auf mark. Steig über den *Kratzbergsee* zur *Kirchsteigeralm* auf „*Meran 2000*". (Tagestour ca. 6. Std.)

Eine Reihe von Hotels, Berggasthöfen und Schutzhütten stehen von „MERAN 2000" bis „Hirzer Panorama" zur Verfügung und nicht zuletzt hat der Talkessel von *Meran* eine Bettenkapazität von 20.000, somit eine ausreichende Unterbringungsmöglichkeit.

BERGBAHNEN: **Seilschwebebahn Hafling.** Diese bequeme und schnell erreichbare Bergbahn vermittelt schon in der Auffahrt in fast unvorstellbar umfassender Weise *Panorama und Schau* auf die Stadt Meran, ihre Umgebung und Bergwelt. Hierzu kommt, daß die Haflinger Bahn eine vielseitig schöne und abwechslungsreiche Berggegend mit großen Möglichkeiten an Spaziergängen und Wanderungen erschließt. Die Haflinger Seilbahn wurde 1923 von *Dr. Ing. h. c. Luis Zuegg* aus Lana, dem größten Pionier im Seilbahnwesen, erbaut; es war die erste Anlage, bei der das Prinzip des gespannten Tragseiles verwendet wurde, wodurch die Reibung vermindert und sehr große Spannungen ohne Stützen erzielt werden konnten. So waren bei dieser Anlage nur drei Stützen aus Eisenbeton notwendig, die größte Spannung zwischen diesen beträgt 1700 m. Die Talst. ist am Ende der Dantestraße. Der HU beträgt 885 m, die Fahrz. 7 Min., die Bergst. *St. Katharina in der Scharte* liegt auf 1246 m. Stündlicher Autobus-Zubringerdienst mit der Abfahrt vom Kurhaus in der Freiheitsstraße.

Von der Bergstation Autobusverbindung nach *Falzeben*. Wirtschaften und Hotels. Schöne, bezeichnete Spazierwege führen zu den zahlreichen, zerstreuten Hotels und Pensionen von *Hafling*, 1298 m, dem Mittelpunkt der welligen Hochebene von Hafling mit schönen Wiesenflächen. Der Ort ist auch durch die Aufzucht des berühmten Haflinger Bergpferdes bekannt. Eine Autostraße von Meran auf die Haflinger Hochfläche ist in Bau.

Naiftal-Seilbahn: Diese Seilbahn führt in das Ski- und Wandergebiet „MERAN 2000" auf der *Haflinger Hochfläche*. Mit einer Reihe von Gondel- und Sessellifts wurde dieses Gebiet zu einem großartigen Skizentrum sowie Ausflugs- und Wandergebiet erschlossen. Talst. *Naiftal*, 680 m, Bergst. *Piffinger Köpfl*, 1900 m; *Sessellift Falzeben*, 1621 m, Bergst. *Piffinger Köpfl*, 1905 m; *Gondellift Piffinger Köpfl*, 1905 m, Bergst. *Kirchsteiger Alm*, 1975 m; *Sessellift Kirchsteiger Alm*, 1950 m, Bergst. *Mittager*, 2300 m; *Sessellift Kirchsteiger Alm*, 1950 m, Bergst. *Kesselberg*, 2300 m; *Sessellift Kirchsteiger Mulde*, 1820 m, Bergst. *Kuhleiten*, 2360 m.

Halbstündlicher Autobus-Zubringerdienst mit Abfahrt vom Bahnhof, zur Talst. der *Naiftal-Seilbahn*.

Schennaberg Seilbahn. Talst. *Schenna*, 827 m, Bergst. *Schennaberg-Taser*, 1445 m, Länge 1750 m, HU 618 m.

Seilbahn Verdins-Oberkirn. Talst. *Verdins*, 840 m, Bergst. *Oberkirn*, 1400 m, Länge 2200 m, HU 610 m.

Sessellift Grube. Talst. *Oberkirn*, 1420 m, Bergst. *Grube*, 1800 m, Länge 1300 m, HU 380 m.

Sessellift Sonntagsweide. Talst. *Grube*, 1800 m, Bergst. *Sonntagsweide*, 2290 m, Länge 1480 m, HU 490 m.

Seilbahn Saltaus – Prenn (Obertall) und **Prenn (Obertall) – Hirzer Panorama**, 1900 m, Gesamtlänge 4 km, HU 1600 m.

Diese Bergbahnen erschließen ein neues, weitreichiges Ski- und Wandergebiet am Fuße des Hirzer und bieten eine Reihe von schönen Skitouren und Abfahrten, und im Sommer weite Wanderungen und Gipfelbesteigungen.

Sessellift Küchelberg: Dieser originelle Sessellift nimmt seinen Ausgang direkt vom Stadtinnern. Die Talst. liegt nur etwa 100 m von der Laubengasse entfernt in der Galileistraße, direkt gegenüber der Landesfürstlichen Burg, Länge des Liftes 450 m, HU 150 m, Fahrz. 4 Min. Die Bergst., 475 m, liegt knapp unter dem *Segenbühel*, 514 m. Die flache Kuppe des *Segenbühels* ist die letzte Randerhebung der leicht fallenden Bergstufe des Küchelberges, der von den Hängen der Muthspitze keilartig bis in das Tal der Passer und Etsch vorstößt. Auf ihm liegt *Dorf Tirol*. Eng an den Fuß des Küchelberges lehnt sich die Altstadt von Meran an. Vom Segenbühel schöner Spaziergang in 30 Min. nach Dorf und weiter nach Schloß Tirol.

Seilschwebebahn Vigiljoch (erbaut 1912): Talst. in *Lana*, 327 m, 8 km von Meran (s. Autoausflüge). Bergst. *Vigiljoch*, 1490 m (Hotel), HU 1163 m, Fahrz. 6 Min. Autobusverbindung von Meran. Prächtige Aussicht auf das Etschtal und die Dolomiten. Von der Bergst. weiter mit dem Sessellift auf den *Lärchenbühel*, 1816 m, HU 320 m, Fahrz. 16 Min. und von hier auf

Seilbahn LANA – VIGILJOCH, *Höhenunterschied 1160 m. Prachtvoller Niederblick auf Lana mit seinen weiten Obstgärten und das Flußband der Etsch. In der rechten Bildhälfte das* TISENSER MITTELGEBIRGE.

bequemem Fußweg zum *Vigiljochkirchlein*, 1744 m. Man erreicht dieses *Kirchlein* auf dem Vigiljoch auch auf einem rund 3 km langen Fahrweg.

Vom Vigiljoch ist die Rundsicht noch umfassender, sie schließt jetzt auch das Vinschgau und die Berge der Ortlergruppe ein. Vom Vigiljoch aus sind schöne, aussichtsreiche Spaziergänge zu machen.

Sessellift Algund – Vellau. Talst. *Algund*, 393 m, Bergst. *Vellau*, 909 m, HU 516 m, Fahrz. 10 Min.

Gondellift Vellau – Leiteralm. Talst. *Vellau*, 910 m, Bergst. *Leiteralm*, 1490 m, HU 580 m. — Herrlicher Niederblick auf den Talkessel von *Meran* und das *Etschtal*. Verschiedene leichte Abstiegsmöglichkeiten. Auf der Leiteralm beginnt der hochalpine Höhenweg entlang der Bergflanke bis zum *Hochmuther*, 1,5 Std. (Schwindelfreiheit, Trittsicherheit und nur gutes Schuhwerk unbedingt erforderlich!)

Seilbahn Tirol—Hochmuth. Talst. *Tirol*, 697 m. Bergst. *Hochmuth*, 1370 m, Länge 1830 m, HU 673 m. Hier beginnt — oder endet der hochalpine „Hans-Frieden-Höhenweg" entlang der Bergflanke der Texelgruppe bis auf die Leiteralm, 1,5 Std. Ebenfalls beginnt — oder endet — beim Gasthof Hochmuth der „Vellauer Felsenweg", der mit dem „Hans-Frieden-Weg" zu einer prachtvollen Rundwanderung verbunden werden kann. (Bei beiden Touren ist wie oben Schwindelfreiheit, Trittsicherheit und absolut gutes Schuhwerk unbedingte Notwendigkeit!)

Eine halbe Wegstunde westlich von *Gratsch* liegt die stattliche Ortschaft **Algund**, 350 m, am Fuße von *Schloß Thurnstein* (13. Jh.). *Algund* ist einer der Orte des *Burggrafenamtes*, der schon sehr früh, nämlich 955, erwähnt wird. Prächtig ist der Ortskern in weite Fruchthaine eingebettet, ringsum verstreut liegen die Fraktionen *Mühlbach*, *Mitter-* und *Oberplars* und *Aschbach*. Nach *Aschbach* führt von *Rabland* aus eine Seilbahn (siehe unter *Rabland*). — Wunderschön gelegenes Freischwimmbad, Minigolf, VV.

Algund-Plars ist der Ausgangspunkt der bereits erwähnten schönen Panorama-Höhenwanderung im Weichbild von Meran. Nach Auffahrt mit den Bergbahnen zur Leiteralm (ca. 1500 m), begeht man den seit einigen Jahren künstlich sehr schön gebahnten Steig durch die steile Bergflanke zum Berghof *Hochmuther* hinüber, $1^1/_2$ Std. Diese teilweise in Felsen gesprengte, alpine Promenade verläuft fast eben, erfordert gutes Schuhwerk, Trittsicherheit und Schwindelfreiheit. Sie zieht durchwegs den Südhang entlang und überrascht durch eine unermeßlich weite Fernsicht, vor allem nach Süden. Ein lohnender Spaziergang mit schönen Ausblicken ist ferner der Plarser und der Algunder Waalweg.

AUTOAUSFLÜGE: **Dorf Tirol**, 592 m, rd. 1800 Einw., 5 km. Nicht nur aus Sentimentalität soll der Erst- und Respektbesuch jedes fremden Gastes dem *Dorf* und — mit einem mühelosen, kurzen Spaziergang — auch *Schloß Tirol* gelten, von denen das Land seinen Namen hat, sondern weil die kurze Fahrt hierher auch in landschaftlicher, folkloristischer und kunsthistorischer Beziehung außerordentlich lohnt. — Geheiztes, wunderschön gelegenes Schwimmbad. — VV.

Anfahrt mit Auto über Sandplatz—Postbrücke—Obermais—Umfahrungsstraße.

Der lieblich zwischen Obstgärten und Weinbergen gelegene Ort mit zahlreichen Hotels, Pensionen und Wirtschaften wird auch zu längerem Aufenthalt viel besucht und gehört zu den aufstrebenden Kurplätzen rings um Meran. Großes Freischwimmbad. Minigolf und großartig angelegtes Netz von ausgezeichnet eingehaltenen Spazierwegen bis weit in die Berge hinauf. Von überall bietet sich hier ein umfassender Blick auf das Burggrafenamt und die einmündenden Täler. Ein neuer, hübsch und aussichtsreich, mit vielen Ruhebänken angelegter Spazierweg ist die „*Falkner Promenade*" unterhalb des Dorfkerns.

Man versäume keinesfalls einen Besuch von *Schloß Tirol*, das vom Dorf aus bequem (Autoverbot!) durch das „*Knappenloch*" (Tunnel von 52 m Länge, schon im 17. Jh. erbaut) und mit interessantem Blick auf die *Erdpyramiden* am Berghang und die bizarre *Brunnenburg* tiefer am Hang erreicht wird (s. Sehenswürdigkeiten).

SCHLOSS TIROL *und das herrlich gelegene* DORF TIROL, *der beliebte Fremdenplatz. Links oben der Ifinger, 2581 m, rechts im Berghang die Brunnenburg.*

15 Min. vom Dorf Tirol (auch mit Auto) an der Mündung des Spronser Tales das sehenswerte *Schloß Auer*, ein mittelalterlicher Bau ohne Bergfrit und mit efeuumwucherter, zinnengekrönter Ringmauer. Der herrschaftliche Wohnbau hat eine außerordentlich schöne, gotische Stube mit berühmtem Getäfel. Besichtigung nicht gestattet.

Eine **Seilbahn** (seit 1973) von *Tirol* nach *Hochmuth*, 1370 m, bietet reiche Möglichkeiten für Spaziergänge, kurze und lange, leichte und schwere, aber immer aussichtsreiche Wanderungen nach allen Richtungen (s. Bergb. *Meran*).

Schloß Thurnstein, 554 m (Wirtschaft). In aussichtsreicher Lage an den Hängen der Muthspitze und inmitten von Weinbergen steht der schon im 13. Jh. erwähnte malerische, massive und hohe Turm, dem ein Wohnbau aus viel späterer Epoche angegliedert ist. Man erreicht Schloß Thurnstein mit dem Auto von der Stadtmitte aus über den Rennweg und durch das Vinschgauer Tor, dann ein kurzes Stück auf der Straße nach Forst weiter und bei der Laurinsiedlung rechts in die *Laurinstraße* ab nach *Gratsch*.

Mit einigen Kehren führt die aussichtsreiche Autostraße nun an der Berglehne zum *Schloß Thurnstein* hinauf. (In der Wirtschaft wird die Spitzenmarke der Küchelberger Weine, der bekannte „*Napoleon*", ausgeschenkt. Die Benennung dieser Weinmarke geht auf das Jahr 1870 und die Gefangennahme Kaiser Napoleons III. bei Sedan zurück.)

Schenna, 597 m, rd. 2200 Einw., 6 km. Ein besonders reizvoller Kurzausflug in der näheren Umgebung von Meran, der neben all den landschaftlichen Schönheiten auch ein eindrucksvolles kunsthistorisches Erlebnis vermittelt. Schenna hat als Fremdenplatz ebenfalls sehr starken Aufschwung genommen. Zahlreiche Hotels mit Hallenbad. Möglichkeiten für schöne, aussichtsreiche Spaziergänge, besonders auch durch Benützung der *Schennaberg-Seilbahn* zum Taserhof, 1448 m, und der Seilbahn von Verdins nach Oberkirn, 1450 m. – Herrlich gelegenes, modernes, geheiztes Freischwimmbad. – VV.

Vom *Brunnenplatz* in Obermais in östl. Richtung durch die Schennastraße, die vom Stadtrand ab als schön ausgebaute, staubfreie Autostraße zum idyllisch in einer Mulde gelegenen Dorf *Schenna* führt. Schenna strömt den vollen Zauber der Mittelgebirgslandschaft des Burggrafenamtes aus. Es ist von Obstwiesen und Weinbergen, Kastanienhainen und Nadelholzwäldern gerahmt, darinnen malerische Bauernhöfe, Kapellen und Edelsitze eingebettet sind. Das interessanteste Schaustück von Schenna bildet die Gebäudegruppe von *Schloß Schenna* mit der *Alten Pfarrkirche*, der romanischen *Martinskapelle* und dem *Mausoleum*.

Neben der Neuen Pfarrkirche die Alte zu Mariä Himmelfahrt, deren Umbau von 1403 stammt und Reste von Fresken aus dem 15. Jh. birgt. Im nahen Friedhof die romanische *Martinskapelle* aus dem 13. Jh. mit einem schönen Heiligengemälde aus späterer Zeit. Im Dorfteil gegen das Passeier erhebt sich das mächtige *Schloß Schenna*. Es wurde 1340 von *Petermann von Schenna* in der Nähe der uralten, vollkommen verfallenen *Burg Schenna* erbaut und spielte im ausgehenden Mittelalter als Besitz der *Starkenberger* in deren Fehden mit *Herzog Friedrich mit der leeren Tasche* eine bedeutende Rolle. Später im Besitz der *Grafen von Liechtenstein*, erhielt es um 1700 durch Umbau sein heutiges, eindrucksvolles Aussehen als klobiges Bauwerk mit dem malerischen Hof. Interessant ist die Belehnung durch *Kaiserin Maria Theresia* an den kaiserlichen Reitergeneral *Graf Paul Bettoni* aus Brescia, von dessen Familie das Schloß während der bayrischen Herrschaft an *Dr. Johann Goldrainer* verkauft wurde. 1844 endlich erwarb *Erzherzog Johann von Österreich* das Schloß als Sitz für seine Nachkommen, die *Grafen von Meran*. Erzherzog Johann, ein Bruder Kaiser Franz I. von Österreich, ist in die Geschichte als einer der unversöhnlichsten Gegner Napoleons I., dann als Freund des Tiroler Volkes und Organisator des Tiroler Aufstandes um 1809, schließlich als Reichsverweser 1848 bei der Nationalversammlung in der Paulskirche zu Frankfurt eingegangen. Seine Nachkommen aus der morganatischen Ehe mit der schönen Postmeisterstocher *Anna Plochl* von Alt-Aussee im Salzkammergut führen den Titel *Grafen von Meran*. Das Schloß ist noch heute im Besitz der Familie. In den Sälen werden interessante Sammlungen von Waffen und Gemälden, alten Möbeln, Holzreliefs u. a. bewahrt. Besichtigungen mit Führung von März bis Anfang November möglich.

SCHENNA, *ein sehr besuchter Fremdenort bei Meran, anmutig zwischen Obstwiesen und Weingärten gelegen. Von links das neugotische* MAUSOLEUM *des Erzherzogs Johann von Österreich und seiner Gemahlin, dann die Alte und Neue* PFARRKIRCHE *und schließlich* SCHLOSS SCHENNA.

Das weihevolle *Mausoleum* aus rötlichem Granit im Stil eines hochgotischen Chores wurde 1869 von *Franz Grafen von Meran*, dem Sohn des Erzherzogs Johann, für seinen Vater (gest. 1859) und dessen Gemahlin erbaut.

Südwestl. des Oberdorfes (15 Min.) ragt malerisch auf dem Platz der verschwundenen alten Burg Schenna die hochinteressante *Georgkapelle* auf, ein Rundbau, der auf das 13. Jh. zurückgehen soll, mit Fresken aus dem 14. Jh. und einem spätgotischen Altar. Vom Gasthof Pichler führt eine Seilbahn zur Bergst. *Taser* (s. Bergb. *Meran*).

Fragsburg, 724 m, 7 km. Die am höchsten gelegene der Burgen im Weichbild von Meran und in beherrschender und großartig aussichtsreicher Lage über dem Etschtal. Sehr instruktiver Blick auf den ganzen Meraner Talkessel und weite Sicht bis zu den Bergen des Ortlers. Heute Schloßhotel „Freiberg".

Vom *Brunnenplatz* in Obermais auf der Schennastraße und von dieser Abzweigung auf der Rametzer Brücke über den Naifbach und an *Schloß Rametz* links vorbei (s. Sehenswürdigkeiten). Kurz darnach eine Abzweigung links nach *Schloß Labers*. Das heute als Hotel geführte Gebäude wird schon 1185 erwähnt. Im Laufe der Jahrhunderte wechselte es oftmals den Besitzer

LANA. *In der alten* PFARRKIRCHE *von* NIEDERLANA *steht der berühmte, figurenreiche, gotische Schnatterpeck-Altar mit 14,10 m Höhe und Heiligenfiguren in Lebensgröße (1,80 m). Mit diesen Ausmaßen ist er wohl der größte gotische Altar im deutschen Sprachraum. Er wurde 1503 bis 1511 von Meister Hans* SCHNATTERPECK, *einem aus Schwaben zugewanderten Bürger, geschaffen.*

und wurde schließlich restauriert und als Fremdenpension vollständig umgewandelt. Vom alten Bestand ist fast nichts mehr bewahrt. Schloß Labers ist im letzten Weltkrieg dadurch bekannt geworden, daß hier deutsche Reichsstellen eine *Geldfälscherzentrale* einrichteten, die falsche Pfund-Sterling- und Dollarnoten herstellte.

In mäßiger Steigung zieht die Fahrstraße am Berghang entlang, unter der Haflinger Seilbahn hindurch und zwischen sehr schönen Beständen an Nuß- und Kastanienbäumen bis zum *Sinichtal* und windet sich nun in mehreren Kehren zur platten Felskuppe mit der *Fragsburg* hinauf. Der Ursprung der ersten wehrhaften Anlage ist unbekannt. Die Burg wird erst im 14. Jh. erwähnt. Die zinnengekrönten Mauern bergen heute nur mehr wenig Sehenswertes: den Rittersaal, geschnitztes Getäfel in einigen Räumen und einige wenige Möbelstücke. Die Fragsburg wird heute als Hotel geführt. Südl. in 20 Min. zum 50 m hohen *Wasserfall* des Sinichbaches in einer malerischen Schlucht.

▷

Ein prächtiges Bild typischer Etschtaler Frühlingslandschaft NIEDERLANA *im Kranze seiner Baumblüte. Die schöne, spätgotische Alte Pfarrkirche (1492) mit ihrem Hochaltar ist ein wahres Juwel.*

M

Lana, 316 m, 8 km von Meran. Langgezogene und aufgelockert gesiedelte Ortschaft auf der Westseite des Etschtales und an der Mündung des *Ultentales*, dem die *Falschauer* durch die romantische Gaulschlucht entströmt. *Lana* entwickelt sich in etwa 3 km Länge mit seinen drei Dorfteilen *(Ober-, Mitter- und Niederlana)*. Lana ist ein Mittelpunkt des etschländischen Obstbaues und ein beliebter Ferienort. VV, Schwimmbad, Tennisplätze und Sportplatz.

Man verläßt Meran durch Untermais und gelangt am Pferderennplatz entlang und über die Bahnübersetzung und Etschbrücke auf die gute, staubfreie Autostraße, die am Hangfuß entlang durch dichtes Wein- und Obstbaugebiet nach Lana führt. Rechts höher auf einer Terrasse der schön gelegene Ort **Marling** mit seiner alten Pfarrkirche. Nach 3,3 km zweigt rechts die etwas steilere Zufahrtsstraße nach Marling ab. Nach 5,4 km (Marlinger Kellerei) zweigt rechts, westl., eine Fahrstraße ab, die in Windungen eine ganz von Weinbergen bedeckte Anhöhe hinaufzieht, wo man nach 3 km zum sehenswerten *Schloß Lebenberg* kommt. Die malerische Gruppe von Gebäuden mit den zinnengekrönten Mauern, die der mächtige Bergfrit überragt, wurde in ihren Uranfängen von den *Herren von Marling* im 13. Jh. erbaut. Nach dem Löwen, den sie im Wappen führten, entstand der Name Lebenberg. Später durch vier Jahrhunderte im Besitz der *Grafen Fuchs* und schließlich im vergangenen Jahrhundert als Gastwirtschaft und Villa umgewandelt. Hier schrieb der Münchner Dichter *Lentner* seine bekannte Lebenberger Chronik. Heute ist Lebenberg im Besitze einer holländischen Familie. Besichtigung gestattet (Führungen).

Auf der Weiterfahrt kommt man durch den Ort **Tscherms**, 294 m, und gelangt darauf bald nach **Oberlana**, 8,4 km. Vor Erreichen der *Falschauerbrücke* rechts und am Beginn der Straße in das *Ultental* die Talstation der *Vigiljoch-Bahn*. Gleich nach der Brücke über die Falschauer links die schöne, alte *Mariahilfkirche*, rechts die gut gekennzeichnete Abzweigung der *Gampenstraße*.

Von den nicht wenigen Kirchen Lanas ist besonders die *Pfarrkirche* in *Niederlana* besuchenswert, denn sie birgt ein besonderes Kleinod des Burggrafenamtes, nämlich den größten gotischen *Flügelaltar von Tirol*, von *Hans Schnatterpeck* aus Meran Ende des 15. Jh. geschaffen. Die Kirche wird schon 1276 urkundlich erwähnt und ist seit 1396 dem *Deutschen Orden* zugehörig. — Interessant ist auch die *Margarethenkirche* in Mitterlana, deren Bau aus dem 12. Jh. stammt und die 1215 von *Kaiser Friedrich II.* dem *Deutschen Orden* geschenkt wurde, der sie noch heute innehat.

Von anderen Burgen und Schlössern rund um Lana, die leicht erreichbar sind, seien angeführt: *Braunsberg* zwischen dunklen Zypressen auf hohem Felsen über der *Gaulschlucht*. Besichtigung nicht möglich. Von Oberlana auf der Ultner Straße in wenigen Minuten zu erreichen. — *Leonburg* auf einem isolierten Porphyrhügel an der Gampenstraße, besonders charakteristisch durch ihre mächtigen Vierecktürme. Besichtigungserlaubnis kann beim Besitzer Grafen Brandis auf Schloß Neubrandis in Niederlana eingeholt werden. — *Schloß Brandis*, südl. von Niederlana, eine mächtige Ruine in etwas erhöhter Lage; seit dem 12. Jh. erwähnt, wahrscheinlich aber viel älter. Stammschloß der *Grafen Brandis*, in deren Besitz es seit jeher geblieben ist.

SCHLOSS LEBENBERG *ob Tscherms, ein malerisches und weitläufiges Gemäuer aus dem 13. Jh. mitten in der Blüte des Burggrafenamtes.*

Den Autoausflug nach Lana kann man folgendermaßen zu einer hübschen *Rundfahrt* gestalten: Man wählt für die Rückkehr nach Meran die Straße nach *Burgstall* (von dort allenfalls eine Auffahrt mit der Seilbahn nach *Vöran*) und weiter nach Meran. Entfernungen: Oberlana—Burgstall 4 km, Burgstall—Meran 9 km.

Eine *zweite Rundfahrt* ergibt sich mit folgender Routenführung: Man setzt von Lana die Fahrt auf der *Gampenstraße* bis nach **Tisens** fort, 6 km.

Von hier führt eine schöne Autostraße über **Prissian** durch das Mittelgebirge nach *Nals*, 8 km. Diese Fahrt ist besonders im Frühjahr zur Zeit der Blüte und im Herbst landschaftlich sehr reizvoll. Nach 1,5 km wird *Prissian*, 615 m, in schöner Mittelgebirgslage erreicht. In seiner Umgebung verschiedene Burgen, darunter das ruinenhafte *Schloß Katzenzungen* (so benannt nach dem charakteristischen Kranz von Pechnasen, die Katzenzungen ähneln), ferner mitten im Dorf die *Fahlburg* (Hotel) und sehr schön gelegen und in gutem Erhaltungszustand die *Werburg* (Hotel). Von Prissian senkt sich die Fahrstraße dem Hang entlang in 3,5 km nach *Nals*, R 8. Von Nals Rückkehr über Vilpian nach Meran, 17 km.

Die kürzeste *Rundfahrt* nach einem Besuch von Lana kann man so nehmen, daß man auf der Meraner Straße zurückfährt und auf schöner Autostraße mit Steigung links zu dem malerisch und aussichtsreich auf einer Bergstufe gelegenen Dorf

Marling, 363 m, rd. 2200 Einw., mit seiner schönen *Pfarrkirche*, VV, gelangt. — Eine Pfarrei wird bereits 1166 erwähnt, sie dürfte aber bedeutend älter sein. Die Weihe dieser Kirche geht auf 1251 zurück. Von dieser alten Pfarrkirche „*Mariä Himmelfahrt*" ist jedoch nur mehr der Turm und die als Sakristei dienende Seitenkapelle vorhanden. Marling ist einer der beliebtesten

Die WERBURG, *einst eine wehrhafte Schloßanlage auf dem* PRISSIANER BERG *des Tisenser Mittelgebirges. Sie ist wegen ihrer hervorragenden Aussichtslage und durch den guten Bauzustand bemerkenswert. Heute ein Beherbergungsbetrieb.*

Ausflugsorte von Meran und im Kranz der um Meran liegenden Fremdenplätze wegen seiner ungemein ruhigen und idyllischen Lage zwischen Weingärten und Obstwiesen besonders bevorzugt. Entzückend ist der Ausblick von *Marling* über den ganzen Meraner Talkessel, die Stadt Meran und Obermais, die Mündung des Passeier Tales und die im Halbkreis aufgebauten Berge der Texelgruppe, ferner Ifinger und Haflinger Hochebene. Gerühmt wird das Klima von Marling, das auch an wärmsten Tagen einen angenehmen Ausgleich schafft.

Der „*Marlinger Waalweg*", der an der *Töll* beginnt und oberhalb von Marling der Berglehne entlang bis Oberlana führt, ist der längste aller Waalwege des Burggrafenamtes und sicher auch einer der schönsten; ein abwechslungsreicher, bequemer und verkehrsfreier Wanderweg!

Der neue „*Marlinger Höhenweg*" führt parallel zum Waalweg in einer Höhe von ungefähr 800 m, herrlich und mit grandioser Rundsicht über den ganzen Talkessel, von *Forst*, *Josefsberg*-Hotel (ehemaliges Hieromytanerkloster) bis zum *Bergerweg* oberhalb *Marling*, 5 km.

Weiter auf der aussichtsreichen Höhenstraße mit einer außerordentlich instruktiven und eindrucksvollen Schau auf Meran, Ober- und Untermais, die Bergstufe von Tirol und die Mündung des Passeier Tales gelangt man auf

MARLING, *363 m, liegt idyllisch und ungemein ruhig nahe Meran jenseits der Etsch. Einer der aufblühenden Fremdenorte, die einen besonders geruhsamen Aufenthalt bieten. In der Bildmitte der Meraner Pferderennplatz.*

die *Vinschgauer Straße* direkt gegenüber *Schloß Vorst*. Diese kurze und schöne Rundfahrt läßt sich gleich lohnend in umgekehrter Richtung ausführen.

Schloß Vorst. Kurzer, sehr lohnender Ausflug, der mit der oben angeführten Rundfahrt über Marling und allenfalls Lana gut verbunden werden kann.

Von Meran durch das *Vinschgauer Tor*, R 4, und auf der Vinschgauer Straße zur Forster Etschbrücke. Unmittelbar nach der Brücke, rechts auf einem kleinen, umbuschten Hügel mit schönem Steingarten (Alpinum) und am Ufer der Etsch das efeuumsponnene, schöne und wohlerhaltene *Schloß Vorst* (Forst). Die Erbauung geht auf das 13. Jh. zurück. Später im Besitz der *Grafen von Tirol*, wurde es in den Kämpfen *Herzog Friedrichs mit der leeren Tasche* gegen den „*Elefanten-Bund*“ erobert. 1427 soll der berühmte und kämpferische Minnesänger *Oswald von Wolkenstein* im unterirdischen Burgverlies von Herzog Friedrich gefangengehalten worden sein. Nach einer Besitzfolge von verschiedenen bekannten Adelsgeschlechtern Südtirols wurde ein Teil der Burg und fast die gesamte Einrichtung im Jahre 1803 durch einen Brand vernichtet. Seit Ende des 19. Jh. in bürgerlichem Besitz und restauriert, wurde das Schloß vor einigen Jahren vom jetzigen Besitzer *Hans Trojer* zu einem höchst originellen und sehenswerten Schloßhotel adaptiert. Diese Wandlung ist bemerkenswert gut geglückt, das Mobiliar mit großem Aufwand geschmackvoll ergänzt, und so wurde ein geradezu einmalig stilgerechtes, ungemein anheimelndes, mittelalterliches Schloß zu einem Hotel mit modernem Wohnkomfort geschaffen. Besonders sehenswert der *Burghof*, der *Rittersaal*, der *Rote Speisesaal* und die *gotische Burgkapelle*.

Kurz oberhalb, direkt an der Vinschgauer Straße die große Bierbrauerei Forst.

Wenn man den Ausflug mit einer *Rundfahrt* beenden will, kann man gleich gegenüber Schloß Vorst in die gute und aussichtsreiche Marlinger Straße einbiegen und über *Marling* nach Meran zurückkehren (s. Autoausflug Lana).

Ultental, 31 km. Das an die 40 km lange, in gerader Linie von Lana südwestl. verlaufende *Ultental* zeigt ein so ausgeprägt verschiedenes Landschaftsbild gegenüber dem Burggrafenamt, daß ein Ausflug dahin lohnt. Das vom *Falschauerbach* durchflossene Ultental ist im unteren Teil sehr waldreich und zeigt besonders im oberen Verlauf herrliche, offene Wiesenflächen. Überall trifft man noch auf alte und charakteristisch urtümliche Bauernhöfe.

Die reichen Wasserkräfte des Tales werden in mehreren E-Werken abgearbeitet.

Die Straße in das Ultental ist sehr windungsreich, weist jedoch nur zu Beginn oberhalb *Lana* eine stärkere Steigung auf. Bis *St. Walburg*, 20 km, ist die Straße 6 m breit, dann bis in den Talschluß bei *St. Gertraud* etwas schmäler, jedoch durchaus staubfrei. Man kann die Fahrt auf der Werkstraße noch bis zum Stausee *Weißensee* fortsetzen.

Von *Oberlana* (s. Autoausflüge) steigt die Ultner Straße in einigen jähen Kehren mit schönen Ausblicken, kommt an der malerischen *Burg Braunsberg* vorbei und durch Weinberge und Kastanienhaine über die Steilstufe hinan, mit der das Tal gegen die Etschniederung abbricht. Hoch über der tiefeingeschnittenen Falschauer zieht die Straße nun durch die Hänge. Nach 7 km erblickt man links auf einem vorspringenden Felssporn die geringen Ruinenreste der *Burg Eschenloh*, 799 m (erstmals 1189 erwähnt, erbaut von den Herren von Ulten, später im Besitz der Grafen von Tirol, dann der Grafen von Matsch, heute der Grafen Trapp). Nach weiteren 3 km erreicht man *St. Pankraz*, 736 m, mit der interessanten *Sebastiankapelle*. Von hier gelangt man nach 2 km, links, in einem Seitental zum einfachen, reizvoll gelegenen *Mitterbad*, 960 m, wo vor über 100 Jahren *Otto von Bismarck* zu einem Badeaufenthalt weilte. Das Bad ist nicht mehr in Betrieb.

St. Walburg, 1192 m. Die liebliche Landschaftsumrahmung, der große Stausee im weiten Talboden haben die verstreute, in Bergwiesen gebettete Ortschaft zu einem beliebten Sommeraufenthalt gemacht. An den südlichen Berghängen zwischen *St. Pankraz* und *St. Walburg* die auch auf Fahrstraße erreichbaren, urtümlichen Höfegruppen von *St. Helena* und *St. Moritz* (ein altes Quellheiligtum) mit ihren Kirchlein. *St. Walburg* ist 9 km von *St. Pankraz* entfernt. VV.

St. Nikolaus, 1264 m. In seiner alpin betonteren Lage schmiegt sich 8 km von *St. Walburg* talein das Dorf *St. Nikolaus* in ruhiger und sonniger Lage etwas abseits der Straße an die südlichen Hänge. Es strömt den ganzen Reiz

Niederblick über SCHLOSS TIROL *und die* BRUNNENBURG *auf* MERAN *und das* ETSCHTAL *Richtung Bozen, unserer nächsten Route*, R 8.

eines idyllischen Alpendorfes aus. Reger Wintersportbetrieb im neuen Skigebiet Breiteben, 1900 m, das man von St. Walburg und von St. Nikolaus aus, auf guter Fahrstraße (7 km), die bis Larcherberg führt, und anschließend mit einem Doppelsessellift (400 m HU) erreicht.

St. Nikolaus ist sowohl im Sommer wie im Winter ein ausgezeichneter Standort für das Innerulten. VV.

St. Nikolaus beherbergt das erste Talmuseum Südtirols. In einem 150 Jahre alten Holzbau sind Geräte und Dokumente ausgestellt, die in das Leben und Schaffen der alten Bewohner dieses Tales Einblick gewähren.

St. Gertraud, 1501 m, nur 5 km taleinwärts, das letzte Dorf, romantisch über einem Hügel gruppiert. Der Talschluß gabelt sich hier in mehrere Seitentäler. Prächtige Bergwanderungen in das Quellgebiet der Falschauer, zum Weißbrunnenstausee und Grünsee. Rings um St. Gertraud die ganze Waldpracht des Ultentales in voller Entfaltung mit Lärchen, die viele Jahrhunderte alt sind.

ROUTE 8 DURCH DAS MITTLERE ETSCHTAL

28 km

Bozen — Meran

STRECKENBESCHREIBUNG: Die 28 km lange Straße von *Bozen* nach *Meran* (StStr. 38) durchzieht das breite Mittelstück des Etschtales fast immer am Fuße der östl. Berglehnen mit stark geschlängelter Linienführung, kleinen Steigungen und Gefällen und zahlreichen Ortsdurchfahrten. Die ungefähr 7 m breite, staubfreie Straße weist einen außerordentlich starken Verkehr auf. Größere Geschwindigkeiten sind wegen der oft unübersichtlichen Windungen und in den Ortsdurchfahrten zu vermeiden.

LANDSCHAFTLICHER CHARAKTER: Die Fahrt von Bozen nach Meran gibt eine große Anzahl von schönen Blicken frei. Auf ihr kommt man durch eine besonders charakteristische Landschaft Südtirols, nämlich das füllig und hauptsächlich mit Obstpflanzungen in den Niederungen und an den Hängen mit Weinbergen bebaute mittlere Etschtal. Eng an den Fuß der Berglehnen gedrängt liegen auf beiden Seiten der Talniederung eine Reihe von stattlichen und behäbigen Ortschaften, darunter einige bekannte *Weindörfer*, wie *Siebeneich*, *Terlan*, *Andrian*, *Nals* u. a. Malerische Burgruinen säumen an den Tallehnen auf beiden Seiten die Strecke.

0/28 Man nimmt die Ausfahrt von BOZEN entweder über die *Drususbrücke* und *Drususstraße* und die anschließende, schnurgerade Pappelallee, die nach 3 km zu einer Gabelung bringt. Hier zweigt links die Straße in das *Überetsch* (s. Autoausflüge von Bozen) und weiter auf die Mendel ab. Die Meraner Straße dreht hier entschieden nach rechts ab und quert in gerader Linie die Talsohle zum Fuß der östl. Berglehne beim

4/24 SCHWEFELBAD MORITZING. (Hier mündet die alte Ausfahrt von Bozen, die über die *Talferbrücke* zum *Grieser Hauptplatz* und von diesem an den großen Kasernen und der Berglehne entlang zum *Schwefelbad Moritzing* [Hotel] führt.)

Schon bis hierher hat man schöne Blicke auf die mächtige Schloßruine *Sigmundskron*, die links auf der westl. Talseite auf einem scharf vorspringenden Porphyrsporn über dem Etschfluß liegt. Am rechten, östl. Berghang auf rötlichen Felsabstürzen die beherrschende Burgruine *Greifenstein (Sauschloß)*.

Greifenstein, 737 m, auch „*Sauschloß*" genannt, ist sehr alt und spielte in der mittelalterlichen Geschichte Südtirols mehrmals eine hervorragende Rolle. 1274 wurde die Burg vom Grafen *Meinhard II. von Tirol* im Kampfe gegen die *Fürstbischöfe von Trient* zerstört. Später wurde die wiederaufgebaute Feste neuerdings gebrochen und kam nach nochmaligem Wiederaufbau in den Besitz der *Starkenberger*. In den Kämpfen des im „*Elefantenbund*" und „*Falkenbund*" zusammengeschlossenen Südtiroler Adels gegen den Landesfürsten *Herzog Friedrich „mit der leeren Tasche*", belagerte dieser die wehrhafte Burg zweimal, unter deren Verteidiger der berühmte letzte Minnesänger *Oswald von Wolkenstein* war und hierbei verwundet wurde. Nach einer Überlieferung wollte Herzog Friedrich die Besatzung aushungern. Als Kriegslist wurde von den Belagerten eine gebratene Sau über die Mauern herabgeworfen, um einen Überfluß an Lebensmitteln vorzutäuschen. Daher der alte Übername „Sauschloß“. **R 8**

SIEBENEICH, 244 m. Beliebter Ausflugsort von Bozen aus mit berühmten Weinschenken. Neben dem Kloster des Deutschen Ordens eine originelle Barockkapelle (1700). — VV. Schwimmbad. Es folgt die Häusergruppe von Klaus, ebenfalls eine beliebte Einkehrstätte. Jenseits der Talniederung erblickt man auf einem Schuttkegel des *Gaidbaches* die Ortschaft *Andrian* mit der *Burg* Wolfsthurn (Ferienheim) und etwas darüber die Ruine Festenstein. Rechts der Straße, knapp vor Terlan, auf einem vorspringenden Felssporn, die malerische Ruine von *Schloß Maultasch* (oder *Neuhaus*), 383 m, aus dem 12. Jh., 1270 zerstört und 1752 zum Schutz gegen Feuerwaffen besonders stark ausgebaut. Seit dem 18. Jh. ist der mächtige Bau in Verfall. Der Überlieferung nach soll *Schloß Neuhaus* ein Lieblingsaufenthalt der Landesfürstin Herzogin *Margarethe Maultasch*, der „*häßlichen Herzogin*“, gewesen sein. Daher der Name *Schloß Maultasch*. Die Ruine ist von Terlan in 20 Min. zu erreichen. *6/22*

TERLAN, 248 m, rd. 1600 Einw., ein durch seine Weine weitbekannter Ort mit zahlreichen, vielbesuchten Einkehrstätten. Im Frühjahr und Herbst auch für längeren Aufenthalt bevorzugt. Sehenswert die gotische *Pfarrkirche* mit einem großen Christophorus-Wandbild (15. Jh.) rechts vom Portal und dem alleinstehenden, hohen und spitzen Glockenturm (im 19. Jh. an Stelle des alten neu erbaut). Im Innern ein großer *Freskenzyklus* von *Joh. Stozinger* aus Bozen und anderen einheimischen Malern aus der Zeit um 1407. — VV. Schwimmbad. *9/19*

Von *Terlan* aus kann man mit einem empfehlenswerten Abstecher von nur 2,5 km auf guter, staubfreier Straße quer über das Etschtal das ebenfalls sehr bekannte Weindorf **Andrian**, 283 m, rd. 700 Einw., mit seinen altbekannten Einkehrstätten und Weinschenken erreichen. Die kleine *Burg* Wolfsthurn (heute Ferienheim) mit schöner Aussicht vom Turm liegt jenseits der *Gaiderschlucht* nahe dem Dorf. Hochinteressant ist die hoch oben in den Felsen des wilden Gaidergrabens grotesk und schier unzugänglich auf einem Felszahn aufragende Burg Festenstein, 811 m, aus dem 13. Jh. — Sie kam 1910 in bürgerlichen Besitz, wurde vor dem vollständigen Verfall bewahrt und neu eingedeckt. Auch in letzter Zeit wurden Arbeiten zur Erhaltung des jetzigen Bauzustandes durchgeführt. — Ein Besuch dieser Burg von Andrian aus erfordert Berggewandtheit, vor allem Schwindelfreiheit und Trittsicherheit. Der letzte Teil des Aufstieges ist mit Leitern gesichert. — Gutes Schuhwerk erforderlich.

Von *Andrian* kann man die Fahrt nach *Unterrain* und von hier aus entweder über *St. Pauls* nach *Eppan* (von Andrian 9 km) fortsetzen, oder von Unterrain direkt die Überetscher Straße bei *Frangart* erreichen. Ein Fahrweg verbindet *Andrian* auch an der westl. Talseite mit *Nals*. Die hier angegebenen Fahrten sind besonders zur Zeit der Obstbaumblüte oder zur Erntezeit im Herbst zu empfehlen. — Schönes geh. Freischwimmbad — VV.

13/15 VILPIAN, 264 m. Gleich nach der Pfarrkirche zur Talstation der modernen *Luftseilbahn* nach *Mölten* direkt an der Autostraße. Länge 1415 m, HU 760 m, Fahrz. 4 Min. In kühnem Schwung erreicht diese Seilbahn die Bergstation, 1030 m (Restaurant, Aussichtsterrasse), am Rande der Hochfläche von *Mölten;* mit einem halbstündigen, fast ebenen Spaziergang gelangt man zum Dorf *Mölten*, 1140 m. Die Auffahrt mit der Möltener Seilbahn ist als landschaftliches Erlebnis sehr zu empfehlen. Großartige Rundschau auf die Berge und Niederblick auf das Etschtal.

Am südl. Ortseingang von Vilpian zweigt links, westl., eine staubfreie Autostraße über die Meraner Bahn und die Etsch auf die andere Talseite zum (3 km) besuchenswerten, stattlichen Weindorf **Nals** inmitten reicher Obstpflanzungen und Weinberge ab, das auch zu längerem Aufenthalt besucht wird. Sehenswert zuhöchst im Dorf die schöne *Schwanburg*. Die Anlage stammt aus dem 13. Jh. und wurde im 16. Jh. von den *Edlen von Boymont-Payrsberg* im charakteristischen und malerischen *Überetscher Stil* zur heutigen geräumigen Anlage umgebaut. Die Schwanburg ist auch heute noch in bestem Wohnzustand. Schöner *Hof* mit zwei eingemauerten *römischen Steinen* und *Freitreppen*, *Loggiengängen* und *Erkern* an den in *asymmetrischer Harmonie* angeordneten Baukörpern. Die zahlreichen Säle und Zimmer haben schöne *Täfelungen* und *Felderdecken*, alte *Öfen* und *Wandmalereien*, *Gemälde* und *Wappen*. Heute in bürgerlichem Besitz.

Hoch über dem Dorf **Nals**, 331 m, rd. 1300 Einw., VV, schönes geheiztes Schwimmbad, steht auf überhängendem Fels in steilem Berghang die *Halbruine Payrsberg* aus dem 13. Jh., sehr beliebte Jausenstation. Die Fahrstraße von Nals über *Payrsberg* auf die Höhenstufe von *Obersirmian* und weiter nach *St. Appolonia* bis zum altehrwürdigen *Rainerhof* (1100 m) ist zu einer breiten, asphaltierten Autostraße ausgebaut worden.

17/11 GARGAZON, 267 m. Hübsch gelegener, schmucker Ort mit schönem Blick auf die andere Talseite und das Mittelgebirge von *Tisens* sowie die Entwicklung der interessanten Trassenführung der Autostraße über das *Gampenjoch* und auf die Mündung des *Ultentales*. In beherrschender Lage am Berghang von Gargazon rechts oben der *Krölltúrm*, ein guterhaltener Bergfrit einer Burganlage aus dem 12. Jh., über deren Geschichte kaum etwas bekannt ist.

Halbruine PAYRSBERG *oberhalb* NALS.

BURGSTALL, 268 m. Hier zweigt links durch die Talniederung eine Autostraße nach *Lana* ab. *Burgstall* ist ein besuchter Ausflugsort von Meran aus. Eine Luftseilbahn verbindet *Burgstall* mit *Vöran*, 1204 m. Mit der Seilbahn ist die Reihe der großen Meraner Seilschwebebahnen um eine weitere Attraktion bereichert. Von der Bergstation prachtvolle Aussicht auf das Etschtal, Burggrafenamt und die Berge der Ortlergruppe. *19/9*

Ein schöner Wanderweg, der „*Graf-Volkmar-Weg*", führt von der Talstation der *Vöraner Seilbahn* rd. 3 km bis zum *Förstlerhof*.

In Burgstall wurde 1972 vom Tierpräparator *Simon Ratschiller* das erste *Tiermuseum Südtirols* eröffnet. Es zeigt 340 verschiedene in Südtirol vorkommende Vogelarten und Wildtiere. Geöffnet von April bis Ende Oktober.

Nach *Burgstall* tut sich der *Talkessel* von *Meran* mit den Bergriesen der *Texelgruppe* auf, die in geschlossener Mauer das herrliche Talrund abschließen.

Weiter durch Obstpflanzungen erreicht man den Stadtrand von *Meran*. Rechts am Berghang in beherrschender Lage *Schloß Katzenstein*, 465 m, und darüber die *Fragsburg*, 734 m. Durch *Untermais* und bei der großen Straßengabelung rechts zur Postbrücke über die *Passer*, die in die Stadtmitte von MERAN führt; links zur *Theaterbrücke*, die man von Meran nach Bozen befährt. *28/0*

Bozen — Cortina d'Ampezzo — Toblach

142 km

Die Straßenstrecke, die heute allgemein als Große Dolomitenstraße bezeichnet wird, ist längst ein feststehender Begriff. Es spuken allerdings noch in der modernsten Führerliteratur Einschränkungen und Abwandlungen herum, die sich durch Mißverständnisse und Unkenntnis über die Entstehung dieser berühmten Route ergeben haben.

Als eine der ersten einfachen Talstraßen in den Dolomiten wurde 1860 ein Fahrweg durch das *Eggental* gebaut. Schon 1895 wurde diese Straße vor allem aus touristischem Interesse über den *Karerpaß* bis nach *Vigo di Fassa* fortgeführt. Über Initiative des DuÖAV, der zum 50jährigen Regierungsjubiläum von Kaiser Franz Joseph I. im Jahre 1898 ein großes Straßenprojekt in den Ostalpen verwirklichen wollte, wurde 1901 der Bau einer Straße von *Moena* das Fassatal einwärts, dann über das 2239 m hohe *Pordoijoch*, weiter durch das sogenannte *Buchenstein* über *Arabba*, *Buchenstein* und *Andraz* und über den 2105 m hohen *Falzáregopaß* nach *Cortina d'Ampezzo* begonnen. Der Bau wurde nach zahlreichen Unterbrechungen und gegen viele Widrigkeiten 1909 beendet und im September jenes Jahres offiziell eingeweiht.

In vielen Reiseführern wird noch behauptet, die Erbauung der Großen Dolomitenstraße sei aus militärischen Gründen erfolgt; man begründet dies damit, die Straße führe teilweise hart an die frühere österreichisch-italienische Grenze heran und an dieser entlang. Diese Behauptungen sind längst als vollkommen irrig widerlegt worden. Die Trassenführung ergab sich zwangsweise daraus, daß man mit der Straße ganz auf österreichischem Boden bleiben mußte, weil Italien ein Überschreiten der Grenze nicht duldete.

Die *Große Dolomitenstraße* war also von allem Anfang an *kühnste Planung für die touristische Erschließung des Dolomitenlandes* durch eine direkte West-Ost-Verbindung aus einem Guß vom Landeszentrum *Bozen* zum dolomitischen Zentrum *Cortina d'Ampezzo.* Zwei Männern gebühren die größten Verdienste für das Zustandekommen des großen Werkes, das von so unabsehbarer Bedeutung für den modernen Autoverkehr in den Dolomiten werden sollte: dem genialen Pionier des Südtiroler Fremdenverkehrs *Dr. Theodor Christomannos* aus Meran und dem damaligen Präsidenten der Sektion Bozen des DuÖAV *Albert Wachtler*, beide auch hervorragende Bergsteiger und Erschließer einiger Berggruppen Südtirols.

◁

Die phantastischen VAJOLETTÜRME, *die seltsamsten Felsgebilde der Dolomiten. Sie sind Sinnbild und Wahrzeichen dieses klassischen Reiselandes und leuchten zusammen mit dem sagenumwobenen* ROSENGARTEN *auf Bozen herab. Von links:* DELAGOTURM, STABELERTURM *(2805 m) und* WINKLERTURM.

Da die Anschlußstraße aus dem Etschtal in das Fassatal über den Sattel von San Lugano und durch das Fleimstal vor dem Jahre 1918 bereits vorhanden, anderseits die alte Fahrstraße von Bozen durch das Eggental bis zum Karersee-Hotel für den damals schon stark aufkommenden Autoverkehr als Gemeindestraße gesperrt war, bürgerte sich anfangs die Bezeichnung Dolomitenstraße nur für den Teil von Fassa bis Cortina ein. Erst mit dem Freiwerden aller Gemeindestraßen für den Autoverkehr nach dem ersten Weltkrieg (1918) und mit dem fortschreitenden Ausbau der schmalen Strecke durch das Eggental wurde die Straße über den Karerpaß in die Große Dolomitenstraße einbezogen. So bildete sich als feststehender Begriff für diese Straße die Strecke über die *drei Pässe (Karerpaß, Pordoijoch, Falzáregopaß)* heraus. Darüber hinaus hat es sich in den letzten Jahren ganz berechtigt eingebürgert, das Anschlußstück von *Cortina d'Ampezzo* nach *Toblach* im Pustertal durch das wunderschöne *Höhlensteintal* ebenfalls der Großen Dolomitenstraße zuzuzählen. Hier verläuft die uralte *Strada d'Alemagna*, die schon vor über tausend Jahren ein vielbefahrener Handelsweg aus dem Raum der *Adria* durch das *Cadore* ins Pustertal und weiter über den Brenner nach Süddeutschland war.

Mit der Verlängerung der Großen Dolomitenstraße bis in das Pustertal hat diese ihre sinngemäßen Endpunkte in den Talorten *Bozen* und *Toblach* am Rande der Dolomiten gefunden. Im AUTORAMA wird diese Gliederung als absolut natürlichste eingehalten.

Es ist interessant, daß schon die ersten Ausländer, die das Dolomitenland systematisch bereisten, nämlich die Engländer *C. C. Churchill und J. Gilbert*, bei ihrem ersten Besuch im Jahre 1860, die Wanderung über die drei genannten Pässe der Großen Dolomitenstraße als die beste Route für die Durchquerung des schönsten Teiles der Dolomiten herausfanden. Es wäre noch zu erwähnen, daß sich die Bezeichnung *Große Dolomitenstraße* notwendig herausbildete, als durch den militärischen Straßenbau im ersten Weltkrieg in kurzer Zeit eine größere Anzahl anderer Dolomitenpässe mit Straßen überzogen wurden, unter denen nach dem späteren Ausbau besonders das *Sella- und Grödner Joch* erhöhte Bedeutung gewannen.

STRECKENÜBERSICHT: Die technischen Daten der Großen Dolomitenstraße lauten so: Als italienische StStr. trägt sie von *Cortina d'Ampezzo bis Vigo di Fassa* die Bezeichnung StStr. 48. Die Strecke *Bozen—Cortina d'Ampezzo* ist 109 km lang, die Teilstrecke *Cortina d'Ampezzo—Toblach* 33 km. Die Gesamtlänge beträgt somit 142 km. Die Straße weist durchwegs eine Breite von mindestens 6—7 m auf, wobei die Kehren an den Paßrampen stark verbreitert sind. Die Kehren sind fast ausnahmslos mit Porphyrwürfeln gepflastert. Bis auf ein kurzes Stück im untersten Eggental überschreitet die *Steigung* auf der ganzen Strecke niemals 8%. Die Straßendecke ist im ganzen Verlauf *staubfrei* gehalten.

Es ist schließlich richtiger, von der Großen Dolomitenstraße nicht als einzelner Hochalpenstraße zu sprechen, sondern als ununterbrochenem, alpinem *Straßenzug;* dies schon wegen der Gesamtlänge von 142 km, dann aber auch, weil drei hohe Pässe überschritten werden und dazwischen einige Talstraßen verlaufen.

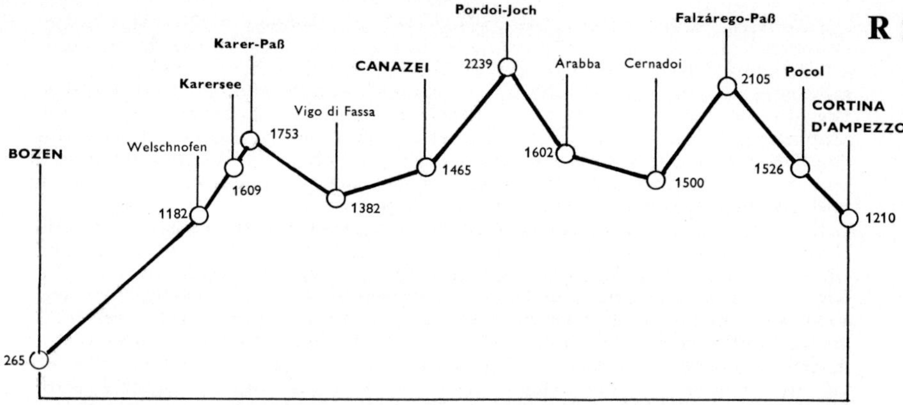

Von den drei Pässen, die bis Cortina überquert werden, ist das *Pordoijoch* mit 2239 m der höchste, während der *Falzáregopaß* 2105 m und der *Karerpaß* nur 1753 m erreichen. Der flache und kaum spürbare *Sattel von Cimabanche (Joch im Gemärk)* sinkt gar auf 1529 m herab. Die beiden niedrigen Pässe weisen nur wenige Spitzkehren auf. Hingegen erklimmt die Straße die Rampen des Pordoi und Falzárego in einer fast ununterbrochenen Folge von Spitzkehren. Diese sind an allen Paßrampen fortlaufend numeriert, von Canazei bis Cortina d'Ampezzo 99; davon entfallen auf die einzelnen Rampen: Canazei—Pordoijoch 27, Pordoijoch—Arabba 33, Cernadoi—Falzáregopaß 17 und Falzáregopaß—Cortina d'Ampezzo 22.

Der Straßenzug der Großen Dolomitenstraße wird den *ganzen Winter über für den Autoverkehr offengehalten.* Die Straße ist meist so gut geräumt, daß auch die Paßstrecken ohne Schneeketten befahrbar sind. Unterbrechungen der Fahrbarkeit, jedoch nur für den Zeitraum von 1—2 Tagen, treten hie und da bei sehr starken Schneefällen und allfälligen Lawinenabgängen an einigen wenigen Punkten auf. Eine winterliche Fahrt über die Große Dolomitenstraße gehört unumstritten zu den eindrucksvollsten Erlebnissen in den Alpen. Durch die Befahrbarkeit im Winter (die auch bei den umliegenden Pässen gegeben ist) wird eine ausgezeichnete Verbindung zwischen den einzelnen Wintersportplätzen der verschiedenen Täler erreicht und die skiläuferischen Möglichkeiten außerordentlich gesteigert.

LANDSCHAFTLICHE CHARAKTERISTIK: Wenn die Stilfser-Joch-Straße durch die Höhe ihres Scheitelpunktes und ihr Alter unumstritten die „Königin der Alpenstraßen" ist, so kann füglich die *Große Dolomitenstraße* als der *schönste Straßenzug* der ganzen Alpen bezeichnet werden. Obwohl solche Werturteile natürlich immer sehr relativ und anfechtbar sein mögen: wer die Große Dolomitenstraße näher kennt und erlebt hat, der wird dieser Bewertung zustimmen! Es geht dabei nicht einzig darum, daß diese Straße durch das berühmteste Felsgebirge der Welt zieht, mitten durch, wo es am schönsten ist, sondern auch daß es an den Borden der Großen Dolomitenstraße unvorstellbar viele Möglichkeiten des *Schauens und Genießens gibt,*

R 9 *Spazierwege, Wanderungen, Aussichtsgipfel, Bergbahnen und Nebenstraßen.* Besonders der unsagbar bunte und schnelle Wechsel so vieler Arten landschaftlicher Schönheit macht den Zauber einer Fahrt über die Große Dolomitenstraße aus: dunkle Nadelholzwälder, saftige Wiesen und blumige Bergweiden bis zu den phantastischen Felsbildungen der Dolomiten, die an bizarrer Form und Gestalt nicht ihresgleichen haben, dazu die Formation der Täler von der wilden Felskluft bis zum lieblichen Wiesentälchen, im ganzen also in einer Fahrt von 142 km ein einzigartiger Film mit tausend und abertausend Motiven und Schaustücken.

Es ist von einer gewissen Bedeutung, in *welcher Richtung* man die Große Dolomitenstraße befährt, ob von Cortina d'Ampezzo (bzw. Toblach) nach Bozen oder in umgekehrter Richtung. Wenn man die Wahl hat, ist die Richtung *Bozen—Cortina d'Ampezzo* unzweifelhaft empfehlenswerter, und zwar aus den folgenden Gründen: Die *Eggentaler Schlucht* und das anschließende Gebiet von *Karersee* bieten in der Auffahrt viel eindrucksvollere Anblicke; ebenso ist die Anfahrt gegen den *Talschluß des Fassatales* schöner als die Ausfahrt; es folgt die Auffahrt über die Westrampe zum *Pordoi*, die in dieser Richtung eine größere Fülle von bezaubernden Landschaftsbildern gibt als die Abfahrt; schließlich ist auch die Auffahrt zum *Falzárego* in dieser Richtung vorzuziehen; vor allem aber ist auch das allmähliche Hinabtauchen in den *Talkessel von Cortina d'Ampezzo* viel eindrucksvoller und großartiger, als die Fahrt in umgekehrter Richtung.

Eine andere wichtige Frage ist die nach dem *Zeitaufwand*, den man einer Fahrt über die Große Dolomitenstraße einräumen soll. Wenn es auch ohne weiteres möglich ist, die Gesamtstrecke in einem halben Tag zu bewältigen, so muß doch dringend angeraten werden, als kürzesten Zeitaufwand mindestens *einen vollen Tag* in das Fahrprogramm einzusetzen; in diesem Zeitraum kann der Besucher da und dort eine genußvolle Rast einschalten, kurze Spaziergänge zu Aussichtspunkten machen oder eine Bergbahnfahrt unternehmen. Am besten aber werden wohl mindestens *zwei Tage* für die Befahrung angesetzt; diese genügen, eine Fahrt über die Große Dolomitenstraße voll auszukosten und die Welt der Dolomiten zu erleben.

0/142 Man verläßt BOZEN östl. auf der Straße zum Brenner, R 1, und gelangt durch das Weindorf *Rentsch*, stets vor sich im Talausschnitt das wundersame Bild des Rosengartens und der Vajolettürme, nach 3 km zur Abzweigung rechts nach dem Dorf *Kardaun* jenseits der Bahnlinie. Auf beschranktem Bahnübergang durch das Dorf, das vom schönen *Schloß Karneid* beherrscht wird, zur Mündung des *Eggentales* und zum Beginn der *Großen Dolomitenstraße.*

Wer die Umfahrungsstraße von Bozen nordwärts durch den *Virgltunnel* benützt, erreicht bald nach der auf einer hohen Stützmauer thronenden Kapelle *St. Martin in Kampill* die Abzweigung direkt in die Dolomitenstraße.

▷

SCHLOSS KARNEID, *ein Stück südtirolischer Burgenromantik an der Mündung der Großen Dolomitenstraße in das Eisacktal knapp vor Bozen.*

R 9 *Schloß Karneid*, 458 m, ist eine der schönsten und wohlerhaltenen Burgen Südtirols, sehr sehenswert und zur Besichtigung frei. Man erreicht es in 20 Min. Anstieg aus der Ortsmitte. Der mächtige, unregelmäßige Gebäudekomplex erhebt sich beherrschend auf einem gegen die Schlucht des Eggentales mit mächtigen Wänden abstürzenden Porphyrfelsen. Wahrscheinlich wurde die Burg vom Geschlecht der *Greifensteiner* im 12. Jh. erbaut, ging später in den Besitz der Landesfürstin *Margarethe Maultasch* und der *Herren von Völs* über. Von 1387 an waren die *Herren von Liechtenstein* damit belehnt, die das Schloß mit kurzer Unterbrechung bis zu ihrem Aussterben im Jahre 1760 innehatten. Anschließend war es als Pfandlehen im Besitz der Stadt Bozen, der die Herren von Goldegg als Besitzer folgten, 1880 kaufte es der bekannte Erzgießer und Direktor der Bayrischen Akademie der bildenden Künste in München, *Ferdinand von Miller*, dessen Familie es noch heute gehört. Das von den Millers mit Verständnis und hohen Kosten stilgerecht restaurierte Schloß besitzt eine Reihe von schönen Räumen. *Rittersäle*, eine *gotische Stube* und *gotische Bibliothek* mit schöner Täfelung. Vom malerischen Hof aus mit Brunnen führen *Freitreppen* und *Loggien* in die verschiedenen Gebäude. In der *Kapelle* Fresken aus dem 13. Jh., darunter ein bemerkenswerter *Totentanz* und ein riesenhafter *Christophorus*.

Das nahe Schluchtmaul des *Eggentales*, das links mächtig von *Schloß Karneid*, rechts vom noch höher gelegenen *Schloß Kampenn* imposant flankiert wird, bemerkt man erst knapp vor dem Einbiegen, weil die Straße mit einer scharfen Knickung ansetzt. Zwischen gewaltigen Porphyrwänden fährt man in die Schlucht ein, schlagartig bleiben Weinberge und die Lieblichkeit des Etschlandes zurück und die Straße fädelt sich überraschend schnell durch dieses wuchtige „*Westtor der Dolomiten*" in die Bergwelt ein.

Unmittelbar nach der Brücke über den *Eggentaler Bach* folgt auf nur wenige hundert Meter die stärkste Steigung an der ganzen Großen Dolomitenstraße mit 13%, die sogenannten „*G'föller*". Auf dieser kurzen Steilstrecke ist besondere Vorsicht geboten! Steilwandig und eng und nur der in Fels gesprengten Straße und dem Geröllbett des Wildbaches raumgebend, zieht die Schlucht bergan. Großartiger Rückblick auf *Schloß Karneid*, das in maßloser Schroffheit das Schluchtmaul übertürmt, ein Stück *etschländischer Burgenromantik*, die in den Himmel stößt.

Die großartige Porphyrschlucht ist ungefähr 5 km lang. Nur für kurze Teilstücke weitet sie sich etwas und gibt mehr Licht in der drückenden Enge, schließt sich aber bald wieder und die Straße führt hart an überhängenden Felsen dahin.

▷

Die GROSSE DOLOMITENSTRASSE *durch die wildromantische Porphyrklamm des* EGGENTALES *zwischen Bozen und Welschnofen.*

R 9 Beim Gasthof *Sonne* beginnt links die neue Trassierung der Straße, die etwas höher als die alte gelegt, nunmehr überschwemmungs- und mursicher ist. Dieses Straßenstück ist vorzüglich ausgebaut und hat zahlreiche Abstellplätze. Außerdem erscheint nun über dem zu breiterem Wiesengrund mit einzelnen Gehöften erweiterten Eggental im Hintergrund die von Schneerinnen gefurchte *Látemargruppe* mit ihrem vorderen Eckpfeiler, dem schöngeformten *Eggentaler Horn* im Blickfeld. Links oben im Wald erblickt man das Kirchlein von *Gummer* mit seinem auffallend spitzen Kirchturm. Mit leichtem Gefälle erreicht die Straße die Brücke über den Eggenbach. Hier links Abzweigung einer 4 km langen, neuen Bergstraße, die zum kleinen Ort Gummer hinaufführt (schöne Aussicht).

15/127 BIRCHABRUCK, 877 m. Ein kleiner, hübsch gelegener Weiler, wo sich das Tal gabelt: Links zieht durch das *Welschnofner Tal* die Dolomitenstraße gegen den *Karerpaß*, rechts führt das *Obereggental* zum *Lavazejoch*, 1805 m, und über dieses in das Fleimstal.

Bei Birchabruck erblickt man erstmals, seit man den Bozner Talkessel verlassen hat, über dunklen Waldhängen den ganzen Kamm der südl. *Rosengartengruppe* mit *Tscheiner*, *Rotwand* und ganz links *Rosengarten* wieder; rechts streben die Zinnen des *Látemar* auf.

Von *Birchabruck* führt eine 6 m br. Straße, staubfrei, zum, 13 km, *Lavazèjoch*, 1805 m, einem breiten Wiesensattel, der westl. an die Ausläufer des *Látemar* anschließt (Hotels, Wintersport, Skilifts). Vom Joch auf schöner Straße, staubfrei, nach, 22 km, *Cavalese* im *Fleimstal*. — Vor *Rauth* Abzw. einer 6 m br. staubfreien Straße nach Deutschnofen, 1367 m. VV, 2 Tennisplätze, Skilifts, Loipen.

Ebenfalls von Rauth Abzw. einer Straße nach Obereggen. Im Sommer ein ruhiges, erholsames Urlaubsziel mit schönen Spaziergängen und vielen Wandermöglichkeiten; im Winter ein beliebtes Skigebiet mit weitem Skigelände für jedes Können. Eine Skiliftanlage stellt auch eine Verbindung mit dem Skigebiet in *Pampeago* (Prov. Trient) her.

Doppelsessellift Obereggen. Talst. *Obereggen*, 1563 m, Bergst. *Oberholz*, 2103 m, HU 540 m, Länge 1897 m. Mehrere Schlepplifts.

Von der Straßengabelung gleich nach der Brücke in Birchabruck links in das Tal des Welschnofner Baches und fast immer durch dichten Wald talauf, bis nach dem Gasthof zum „Löwen" die Talhänge merklich auseinandertreten und sich links weite Wiesenhänge zu einer schönen Talweitung auftun.

20/122 WELSCHNOFEN, 1182 m, rd. 1600 Einw. Lieblich und aufgelockert liegt an sonnseitigen Wiesenhängen das bekannte *Dolomitendorf Welschnofen*, umrahmt von herrlichen Nadelholzwäldern, über denen

WELSCHNOFEN, *1182 m, das sonnige Dolomitendorf an der Großen Dolomitenstraße, liegt in Wiesen gebettet und ist von den schönsten und ausgedehntesten Forsten Südtirols umgeben. Darüber Berge des* ROSENGARTEN, *2981 m, und der* LAURINSWAND, *2819 m, zwischen denen das Felskar des Gartls eingebettet ist. An das zauberhafte Felsenreich des Rosengarten knüpft sich die Sage vom* ZWERGENKÖNIG LAURIN *und seinem Rosengarten, der von den Mannen des Dietrich von Bern (Theodorich der Große) zerstört wurde. Im ○ links die Talstation des Laurin-Gondelliftes I. In der Mitte des Bildes ○○ die Bergstation des Laurinliftes I und die Talstation des Laurinliftes II auf der Frommeralm an der Nigerstraße. Rechts oben am Bildrande ○ die Bergstation des Laurinliftes II bei der Kölner Hütte, 2315 m. Die Talstation des Laurinliftes II liegt an der Nigerstraße von Karersee nach Tiers und kann also gut erreicht werden. Der Gondellift Laurinlift I stellt eine direkte Verbindung von Welschnofen zur Talstation Laurinlift II her.*

R 9 zwei der klassisch berühmtesten Dolomitgruppen ihre prachtvollen Wände und Zinnen erheben: *Rosengarten und Látemar*. Der Ort genießt als Sommerplatz besonders guten Ruf, auch weil er ganz der Zone des nur wenige Kilometer entfernten Karerpasses angehört. Seine Lage macht ihn als Ausgangspunkt für alle Arten von Spaziergängen und Wanderungen besonders in die Rosengartengruppe geeignet. Welschnofen wird neuerdings auch als sonniger Wintersportplatz viel besucht (von Bozen 20 km). Zahlreiche Hotels, Pensionen und Gasthöfe. Die Tradition Welschnofens als besuchter Sommerfrischort zählt zu den ältesten aller Dolomitenorte. — VV. Geheiztes Schwimmbad.

Der Überlieferung nach soll Welschnofen von den *Langobarden* gegründet worden sein. Schon 1142 wird erstmals eine Kirche in Welschnofen erwähnt. Es finden sich noch Hinweise auf einen ausgedehnten Bergbau im Mittelalter, so daß die Annahme berechtigt erscheint, daß zu dieser Zeit deutsche Bergknappen eingewandert sind. Das ergäbe auch eine Erklärung für den Übernamen „Hessen", den die Bevölkerung von Welschnofen heute noch bei ihren Nachbarn hat. Charakteristisch für die Bevölkerung des kleinen Bergortes ist, daß es eine überraschend große Anzahl von Schachspielern gibt und hier ein Schachklub besteht, bei dem alljährlich einige Turniere ausgetragen werden.

BERGBAHNEN: **Laurinlift I** (Gondelbahn) Talst. *Welschnofen Heinzensäge*, 1324 m, Bergst. *Frommeralm*, 1720 m, HU 396 m, Fahrz. 19 Min. 514 Personen pro Stunde. Von Welschnofen Zentrum regelmäßige Autoverbindung zur 1 km entfernten Talstation Heinzensäge.

Laurinlift II. Talst. *Frommeralm*, 1730 m, Bergst. *Kölner Hütte*, 2315 m, HU 585 m, Fahrz. 15 Min. 319 Personen pro Stunde. Die Talstation *Frommeralm* kann man auch vom *Karerpaß* her auf der schneegebahnten Nigerstraße mit Auto erreichen.

Die Straße steigt weiter durch den sich an ihren Borden erstreckenden Ort an. Die prachtvollen, wie ungeheure Orgelpfeifen senkrecht gegliederten Zacken und Abstürze des *sagenumwobenen Látemar*, 2856 m, kommen immer eindrucksvoller näher. Das machtvolle Felsbild wird durch die wunderbar hellsilberne Tönung des Gesteins verstärkt, eine dolomitische Farbnuance, wie sie nur hier anzutreffen ist. Hier beginnt sich auch der moderne Ausbau der Großen Dolomitenstraße stärker als ni der Eggentaler Schlucht bemerkbar zu machen. Die Straße tritt in den außerordentlich schönen *Karer Forst* ein, der durch seine hochstämmigen, kerzengeraden Fichten der *schönste Nadelholzwald Südtirols* ist. Mit mehreren Windungen und Kehren erreicht die Straße den kleinen *Karersee.*

▷

KARERSEE, *der Märchensee der Dolomiten, der durch sein irisierendes Farbenspiel berühmt ist, mit den Felstürmen des* LÁTEMAR *(von links: östl. Látemarspitze, Christomannosturm, Diamantiditurm, 2846 m, Látemartürme).*

R 9 KARERSEE, 1530 m, ein *Märchensee* und eines der bekanntesten
26/116 *Landschaftswunder* der Dolomiten. Eng umsäumt von seinen felsblockigen Ufern und dichtem Forst, den die phantastische Zackenreihe des Látemar überragt, ist der *Karersee* durch sein irisierendes Farbenspiel und die wunderbaren Spiegelungen der umliegenden Felszinnen ein besonderer Glanzpunkt. Ein Rundgang um den See ist sehr zu empfehlen, weil sich dabei verschiedene herrliche Anblicke ergeben.

Ein meist stark besetzter Parkplatz ist entlang der Straße angelegt. Um den bei schönem Wetter fast ständigen Andrang zu vermeiden, ist es ratsam, den Besuch möglichst in die Morgen- oder Abendstunden zu verlegen.

Mit wenigen Kehren erreicht die Straße das Gebiet um den Karerpaß selbst mit den weiten Flächen an seiner Westrampe um die *Hotelsiedlung Karersee*, 1609 m.

Karersee ist ein sehr berühmter Erdenfleck in den Dolomiten und der Inbegriff höchster dolomitischer Schönheit. Das weite Gelände von Karersee formt hochromantische Landschaftsbilder aus einem herrlichen Dreiklang von Fels und Forst und Lärchenwiesen. Neben der gezackten und gefurchten Mauer des Látemar wachsen jetzt die glattwandigen, rotleibigen Felsriesen der Rosengartenberge zu einer mächtigen Mauer auf. Karersee bietet einen unvergleichlichen Reichtum an Spaziergängen, Ausflügen und kleineren Bergbesteigungen.

Um den **Rosengarten** rankt sich die bekannte Sage vom *Zwergkönig Laurin* und seinem Reich, das von *Dietrich von Bern (Ostgotenkönig Theoderich der Große)* erobert und zerstört wurde, weil *Laurin* die schöne *Similde*, die Schwester des Recken *Dietleib* geraubt und entführt hatte. Auf einem großen Gemälde im Festsaal des *Karersee-Hotels* hat der bekannte Bozner Maler *Albert Stolz* die Szene dargestellt, wie der Zwergkönig den Recken entgegentritt, die die Rosenpracht seines Reiches verwüsten. (Dieses Gemälde erlebte ein kleines politisches Schicksal. Ursprünglich trug *Laurin* in der Hand des ausgestreckten Armes keine Schriftrolle. Nach dem zweiten Weltkrieg war diese Geste als vermeintlicher Faschistengruß nicht mehr tragbar. Die Lösung, die Hand als Faust zu übermalen, konnte als kommunistischer Gruß ebenfalls anstößig wirken. So blieb dem Maler also nur die Lösung, dem Zwergkönig *Laurin* ganz anachronistisch eine Schriftrolle in die Hand zu geben!)

BERGBAHN: **Rosengarten-Sessellift**, Talst. auf 1630 m, gleich oberhalb des Karersee-Hotels links an der Hauptstraße (Parkplatz), HU 500 m, Fahrz. 17 Min., Bergst. an der *Paolinahütte* auf 2130 m. Schon die Auffahrt mit dem Rosengarten-Sessellift über die weiten Wiesen und Almmatten ist ein köstliches Erlebnis; man schwebt immer näher an die sich auftürmenden Felsmauern des *Rosengartens* heran. Phantastische Nahblicke, besonders auf die wie mit einem Messer geschnittene gewaltige, gelbleuchtende Westwand der *Rotwand*, 2806 m, durch die drei der modernsten Hakenklettereien der Dolomiten führen. Ein wunderbares Schaustück ist ferner das Panorama

Der ROSENGARTEN-SESSELLIFT *ist eine Bergbahn, die außerordentlich viele Möglichkeiten bietet. Schon das Hinaufschweben zur Bergstation* ○ *in nächster Nähe der Felsen (*ROTWAND, *2806 m, und Teufelswand, 2723 m) ist ein landschaftliches Erlebnis. Mit wenigen Minuten Aufstieg erreicht man den Hirzelweg. Er umzieht im Halbkreis die südl. Rosengartengruppe und endet an der Rosengartenhütte (fr. Kölnerhütte) einerseits, an der Ostertag-Hütte (Rif. di Vaél) anderseits. Jeden Schritt auf diesem Höhenweg begleitet eine überraschend weite Fernsicht. Alle Abstiege sind leichte Wanderungen über Almmatten.*

R 9 gegen Westen, wo im Wall der Zentralalpen *Stubaier* und *Ötztaler Berge* bis hinunter zum *Ortler*, zur *Presanella*- und *Adamellogruppe* und bis zur schweizerischen *Bernina* glänzen.

Der Rosengarten-Sessellift erschließt Möglichkeiten zu alpinen Wanderungen, die von jedem gehfesten Besucher mit geeignetem Schuhwerk durchgeführt werden können. Auch bei einem nur kurzen Besuch wird man den Abstieg zu Fuß machen und nach Belieben die schönen Almmatten ungefähr in Richtung der Sesselliftttrasse auf Steigspuren abwärts wandern.

WANDERUNGEN *von der Bergstation aus: Christomannosdenkmal am Hirzelweg*, 30 Min. Von der Paolinahütte auf einem Steig in wenigen Minuten rechts hinauf zum bekannten *Hirzelweg*, einem großartig angelegten Höhenweg, der die südl. Kette der Rosengartengruppe hufeisenförmig von der West- zur Ostseite umrundet. Er verläuft fast durchwegs eben und knapp am Fuße der Felswände von der *Rosengartenhütte (früher Kölner Hütte)* bis zum *Rif. Roda di Vael (früher Ostertaghütte)*. Auf dem Hirzelweg bis zu seinem südlichsten Punkt und zum Christomannosdenkmal, einem mächtigen, auf einem Felsblock hockenden Bronzeadler. In der Runde großartige Ausblicke, besonders auch nach SO, wo über den Kämmen der Fassaner Berge die schöngeformten Gipfel der *Palagruppe* mit dem *Cimone della Pala* aufragen. — Man kann die Wanderung auf dem *Hirzelweg* bis zur *Ostertaghütte*, 1 Stunde, ausdehnen. Von hier auch direkter Abstieg zum Karerpaß, auf etwas steilerem, aber gut gangbarem Steig, Markierung 548. Vom Paß die Straße abkürzend in 20 Min. zur Talstation des Sessellifts zurück.

Rosengartenhütte (früher Kölner Hütte), 2315 m, auch mit *Laurin-Gondellift* I und II von *Welschnofen* aus zu erreichen. Von der Bergstation des *Paolina*-Sessellifts links aufwärts zum *Hirzelweg*, Mark. Steig 549, $1^1/_2$ Std. und nun nördl. unter der mächtigen Bruchwand der *Rotwand* fast eben und bequem und immer mit umfassender Sicht auf die Firngipfel der *Zentralalpen*, schließlich mit kurzem Aufstieg zu der auf einem vorspringenden Felssporn weithin sichtbaren Hütte. Als Abstieg ist ein breiter Steig, der vom *Hirzelweg* direkt zur *Nigerstraße* hinabführt, empfehlenswert. Auf der Straße bis zur Trasse des Sessellifts und nun über Wiesen direkt zur Talstation zurück.

AUTOAUSFLUG: *Nigersattel*, 7 km. Knapp vor dem Karerpaß (beim *Hotel Látemar*) zweigt links die *Nigerstraße* ab, die fast eben verlaufend als *großartige Panoramastraße* die Almmatten am Westfuße der Rosengartengruppe durchzieht. Die Straße führt über den *Nigersattel*, 1689 m, ist gut ausgebaut, 6 m breit und staubfrei. Die Fahrt bis Tiers ist sehr zu empfehlen, hingegen die Ausfahrt durch das *Tierser Tal* (s. Autoausflüge Bozen) weniger ratsam und demnach die Rückkehr zum Karerpaß vorzuziehen.

29/113 KARERPASS, 1753 m (Hotels). Der weite Wiesensattel ist die niederste Einsenkung, die von der Großen Dolomitenstraße überzogen wird. Der außerordentlich beliebte Paß ist zwischen die südl. Ausläufer der *Rosengartengruppe*, zu denen Bergweiden fast bis an die Felsen heranreichen, und den waldbedeckten Hängen am Fuße der *Látemar-*

CHRISTOMANNOSDENKMAL, *2280 m, ob dem Karerpaß am Südfuße der Rosengartengruppe. Großartiger Aussichtspunkt. Von der Bergstation des Rosengarten-Sessellifts in 30 Minuten zu erreichen. Im Hintergrund die Pala-Gruppe.*

gruppe eingebettet. Er verbindet das *Eggental* mit dem *Fassatal*. Auf ihm verläuft die Grenze zwischen den *Provinzen Bozen und Trient* und damit gleichzeitig die *deutsch-italienische Sprachgrenze*. Vom Paß aus ist eine Vielzahl von schönen kürzeren oder längeren Spaziergängen zu machen.

Die Paßrampe gegen das *Fassatal* bietet ein völlig anderes Bild. Hier schlängelt sich die Straße fast eben an den mit lichtem Wald bestandenen steilen Grashängen am Fuße der Rosengartengruppe hin, bis sie sich in betonterem Gefälle durch Wald der Talsohle von Fassa nähert. (An dieser Stelle sind durch den Straßenneubau zahlreiche, geräumige Plätze am Rande der Straße entstanden, die sich besonders gut als Raststätten und für Camping eignen.)

Auf der ganzen Fahrt vom *Karerpaß* ins *Fassatal* tun sich interessante Blicke auf die talseitig gegenüber aufragenden Berge von *Monzoni* auf, die geologisch interessant sind, weil sie aus einem *Eruptivkern* verschiedener Gesteine *(Syenit, Diorit, Porphyr* usw.) mit Kalkgestein und Dolomit gemischt sind. Sie haben ergiebige Fundstellen von seltenen Mineralien, darunter *Granatsteinen*. Auf der gegen das Avisiotal abfallenden Seite weisen diese Berge ober einer dichten Waldzone steile Felsabstürze auf, die in hübschen Gipfeln kulminieren. Einige davon dienen als *Uhrzeigerberge* für die Talorte und tragen demnach Namen wie: *Cima Undici (Elferspitze), Cima Dodici (Zwölferspitze)*. Diese Gruppe erreicht in der Punta della Valláccia mit 2639 m ihre größte Höhe.

Das *Fassatal*, das von Vigo di Fassa bis Canazei von der Großen Dolomitenstraße durchzogen wird, ist ohne Zweifel eines der lieblichsten und interessantesten der Dolomiten. Auf der breiten, wiesigen Talsohle strömt das klare Forellenwasser des *Avisio* ohne stärkeres Gefälle dahin, eine Anzahl von altertümlichen, dicht gesiedelten Orten reiht sich talaufwärts ziemlich nahe aneinander, während kleine Weiler etwas erhöht von den sonnseitigen Berglehnen herabgrüßen. Das Fassatal, dessen Bewohner *ladinischer Abstammung* sind, heute aber kaum mehr das *ladinische Idiom* sprechen, reicht vom Talschluß bis Moena, von dort talwärts trägt es den Namen *Fleimstal.* Im Jahre 1050 wird das Tal „Eves" (Fassa) unter der Oberhoheit der Bischöfe von Brixen erstmals erwähnt.

Die Fahrt durch das Fassatal einwärts zeichnet sich besonders durch den fortwährenden Wechsel des Landschaftsbildes aus, wobei talseitig und im Hintergrund verschiedene neue Dolomitengruppen auftauchen.

38/104 VIGO DI FASSA, 1328 m, rd. 900 Einw., ist der Hauptort des Tales. Er liegt hübsch am Sonnenhang noch etwas über der Talsohle ausgebreitet und ist ein besuchter Sommerfrischort. Neuerdings hat auch der Wintersport hier größeren Aufschwung genommen. Die Lage von Vigo di Fassa zeichnet sich durch die hübschen Blicke auf die Felsberge der Medzígruppe südl. des Fassatales aus. — VV.

Sehenswert die isoliert und aussichtsreich auf einem Wiesenhügel nordöstl. gelegene *Kirche San Giuliana* aus dem 15. Jh. mit interessanten Fresken aus der *Brixner Schule* der gleichen Zeit. Besonders interessant der bemalte *Schnitzaltar*, ein Meisterwerk aus der Bozner Schule von *Georg Artzt* (1517). Nahebei eine aufgelassene gotische Kapelle und eine kleine Barockkapelle.

BERGBAHN: **Seilbahn Ciampedie**, Talst. mitten im Ort auf 1380 m, HU 612 m, Fahrz. 4 Min., Bergst. *Ciampedie* 1992 m (Schutzhütte und Wirtschaft). Die Bergstation der Ciampedieseilbahn hat eine hervorragende Aussichtslage mit prachtvoller Schau in die Bergwelt, die das Vajolettal abschließt, nämlich *Rosengarten*, *Vajolettürme* und ganz besonders die wildzerklüftete *Larsecgruppe*.

Von *Ciampedie* in bequemer Fußwanderung durch schöne Zirmbestände (Arven) zur *Gardeccia*, 1963 m, einen der großartigsten Bergwinkel der Dolomiten mit herrlicher Felsumrahmung, am Fuße der *Larsecgruppe*. Von hier weiter zur Vajolethütte, 2245 m, 1 Std. Da die Auffahrt zur Gardeccia von Pera durch das Vajolettal nur für kleine Motorfahrzeuge gut möglich ist, vermittelt die Seilbahn nach *Ciampedie* mit der kurzen Fußwanderung zur *Gardeccia* den besten Zugang zu den Felswundern des Vajolettales mit den berühmten Vajolettürmen. Die sechs Vajolettürme ragen mitten im Herzen der Rosengartengruppe auf. Eine Anhäufung von solch kühnen und phantastisch geformten Felstürmen auf so kleinem Raum ist auch in den Dolomiten ungewöhnlich. Die großartige Schau in die Felswildnis des Talschlusses von Vajolet mit den sechs *Vajolet-*

Das liebliche ladinische FASSATAL. *Im Talschluß die* LANGKOFEL-GRUPPE, *links davor das dunkle Massiv des bekannt aussichtsreichen* COL RODELLA, *2485 m, rechts anschließend die weiten Bergwiesen des* SELLA-JOCHS, *2214 m.*

türmen und der schwarzen Nordwand des *Rosengartens* hat den Ruf dieses Bergwinkels als einen der ungewöhnlichsten, interessantesten und eindrucksvollsten der gesamten Alpen begründet. Wer das *Vajolettal* gesehen hat, ist bis in die höchste Romantik dolomitischer Felsenschönheit vorgedrungen.

Mit einer großen Schleife von etwas über 1 km erreicht die Straße von Vigo abwärts die Talsohle beim Weiler

R 9 SAN GIOVANNI, wo von rechts die Straße von *Moena* und *Predazzo*
39/103 her einmündet, R 24. Rechts die *gotische Pfarrkirche* von Vigo di Fassa aus dem 13. Jh. mit einem auffallend hohen und spitzen Glockenturm mitten im malerischen Friedhof. Schon 962 wird hier eine romanische Kapelle erwähnt, über der die Kirche errichtet wurde. Als erster Pfarrer scheint 1228 ein Deutscher namens *Gottschalk* auf.

Von San Giovanni zieht die Große Dolomitenstraße auf der Talsohle einwärts zum nahen

40/102 POZZA, 1310 m, einer kleinen, dichtgedrängten Ortschaft mit enger Durchfahrt am rechten Ufer des *Avisio*. Sommerfrischort und Wintersport. Jenseits des Baches der Weiler *Meida* an der Mündung des schönen *Val di S. Nicolò*.

BERGBAHN: **Gondellift Buffaure**, Talst. *Meida* 1340 m, Bergst. *Buffaure* 2020 m, HU 680 m.

AUTOAUSFLUG: Das *Val di S. Nicolò* ist auf recht gut fahrbarer Landstraße bis zu seiner Gabelung an der *Capella del Crocefisso* befahrbar (Wirtschaft). Hier zieht rechts das geologisch so überaus interessante *Monzonital* aufwärts, dessen Berge der berühmte deutsche Forscher *Alexander von Humboldt* als „*Schauplatz der großartigsten geologischen Revolutionen*“ bezeichnete.

Die Berge im Hintergrund des *Val Monzoni* sind die ersten Frontberge aus dem Weltkrieg 1914—1918, deren man auf der Fahrt über die Große Dolomitenstraße ansichtig wird. Diese Frontlinie in der südl. Marmolatagruppe über den Kamm von *Rizzoni*, *Allochet* und der *Costabella* wurde in den ersten Monaten nach Ausbruch des Krieges zwischen Österreich und Italien von einem Teil der Truppen des Deutschen Alpenkorps gehalten, die dann von österreichischen Truppen abgelöst wurden.

41/101 PERA, 1313 m, ein kleiner, malerischer Ort links der Straße mit einigen Hotels und Pensionen. Der Name des Ortes rührt von dem riesigen Felsblock her, an dem das Hotel Rizzi angebaut ist. Der alte Kern des Dörfchens liegt knapp vor der Mündung des *Vajolettales* aus der Rosengartengruppe. Über bewaldete Talhänge treten deren vorspringende Felszinnen immer näher an die Talsohle heran. Von hier kann man auch als Nichtbergsteiger und mit kleinen Motorfahrzeugen am leichtesten in das Herz dieser berühmten Dolomitgruppe eindringen.

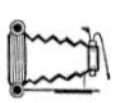

Zur *Gardeccia*, 1963 m, im mittleren *Vajolettal*, führt eine schmale, nur einige Kilometer lange Bergstraße (Breite rd. 3 m), die jedoch für kleinere Motorfahrzeuge und berggewandte Fahrer ohne weiteres zu bewältigen ist. Abzweigung von der Hauptstraße zwischen *Pera* und *Mazzin* bei km 56 zur Häusergruppe *Rualp* und *Ronc* zuerst etwas steiler, dann mit mäßiger Steigung am Weiler *Monzon* vorbei in das *Vajolettal* hinein, das vom *Sojalbach* durchflossen wird. Nach einer kurzen Steilstufe mit 16% zu den *Sojalhütten* auf weitem Wiesenplan und talein in schöner Fahrt zur *Gardeccia* mit ihren anmutigen und gleichzeitig romantisch gelegenen Berghäusern.

Die *Gardeccia* ist eines der typischen Bergtäler von charakteristischer Dolomitenschönheit im großen Felsenreich dieses berühmten Gebirges. An den mächtigen, gestriemten Felsmauern der dunklen *Rosengarten-Ostwand* vorbei zieht das *Vajolettal* über die Steilstufe der *Porte Neigre* bis in den Felsenkessel vor den Vajolettürmen hinein. Wohin man sich dreht, ist hier ringsum wilder Fels zu einer gewaltigen Arena aufgebaut (Vajolethütte und ganz nahe Preußhütte, 2245 m). Von Gardecca bis hierher 1 Std.

Während linker Hand das mächtige Felsgerüst des *Langkofels* immer mehr von den Talhängen verdeckt wird, erscheint im Talschluß rechts vom charakteristischen *Col Rodella* die Felsbastion der *Sellagruppe* mit dem tiefen Einschnitt des *Val Lasties*.

MAZZIN, 1372 m, ein kleines Dorf an der Mündung des sagenreichen 43/99
Val Udai in der Rosengartengruppe. Der *Udaibach* entwässert den schönen *Antermoiasee* mitten im Felsenreich des Rosengartens.

Der mächtige Felsstock des *Sass Pordoi* (Pordoispitze), dessen wie mit einem Messer geschnittene Steilwände von einem charakteristischen Felsband waagrecht in halber Höhe durchzogen werden, rückt von rechts in die Talsicht ein. An die Pordoispitze schließt rechts in weicher Muldenlinie die weite Einsattelung des *Pordoijochs* an. Deutlich ist auf der Pordoispitze (Sass Pordoi) die Bergstation der Seilbahn vom Pordoijoch hinauf zu erkennen.

Es folgt das, 45 km, kleine Straßendorf *Campestrin*, 1409 m, an der Mündung des *Donatales* aus der Rosengartengruppe und der über Wiesen zerstreute Ort *Fontanazzo*, 1395 m, wo rechts südl. die steilen Waldhänge der *Crepa Neigre* nahe an die Talsohle herantreten.

CAMPITELLO DI FASSA, 1448 m. An diesem schöngelegenen, viel- 47/95
besuchten Sommerort und Wintersportplatz mit teilweise noch altertümlichen Häusern und Gehöften biegt das Fassatal scharf nach O ab. Von NW mündet schluchtartig das *Val Duron*, das in weitem Bogen zum Grenzkamm gegen die *Seiser Alm* hinaufzieht und die nördl. Begrenzung der Rosengartengruppe bildet. Über dem Talausschnitt der *Duronmündung*, die rechts von der charakteristischen, halbrunden Felskuppe des *Col Rodella* flankiert ist, tut sich über Wald und Weidematten ein prächtiger Blick auf den westl. Teil der *Langkofelgruppe* mit einigen seiner schönsten Felsgestalten auf: *Grohmannspitze*, 3126 m, benannt nach dem Wiener Alpinisten *Paul Grohmann*, dem berühmten Erschließer der Dolomiten; *Innerkofler Turm*, 3098 m, der seinen Namen zu Ehren des Bergführers *Michael Innerkofler* aus Sexten trägt, der einer der erfolgreichsten der alten Bergführergarde des vorigen Jahrhunderts war; *Zahnkofel*, 3001 m, der seinen Namen seiner originellen Gestalt verdankt. Links und am weitesten westl. die breitmassige Felsgestalt des *Plattkofels*, 2970 m, der auffallend dachartig mit einer geneigten, glatten Flanke gegen die Seiser Alm abfällt.

R 9 *Campitello* ist eine uralte *ladinische* Siedlung, die in einer Schenkungsurkunde an das *Chorherrenstift Neustift* bei Brixen schon im Jahre 1144 erwähnt wird. Die 1525 an Stelle einer früher erbauten Kirche mit spätgotischen Fresken fällt durch ihren seltsamen, mit Zinnen gekrönten Glockenturm auf. — VV.

BERGBAHN: **Sessellift Col Rodella** (2 Sekt.). Talst. 1444 m, HU 945 m, Mittelst. auf 1982 m, Bergst. 2389 m, Fahrz. 19 Min. Die Bergst. befindet sich auf einer südl. vorspringenden Schulter des *Col Rodella* knapp unter der Gipfelkuppe mit Schutzhütte. Vom zentral aufragenden *Col Rodella*, 2485 m, genießt man eine Rundsicht, die in ihrer Mischung von großartigen Nahbildern auf die umliegenden Felsgruppen und der weiten Fernsicht in die Dolomiten hinein und sogar bis zum Alpenhauptkamm (Stubaier Alpen) eine besondere Attraktion darstellt. (Nähere Beschreibungen und Bilder s. Sellajoch, R 16.)

Eine Auffahrt zum *Col Rodella* sollte man keinesfalls versäumen. Der Berg bietet auch ausgezeichnete Möglichkeiten für kürzere Bergwanderungen und gute Abstiege zurück ins Tal.

Von der Bergstation, 2389 m (Neues Berghaus „Des Alpes"), in 20 Min. auf die Gipfelkuppe des *Col Rodella*, 2485 m (Schutzhütte). Abstieg nach Canazei: Vom Col Rodella zurück zum neuen Berghaus und nun in nördl. Richtung zum breiten Wiesensattel der *Forc. di Rodella*, 2308 m, dann südwestl. auf Karrenweg, Mark. 625, durch Wiesen, später durch Wald und in weitem Bogen an den Berghängen entlang zur Mündung des *Val Duron* und nach *Campitello* zurück. — Eine etwas längere, jedoch ganz und gar nicht anstrengende Bergwanderung, weil sie nur eben und bergab führt, ist die Begehung des *König-Friedrich-August-Weges* (benannt nach dem letzten König von Sachsen), Mark. 617. Dieser Höhenweg, einer der herrlichsten der Dolomiten und während des ganzen Verlaufes mit wunderbaren Blicken auf die *Fassaner Bergwelt* und die *Marmolatagruppe*, setzt in der oben genannten *Forc. di Rodella* an. Anstatt dem Karrenweg nach Canazei zu folgen, begeht man eben den guten Steig immer am Fuße der westl. Berge der Langkofelgruppe entlang und gelangt teilweise über blumige Matten zum *Fassajoch*, 2297 m, 3 Std. Von hier südl. mit Mark. 533 etwas steiler in das *Val Duron* hinunter und dann der Mark. 578 auf Karrenweg folgend herauf nach *Campitello*. — Von der Bergstation kann man auch sehr bequem und mit wenig Höhenunterschied auf Karrenweg über die Forc. di Rodella das *Sellajoch*, 2214 m, und die Autostraße auf R 16 erreichen.

Auf der kurzen Strecke nach Canazei tut sich nun über dem Talschluß des Fassa eine urgewaltige Schau auf die ersten Berge der *Marmolatagruppe* auf. Mächtig und plattengepanzert ragt der *Gran Vernél*, 3205 m, der zweithöchste Gipfel der Marmolatagruppe, der diese hier gänzlich verdeckt. Durch den kleinen Weiler *Gries* mit alten Gehöften erreicht man den Ortseingang von *Canazei* mit einem ital. Kriegerdenkmal.

▷

CANAZEI, *1465 m, mit seinem gewaltigen Talschluß* GRAN VERNÉL, *3205 m (Marmolatagruppe). Rechts im Talgrund* ALBA, *links Beginn der Pordoistraße.*

R 9 51/91 CANAZEI, 1465 m, rd. 1500 Einw. Zahlreiche Hotels und Pensionen. Modernstes Hallenbad und Sauna. Der Ortskern drängt sich eng entlang der Straße an den nördl. Talhang, wo von links das schmale *Val d'Antermont* aus der Sellagruppe mündet. Ein imposanter, felsiger Bergkranz mit dem *Sass Pordoi, Gran Vernél* und *Colláz* umringt den engen Talkessel von Canazei, während von S die steilen Waldhänge der *Crepa Neigre* nahe herantreten. Die fast ebene Talsohle zieht noch einige Kilometer einwärts zu den Weilern *Alba* und *Penia*, wo von links das *Fedajatal* mündet und von rechts das weite *Contrintal* mit einer waldigen Talstufe absetzt.

Canazei mit seinen Weilern *Alba* und *Penia* ist ein sehr stark besuchter Sommerplatz und weist auch sehr regen Wintersportverkehr auf. Besonders zu Stoßzeiten des sommerlichen Reiseverkehrs hat der Ort als wichtigster Verkehrsknotenpunkt im Herzen der Dolomiten einen ungemein starken Autoverkehr. Denn Canazei ist Talort für die vielbefahrenen Dolomitenpässe von *Pordoi* und *Sella* und damit der „SELLA RONDA", der berühmten Rundfahrt um die *Sellagruppe*, wobei auf engstem Raum vier Hochpässe, davon drei über 2000 m, befahren werden.

Canazei hat ferner durch die Fertigstellung der Autostraße zum *Fedajasattel*, s. R 19, 10 km, außerordentlich gewonnen, weil dadurch der Fedajasattel direkt aus dem Fassatal in das *Cordevole* am Fuße der *Marmolata* vorbei, überschritten werden kann. Als Höhepunkt des Erlebnisses auf dieser Fahrt: Eine bequeme Ersteigung der *Marmolata* von Fedaja aus, ohne sonderliche Anstrengung durch Gondellift und 1½stündiger Gletscherwanderung.

BERGBAHNEN: **Seilbahn Canazei—Pecol:** Talst. am nördl. Ortsausgang von *Canazei*, 1450 m, Bergst. *Pecol*, 1930 m, HU 480 m, Fahrz. 4 Min. **Sessellifts Belvedere:** Von *Pocol* führen fast parallel zwei Sessellifts zum *Belvedere* zu zwei verschiedenen Bergstationen. Großartiger Aussichtspunkt. Talst. *Pecol*, 1937 m (Wirtschaft), Bergst. 2340 m, HU 402 m, Fahrz. 12 Min. (Auch diese Liftanlagen werden durch eine leistungsfähige Seilbahn ersetzt werden.)

Beide Bahnen in ihrer Gesamtstrecke von *Canazei* bis *Belvedere* ermöglichen dem Autofahrer eine großartige, wenig anstrengende Hochgebirgswanderung ohne nennenswerten Aufstieg. Man stellt den Wagen in *Canazei* ab und fährt mit den Bergbahnen zum *Belvedere* hinauf. Hier setzt der berühmte Höhenweg „*Vial del Pan*" (früher Bindelweg) an, der etwa 13 km lang, fast ganz eben und leicht fallend die begrünten Südhänge des dunklen *Padonzuges* (Tuffgestein) mit seinen abschüssig steilen, blumenreichen Bergwiesen durchschneidet. Schritt für Schritt tun sich einzigartige Nahbilder auf die unheimlich steilen Plattenflanken des *Gran Vernel* und der *Punta Cornates* und weiter umfassende Blicke auf die verfirnte *Marmolata* auf. Im letzten Teil senkt sich der Steig etwas steiler in Kehren direkt zum *Berghaus Marmolata* auf dem *Fedajasattel* an der Staumauer des großen Stausees hinab.

SELLAGRUPPE *vom Pian de Roa an der Großen Dolomitenstraße oberhalb Canazei.*

Von Belvedere $2\,^1/_2$ Std. Vom Fedajasattel erreicht man in leichtem, bequemem Abstieg von 1 Std. den Talschluß von *Pian Trevisan* (s. R 19) und kann mit einem der regelmäßig verkehrenden Autobusse nach *Canazei* zurückkehren. Eine der großartigsten Rundtouren der Dolomiten! (Bei Verwendung eines ganzen Tages für diesen Ausflug kann man vom Fedajasattel aus mit dem großen Sessellift *Fedaja-Pian Fiacconi* den Gletscherrand erreichen. Nähere Beschreibung unter *Fedajasattel*, R 19.)

Eine neue Seilbahn führt von *Alba di Canazei* auf den *Ciampac* mit Fortsetzung eines Gondelliftes auf Sella Brunec (s. R 19).

Am nördl. Ortsausgang von *Canazei* beginnt unmittelbar die Auffahrt an der *Pordoirampe*, die zu einem der schönsten landschaftlichen Erlebnisse der Fahrt über die Große Dolomitenstraße zählt. Die Große Dolomitenstraße ist hier besonders gut ausgebaut, die 27 numerierten Kehren sind gepflastert, sehr breit und übersichtlich gehalten. Man dreht zuerst in Windungen, die immer weiteren Schwung gewinnen, durch Wald und Lichtungen hinauf und gleitet bald aus dem engen Talkessel heraus in das Halbrund unter dem Sellastock hinein. Immer näher bringt die Straße an die gelb- und glattwandigen Bruchwände der Felsenfestung *Sella* heran. Wo sich die Straße immer mehr dem Felswinkel nähert, der von einem großen Knick der Felsmauern durch die Mündung des *Val Lasties* gebildet wird, verflacht sich das Gelände zu lieblichen Bergwiesen zwischen Waldstreifen und bietet schöne Rastplätze (Camping) mit instruktiven Blicken auf die Felsmauern des

R 9 Sellastockes. Am *Pian de Roa* ein seichter Weiher (im Herbst oft ausgetrocknet). Die Schau bei dieser Bergfahrt blendet wie auf einer zauberhaften Drehbühne immer wieder neue überraschende Blicke in die Berglandschaft auf.

Bei Kilometer 56, Kehre 14, zweigt links die Autostraße zum *Sellajoch*, R 16, ab. Es lohnt sich, den kurzen Abstecher von knapp 1 km auf der Sellastraße bis zum weiten, ebenen Boden von *Pian Schiavaneis* einzufahren, weil dieser von unheimlich steilen Felswänden umstandene Bergwinkel in seiner Art einzigartig ist (bewirtschaftete Berghäuser, ausgezeichnete Campingmöglichkeiten).

Von der Abzweigung der Sellastraße zieht die Große Dolomitenstraße nunmehr direkt in südl. Richtung durch große Waldhänge und erreicht *Pecól*, die Mittelst. der Bergbahnen Canazei—Belvedere (Hotel). Von hier ab eröffnen sich immer herrlichere Blicke auf die heroische Bergwelt ringsum. Immer machtvoller wächst das Dreigestirn der *Langkofelgruppe* in den Himmel. Im Mittelgrund ist der Rasenberg *Col Rodella* mit seiner steil abgekanteten, felsigen Südwand eingelagert, auf dessen Gipfel bis zum Absturz vorgeschoben die Schutzhütte thront. Rechter Hand treten die lotrechten Mauern des Sass Pordoi immer wuchtiger und näher heran.

Durch schöne Bestände von Zirmwald (Arven) erreicht die Straße die Waldgrenze, indes die Aussicht sich nunmehr auch gegen S auf die Berge von Contrin weitet. Für einen Augenblick wird der schimmernde Marmolatagletscher sichtbar. Durch magere Hochweiden schraubt sich die Straße schließlich in engen Kehren in den flachen Sattel des *Pordoijochs* hinein.

63/79 PORDOIJOCH, 2239 m. Mehrere Hotels. Der breite Wiesensattel des *Pordoijochs* ist der schönste und höchste Übergang, den das Band der Großen Dolomitenstraße überzieht. Er verbindet das *Fassatal* mit dem obersten, flächenartig auseinanderstrebenden *Cordevoletal*, dessen drei höchstgelegene Orte das ladinische *Buchenstein (Livinallongo)* bilden. Die Paßsenke wird im N über schönen, wellig ansteigenden Almmatten von den steilen Felsbastionen der *Sellagruppe* begrenzt, aus denen die *Pordoispitze*, 2952 m, wie ein plattwandiger Wehrturm vorstößt; im S engt der niedere, nahe herantretende, unförmige und grasschrofige Sass Beccé, 2535 m, der zerrissen und zerfurcht und wenig schön in der Landschaft liegt, den Paß ein; schon die ersten englischen Pioniere in den Dolomiten, *J. Gilbert* und *C. G. Churchill*, beschreiben diesen Berg als „Riesenleichnam, den die Natur pietätlos unbeerdigt gelassen hat, damit die Menschen ihn bestaunen können“. Das Pordoijoch ist wegen seiner Sonnenauf- und -untergänge, die sich in den rötlichen Felsen des Sellastockes in wunderbaren Farben brechen, berühmt.

Die vorbildlich ausgebaute GROSSE DOLOMITENSTRASSE *in der Auffahrt von Canazei zum Pordoijoch. Über den weiten Wiesenmatten des Sellajochs das mächtige Dreigestirn: (von rechts)* LANGKOFEL, *3181 m,* FÜNFFINGERSPITZE, *2996 m, und die* GROHMANNSPITZE, *3126 m.*

Am Scheitelpunkt der Straße rechts ein schlichter *Gedenkstein* an die Eröffnung der Pordoistraße im Jahre 1905 (die ursprüngliche Inschrift ist entfernt worden); die am NO-Fuß des Sass Beccé etwas erhöht liegende *Kapelle* wurde zur Erinnerung an die acht bei einem tragischen Lawinenunglück umgekommenen Skilehrer im Jahre 1937 erbaut.

Vom Joch selbst aus sind durch die eingrenzenden Berge Fernsichten nur nach O und W gegeben, diese sind dafür um so herrlicher und intensiver. Im W vor allem bauen sich die Berge der *Rosengartengruppe* in buntem Gewirr auf, näher und eindrucksvoller stehen die massigen Felsklötze der *Langkofelgruppe.* Noch umfassender ist der Blick gegen O, wo fern über den Matten und Almen des *Buchensteiner Landes* eine ganze Reihe von Dolomitgruppen sichtbar werden: *Fánes, Tofanen, Sasso di Stria, Lagazuoi, Sorapiss, Croda da Lago, Anteláo* u. a. Vor diesen lagert ein niedriger, grasbewachsener, höckriger Bergrücken querüber, dessen Name als Kriegsberg einen furchtbaren Klang hat: *Col di Lana,* 2462 m, der „*Col di Sangue*" (Blutberg) der Italiener. Nach fast einem Jahr vergeblicher Erstürmungsversuche durch die italienischen Truppen, wurde die kaum dorfplatzgroße, von den Österreichern gehaltene Gipfelkuppe durch eine mit 5000 kg hochbrisanten Sprengstoff geladene Mine mit einem Großteil der österreichischen Besatzung in die Luft gejagt. Der Minenkrater ist auch von ferne gut auszumachen.

DEUTSCHES KRIEGEREHRENMAL *am* PORDOIJOCH *(Piera Clocia, 2200 m). Hinter dem dunklen Padonkamm aus Tuffgestein die weißschimmernde Spitze der Marmolata. Zwischen dem Ehrenmal und dem Padonkamm zieht in der Tiefe die Große Dolomitenstraße vorbei.*

Nach S ist der Anblick, der besonders schöne Bilder zeigen würde, fast vollständig verdeckt. In die engste Umgebung des Passes lugen die vergletscherten Gipfel der *Marmolata* und des *Gran Vernél* über den schwarzen *Padonkamm* kaum herein. Man sollte daher keinesfalls versäumen, einen der nachstehend angeführten, kurzen Spaziergänge zu machen.

SPAZIERGÄNGE: Man wandert nördl. über die schönen Bergmatten, die noch deutlich die Narben von Schützengräben aus dem ersten Weltkrieg (österr. Reservestellungen) zeigen, in Richtung auf die *Pordoischarte* nach Belieben weit hinauf. Je höher man kommt, desto mehr weitet sich der Blick auf den hinter dem dunklen Padonkamm immer höher und weißschimmernder aufsteigenden Gletscherhermelin der *Marmolata*, 3344 m (ladinisch *Marmoléda*, italienisch *Marmolada*).

Belvedere, 2426 m, 40 Min., eine Rasenkuppe südl. des *Sass Beccé* und nahe der Bergst. der Bergbahnen Canazei—Pecól—Belvedere (Berghaus Belvedere). Großartiger Aussichtspunkt mit überwältigenden Nahblicken auf die verfirnte Gipfelkrone der *Marmolata* und die plattengepanzerten, unheimlich steilen Flanken des *Gran Vernél*, ihres „Prinzgemahls", und der anschließenden *Punta Cornates*. Hier setzt der berühmte Höhenweg *Vial del Pan (früher Bindelweg)* an, auf den man in bequemer Wanderung von $2\,^1/_2$ Std., 10 km, den *Fedajasattel* am Fuße der *Marmolata* erreichen kann (s. unter Bergbahnen Canazei).

Tiefblick vom SASS PORDOI, *2950 m (Bergstation der Seilbahn), auf die Straße von Canazei zum* SELLAJOCH. *Über diesem der breitwandige* LANGKOFEL, *3185 m, links von ihm* FÜNFFINGER- *und* GROHMANNSPITZE. *In der Bildmitte rechts die Steilabstürze des* PIZ CIAVACES *(Sellagruppe).*

AUTOAUSFLUG: Auf einer direkt vom Pordoijoch links nordöstl. abzweigenden schmalen, jedoch gut fahrbaren Straße mit deutlichen Ausweichstellen (zu Beginn links das Haus des Wärters, der Auskünfte erteilt), erreicht man in ebener Fahrt die **Deutsche Kriegsgräberstätte Pordoi** *(Volksbund Deutscher Kriegsgräberfürsorge)* auf dem Mattenbühel Pièra Clocia, rd. 2200 m. Knapp unter dem Ehrenmal geräumiger Parkplatz. Mit dem Bau dieser erhabenen Kriegsgräberstätte wurde 1937 begonnen, die Einweihung erfolgte 1959. Der Punkt *Piera Clocia,* wo das Ehrenmal aufragt, ist von einmaliger Schönheit. Wie geborgen auf den weiten Bergmatten unter den mauerartig stürzenden Abbrüchen der *Sella* genießt man im Halbkreis eine Schau über die Dolomiten mit vielen ihrer *Felsgiganten (Sorapiss, Pelmo, Civetta).* Von unübertrefflicher, szenarischer Großartigkeit ist der Blick gegen S, wo hinter dem tiefdunklen, bucklig geformten *Padonkamm* in schimmerndem Weiß die verfirnte Gipfelkrone der *Marmolata* aufsteigt.

Die große Seilbahn PORDOIJOCH-SASS PORDOI. *In 4 Min. von 2230 m auf 2950 m zu dem herrlich gelegenen Aussichtspunkt am Rande der* SELLA-HOCHFLÄCHE. *Panoramablick gegen Süden: unten die Ostrampe der* DOLOMITENSTRASSE *vom Pordoijoch abwärts nach Arabba, der* PADON-KAMM, *darüber die Firnkönigin* MARMOLATA, *3344 m, der höchste Berg der Dolomiten.*

Vom Ort des Ehrenmals aus überblickt man im Halbkreis einen großen Abschnitt der Frontlinien im ersten Weltkrieg in den Dolomiten von der *Marmolata* bis zu den Bergen der *Tofanagruppe*.

In der Gruft unter der Ehrenhalle liegen etwa 8000 deutsche und österreichische Gefallene des Krieges 1914—1918 einzeln in Sarkophage gebettet, während etwa 849 Gefallene aus dem letzten Weltkrieg in Erdbegräbnis im äußeren Ring bestattet sind. Die Toten des ersten Weltkrieges wurden aus den verstreuten Kriegerfriedhöfen der Dolomitenfront hierher umgebettet, während die Toten des zweiten Weltkrieges, die in Oberitalien nördl. einer Linie Triest—Riviera bestattet waren, hierher gebracht wurden.

Aus der inneren Rundmauer erhebt sich ein abgestumpfter, achteckiger Turm, an dessen Wänden je drei schmale Scharten eingelassen sind, die als Lichtfries den Innenraum erhellen. Dieser ist als Ehrenhalle ausgebaut,

PORDOIJOCH *eingebettet zwischen* SASS BECCÉ *(Bildmitte links) und der* SELLAGRUPPE. *Im Hintergrund die* LANGKOFELGRUPPE. ○ *Bildmitte links: Bergstation der Bergbahn Canazei-Belvedere. Die Straße Bildmitte nach rechts führt zum deutschen Kriegerehrenmal; nach rechts unten die Dolomitenstraße nach Arabba.*

in deren Mitte auf einem Podest eine große Flammenschale aufgelegt ist. Erhöht und ringsum ein freitragender Umgang mit Bronzegittern. An den Wänden sind zwei überlebensgroße Gestalten von Soldaten aus dunkelrotem Marmor geschlagen. Als einziger Schmuck ist in die Decke ein Adler aus farbigen Mosaiksteinen eingearbeitet. Die Tore sind wertvolle Metallschmiedearbeit.

BERGBAHN: **Seilbahn Sass Pordoi.** Talst. unmittelbar an der Westseite des Jochs, 2230 m, Bergst. *Sass Pordoi*, 2950 m, HU 720 m, Fahrz. 3 1/2 Min. Die Auffahrt mit dieser Seilbahn (1963 eröffnet) sollte man nicht versäumen. Vom hochgelegenen Standpunkt des Sass Pordoi bietet sich eine geradezu unüberbietbar großartige Schau auf das *Fassatal* und seine Berge, besonders auch auf die *Marmolatagruppe*. Von der Bergstation aus erreicht man über das weite, fast ebene Gipfeldach die *Pordoischarte*, 2849 m,

Verlauf der Großen Dolomitenstraße vom PORDOIJOCH, *2239 m, gegen* ○ *Arabba, 1602 m. In der Fernsicht: links* FANESGRUPPE *und* TOFANA-MASSIV, *in der Bildmitte (bez.) der berühmte Kriegsberg* COL DI LANA, *dann* SORAPISS *und* ANTELAO.

10 Min. (Schutzhütte). Gehtüchtige und entsprechend ausgerüstete Wanderer können von hier aus auf mark. Steig den Abstieg über die große, anfangs sehr steile Schutthalde zum Pordoijoch machen. — Ferner ist für etwas Geübte der Aufstieg über den SW-Grat auf mark. Schrofensteig zur *Boéspitze*, 3151 m, in 3/4 Std. möglich. Verfolgt man den ebenen mark. Steig über die Karrenfelder der Sella-Hochfläche weiter, erreicht man das *Rif. Boé*, 2879 m, 3/4 Std.

Vom Pordoijoch durch das weite offene Bergwiesengelände des obersten *Cordevoletales* mit seinen vielen verstreuten Heuhütten führt

---

▷

ARABBA, *1602 m, gegen den Padonkamm, der es von der Marmolata scheidet. Rechts die Auffahrt zum Pordoijoch. In Arabba zweigt von der Großen Dolomitenstraße die schöne Autostraße über den Campolongopaß, 1875 m, nach Corvara und in das Hochabtei ab. Mit dem* ○ *sind Berg- und Talstation der großen Seilbahn Arabba—Porta Vescovo bezeichnet.*

R 9 die erste Hälfte der Straße der östl. Rampe an der rechten Talseite und dann auf die linke hinüberwechselnd gegen *Arabba.* Man kurvt durch 33 numerierte und durchwegs übersichtliche und gut ausgebaute Kehren mit immer wieder wechselndem Blick auf die das Tal begleitenden Berge, nördl. die prallen Wandabstürze der Sella, unter denen von einem begrünten Rücken die monumentale *Deutsche Kriegsgräberstätte* herabblickt, südl. der in schönem Kontrast zu den grünen Wiesen dunkelleuchtende und bucklige, von tiefen Scharten eingekerbte *Padonkamm* aus eruptiven Tuffkonglomeraten. In Fahrtrichtung erscheint als mächtiger Querriegel über dem Talausschnitt die höckrige Gestalt des berühmten Kriegsberges *Col di Lana,* 2462 m. Im Bergzug des Padonkammes ist die originelle Gestalt des *Sass Ciapél* (Hut-Stein) bemerkenswert, der „Berg mit der Baskenmütze". Auf der ganzen Strecke zahlreiche gute Abstellplätze am Straßenrand. Mit einer Reihe von breiten, gepflasterten Kehren, die einer Achterbahn ähneln, endet die Rampe im idyllisch in die Landschaft zwischen den welligen Almmatten unter dem *Sellastock* und den Waldhängen des *Mésolazuges* eingebetteten Dörfchen.

72/70 ARABBA, 1602 m. Der Ort wurde im ersten Weltkrieg vollkommen zerstört. Heute besuchter Sommerort und aufstrebender, schneesicherer Wintersportplatz. Besonders wichtig ist *Arabba* wegen der Abzweigung der Autostraße über den *Campolongopaß* nach *Corvara* und in das *Gadertal,* R 14. Diese schon 1901 erbaute Straße wurde radikal zu einer schönen, 6,5 m breiten, staubfreien Paßstraße ausgebaut.

Damit ist Arabba ein hervorragender Standort für einige der schönsten Autofahrten im Herzen der Dolomiten („Rund um die Sella", Besuch des Fedajapasses am Fuße der Marmolata u. a.). Arabba gilt als einer der schneesichersten Wintersportplätze in den Dolomiten. Es hat sehr schöne, nordseitige Abfahrten am Padonkamm und Pordoijoch. Auf zwei Übergängen *(Padonpaß und Porta Vescovo)* erreicht man den Fuß der *Marmolata.* Außerdem ist Arabba Stützpunkt für eine Reihe von Skitouren im Almgebiet von Cherz und der Pralongiá (Corvara). Da sowohl die Große Dolomitenstraße wie die Campolongostraße den ganzen Winter über für den Autoverkehr gebahnt bleiben, ist eine Ausweitung der Skifahrmöglichkeiten bis Corvara, Canazei und sogar Cortina d'Ampezzo gegeben.

Durch die neue große Seilbahn *Arabba—Porta Vescovo* hat der Ort einen der schönsten Skipistenbereiche mit mehreren tausend Metern Abfahrten erhalten.

BERGBAHNEN: **Seilbahn Arabba—Porta Vescovo.** Talst. *Arabba,* 1602 m, Bergst. *Porta Vescovo,* 2516 m, HU 911 m, Fahrz. 5 Min. Von der Bergstation dieser Seilbahn kann man im Sommer die herrlichsten Gratwanderungen machen. Außerdem ermöglicht diese Bergbahn den kürzesten

CIVETTA, *3218 m, gesehen von der Großen Dolomitenstraße bei Buchenstein (Pieve di Livinallongo). Tiefblick in das oberste Val Cordevole. Durch die gewaltige Nordwestwand führt (eingezeichnet) eine der großartigsten Wandklettereien der Dolomiten. (Erstersteigung E. Solleder und G. Lettenbauer aus München, 1925).*

Zugang zur *Marmolata* über den *Fedajapaß*. Die Skiabfahrten von der *Porta Vescovo* nach *Arabba* zählen zu den schönsten in den Dolomiten.

Sessellift Monte Burz, Talst. *Arabba*, 1610 m, Bergst. *Monte Burz*, 1943 m, HU 333 m, Fahrz. 10 Min., mitten in den Almmatten am Fuße der *Sella*. Schöne Aussicht auf den *Padonkamm*, das *Cordevoletal* und gegen den *Col di Lana*. Reizvolle Abstiege über Wiesenmatten nach *Arabba*.

Von Arabba mit geringem Gefälle durch eine schöne, waldige und schluchtartige Verengung des *Cordevoletales* und am Rande des klaren *Cordevolebaches* zur Häusergruppe von *Renaz*. Hier überschnitten im ersten Weltkrieg die österreichischen Stellungslinien vom Padonkamm kommend die Talsohle etwa beim Gasthof „*Grünwald*“ und zogen links an den Hängen gegen *Col di Rode* und *Col di Lana* hinauf. Der Lauf der Straße verläßt die jetzt steil abfallende Talsohle und schneidet eben durch die Südhänge. Man gelangt zum ehemals österreichischen Sperrfort *Ruaz*, einem Vorwerk des links erhöht liegenden Bergforts *Corte*

R 9 beim gleichnamigen Weiler. Nach dem Sperrfort überschreitet die Straße eine tiefe Schlucht und durchzieht die immer steiler werdenden Hänge, mit denen das Massiv des *Col di Lana* zum breitgefächerten oberen Cordevoletal abstreicht. Der Blick in die Landschaft weitet sich immer mehr zu überwältigender Großartigkeit. Links taucht zuerst die machtvolle, doppelgeschulterte Gestalt des *Pelmo*, 3168 m, auf, dann tritt die *Civetta*, 3218 m, mit ihrer ungeheuren NW-Wand in das Blickfeld. Wie dieser Felskoloß weit draußen das stark bewaldete, schluchtartige *Cordevoletal* über dem *Álleghesee*, 966 m, abriegelt, gehört zu den berühmtesten Schaustücken der Alpen. Eindrucksvoll zeigt sich im Rückblick das *Sellamassiv* mit dem pyramidenartig aufgesetzten Gipfel der *Boéspitze*, 3151 m.

79/63 PIEVE DI LIVINALLONGO *(Buchenstein)*, 1465 m. Hauptort im *Buchenstein* mit den beiden Zweigtälern des *Cordevoletales*: *Ándraztal* und *Oberstes Cordevoletal* mit *Arabba* und *Ornella*. Der Name Buchenstein erscheint erstmals im 15. Jh., früher Pocharn. Der Ort mit seiner schmalen Durchfahrtsstraße ist merkwüdrig an die äußerst steilen Wiesenhänge des Col di Lana angeklebt, die zur Cordevoleschlucht hinabschießen.

Wer den *Col di Lana*, 2462 m, besuchen will, kann auf einer schmalen Bergstraße, die am östl. Ortsende abzweigt, etwa 5 km hinauffahren (nur für mittlere Fahrzeuge); weiter auf Saumweg in etwa $1^1/_2$ Std. auf den Gipfel mit dem mächtigen Sprengtrichter. Daneben eine *Votivkapelle* für die Gefallenen des Col di Lana und eine Schutzhütte. Der Col di Lana hat nicht nur den Ruf als einer der blutigst umkämpften und gesprengten Berge der Dolomitenfront, sondern gilt auch wegen seiner isolierten Lage als einer der lohnendsten Aussichtsberge im Herzen der Dolomiten.

Die Große Dolomitenstraße schneidet auch weiterhin fast eben durch die Steilhänge. Nach 2 km rechts Abzweigung der Straße nach *Caprile* und *Ágordo*, R 18, die man bis *Caprile (Savinér)* zum sehr lohnenden, viel unternommenen Abstecher auf den *Fedajasattel* am Fuße der *Marmolata* befährt. R 19.

Rechts unten auf einem schönen Talboden der italienische Kriegerfriedhof von *Salesei*, wo 2717 ital. Gefallene des Col di Lana in Urnengräbern bestattet sind; die Anlage dieses Friedhofs bildet ein großes lateinisches Kreuz. Das Bild dieser Weihestätte macht mit dem dunklen Waldschluchthintergrund und der gigantisch dahinter aufgereckten Dolomitenwand der Civetta einen tiefen und ernsten Eindruck.

Im Rückblick verschwindet nun das *Sellamassiv*, während über dem dunklen *Monte Padon* die schimmernden Firnflächen der *Marmolata* aufblinken.

CASTEL ANDRAZ, *1774 m, ein tausendjähriges, heute unersteigbares Ruinenbollwerk. Rechts der Sasso di Stria (Hexenstein, 2477 m).*

ANDRÁZ, 1428 m, ein hübsches Dörfchen knapp rechts unterhalb der Straße. Hier setzt die Rampe zum *Falzáregopaß* an. Nach 1 km, beim Weiler *Cernadoi*, zweigt die gute Autostraße nach *Caprile* ab. Diese von den italienischen Truppen im ersten Weltkrieg erbaute Straße ist sehr gut ausgebaut und staubfrei. Wer also von Cortina d'Ampezzo kommt und den Abstecher zum Fedajasattel am Fuße der Marmolata machen will sowie direkt entweder über die Forc. Staulanza, R 21, oder nach Agordo (Belluno) will, der benützt besser diese Strecke. *82/60*

Die Rampe zum Falzáregopaß ist das am besten ausgebaute Stück der Großen Dolomitenstraße und bietet auch landschaftlich ungemein reizvolle und abwechselnde Bilder. Die Straße zieht mit 17 numerierten und hervorragend ausgebauten Kehren zuerst durch ungewöhnlich reizvolle Lärchenwiesen hinauf. Talseitig gegenüber wird bald die Ruine von Castel Andráz, eine der wenigen mittelalterlichen Burganlagen im engeren Dolomitengebiet, sichtbar. Bei Kehre 8 schönster Blick auf Castel Andráz. Die Ruine ist einem mächtigen Findlingsblock aufgesetzt, mit diesem wie verwachsen und bietet in dieser Felsenumwelt und weltfernen Entlegenheit einen bizarr-romantischen Anblick, wie keine Ruine in den Alpen.

Die Uranfänge dieses Gemäuers gehen als Fluchtburg wohl in vorgeschichtliche Zeiten zurück. Nach Überlieferungen hatten schon die *Ostgoten* unter

R 9 Theoderich dem Großen hier eine wehrhafte Burg errichtet und sollen *langobardische Adelige* später durch Jahrhunderte auf Castel Andráz gesessen sein. Von 1091 bis 1803 war Castel Andráz im Besitze der Bischöfe von Brixen und diente als Sitz der bischöflichen Vögte für das Gebiet von Buchenstein. In den jahrelangen Fehden zwischen Erzherzog *Sigmund von Österreich* und dem Bischof von Brixen, Kardinal *Nikolaus von Cues*, einem Rheinländer, hat dieser mehrmals längere Zeit als Flüchtling auf Castel Andráz verbracht. Unter der bayrischen Herrschaft 1805—1809 ging die Burg in Privatbesitz über und verfiel dann allmählich.

Die Straße verläuft nunmehr durch dichten Hochwald, im Rund der Landschaft wachsen Felsgruppen immer mächtiger empor: nordwestl. die Abstürze des *Settsass* (Siebenstein), 2575 m, voraus nördl. die Wand des *Sasso di Stria* (Hexenstein), 2477 m, zu dessen Fuß sich die Straße hinaufwindet. Rechts, nordöstl. treten die glattwandigen Ausläufer der *Nuvolaugruppe* näher an das Tal heran.

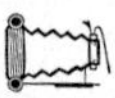

Bei Kehre 11 (guter Abstellplatz) tut sich der schönste Blick auf das dunkle Bergmassiv des *Col di Lana* auf und das Kampfgelände dieses berühmten Kriegsberges ist gut einzusehen.

Der doppelkuppige *Col di Lana*, 2462 m, der mit seiner vorspringenden Lage das Cordevoletal und das gesamte Gebiet zwischen Pordoijoch und Falzáregopaß beherrscht, war im ersten Weltkrieg der am heißesten und erbittertsten umkämpfte Berg der Dolomiten. Zähe stürmten schon zu Kriegsbeginn im Jahre 1915 die italienischen Truppen über die fast ungangbar steilen Hänge gegen die Stellungen der österreichischen Truppen und des Deutschen Alpenkorps an. Diese verliefen damals noch an den Südhängen des Berges weit unter dem Gipfel. In monatelangen Kämpfen wichen die Verteidiger nur um wenige hundert Meter bis auf die Gipfelkuppe zurück. Wegen der Aussichtslosigkeit, den Gipfel des Col di Lana durch Ansturm zu erobern, unterminierten die Italiener in siebenmonatiger Arbeit den Gipfel. In der Nacht auf den 18. April 1916 wurde die mit 5000 kg Sprenggelatine geladene Mine entzündet, der Gipfel des Col di Lana flog in die Luft und begrub den Großteil der österreichischen Besatzung, die aus Tiroler Kaiserjägern bestand, unter den Trümmern. Noch drei Minen, zwei italienische und eine österreichische, wurden in der Folgezeit bei den erbitterten Kämpfen auf dem Grat zwischen *Col di Lana* und *Monte Sief* gezündet. An dem kühn verteidigten Monte Sief scheiterten jedoch alle weiteren italienischen Angriffe, bis im Oktober 1917 infolge des Durchbruchs der italienische Rückzug auf die Liave- und Monte-Grappa-Linie erfolgte. Sehr schwere Verluste kennzeichnen diese Kämpfe um den Col di Lana; allein bei den Italienern betrugen sie ungefähr 18.000 Tote. So wurde diesem Berg durch die italienischen Truppen sein neuer Name „Col del Sangue" (Blutberg) gegeben.

Nahe der Waldgrenze an einigen Gebäuden mit einer Kapelle (Hotelkolonie) vorbei, dann hart am Fuße des *Sasso di Stria* entlang, durch eine große Lawinenschutzgalerie (wintersicher!) und einen 55 m langen Kehrtunnel. Mit drei kurzschleifigen Kehren auf den

FALZAREGOPASS, 2105 m. Italienischer Gedenkstein an den Weltkrieg 1905—18. Blick gegen den berühmten Kriegsberg Col di Lana und die Marmolata. Eingezeichnet sind: Auf dem Col di Lana die österreichischen und italienischen Gipfelstellungen (11 m Entfernung), deutlich sichtbar der gewaltige Trichter der italienischen Gipfelsprengung im Jahre 1916. Auf der Marmolata der Verlauf der österreichischen und italienischen Frontstellungen, ferner die Stellung des österreichischen Gebirgsgeschützes auf dem Marmolatakamm, 3259 m.

FALZÁREGOPASS, 2105 m (Hotel). Die Landschaft des Passes 93/49
zeigt einen fast öden Charakter, die einförmigen, trümmerbesäten Hochweiden werden vom Grau des Dolomitfels beherrscht. Von N treten die steilen Felsflanken und Geröllhalden des *Kleinen Lagazuoi*, 2778 m, nahe an die wenigen grünen Matten des Passes heran; südl. wird die Paßsenke von den Ausläufern des *Nuvolaustockes* begrenzt.

Auf dem *Falzáregopaß* mündet von links, nordwestl. die Autostraße über das *Valparolajoch*, 2192 m, das die Verbindung aus dem *Gadertal* durch das *Val Armentarola* und über das *Valparolajoch* mit der Großen Dolomitenstraße herstellt, R 15.

Knapp oberhalb der Großen Dolomitenstraße ein *Gedenkstein* für die im ersten Weltkrieg gefallenen Universitätsstudenten des C. A. I. und eine *Gedenkkapelle*.

Die Fernsicht vom Falzáregopaß wird vom herrlichen Blick nach SW verklärt, wo seitlich über dem dunklen Bergkörper des *Col di Lana* die wunderbar schimmernden Firnflächen der *Marmolata* alles überstrahlen. (Nähere Angaben über den Kriegsberg Col di Lana siehe vorstehend; Angaben über die Marmolatagruppe unter R 19.) Gegen O weitet sich der Blick über einen großen Teil der wuchtigen Felskolosse

SASSO DI STRIA *(HEXENSTEIN, 2477 m) vom Falzáregopaß. Im 1. Weltkrieg führte ein 500 m langer Stollen durch den Bergkörper zur vorgeschobenen österreichischen Stellung.*

des *Ampezzaner Kessels (Sorapiss, Anteláo;* im Mittelgrund unvermittelt aus Weidematten aufragend der wirre Haufen der Felsklötze von Cinque Torri).

Der Paß war engstes Kriegsgebiet, die steilen Felsberge nördl. von ihm der Schauplatz erbitterter, hochalpiner Kämpfe. Die Hänge sind von zahlreichen Kriegssteigen durchzogen. Im ersten Weltkrieg verliefen die österreichischen Stellungen auf den nördl. nahe aufragenden Gipfeld: *Sasso di Stria*, 2477 m, mit einem Gipfelkreuz, *Kleiner Lagazuoi*, 2778 m, und im östl. Verlauf anschließend *Cima di Falzárego, Col di Bois*, 2559 m, und schließlich die mächtige *Tofana di Rozes*, 3225 m, wobei die österreichischen Truppen fast durchwegs die Gipfel besetzt hielten, während die italienischen ihre sehr ungünstigen Kampfstellungen weit in die Felsen hinauf vorgeschoben hatten.

Vom Falzáregopaß aus fesselt besonders der Anblick der dem Paß gegenüberliegenden S-Wand des *Kleinen Lagazuoi* mit seinem berühmten Felsband, das schräg nach links durch die Mitte aufwärts zieht (ital. „*Cengia Martini*“); auf dieser schmalen, schwindelnd ausgesetzten Felsterrasse standen sich die gegnerischen Vorposten auf wenige Meter gegenüber. Die italienischen Stellungen auf dem Felsband wurden von den Österreichern zweimal unterminiert und in die Luft gesprengt. Die durch die Absprengungen riesiger Felsmassen entstandene hellere Felsfärbung eines großen Teiles der Wand ist heute noch deutlich erkennbar. Die Schuttströme am Fuß der Wand sind aus den abgesprengten Felstrümmern entstanden. Die italienischen Truppen bohrten hingegen die *Lagazuoi-Vorkuppe*, 2668 m, mit einem Stollen an, der von der Mündung der Schlucht spiralig und mit

FALZÁREGOPASS, *2105 m. Darüber der* KLEINE LAGAZUOI, *2778 m, mit der großen Seilbahn, die in 4 Min. direkt vom Paß aus diesen hervorragenden Aussichtspunkt im Ampezzaner Gebiet erschließt. Der Kleine Lagazuoi ist einer der im Minenkrieg im 1. Weltkrieg umkämpftesten Dolomitengipfel. Auf dem breiten, weißleuchtenden Felsband in halber Wandhöhe lagen die gegnerischen Stellungen knapp gegenüber. Hier wurden 1917 von den Österreichern zwei Minen gezündet (15.000 und 23.000 kg Sprengstoff). Bis unter den Gipfel der Vorkuppe, 2668 m (rechts), wurde von den Italienern ein 1110 m langer Felsstollen (mit ○ bezeichnet) vorgetrieben und diese österreichische Stellung mit 33.000 kg Sprengstoff gesprengt und erobert. Die beiden Schuttkegel am Fuße der Wand sind durch abgesprengte Gesteinsmassen (rd. 130.000 m³) entstanden. Dieser Sprengstollen von 1110 m Länge ist wieder freigelegt und gesichert worden und kann am besten im Abstieg begangen werden. Auf dem Felskamm rechts vom Gipfel die Bergstation. (S. Kriegsbuch „Die Front in Fels und Eis" 7. Aufl. v. Gunther Langes, Athesia-Verlag Bozen).*

BERGHAUS *auf dem* KLEINEN LAGAZUOI, *2778 m, unmittelbar oberhalb der Seilbahn-Bergst. mit hervorragender Aussicht auf die Ampezzaner Dolomiten und weiter Fernsicht. Ganz links* CRODA DA LAGO, *rechts im Hintergrund der Koloß des* MONTE PELMO. *Vorne ein verfallener österr. Felsgraben der Gipfelstellung.*

einer Länge von 1100 m bis unter den Gipfel vorgetrieben wurden. Diese italienische Mine wurde mit 33.000 kg Sprengstoff gezündet (s. Falzáregopaß). Besonders interessant war auch der Verlauf der Stellungen am *Sasso di Stria* (Hexenstein), 2477 m, wo die österreichischen Truppen sowohl die Gipfelstellung als auch eine vorgeschobene Stellung auf dem Vorbau südl. des Berges hielten. Diese vorgeschobene Stellung konnte nur durch einen 500 m langen, durch den Fels getriebenen Stollen erreicht werden.

Seilbahn Kleiner Lagazuoi. Talst. *Falzáregopaß*, 2108 m, Bergst. *Kleiner Lagazuoi*, 2728 m, HU 620 m.

SPAZIERGÄNGE: Vom Falzáregopaß lassen sich zahlreiche kürzere Ausflüge und Bergwanderungen unternehmen. Auf breitem Kriegsweg erreicht man die *Forc. Travenanzes*, 2513 m, und rechts leicht die *Cima Falzárego*, $1^1/_2$ Std. Diese leichte Bergbesteigung ist besonders lohnend, weil sie prächtige Einblicke in das Felsenreich der *Fanesgruppe* und das wunderbar einsame *Travenanzestal* ermöglicht. — *Sasso di Stria*, 2477 m. Vom Valparolajoch, das man mit Auto erreicht, über steile Hänge und leichte Schrofen, $^3/_4$ Std. Gute Schuhausrüstung erforderlich. Interessante *Felsstollen* und *Kavernen* aus dem Kriege. — *Forc. dei Bois*, 2310 m, die vom Paß aus nicht sichtbar zwischen *Col dei Bois* und *Castelletto (Tofana di Rozes)* eingebettet ist. Auf bequemer Militärstraße, die 1 km unterhalb

TOFANA DI RÓZES, *3225 m, beherrscht mit ihrer mächtigen Südwand die Ostrampe des Falzáregopasses. Einige der klassischen Dolomiten-Klettereien gehen durch diese Wand.*

Kehre 14 nach links abzweigt, mühelos in $1^1/_2$ Std. auf die interessante Scharte. — *Cinque-Torri-Hütte*, 2137 m, $1^1/_2$ Std. Von der Kehre 4 (vom Falzáregopaß aus), die am weitesten gegen S vorspringt (Wegtafel), über den Falzáregobach und eine sumpfige Wiese auf rot bez. Steig durch schütteren Wald, dann mehrere Gräben und eine Blockhalde querend auf den Sattel *Potorre*. Nun links auf bequemem Weg abwärts zum nahe gelegenen *Rif. Cinque Torri*, 2 Sessellifte (s. Bergbahnen und Autoausflüge Cortina).

Vom *Falzáregopaß* nach *Cortina d'Ampezzo* bietet die Große Dolomitenstraße die szenarisch großartigste und abwechslungsreichste Fahrt, die die Dolomiten verschenken können. Die auch auf dieser Strecke vorzüglich ausgebaute Straße mit ihren 21 numerierten Kehren führt bis *Pocol* in der meist weiten, muldigen Talsohle, während die Hänge teilweise stark bewaldet sind oder von Almweiden gebildet werden. Unbeschreiblich eindrucksvoll schwingen linker Hand die zer-

CINQUE TORRI *von der Großen Dolomitenstraße aus, „Ein Riesenspielzeug aus mächtigen Felsklötzen". Von links: Torre Inglese, Torre Quarta, Torre Latina, T. del Barancio, Torre Grande, 2366 m.*

rissenen Felsspitzen der *Cima Falzárego* und des *Col dei Bois* zum mächtigen Felsmassiv der *Tofana di Rózes*, 3225 m, mit ihrer einzigartig gegliederten roten Felsmauer auf, deren Wucht die ganze Abfahrt beherrscht. Anschließend die mächtigen, plumpmassigen Felsstöcke der beiden anderen Tofanen: *Tofana di Mezzo*, 3243 m, und *Tofana di Fuori*, 3237 m, die gegen den Talkessel von Cortina vordrängen.

Rechter Hand geht der Blick immer wieder auf die bizarre Gruppe der *Cinque Torri*, die wie ein Riesenspielzeug aus mächtigen Felsklötzen und von einer gewaltigen Faust durcheinandergewürfelt erscheinen. Bald stoßen rechts über den dunklen Waldkämmen die sägeartig zerzackten, spitzen Zinnen der Gruppe der *Croda da Lago* in den Himmel.

Voraus in der Fahrtrichtung wachsen die mächtigen Felsleiber der Ampezzaner Kolosse zu immer größerer Massigkeit an: Ganz links der *Cristallo*, in der Mitte *Sorapiss* und ziemlich nach rechts, südl. verschoben die edle Pyramide des *Anteláo*.

Mit einigen kurzschleifigen Kehren durch Wald senkt sich die Große Dolomiten-Straße nach einem mehrere Kilometer langen, flachen Stück zu der schönen, flachen Bergstufe von

Gruppe der CRODA DA LAGO *von der Großen Dolomitenstraße oberhalb Cortina. Links Croda da Lago, 2709 m, rechts Cima d'Ambrizzola, 2712 m.*

POCOL, 1526 m, in ungemein lieblicher und aussichtsreicher Lage, *103/39*
die das noch unsichtbare Cortina d'Ampezzo mit dem Felsabsatz der Crepa überragt. Hier die oberste kleine Hotelsiedlung von Cortina. Rechts mündet eine nicht eingehaltene Landstraße vom *Giaupaß* her ein. Links Abzweigung einer ganz kurzen Straße zum *Belvedere* auf dem höchsten Punkt der *Crepa*, 1539 m, den eine große Seilbahn von Cortina herauf erreicht. Prachtvoller Niederblick auf den großen Talkessel von *Cortina d'Ampezzo*. Etwas weiter nach links zum italienischen *Kriegerehrenmal und Gebeinhaus* für 7725 Gefallene des ersten Weltkrieges. In dem 48 m hohen, quadratischen Turm führen zwei Wendeltreppen in die Krypta, wo der Alpini-General *Antonio Cantore*, Kommandeur des Kampfabschnittes in den Tofanen, gefallen in der vordersten Linie an der *Forc. Fontana Negra* in 2542 m Höhe, bestattet ist. Über zwei andere Wendeltreppen erreicht man die oberen Terrassen und schließlich den höchsten Punkt des Turmes, von dem man einen zauberhaften Rundblick genießt.

Mit einigen kurzen Windungen durch lichten Wald schraubt sich die Straße nun um die *Crepa* hinab und durchstößt mit einem kurzen Tunnel deren felsigen Absturz. Am Tunnelende ein kleiner Abstellplatz, der einen prächtigen Blick auf den weiten Talkessel von *Cortina d'Ampezzo* mit seinem kleinen Häusermeer gewährt. Weiter am Hang entlang durch die ersten Weiler und Villensiedlungen in einer weiten Schleife zurück zur Brücke über den *Boite* und in das Zentrum von *Cortina d'Ampezzo.*

109/33 CORTINA D'AMPEZZO, 1210 m, rd. 10.000 Einw., ist die „*Hauptstadt der Dolomiten*", ihr größter und bekanntester Sommerkurort und Wintersportplatz. Cortina liegt mitten in der höchsten Synthese dolomitischer Landschaftsschönheiten. Über einem weiten Rund von Matten und Wäldern sind wie von einem genialen Baumeister die gewaltigen Kolosse der *Ampezzaner Berge* aufgebaut und dazwischen keck und filigran einige formschöne Felsgebilde eingefügt, gerade als ob hier gezeigt werden sollte, daß der Dolomitfels vom massigen Bergmassiv bis zum bildhauerisch geformten Turm und Zacken jede Form beherrsche. Die gebänderte Mauer des *Pomagagnon*, 2445 m, und des gewaltigen *Cristallo*, 3216 m, riegeln den Mattenkessel gegen N ab, breit und schwer lagern die Felsmassive des *Sorapiss*, 3205 m, und, weiter gegen das Cadore hinaus, des *Antelao*, 3263 m, da. Über Waldkämme reckt der *Monte Pelmo*, 3168 m, fern im S seine dem Triptychon eines Altares ähnlich geformte Felsgestalt in den Himmel. Daran schließen die *Rochetta*, *Becco di Mezzodi*, 2602 m, der Sonnenuhrzeiger von Cortina, und die spitzkeck geformte *Croda da Lago*, 2709 m. Und schließlich runden im W die schwerfälligen Felsleiber der *Tofanen*, 3243 m, diesen gewaltigsten Felszyklus der Dolomiten ab.

Der Ort ist sowohl im Sommer wie im Winter ein erstrangiges Touristenzentrum. Er dehnt sich am orographisch linken Ufer des *Boitebaches* und entlang der großen *Strada d'Alemagna* fast an die 2 km in Längsrichtung aus. *Cortina* lag früher an der schmalspurigen, elektrifizierten *Dolomitenbahn*, die ihren Ausgang in *Toblach* hatte und südl. von *Cortina* durch das *Boitetal* bis *Calalzo* führte, wo sie Anschluß an die Staatsbahn hatte. (Nach der Teilstrecke *Toblach—Cortina d'Ampezzo* wurde 1964 auch die restliche Strecke bis *Calalzo* aufgelassen. Somit besteht die Dolomitenbahn nicht mehr.) Besondere Wichtigkeit hat *Cortina* als *Straßenknotenpunkt*, denn hier mündet die *Große Dolomitenstraße* von Bozen her in die *Strada d'Alemagna*, die von *Toblach* ihren Ausgang nimmt und über *Cortina* und durch das ganze *Cadore* die oberitalienische Tiefebene erreicht. Außerdem zweigt hier die schöne Schleife der Dolomitenstraße ab, die über den *Tre-Croci-Paß* und *Misurina* nach *Schluderbach* führt, R 10; R 10a hinwieder zweigt vor Misurina die Autostraße nach *Auronzo im Cadore* ab.

Die fremdenverkehrstechnische und sportliche Organisation von Cortina ist hoch entwickelt. Es verfügt über ungefähr 12.000 Fremdenbetten, hervorragende Sportanlagen für Sommer und Winter, eine Reihe von ausgezeichnet angelegten Seilbahnen und Sessellifte, die im Winter eine Förderkapazität von 8000 Personen pro Stunde bergwärts haben. Hervorzuheben ist das besuchenswerte *Olympia-Kunsteisstadion*. Eine der Eisbahnen ist

Am CREPATUNNEL *der Dolomitenstraße. Blick auf* CORTINA d'AMPEZZO. *Im Hintergrund die Gruppe des* POMAGNON *(links) und* MONTE CRISTALLO *(rechts).*

auch im Sommer für Eislauf, Eishockey und Curling in Betrieb. Es ist die einzige große Freiluft-Kunsteisbahn in Mitteleuropa, die auch im Sommer in Betrieb steht und wo reger Sportbetrieb herrscht. Besuchenswert. – Durch die ausgezeichnet angelegten *Bergbahnen* und sehr gut eingehaltenen *Skipisten* ist Cortina als einer der erstrangigsten Wintersportplätze der Alpen bekannt. Außerdem ist in dem sehr geeigneten Gelände eine Reihe von prachtvollen Skitouren auszuführen. Daß Cortina auf Grund seiner Lage ein ausgezeichneter Ausgangspunkt für Kletterfahrten aller Schwierigkeitsgrade ist, ergibt sich von selbst.

GESCHICHTLICHES: Die Landschaft des *Ampezzo* mit den Weilern von Cortina scheint im frühen Mittelalter unter der Herrschaft des *Stiftes Innichen*, das zum Bistum Freising in Bayern gehörte, gestanden zu sein. Zu jener Zeit mag wohl das Gebiet noch nicht christianisiert gewesen sein, da es im deutschsprechenden Pustertal den Namen *Heidental* führte. Nach 1132 kam das Gebiet unter die Herrschaft der *Grafen von Camino*, denen von 1335–1347 die *Grafen von Tirol* folgten. *Markgraf Ludwig von Brandenburg* verlor einen Krieg gegen den Patriarchen *Bertrand von Aquileja*, worauf das Ampezzo dem *Patriarchat von Aquileja* angegliedert wurde. Von 1420 gehörte Cortina zur *Republik Venedig*, die es durch einen Schloßvogt mit dem Sitz in Schloß Peutelstein regieren ließ. Unter der venezianischen Herrschaft erhielt das Ampezzo von der Republik den Ehrentitel „*Magnifica Comunitá*", den es noch heute führt. Mit dem Siege des Kaisers *Maximilian I.* gegen die *Republik Venedig* wurde das Tal 1511 dem Lande Tirol einverleibt, hatte jedoch ein eigenes Statut, das Kaiser Maximilian in Cortina d'Ampezzo im Herbst 1511 auf offenem Platz feierlich bestätigte. Seit diesem Jahr gehörte das Ampezzo mit Ausnahme weniger Jahre während der

Napoleonischen Kriege zu Österreich; von 1806—1809 stand es unter *bayrischer Herrschaft*, von da ab bis 1813 wurde es zum *Königreich Italien* geschlagen. Von 1813 bis zum Ausgang des ersten Weltkrieges verblieb Cortina d'Ampezzo österreichisch und wurde endlich durch den Frieden von *S. Germain* italienisch.

Bei Kriegsausbruch 1915 wurde der Talkessel von Cortina d'Ampezzo von den österreichischen Truppen geräumt, die sich auf die umliegenden Bergstellungen zurückzogen.

HINWEISE: *Kurverwaltung* (Azienda di Soggiorno e Turismo) im Rathaus am Corso Italia; *Informationsbüro* der Kurverwaltung an der Piazza Roma neben C. I. T.-Büro. — *Reisebüros:* C. I. T., Corso Italia und Piazza Roma; *A. Dandrea & Co.*, Corso Italia 114. — *Hauptpostamt und Telefon: Via stazione*, Nähe Bahnhof. — *Autobuslinien:* Abfahrt und Ankunft Piazza Roma.

SEHENSWÜRDIGKEITEN: Die *Pfarrkirche* ist besuchenswert. Aus der ursprünglichen Anlage des 13. Jh. entstand diese nach mehreren Umbauten in ihrer heutigen byzantinischen Form (18. Jh.). Schöne Deckengemälde von *Franz Anton Zeiller* aus Reutte in Tirol und ein Hochaltarblatt von *Gius. Zanchi*. An den Seitenaltären Bilder einheimischer Maler. Am wertvollsten am mittleren Seitenaltar ein geschnitztes und bemaltes *Tabernakel* des berühmten Holzschnitzers *Andrea Brustolon* aus Dont im Val Zoldo (1724).

Der freistehende, 76 m hohe, massive *Glockenturm* wurde nach den Plänen von *Hermann Bergmann* (1853) erbaut. Es lohnt sich, den Turm zu ersteigen, weil von seiner Höhe aus eine umfassende Rundsicht über den ganzen Ampezzaner Talkessel und den herrlichen Kranz seiner Berggruppen möglich ist.

Monument für den italienischen Alpini-General *Antonio Cantore*, gefallen an der Forc. Fontana Negra auf 2542 m Höhe.

BERGBAHNEN: **Seilbahn Pocol** (Cortina—Belvedere). Talst. direkt am Hauptplatz des Ortes, Piazza Roma, 1211 m, HU 328 m, Bergst. Belvedere (Pocol), 1539 m, Fahrz. 6 Min.

Tofana Seilbahn. 1. Sektion Talst. *Cortina d'Ampezzo*, 1210 m, Bergst. *Col Drusciè*, 1770 m, HU 560 m.

2. Sektion Talst. *Col Drusciè*, 1770 m, Bergst. *Ra Valles*, 2470 m, HU 700 m.

3. Sektion Talst. *Ra Valles*, 2470 m, Bergst. *Tofana di Mezzo*, 3244 m, HU 774 m. Gesamt-HU 2034 m. Diese Seilbahn ist die höchste in den Dolomiten und erreicht den Gipfel der Tofana di Mezzo, des zweithöchsten der Dolomiten, dementsprechend mit einer fast unübertrefflichen Rundsicht über die ganzen Dolomiten und vor allem auch gegen den Alpenhauptkamm im Norden.

Seilbahn Cortina—Faloria. Talst. direkt neben dem Bahnhof, 1225 m, HU 895 m, Bergst. Faloria (Wirtschaft), 2120 m, Fahrz. insgesamt 10 Min. Hervorragender Aussichtspunkt über den ganzen Ampezzaner Talkessel.

CORTINA d'AMPEZZO *gegen Westen mit den* DREI TOFANEN. TOFANA *II (oder di Mezzo), 3248 m, der zweithöchste Berg der Dolomiten. Eingezeichnet die Tofana Seilbahn mit der höchsten Gipfelstation in diesem Felsland. Am Fuße des Tofanastockes erschließt eine Anzahl von Gondelliften schöne Wanderwege und vor allem ein abwechslungsreiches Skigebiet.*

Seilbahn Faloria — Tondi di Faloria. Talst. 2125 m, neben der Bergst. der vorstehenden Faloriaseilbahn, HU 215 m, Bergst. Tondi di Faloria (Crepedel), Fahrz. 3 Min. Von hier aus noch weit großartigere Rundsicht auf den Talkessel und über die gesamte Bergwelt von Ampezzo.

Sessellift Ronco *(Cortina)* — **Colfiere — Col Druscié** in 2 Sektionen. Talst. am Beginn der Großen Dolomitenstraße gleich jenseits des Boitebaches (mit Auto erreichbar) am Campo Corona, 1220 m, HU 558 m, Bergst. Col Druscié, 1778 m. Der Col Druscié (Wirtschaft) ist ein bewaldeter Hügel unter den mächtigen Felsstöcken der Tofana; man genießt von hier aus einen besonders schönen Blick auf Cortina mit der Kette des Pomagagnon, in der Richtung auf den Tre-Croci-Paß und zur Sorapissgruppe. Man kann auch mit Kraftwagen die Mittelstation dieser beiden Sessellifte in *Colfiere*, 1466 m, erreichen (s. Autoausflüge) und nur den zweiten Sessellift zur Auffahrt auf den Col Druscié benützen.

Sessellift Val Druscié—Pomedes, 1679 m, in 2 Sektionen. Talst. oberhalb der Hütten von Rumerlo oder in 10 Min. nach Abstieg von der Bergst. Col Druscié, HU 516 m, Bergst. Rif. Pomédes, 2282 m. Die Mittelst. Rif. Duca d'Aosta befindet sich auf 2098 m. Man kann die Talst. dieses Sesselliftes auch mit Auto erreichen, indem man von der Straße zum Lago Ghedina (s. Autoausflüge) links abzweigt und direkt die Talst. des Sesselliftes erreicht.

Gondellift Rio Gere—Forc. Stauníes *(***Cristallino***)* in 2 Sektionen. Talst. 1680 m, an der Straße zum Tre-Croci-Paß etwa 2 km von diesem, HU 1228 m, Bergst. Forc. Stauníes, 2898 m. Die Zwischenstationen befinden sich auf Som Forca, 2230 m, und sind einige Minuten voneinander entfernt. Dieser Sessellift erreicht die schmale, hochgelegene Felsenscharte zwischen Monte Cristallino und Monte Cristallo und vermittelt einen interessanten Ausblick aus dieser hochalpinen Umwelt nach N auf das Höhlensteintal, Monte Piano u. a. Die Auffahrt der zweiten Sektion über die gewaltige, felsenumstandene Schutthalde zur Stauníes ist hochinteressant. Von einem Abstieg zu Fuß bis zur Mittelst. Som Forca ist abzuraten, hingegen ist die Rückwanderung von hier zur Talst. mit einer weiten Ausbiegung gegen den Tre-Croci-Paß sehr hübsch. In den Felsen neben der Bergstation interessante Überreste von Unterkünften aus dem ersten Weltkrieg. Diese wurden teilweise restauriert und gegen weiteren Verfall gesichert.

Sessellifte Cinque Torri. 1. Talst. Rif. *Bai de Dones* an der Dolomitenstraße. 1900 m, Bergst. *Rif. Scoiattoli*, 2230 m. — **2.** Vom *Rif. Scoiattoli* ca. 15 Min. zum *Rif. Cinque Torri*, 2137 m, von dort Sessellift zum *Rif. Nuvolau*, 2575 m.

AUTOAUSFLÜGE: **Lago Ghedina**, 1449 m. Ungemein reizvoller Kurzausflug auf gutem Bergsträßchen. Man überschreitet die *Boitebrücke* und biegt nach etwa 2 km Fahrt auf der Großen Dolomitenstraße im Weiler *Gillardon* scharf rechts (Wegtafel) auf ein Bergsträßchen ab, über das man in hübscher Fahrt, bei einer Abzweigung rechts haltend, die Talstation des oberen Sesselliftes zum Col Druscié erreicht. Weiter in flacher Fahrt durch Wald zu dem idyllisch gelegenen, waldumgebenen *Lago Ghedina*. Man kann den Ausflug auch als Rundfahrt beenden, indem man das Sträßchen nördl. weiter verfolgt und so die Talsohle und eine Brücke über den *Boite* erreicht. Hier Einmündung knapp vor dem Camping Fiámes in die Strada d'Alemagna, R 9.

Pocol, 1526 m. Man erreicht diese kleine, oberhalb Cortina gelegene Hotelsiedlung auf der Großen Dolomitenstraße (s. unter Pocol, R 9).

Rif. Duca d'Aosta, 2098 m. Man kann dieses hoch unter den Felsen der Tofanen liegende Berghaus außer mit Sessellift auch mit kleineren Motorfahrzeugen erreichen. Auf der Dolomitenstraße etwa 9 km hinauf und in der Nähe von Kehre 7 nach rechts Abzweigung auf schmales Bergsträßchen; an der *Malga Fedorala* vorbei und weiter in zahlreichen Windungen aufwärts. Bei der Wegteilung hält man sich rechts, überwindet ein sehr steiles Straßenstück und erreicht dann in mäßiger Steigung querend das *Rif. d'Aosta.*

Rif. Dibona, 2000 m. Die Hütte liegt am Fuße des großen Steilkars, das zur *Forc. Fontana Negra* in den Tofanen hinaufzieht, in hochinteressanter, alpiner Umgebung. Zufahrt gleich wie oben, jedoch bei Wegteilung links halten und mit mehreren kurzen Steilstücken zum *Rif. Dibona.*

CORTINA d'AMPEZZO. *Blick gegen den Bergriesen* SORAPISS, *3205 m, und* ANTELAO, *3263 m. Eingezeichnet die Seilbahn Cortina—Faloria—Tondi di Faloria. Die Abfahrten aus diesem Gebiet sind hoch und erstrangig.*

Rif. Cinque Torri und Rif. Scoiattoli. 8 km oberhalb *Cortina* (2 km hinter *Vervei*) zweigt bei *Cianzopè*, 1732 m, ein schmaler Fahrweg ab, der auf die *Cinque-Torri-Hütte*, 2137 m, führt. Der Weg ist teilweise sehr schmal, steil (hat praktisch keine oder schlechte Ausweichmöglichkeiten, daher Vorsicht!) und kann nur mit kleineren Fahrzeugen sicher befahren werden. — Von hier Steig (15 Min.) zum *Rif. Scoiattoli*, 2230 m, erbaut 1969, Privat, 10 Betten, und 4 Lager. Bis hierher auch Sessellift von der Dolomitenstraße, *Rif. Bai de Dones*. Von der *Cinque-Torri-Hütte*, 2137 m, bringt ein zweiter Sessellift auf den *Nuvolau*, 2557 m.

Es ist aber sehr zu empfehlen, mit dem Auto bis zum Wiesenplan *Cianzopè* zu fahren, es dort abzustellen und den Zauber einer schönen, kaum anstrengenden Fußwanderung inmitten eines Felsengartens bis zur Hütte zu genießen (maximal 1½ Std.).

R 9 Der zweite Teil der *Großen Dolomitenstraße*, der hier behandelt wird, ist eigentlich eine Teilstrecke der uralten *Strada d'Alemagna*, die nach der Erbauung der Straße Bozen—Cortina folgerichtig zu einem Teil der Großen Dolomitenstraße gerechnet wird. Dies umsomehr, als diese Teilstrecke voll und ganz durch dolomitisches Territorium verläuft, von mächtigen Dolomitriesen gesäumt wird und das *Höhlensteintal (Valle di Landro)* in seiner ernsten, alpinen Majestät zu den schönsten Tälern der Alpen zählt (der Weltreisende *R. von Lendenfeld* beurteilt das Tal von Zermatt und das Höhlensteintal als die großartigsten der Alpen!).

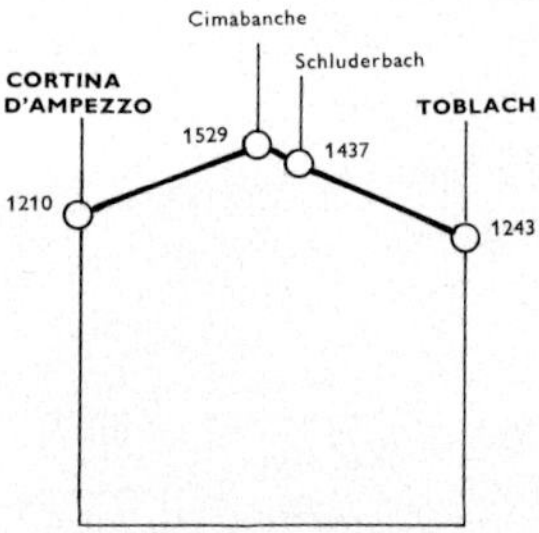

STRECKENÜBERSICHT: Die gutausgebaute, staubfreie Straße (StStr. 51) ist 33 km lang, 6,5 m breit und weit nur auf der S-Seite kurze und geringe Steigungen auf. Die Straße erreicht im flachen Sattel von CIMBANCHE (Gemärk) ihren höchsten Punkt, 1529 m, und fällt dann unmerklich in den Talkessel von SCHLUDERBACH ab, wo die Misurinaschleife, R 10, einmündet. Auch weiterhin führt die Straße in leichtem Gefälle nach TOBLACH im Pustertal, 1243 m, R 11.

STRECKENÜBERSICHT: Die gutausgebaute, staubfreie Straße (StStr. 51) ist 33 km lang, 6,5 m breit und weist nur auf der S-Seite kurze und geringe Steigungen auf. Die Straße erreicht im flachen Sattel von *Cimbanche (Gemärk)* ihren höchsten Punkt, 1529 m, und fällt dann unmerklich in den Talkessel von *Schluderbach* ab, wo die Misurinaschleife, R 10, einmündet. Auch weiterhin führt die Straße in leichtem Gefälle nach *Toblach* im Pustertal, 1243 m, R 11.

109/33 Man verläßt CORTINA D'AMPEZZO auf der Hauptstraße, dem Corso Italia, gegen NW und gewinnt bald die *Strada d'Alemagna*, die in leichter Steigung dem Talschluß zustrebt. Schöne Rückblicke auf den weiten Talkessel von *Ampezzo* mit seinen zerstreuten Weilern und dem herrlichen Bergkranz über dichten Wäldern. Bald erreicht man die bewaldete Talenge zwischen dem *Col Rosá* links, westl., und der *Punta Fiámes*, dem letzten Ausläufer des *Pomagagnonzuges*. Im Talschluß die weißfelsige *Croda del Becco (Großer Seekofel)*, 2810 m. Durch schönen Fichten- und Lärchenwald weiter, dann auf hoher Brücke über den, 7,6 km, *Felizonbach* und unter den hohen Felsen der *Ruine Peutelstein (Podestagno)* durch. In der Fahrtrichtung die Höhen von *Som Pauses* (1915—1918 stark ausgebaute österreichische Artilleriestellungen). Links, westl., die Mündungen des *Val Travenanzes* und *Val Fánes*, die der klobige *Mt. Vallon Bianco* trennt. Nun verläßt die Straße das *Boitetal* mit einigen Kehren und ändert mit einer Schleife bei der Ruine des Jagdschlosses *St. Hubertus* seine Richtung. Hier stand früher eine starke Befestigung aus dem Mittelalter, die 1511 von den Kaiserlichen erobert wurde; seit 1867 Ruine. Die Straße erreicht nun das *Felizontal.*

Links voraus der niedrige Bergzug der *Croda d'Ancona*, 2147 m, der im ersten Weltkrieg hart umkämpft war, rechts, jenseits des Felizonbaches mündet das waldige *Val Grande* ein, das sich zwischen der Pomagagnonkette und der Cristallogruppe herauswindet.

OSPITALE *(St. Blasius)*, 1498 m (Wirtschaft). Hier stand schon ein *120/22* im 10. Jh. errichtetes *Hospiz*. Die kleine Kirche mit Resten von Fresken stammt aus dem 13. Jh. Durch schütteren Wald an den oft ausgetrockneten Weihern des *Lago Nero (Schwarzsee)* und *Lago Bianco (Weißsee)* vorbei. Links erhebt sich der mächtige Felskörper der *Hohen Gaisl (Croda Rossa)*, 3139 m, mit ihren rötlichen Wandbrüchen, eine herrliche Felsgestalt, die das Landschaftsbild auf dieser Strecke beherrscht. Hier ist auf eine längere Strecke eine durch starke Einzäunung längs der Straße gekennzeichnete *militärische Zone*, wo durch mehrsprachige Tafeln Fotografierverbot angezeigt ist. Das Abstellen von Fahrzeugen in dieser engeren Zone ist nicht ratsam.

CIMABANCHE *(Gemärk)*, 1529 m (Wirtschaft), der ganz flache *126/16* Sattel, wo die Straße ihren höchsten Punkt erreicht.

Hier querten im ersten Weltkrieg die österr.-ital. Infanteriestellungen in ganz geringer Entfernung die Talsohle. Im berüchtigten Lawinenwinter 1916/17 gingen solch gewaltige Schneemassen von den Berghängen ab, daß die gegnerischen Truppen stillschweigend einen Waffenstillstand schlossen und sich an den am wenigsten gefährdeten Punkten des Geländes zusammendrängten. Diese Gegend bewahrt auch die historische Erinnerung an die Kämpfe am 2. und 3. Mai 1347 zwischen den Truppen des *Markgrafen Ludwig von Brandenburg* und Landesherrn von Tirol gegen den Heerhaufen des *Patriarchen Bertrand von Aquileja* unter der Führung des berühmten Feldherrn *Federico Savorgnano*, in denen der Markgraf entscheidend geschlagen wurde; als Folge ging die Herrschaft über die Zone von Ampezzo von Tirol auf das Patriarchat von Aquileja über.

Im Rückblick sind noch die Massive der *Tofanen* zu sehen. Immer mehr kann man die gewaltige Bruchwand der *Hohen Gaisl* bewundern. Mit kurzem Gefälle an der Mündung links des *Knappentales* vorbei und die *Provinzgrenze* zwischen *Belluno und Bozen* überschreitend in den grünen Bergkessel von

SCHLUDERBACH, 1437 m. *Schluderbach* ist eine kleine Hotel- *128/14* siedlung auf einem schönen, waldigen Talboden, den in großartiger Szenerie mächtige Gebirgsstöcke mit tiefeingerissenen Waldschluchten umstehen, die der Landschaft einen ernsten und großartigen Hochgebirgscharakter geben.

Schluderbach ist schon seit fast hundert Jahren ein bekannter Standort für alpine Sommerfrische und Alpinismus. Es liegt am Nordabfall der *Cristallogruppe*, die von hier einen eindrucksvollen Anblick bietet. Von SO mündet das *Val Popena (Misurina)* ein, über dessen Talausschnitt die Gruppe der Cadinspitzen sichtbar wird, R 10.

R 9 Eine steile, in schlechtem Zustand befindliche ehemalige Kriegsstraße zweigt links westl. ab und führt in engen Kehren an den Flanken der *Strudelköpfe* und hoch oben an einem früheren *österr. Sperrfort* vorbei auf den Sattel der *Plätzwiese*, 1993 m, rd. 5 km. Von hier Talfahrt nach *Alt-Prags* und weiter nach *Niederdorf*, R 11 (Erkundigungen über den Zustand der Straße vor Befahren einholen).

Von *Schluderbach* ab beginnt das eigentliche Höhlensteintal. Rechter Hand an das *Val Popena* anschließend die langgezogenen, mächtig anstrebenden Steilhänge des *Monte Piano*, 2324 m, einer der bekanntesten Kriegsberge der Dolomiten, um den durch über zwei Jahre auf seiner geräumigen Gipfelhochfläche erbitterte Kämpfe stattgefunden haben. Über den *Mt. Piano* verlief vor 1918 die österreichisch-italienische Grenze. Zahlreiche Spuren, so besonders Kriegssteige, sind auch von der Straße aus zu erkennen, darunter der jetzt verfallene Pioniersteig von Landro durch die Felshänge auf die N-Kuppe des *Mt. Piano*, der einzige Zugang zu den österreichischen Stellungen.

Am seichten, grünen *Dürrensee*, 1406 m, entlang, der eine Länge von 500 m und eine Breite von 200 m hat und von dessen N-Ende man am besten den berühmten Blick auf den Talschluß des Höhlensteintales hat; in großartiger Pracht entfächert sich von hier aus die *Cristallogruppe* mit den gewaltigen, gebänderten Bastionen der drei *Cristallogipfel* und dem stumpfen Turm des *Piz Popena*, dem tiefen Einschnitt des *Cristallopasses* und dem kleinen Gletscher des *Val Fonda*.

Bald nach dem See öffnet sich rechts das klammartige Tal der *Schwarzen Rienz*, in dessen Ausschnitt wie ein Zauberbild nur für einen Augenblick die glatten Turmgestalten der *Drei Zinnen* (Große und Westliche) sichtbar werden.

130/12 LANDRO, 1403 m. Vor 1915 eine kleine Hotelsiedlung mit Kirche und daneben ein österreichisches Sperrfort. Alle Gebäude mit Ausnahme der Kirche wurden wegen des freien Ausschusses für das Fort bei Kriegsausbruch gesprengt, das Fort selbst im Krieg vollkommen zerschossen.

Heute sind nur mehr Mauerreste zu sehen. Auf der Weiterfahrt begleiten das Tal links die kahlen Wände des *Dürrensteins*, aus denen das *Flodigtal* mit einem Wasserfall hervorbricht.

Der Bachlauf der *Rienz* verschwindet unterirdisch und kommt erst nach einigen Kilometern wieder zutage. In der Folge treten rechts die steilen und düsteren Plattenschüsse der *Naßwand*, 2242 m, nahe an die Straße heran. Anschließend öffnet sich durch drei steile Hochtäler ein Blick auf die Gipfel der *Birkenkofelgruppe*. Allmählich weitet sich das Tal etwas, im Talausschnitt werden die Berge des Alpenhauptkammes nördl. des Pustertales sichtbar. Nun am O-Ufer des dunkel und verträumt liegenden *Toblacher Sees* (800 m lang, 400 m breit) entlang.

Hier mündet das großartige Höhlensteintal, das „Nordtor der Dolomiten“. Die Fahrt durch dieses an vielfältigen Bergschönheiten so

DÜRRENSEE, *1406 m, im Höhlensteintal mit dem eindrucksvollen Blick auf die großartig aufgebaute Gruppe des* CRISTALLO, *3216 m. Im Talschluß der Fremdenplatz* SCHLUDERBACH, *1437 m, wo sich die Große Dolomitenstraße gabelt. Links zweigt die Straße nach Misurina ab.*

reiche Tal, ist eine der schönsten und eindrucksvollsten des ganzen Dolomitenlandes. Den Verlauf des Tales begleiten mächtige, stürzende, teilweise bewaldete und felsdurchsetzte Berghänge, Bergseen zieren den Talgrund und in rascher Folge tun sich einige ungemein romantische Blicke auf berühmte Dolomitgruppen auf.

Nach 3 km erreicht man TOBLACH, 1243 m, R 11. *142/0*

ENTFERNUNGEN v. *Toblach:* **Lienz** 46 km, **Bozen** 101 km, **Brenner** 99 km.

ROUTE 10

21 km

RUND UM DEN MONTE CRISTALLO

Cortina—Tre Croci—Misurina—Schluderbach

STRECKENÜBERSICHT: Die gut trassierte und ausgebaute, 6—6,5 m breite, staubfreie Straße (StStr. 48 und 48 bis) zieht schwungvoll und teilweise in stärkerer Steigung durch die Matten und Tallehnen nordöstl. zum *Tre-Croci-Paß*, 1809 m, 7,5 km. Weiter mit betontem Gefälle zuerst das *Valbona* hinunter. Wegen des plötzlichen Abbruches dieses Tales wendet sich die Straße mehr nordöstl. und erreicht durch die Hänge bei der Straßengabelung die *Dogana Veccia*, 1641 m, 12 km *(Alter Zoll)*, den tiefsten Punkt. Hier rechts nach *Auronzo* R 10a. Nun in leichter Steigung zum nahen *Misurinasee*, 1735 m, 13,5 km. Am N-Ende des Sees, wenige hundert Meter hinter dem Hotel Misurina, der kaum merkbare Übergang des *Col Sant'Angelo*, 1756 m. Weiter nach Durchquerung eines kurzen, ebenen Bodens in stärkerem Gefälle durch das *Val Popena* in den Talkessel von *Schluderbach*, R 9.

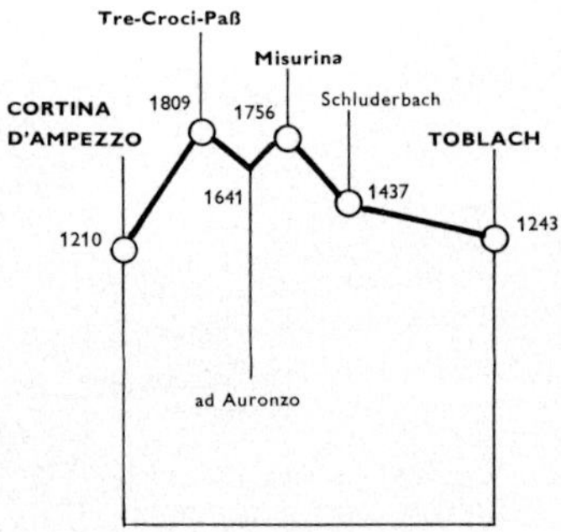

LANDSCHAFTLICHE CHARAKTERISTIK: Diese Schleife um die *Cristallogruppe* herum wird verdientermaßen der Direktverbindung nach Schluderbach und Toblach über *Cimabanche* vorgezogen. Man hat auf ihr durch die Überschreitung von zwei Pässen mehr Höhe zu überwinden, doch besteht in der Länge nur ein Unterschied von rund 2 km. Nirgendwo in den Dolomiten eröffnet sich auf so kurzer Strecke und auf so gedrängtem Raum eine so unvergleichliche Fülle von wunderbaren Landschaftsbildern echt dolomitischer Prägung, nirgendwo drängen sich so viele Dolomitgruppen verschiedenen Aufbaues und vielfältiger, verschiedener Anblicke so nahe beieinander.

0/21 Man verläßt *Cortina d'Ampezzo* im nördl. Teil seiner Hauptstraße Corso Italia (beim Hotel Bellevue) nach rechts und fährt am *Cantoredenkmal* und über die Bahnübersetzung gleich in betonter Steigung im sanften Tal des *Pigontinabaches* und durch den Weiler *Alverá* die Straße zum Tre-Croci-Paß hinan. Interessante Rückblicke auf den Ampezzaner Kessel. Durch Wiesen- und Lärchenwald gewinnt man in schöner Fahrt rasch an Höhe. Wenige Kilometer vor dem Paß links die Talstation des hochinteressanten Gondellifts *Rio Gere—Forc. Staunies* (siehe Bergbahnen unter Cortina d'Ampezzo).

7/14 TRE-CROCI-PASS, 1809 m (Hotel), ein weiter, offener Sattel zwischen der *Cristallogruppe* und den Vorbergen des *Sorapiss*.

Der MISURINASEE, *1735 m, mit der großartigen und düsteren Felsmauer der* SORAPISSGRUPPE *im Süden.* ○ *Rif. Luzzatti (früher Pfalzgauhütte). Pfeil Bildmitte links nach Auronzo, rechts nach Cortina d'Ampezzo.*

Die liebliche, nähere Umgebung des Passes mit ihren Almmatten und Baumgruppen wird durch den prachtvollen Anblick der nördl. aufragenden Felsriesen *Cristallo*, 3216 m, und *Piz Popena*, 3252 m, mit ihren zyklopisch aufgetürmten, nackten Felsmassen zu einem großartigen Bild gesteigert; eine eindrucksvolle Schau recht zurück auf die Gruppe der *Tofanen*, den *Falzáregopaß*, hinter dem der Firngipfel der *Marmolata* kaum hervorlugt. Der Paß hat seinen Namen von den drei Holzkreuzen zum Gedenken an eine 1709 hier im Schneesturm erfrorene Ampezzanerin mit ihren zwei Kindern. Vor 1918 verlief die österr.-ital. Grenze über den Paß.

Die Straße senkt sich nun bald ziemlich steil zum Talschluß des *Valbona* und biegt, bevor dieses mit einem gewaltigen, 500 m hohen Abbruch zum *Val d'Ansiei* abfällt, hangwärts nordöstl. ab. Überraschend tut sich über dem tief unten ziehenden Val d'Ansiei eine großartige, hochalpine Landschaft auf: rechts weitet sich die enorme Felsenmauer des *Sorapiss* immer mehr; daran schließt die hellsilbrige Felsenwelt der *Marmarole* mit ihren hohen, meist schneerfüllten Karen an. In der Fahrtrichtung wächst die Gruppe der *Cadinspitzen* mit einem Gewirr von Zacken und Türmen auf und weiter links reihen sich die berühmten *Drei Zinnen* an.

Die Straße erreicht bei der, 11 km, *Dogana Vecchia (Alter Zoll)* den tiefsten Punkt. Hier mündet die Straße von *Auronzo* R 10a ein. In geringer Steigung bald zum nahen

MISURINA, 1735 m (Hotels und Pensionen), dem bekannten, hoch-
13/8 alpinen Sommerort und Wintersportplatz. *Misurina* gilt unbestritten als einer der schönsten Hochgebirgsplätze des Landes: Der schöne, in allen Farben spiegelnde See (Länge rd. 1 km, Breite rd. 300 m und Tiefe rd. 2—3 m), die dunklen Wälder, die seine Ufer säumen, dann die urgewaltige, dolomitische Felslandschaft, die sich in jeder Himmelsrichtung aus ganz verschiedenen Gruppen mit klangvollsten Namen aufbaut, ergibt ein einmalig schönes Bild. Auf dem See fanden während der Olympischen Winterspiele 1956 in Cortina die Wettbewerbe im Eisschnellauf statt. Von Misurina aus hat der Skiläufer eine Reihe erstklassiger und landschaftlich interessanter und kontrastreicher Skitourenmöglichkeiten.

SPAZIERGÄNGE: Wer nur kurz verweilt, dem ist ein Spaziergang auf guten Wegen rund um den See zu empfehlen, wobei man die grandiose Landschaft in immer neuen Aspekten bewundern kann.

BERGBAHN: **Sessellift Col de Varda.** Sehr lohnend! Talst. am S-Rande des Sees, 1756 m, HU 544 m, Bergst. Col de Varda, 2300 m, Fahrz. 13 Min. (Wirtschaft). Instruktive Rundsicht, besonders auf die gewaltige Felsenmauer des *Sorapiss*. Leichter Abstieg.

AUTOAUSFLÜGE: **Monte Piano,** 2324 m, rd. 6 km, bekannter Kriegsberg der Dolomitenfront und auch landschaftlich sehr lohnend. Das im ersten Weltkrieg von den Italienern erbaute kühne Sträßchen mit Naturdecke und zum Teil steinig wird nur notdürftig eingehalten, ist sehr schmal und hat wenige Ausweichen; daher ist das Befahren nur mit Fahrzeugen bis zu mittlerer Größe und nur berggewandten Fahrern zu empfehlen. Die Straße endet beim *Rif. Angelo Bosi*, 2225 m, 20 Min. unter der Gipfelhochfläche (Parkplatz).

Man zweigt von der StStr. wenige hundert Meter nördl. vom Hotel Misurina auf dem Scheitelpunkt des *Col Sant'Angelo* rechts ab und erreicht nach ½ km eine Straßengabelung, wo man das linke Sträßchen wählt (rechts zum *Rif. Auronzo*). Durch Wald, dann in steilen Kehren durch Fels zum *Rif. Bosi* hinan. Von hier gelangt man in 20 Min. auf die Gipfelhochfläche, wo hübsche, ebene Spaziergänge nach allen Richtungen möglich sind. Verfallene Stellungsbauten.

Der *Monte Piana* (die Nordkuppe führt den bei den Österreichern gebräuchlichen Namen *Monte Piano*) war vor 1918 Grenzberg zwischen Österreich und Italien. Bei Kriegsausbruch besetzten italienische Truppen die ganze Gipfelhochfläche; die Nordkuppe wurde jedoch schon nach wenigen Tagen von den Österreichern zurückerobert. In den folgenden Kriegsjahren wurde mehrmals erbittert um die Gipfelhochfläche gekämpft. Man kann in nördl. Richtung und über die seichte Einsenkung der *Forc. dei Castrati* die vordersten Kampflinien mit alten Kriegsüberresten erreichen.

Blick über den MISURINASEE, *nach Norden mit* SCHWALBENKOFEL-GRUPPE *(links) und* DREI ZINNEN *(rechts).* ○ *Rif. Auronzo, 2320 m.*

Als natürliche Rundbühne mitten in einem gewaltigen Bergkranz vermittelt der Monte Piana nach allen Seiten großartige Ausblicke. Besonders fesselnd ist der fast senkrechte Niederblick in das *Höhlensteintal* und der Anblick des Nordabfalls der *Cristallogruppe.*

Rif. Auronzo auf der *Forc. Longeres*, 2320 m, 7,5 km. Die ehemalige ital. Kriegsstraße hierher ist bedeutend besser zu befahren als jene auf den Monte Piana; auf dieser verkehren auch mittlere Autobusse. Die Straße ist staubfrei und gut ausgebaut, jedoch teilweise steil. Man sollte diese Fahrt unbedingt unternehmen (Maut!), sie gehört zu den eigenartigsten Erlebnissen im ganzen Dolomitengebiet. Nirgendwo gelangt man auf einer Fahrstraße so nahe und direkt an den Fuß der Felsen und noch dazu einer so hochberühmten Berggruppe, wie es die der *Drei Zinnen* ist.

Wie oben vom *Col Sant'Angelo* und an der Straßengabelung nach 0,5 km nunmehr rechts abzweigend, erreicht man mit einem herrlichen Blick auf die Zinnen den moorigen *Lago d'Antorno*, 1840 m. Es folgen Kehren durch lichten Wald und schließlich eine längere Querung durch steinige Hänge mit Alpenrosen; schließlich in mehreren Windungen bald zur *Forc. Longeres*, die zwischen der Gruppe der *Drei Zinnen* und den *Cadinspitzen* eingelagert ist.

Das *Rif. Auronzo* des C. A. I., das innerhalb der letzten Jahrzehnte mehrmals den Namen gewechselt hat (Rif. Longéres, Rif. Principe Umberto, Rif. Bruno Caldart) ist 1955 abgebrannt und als großes, modernes Berghaus wieder aufgebaut worden. Es ist sehr aussichtsreich gelegen und ein ausgezeichneter Standort für Spaziergänge und kleine Wanderungen, die man bis in die Nähe der Felsen ausdehnen kann. Hervorragend eignet sich die Hütte als Standort für die meisten Klettertouren, deren es im Stock der *Drei Zinnen* weit über 100 gibt.

← Fahrstraße nach Misurina → Schmale Kriegsfahrstraße zum Paternsattel →

Die DREI ZINNEN *von ihrem Südfuße aus gesehen. Von links: Westl. Zinne, Zinnenscharte, Große Zinne, Kleine Zinne. Links unten das Rif. Auronzo, 2320 m, auf der Forc. Longeres. Eingezeichnet der normale Kletterweg auf die Große Zinne.*

Die **Drei Zinnen** sind nicht nur eines der bekanntesten Felsenreiche der Dolomiten, sondern spielten auch in der Erschließungsgeschichte dieses Felsenlandes und in der Entwicklung des Felskletterns eine maßgebende Rolle. Die *Große Zinne*, 2999 m, wurde schon i. J. 1869 vom erfolgreichsten Dolomitenerschließer *Paul Grohmann* aus Wien mit den Bergführern *Peter Salcher* und *Franz Innerkofler* aus Sexten erstmals erstiegen. Die Erstersteigung der *Westl. Zinne* erfolgte 1879 durch *Georg Ploner* aus Schluderbach mit dem berühmten Bergführer *Michael Innerkofler* aus Sexten. Hartnäckig war der Kampf um die *Kleine Zinne*, die lange als unersteiglich galt, schließlich aber von dem gleichen *Michael Innerkofler* und dessen Bruder *Johann* 1881 bezwungen wurde. Heute gelten die Normalanstiege auf alle drei Zinnen als mittelmäßig schwierig und sind auch von weniger geübten Touristen mit Bergführer zu machen.

Das Befahren der ehemaligen Kriegsstraße am Fuße des ganzen Zinnenstockes bis zum Rif. Lavaredo, knapp unter dem *Paternsattel* ist verboten. — Es lohnt sich jedoch, eine mehrstündige Fußwanderung auf der schmalen Kriegsstraße am Fuße der Drei Zinnen zu machen, vom Rif. *Lavaredo* zum *Paternsattel* aufzusteigen und von hier auf bequemem Steig ohne besonderen Höhenverlust die weithin sichtbare *Drei-Zinnen-Hütte* (Rif. Locatelli), 2438 m, zu erreichen. Auf dieser Wanderung entfalten die Drei Zinnen sowohl

← zum Rif. Auronzo zum Paternsattel, **2457** m →

Von links: GROSSE ZINNE, KLEINE ZINNE, PUNTA FRIDA *und* KLEINSTE ZINNE *vom Südfuß. Eingezeichnet die berühmte „Gelbe Kante“ auf die Kleine Zinne und andere Kletterwege.*

auf der Südseite, besonders jedoch mit ihrer gewaltigen Nordwandpracht eines der herrlichsten Bergbilder, die es in den Alpen gibt.

Von *Misurina* nördl. über den nahen *Col Sant'Angelo* und auf einem ebenen Straßenstück mit schönem Anblick der *Drei Zinnen* und der *Cadinspitzen* in das *Val Popena Alta* hinunter, wo in der Fahrtrichtung die mächtige Einzelgestalt der *Hohen Gaisl (Croda Rossa)* mit ihren rotbraunen Wandabbrüchen aufragt. Mit starkem Gefälle weiter in das *Val Popena Bassa,* das zwischen den Abbrüchen des *Mt. Piano* rechts, nördl., und den Hängen der *Cristallogruppe* eingeschnitten ist. Über den *Ponte della Marogna,* 1472 m, wo ehemals die österreichisch-italienische Grenze verlief, in den bewaldeten Talboden hinein und nach SCHLU- *21/0*
DERBACH, R 9.

RUNDTOUR: Eine besonders empfehlenswerte Rundtour, die ungezählte, vielfältige Einblicke in die berühmten Berggruppen um Cortina bietet, ist folgende: *Cortina—Tre-Croci-Paß,* 7 km — *Misurina,* 8 km (ein Abstecher zur *Auronzohütte* auf staubfreier, gut ausgebauter, teilweise etwas steilerer Straße, hin- und zurück 15 km, ist sehr zu empfehlen) — *Schluderbach,* 8 km — *Cortina d'Ampezzo,* 19 km. — Gesamtstrecke 40 km, mit Abstecher zur *Auronzohütte,* 55 km.

ROUTE 10a ZUFAHRTSSTRASSE

29 km

Von Auronzo nach Misurina

Diese Straße wird meistens zur Ausführung einer Rundtour in der Richtung vom *Kreuzbergpaß* her und über *Auronzo* und *Misurina* zurück in das *Pustertal* befahren. Die Straße ist 6 bis 6,50 m breit und staubfrei und weist nur im Endstück vor der Einmündung in die Große Dolomitenstraße etwas stärkere Steigung auf (StStr. 48). Landschaftlich ist das *Val d'Ansiei* sehr schön, weil es Prachtblicke auf einige der bekanntesten Dolomitgruppen freigibt.

0/29 Bei der Häusergruppe CIMA GOGNA, 795 m, zweigt man von R 13 durch das enge und waldreiche *Val d'Ansiei* ab. Bald erscheinen im Talhintergrund die Berge der *Sextener Gruppe (Zwölfer)* und die *Drei Zinnen*.

Schon nach 3 km erreicht man den Weiler *S. Caterina* mit seinem gotischen Kirchlein von 1553, hier beginnen das langgestreckte Dorf *Auronzo*, das sich entlang der Straße fast 4 km hinzieht, und auch der große *Stausee von Auronzo*, dem man ungefähr 2 km lang folgt. Rechts Abzweigung der Bergstraße über den *Passo del Zovo*, der unter R 13 bei *Dosoledo* erwähnt ist.

5/24 AURONZO, 864 m, in sehr schöner Lage, wo sich das Tal zu einem langen und weiten Becken erweitert. Im großartigen Talhintergrund die Berge der *Cadinigruppe*, die *Drei Zinnen*, der Zug des *Zwölfers*. Auronzo ist ein besuchter Sommerfrischort. Zahlreiche schöne Spaziergänge und Ausflüge in der Umgebung. Badegelegenheit.

SEILBAHN: **Auronzo—Monte Agudo.** Talst. 864 m, Bergst. 1600 m, HU 736 m. Von der Bergst. außerordentlich schönes Panorama.

Man durchfährt talauf die Weiler *Reane und Ligonto*, weiters *Giralba*, 940 m, wo von rechts das von einer Kriegsstraße durchzogene *Val Giralba* aus der Gruppe der Sextener Dolomiten mündet. An der Mündung rechts des *Val Marzon*, in dessen Hintergrund die *Drei Zinnen*
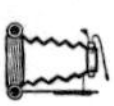
sichtbar werden, wendet sich das Tal in scharfer Krümmung nach SW. An dem Bergwerk *Argentiera*, das seit 1461 in Betrieb ist, vorbei nach *Cosdernoibe*. Nun in stärkerer Steigung und mit einer großen Kehre nördl. hinauf und durch Wiesengelände in den großen Wald von *San Marco*, wo von links das *Val S. Vito* mit der auffallenden Berggestalt des *Corno del Doge* im Hintergrund mündet. In der Fahrtrichtung die mächtigen Felskolosse des *Cristallo* und des *Piz Popena*. Nun zum Talboden von *Federavecchia* und weiter zur Straßengabelung von *Dogana Vecchia*, 1641 m. Man erreicht hier R 10 (Cortina d'Ampezzo—Misurina—Schluderbach): links Abzweigung nach *Tre Croci*, rechts nach
29/0 2 km MISURINA.

Innichen—Toblach—Bruneck—Brixen 73 km

STRECKENÜBERSICHT: Die Straße durch das *Pustertal* (StStr. 49) ist 6,5—7 m breit, staubfrei und weist durchwegs kaum merkbare Steigungen auf. Der Verlauf der Straße ist jedoch teilweise sehr windungsreich und oft unübersichtlich, läßt also nur auf kurzen Strecken eine erhöhte Geschwindigkeit zu.

LANDSCHAFTLICHE CHARAKTERISTIK: Das *Pustertal* ist neben dem *Etsch-* und *Eisacktal* das dritte der großen Bergtäler, das als west-östl. Querfurche in einer ungefähren Länge von 60 km die geographische Formung Südtirols bestimmt. Der Name dürfte slawischen Ursprungs sein und die frühere Benennung „*Pustrissa*" wird entweder als einsames, verödetes Tal, andererseits aus dem slawischen Wort „*bistrica*" abgeleitet, was soviel wie „heller Bach" bedeutet.

Unter der Bezeichnung *Pustertal* versteht man nicht nur den Talverlauf von der Mündung in das Eisacktal bis zur Wasserscheide zwischen *Rienz* und *Drau* auf dem *Toblacher Feld*, sondern auch den obersten Talabschnitt des *Drautales*.

Das Pustertal wird von der *Rienz* durchflossen, die nach ihrem Ursprung am Fuße der *Drei Zinnen* und ihrem Oberlauf durch das Höhlensteintal bei Toblach in das Pustertal einbiegt, während die *Drau* nach ihrem Ursprung auf dem Toblacher Fels in östl. Richtung abfließt.

Eine Reihe von teils großen und langen Seitentälern mündet in das Pustertal ein. Orographisch rechts münden aus den Zentralalpen folgende Seitentäler: bei Welsberg das *Gsieser Tal*, bei Oberrasen das *Antholzer Tal*, bei Bruneck das *Tauferer Tal* (unteres *Ahrntal*), bei Vintl das *Pfunderer Tal* und schließlich bei Mühlbach das *Valser Tal*. Auf der orographisch linken Seite und somit aus den Dolomiten münden folgende Täler: Bei Innichen das *Sextener Tal*, bei Toblach das *Höhlensteintal*, bei Niederdorf das *Pragser Tal* und schließlich bei St. Lorenzen das ladinische *Gadertal*.

Besonderen landschaftlichen Reiz gewinnt das Pustertal durch seine Lage: Im N begleiten es die mächtigen, gletscherbedeckten Berggruppen des Alpenhauptkammes, während es im S von den Dolomiten abgeschlossen wird. Das Pustertal ist fast durchwegs breitsohlig, seine Talhänge werden durch sanfte, meist dicht bewaldete Kuppen gebildet, hinter denen da und dort im N die Riesen der *Zillertaler Alpen*, der *Rieser Ferner* und der *Defreggengruppe*, im S einzelne Gruppen der *Dolomiten* hervorlugen.

Das „Grüne Tal" Südtirols strahlt mit seinen enormen Nadelholzwäldern, den darin eingebetteten saftigen Wiesenmatten und verstreuten, lieblich gelegenen Siedlungen einen idyllischen Zauber aus. Im Pustertal herrscht die Landwirtschaft vor. Besonders gerühmt werden die hier angebauten Kartoffelsorten, die als Saatgut weiteste Verbreitung in anderen Regionen finden. Von großer Bedeutung ist ferner die Holzwirtschaft, die besonders im Hochpustertal, Ahrntal und Antholzer Tal blüht.

Die STIFTSKIRCHE *von* INNICHEN, *deren Anfänge auf das im Jahre 769 von Herzog Tassilo III. gegründete Benediktinerstift zurückgehen. Die heutige Form erhielt das Bauwerk im 12. Jahrhundert. Es zeigt die großartigste romanische Kirchenarchitektur Tirols. Der Turm stammt von 1326. Als größte Sehenswürdigkeit bewahrt die Stiftskirche das berühmte romanische Kruzifix vom Triumphkreuz der ältesten Klosterkirche aus dem 8. Jahrhundert.*

Das Pustertal stellte schon seit dem Mittelalter zusammen mit der *Strada d'Alemagna* eine wichtige Verbindung aus dem östl. oberitalienischen Raum durch das *Cadore* zum Handelsweg über den *Brenner* dar.

Die eingleisige Bahnlinie durch das Pustertal wurde bereits 1871 erbaut und stellte die Verbindung von Kärnten zur Brennerlinie her.

Nach zahlreichen Funden in verschiedenen Orten war das Pustertal schon in vorgeschichtlicher Zeit besiedelt. Die Besetzung durch die Römer erfolgte wahrscheinlich gleichzeitig mit dem Vordringen über den Brenner unter Drusus 16 v. Chr. Durch Ausgrabungen sind römische Militärstationen bei *St. Lorenzen (Sebatum)* und wahrscheinlich auch bei *Innichen* (Littamum) festgestellt worden. Funde von mehreren Meilensteinen lassen ferner erkennen, daß eine Abzweigung der römischen Militärstraße über den Brenner das ganze Pustertal durchzog und die Verbindung mit der Militärstation *Aguntum* (bei Lienz in Osttirol) herstellte. — Gegen Ende des 6. Jh. stießen die über den Brenner vorgedrungenen *Bayern* durch das Pustertal aufwärts vor und drängten slawische Völkerstämme, die von Osten bis hierher vorgedrungen waren, über das Toblacher Feld zurück. Nach der Überlieferung fand die entscheidende Schlacht am sogenannten „*Victoribühel*" bei Toblach statt, aus der die Bayern als Sieger hervorgingen. Unter römischer Herrschaft und auch später unter den Goten gehörte das Pustertal verwaltungsmäßig zur Provinz *Noricum*. Nach der Eroberung durch die Bayern und der Gründung des *Stiftes Innichen* durch *Herzog Tassilo III.* i. J. 769 entstand die *Grafschaft Pustertal* unter der Botmäßigkeit des bayrischen Hochstiftes *Freising*. Damit endeten die Kämpfe mit den Slawen, die sich über zwei Jahrhunderte hingezogen hatten. Im J. 1091 schenkte der deutsche Kaiser *Heinrich IV*. die Grafschaft Pustertal den Bischöfen von *Brixen*, von denen sie später unter die Herrschaft der Grafen von *Tirol* und dann an

INNICHEN. *Grabeskirche, die jener in Jerusalem nachgebildet ist. Der deutsche Kaiser Friedrich III. (gest. 1888) baute nach dem Vorbild der Innichner Kapelle die Grabeskirche in Potsdam.*

die *Habsburger* kam. Seither teilte das Pustertal das geschichtliche Schicksal des Landes Südtirol. In der *nepoleonischen Zeit* gehörte es von 1805 bis 1814 zum Königreich *Bayern*.

WINNEBACH, 1113 m. Italienische Grenz- und Zollstation an der Grenze gegen Osttirol. Abwicklung aller Grenzformalitäten. *ACI*, *ENIT* (Wirtschaft). Die österreichische Grenzabfertigung erfolgt ein kurzes Stück weiter östl. in Arnbach, 1089 m. *0/73*

Von Vierschach, nahe der österr. Grenze, führt ein Doppelsessellift in zwei Sektionen auf den schönen Aussichtsberg *Helm*, erschließt schöne Wanderziele und leichte Spaziergänge und im Winter ein weites, schneesicheres Skigebiet.

BERGBAHN: **Doppelsessellift:** Talst. *Vierschach*, 1134 m; Mittelst. *Raut*, 1689 m, Bergst. Kegelplätze, 2045 m, Gesamt-HU 911 m, Fahrz. 26 Min.

INNICHEN, 1173 m, rd. 3500 Einw. Marktflecken in schöner Lage an der Mündung des dolomitischen *Sextener Tales*. Grenzbahnhof. Abzweigung der R 13. Wegen seiner wiesen- und waldreichen Umgebung und großen Ausflugsmöglichkeiten sowie dem schönen Ausblick auf die *8/65*

R 11 Sextener Dolomiten wird Innichen sowohl im Sommer wie im Winter viel besucht.

1969 konnte Innichen die 1200-Jahr-Feier der Gründung seines Klosters durch den Bayrischen Herzog Tassilo III. begehen.

SEHENSWÜRDIGKEITEN: Die *Heilig-Grab-Kapelle* (erbaut 1643), eine Nachbildung der Grabkirche in Jerusalem. Dieser Kapelle wurde durch den Deutschen Kaiser *Friedrich III.* das *Mausoleum in Potsdam* nachgebildet. — Die romanische *Stiftskirche* aus dem 13. Jh. mit Fresken von Michael Pacher und einer geschnitzten Kreuzigungsgruppe.
Schönes, modernes Hallenbad; 2 öffentl. Tennisplätze; VV.

BERGBAHN: **Sessellift Innichen—Boden** (Haunold). HU 306 m, Bergst. 1496 m, Fahrz. 10 Min. Schöne Aussicht.

12/61 TOBLACH, 1243 m, rd. 3000 Einw. Der kaum merkbare Sattel von Toblach (Toblacher Feld) bildet den höchsten Punkt des Pustertales und die Wasserscheide zwischen *Rienz und Drau* (Adria—Schwarzes Meer).

Der eigentliche Ort *Alt-Toblach* ist seit 827 nachgewiesen und liegt nördl. der Hauptstraße, während *Neu-Toblach*, eine Hotelsiedlung südl. der Autostraße, an der Bahnlinie und an der Mündung des *Höhlensteintales* liegt, das das „*Nordtor der Dolomiten*" bildet. Hier Abzweigung R 9. Neu-Toblach war ferner Ausgangspunkt der elektr. Dolomitenbahn (Toblach—Cortina d'Ampezzo—Calalzo), deren Betrieb auf der Gesamtstrecke i. J. 1964 eingestellt und durch Autobuslinien ersetzt worden ist. Toblach wird wegen seiner schönen alpinen Lage und als Verkehrsknotenpunkt sowohl im Sommer als auch im Winter viel besucht. Geheiztes Schwimmbad, 1 Campingpl., 1 Campingpl. am Toblacher See. VV.

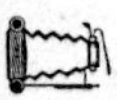

SEHENSWÜRDIGKEITEN: In Alt-Toblach *Kapelle* neben der Pfarrkirche mit Reliefdarstellungen des Leidensweges Christi, die von *Kaspar Herbst*, 1519, gestiftet worden sind. Nahe der Kirche Schloß *Herbstenburg* (erbaut um 1500).

BERGBAHN: **Sessellift Alt-Toblach—Radsberg:** Talst. 1250 m, Bergst. 1606 m, HU 356 m, Fahrz. 10 Min. Herrliche Aussicht gegen die Dolomiten. Schöne Skiabfahrten.

16/57 NIEDERDORF, 1158 m, 1300 Einw. Niederdorf zählt zu den ältesten Siedlungen des Pustertales und wird schon 994 als *Nidrindorf* erwähnt.

Durch Jahrhunderte hatte der Ort größte Bedeutung für den Handelsverkehr von der Strada d'Alemagna zum Brenner. Vor der Erbauung der Bahnlinie war Niederdorf eine Etappe des Reise- und Warenverkehrs von Kärnten nach Südtirol. Der durch sein freundliches Aussehen und seine hübschen Häuser besonders gekennzeichnete Ort ist ein stark besuchter Sommerfrischplatz. VV.

INNICHEN, *1173 m, wird von dem vielzackigen Felsgerüst des* HAUNOLD, *2943 m, im Süden prächtig gerahmt. Innichen ist als Grenzort und Straßenknotenpunkt, aber auch als Sommeraufenthalt und Wintersportplatz sehr bekannt. Hier zweigt die wichtige Autostraße über den* KREUZBERGPASS *in das Cadore und weiter zur Adria ab. Seit der Eröffnung der Felbertauernstraße in Osttirol hat der Verkehr auf dieser Route stark zugenommen. — Die Gründung von Innichen geht auf eine Landschenkung des Bajuwarenherzogs Tassilo III. an das Kloster Scharnitz in Tirol im 8. Jh. zurück, das hier ein Kloster als Bollwerk gegen die heidnischen Slawen gründete.*

TOBLACH, *1243 m, auf dem Toblacher Feld, der Wasserscheide zwischen Drau und Rienz. Hier mündet von Süden das* HÖHLENSTEINTAL, *das „Nordtor der Dolomiten", durch das die Strada d'Alemagna als erster Teil der Großen Dolomitenstraße nach Cortina d'Ampezzo führt. Im Vordergrund Alt-Toblach, in der Bildmitte Neu-Toblach, am Talbeginn der Toblacher See. Im Hintergrund rechts die Cristallogruppe.*

PRAGSER WILDSEE, *1493 m, ein Landschaftsjuwel der Dolomiten in erhabener Felsen- und Waldromantik. An die 1300 Meter baut sich die mächtige Dolomitenwand des großen Seekofels, 2810 m, an seinen Ufern auf.*

SEHENSWÜRDIGKEITEN: Die *Pfarrkirche* mit reicher Innenausstattung und Gemälden von *Martin Knoller* und *Paul Troger;* ferner das alte *Gerichtsgebäude* (15. Jh.), das *Haus Wassermann* mit großen Gewölben und schweren Holzdecken, das Haus der *Grafen von Görz* mit Außenfresken; beim Ortseingang ein *Meilenstein* aus der Zeit des römischen *Kaisers Decius* (gefunden 1955).

AUTOAUSFLÜGE: **Pragser Wildsee**, 1493 m, 11 km, eine der sehenswertesten Landschaftsszenerien der Dolomiten. Die schöne, staubfreie, 6 m breite Straße wurde erst in den letzten Jahren ausgebaut. Von *Niederdorf* ungefähr 1 km talauswärts und nun links unter der Bahnlinie hindurch und in schöner Fahrt durch das *Pragser Tal* bis zu seiner Gabelung beim, 5 km, Weiler *Hofstatt* (links nach *Bad Alt-Prags*). Im rechten, westl. Talarm von *Inner-Prags* durch schönes Wiesengelände, dann Wald am Fuße des *Herrstein* zu einer zweiten Gabelung nach dem *Weiler Schmiden* und links haltend nach, 8,6 km, *Inner-Prags*, 1225 m. Von hier durch Wald zum Nordende des, 11 km, *Pragser Wildsees*. Der Pragser Wildsee ist durch einen Bergsturz vom *Herrstein* entstanden, mißt 1,2 km in der Länge, 300 bis 400 m in der Breite und ist 36 m tief. Er bietet mit seinen dunkelgrünen Fluten, dem Kranz von steilflankigen Bergen ringsum, aus denen am Südufer der *Große Seekofel*, 2810 m, mit seiner 1300 m hohen Wand gigantisch aufragt, ein wundervoll romantisches Bild. Eine Umwanderung des Sees auf bequemen Wegen ist sehr reizvoll und interessant. 1 Std.

Bad Alt-Prags, 1376 m. Von der oben erwähnten Abzweigung beim Weiler Hofstatt durch das Tal von Außer-Prags zu dem schön gelegenen und altbekannten *Bad Alt-Prags* (großes Badehotel) mit schwefelhaltiger Bitterquelle, 9° C, vorzüglich für Gichtleiden. Schöner Blick auf die mächtige Felsgestalt der *Hohen Gaisl*, 3139 m, im S und links auf den *Dürrenstein*, 2840 m. Durch Wiesen und Wald zum einsamen Hotel Brückele, 1491 m, und weiter mit stärkerer Steigung zum, 10 km, weitflächigen Sattel der Plätzwiese, 1993 m. Von hier herrliche Rundsicht auf die umliegenden Berggruppen. Die Talfahrt nach *Schluderbach*, R 9, durch das Seelandtal, hart unter den Felsen der Strudelköpfe durch, ist schmal, sehr steil und steinig, mit vielen unübersichtlichen Kehren und nicht ratsam (alte, schlecht eingehaltene Kriegsstraße)!

22/51 WELSBERG, 1087 m, 2400 Einw., an der Mündung des *Gsieser* Tales. Gepflegter, viel besuchter Sommerfrischort in schöner Lage mit sehr hübscher, abwechslungsreicher, hügeliger Umgebung und schönem Ausblick auf die Dolomiten von Prags, Sennes und Fanes. Öffentl. Schwimmbad; 1 öffentl. Tennisplatz mit Licht; VV.

Der Ort erhielt seinen Namen von dem an der Schlucht des Gsieser Baches aufragenden *Schloß Welsberg*, 1132 m, das als *Welfisperg* schon im 12. Jh. genannt und von einem welfischen Geschlecht erbaut wurde. Es war bis zum Aussterben dieses Geschlechtes im J. 1910 in dessen Besitz und ist heute Eigentum der *Grafen Thun*. — In der Pfarrkirche drei schöne Altarbilder von *Paul Troger* (1698—1777), der aus Welsberg gebürtig war und als Direktor der Kunstakademie in Wien starb.

Von *Welsberg* zweigt das **Gsieser Tal** ab. Durch einen großzügigen Ausbau bis zum Talschluß (17 km) ist diese Straße zu einer der schönsten unseres Landes geworden. Ein Abstecher (von der Straße aus 2 km) zu einem Besuch des knapp bei Welsberg gelegenen urtümlichen Dorfes *Taisten*, 1219 m, mit einer alten Pfarrkirche, erstmals 1282 urkundlich erwähnt, lohnt sich. *Taisten* ist eine beliebte Sommerfrische und entwickelt sich auch zu einem kleinen Wintersportort. Sessellift und Naturrodelbahn. VV.

Nach Welsberg verläuft die Straße mit vielen Windungen durch eine reizvolle Landschaft von Weiden, Wiesen und Wald; nach 7 km zweigt nach rechts die Straße in das Antholzer Tal ab.

Das schöne, waldreiche *Antholzer Tal* zieht mit einer 6 m breiten und staubfreien, sehr schönen Autostraße nordöstl. an den Orten *Niederrasen*, 1030 m, und *Oberrasen*, 1080 m, vorbei rund 20 km zwischen den Berggruppen der *Riesen Ferner* und der *Defregger Berge* bis zum Stallersattel, 2048 m (Grenze gegen Osttirol), hinan. Die Straße ist ausgebaut und als offizieller Grenzübergang 1. Kat. eingestuft worden. Hier wurde ein interessanter, naturschöner Übergang aus dem Pustertal in das österr. Defreggental und zur Route des Felbertauerntunnels eröffnet.

WELSBERG, *1087 m. Wie alle anderen Orte des* HOCHPUSTERTALES, *das von Bruneck bis nach Innichen reicht, zieren herrliche Wiesenfluren, grüne Wälder und darüber aufragend Dolomitenspitzen das Landschaftsbild.*

Das herrlichste Schmuckstück des Tales ist der *Antholzer See*, 1642 m, in romantischer Waldlage am Fuße der *Rieser Ferner* und des *Hochgall*, 3435 m. Eine Idylle am See: Auf einem Uferstreifen nahe einem großen Privatbesitz der schöne, sehr gepflegte *Tierpark* mit Damhirschen, Gemsen und Rehen. Der sehr empfehlenswerte Wanderweg rund um den See wurde in mustergültiger Weise von einheimischen Forstleuten ausgebaut, zum Teil neu trassiert, und es ist ein Erlebnis in dieser herrlichen Ruhe den See zu umrunden.

In *Rasen* schöner, ruhig gelegener Campingplatz.

In der Talweitung breitet sich **Olang**, 1025 m, 2200 Einw., mit seinen 3 Fraktionen Ober-, Mittel- und Niederolang, jenseits der *Rienz* aus und ist ein alter, sehr beliebter Sommerfrischort. Seit Jahren hat sich *Olang* auch zu einem bekannten Wintersportplatz entwickelt, verfügt über eine *Skischule*, eine olympiareife *Kunstrodelbahn*, *Eislaufplatz*, 3 Sessellifte und mehrere Skilifte, die den „*Skiberg Kronplatz*“ von Olang aus zu einem Skiparadies machen. Olang ist auch Ausgangspunkt vieler Wanderwege und Touren. 9 km lange Langlaufloipe. Geheiztes Freischwimmbad, Minigolfplatz, 1 Tennisplatz (Hotel Mirabell). VV.

Weiter durch die nun breitere Talsohle mit ihren zerstreuten Siedlungen und schließlich mit einer großen Straßenschleife über eine bewaldete Talstufe, von wo sich ein schöner Blick auf die Talebene auftut, nach

38/35 BRUNECK, 838 m, rd. 15.000 Einw. Dieses ungemein malerische, altertümliche Städtchen ist die größte und wichtigste Siedlung des Pustertales. Das Städtchen liegt reizvoll am Rande der weiten Talebene, die das Pustertal hier bildet und lehnt sich anmutig an den mit schönem Wald bestandenen Burghügel an, auf dem das feste, wohlerhaltene *Schloß Bruneck* der Bischöfe von Brixen steht. Neben interessanten alten Stadtansichten, die Bruneck bietet (Stadtgasse und Hintergasse), birgt es eine Fülle von Sehenswürdigkeiten, die Zeugen seiner bedeutenden kulturellen Vergangenheit sind.

Geheiztes öffentl. Schwimmbad; 3 öffentl. Tennisplätze (1 Platz m. Licht); Sportzone Reischach: schöne Sportanlagen, 4 Tennisplätze mit Licht; Hallenschwimmbad; Camping am Schießstand; VV.

Besondere Wichtigkeit hat Bruneck als Verkehrsknotenpunkt. Hier mündet von N das breite *Tauferer Tal* ein, das mit dem seine Fortsetzung bildenden *Ahrntal*, R 12, das längste Seitental des Pustertals zum Alpenhauptkamm ist. Weiter kommt in dem nur wenige Kilometer am SW-Rand der Talebene gelegenen Dorf St. Lorenzen das ladinische *Gadertal* aus den Dolomiten, eine der wichtigsten Einfallspforten in das Zentrum dieses Felsenlandes, R 14.

Schon bald nach dem Eindringen der Bayern im 6. Jh. scheint sich im Raum von Bruneck eine größere Siedlung entwickelt zu haben. Die Erbauung des Schlosses durch Bischof *Bruno von Bullstätten, Grafen von Kirchberg* (von dem es seinen Namen ableitet) im J. 1250 und die Verleihung des Stadtrechtes im 14. Jh. haben die weitere Entwicklung des Ortes begünstigt. Das Städtchen wurde schon im Mittelalter ein wichtiges Zentrum geistigen und künstlerischen Lebens. Unter den bedeutenden Männern, die aus ihm hervorgegangen sind, ragt der Maler und Bildschnitzer *Michael Pacher*, nachweisbar ein Bürger der Stadt Bruneck (gest. 1498), als einer der größten Meister der Spätgotik hervor. (Zu seinen Hauptwerken zählen der Altar in der alten Pfarrkirche in Gries bei Bozen, besonders aber der berühmte Altar von *St. Wolfgang* im oberösterreichischen Salzkammergut.) Schloß Bruneck ist für Besichtigungen nicht zugänglich. Sehenswert die *Pfarrkirche* mit einem Kruzifix, das *Michael Pacher* zugeschrieben wird, und die barocke *Heilig-Geist-Kirche*. Von ganz besonderer Schönheit und besuchenswert ist der *Soldatenfriedhof* von Bruneck, der gepflegt und weihevoll zwischen dichten Baumgruppen liegt. Hier liegen Gefallene der Dolomitenfront aus dem ersten Weltkrieg.

BRUNECK, *838 m. Der Große Graben, die Hauptverkehrsader der Stadt, mit dem* STADTTOR *(Florianitor) in die romantische Altstadt. Darüber* SCHLOSS BRUNECK, *früher ein Bollwerk, jetzt Sommersitz der Fürstbischöfe von Brixen. Nach dem Erbauer Fürstbischof Bruno von Bullenstätten haben Schloß und Stadt den Namen erhalten.*

Einige moderne Betriebe, die kunsthandwerkliche Erzeugnisse herstellen, darunter Handwebereien und keramische Werkstätten haben, Bruneck einen bedeutenden Ruf als Stätte des Kunsthandwerks eingetragen.

Mit der Erbauung der Bahnlinie durch das Pustertal im J. 1872 und dem Anbruch des touristischen Reiseverkehrs Ende des letzten Jh. gewann Bruneck als Fremdenverkehrsplatz immer größere Bedeutung. Wegen seines guten Sommerklimas wurde die Stadt nicht nur ein Mittelpunkt für sommerlichen Ferienaufenthalt, sondern auch bevorzugter Ausgangspunkt für Streifzüge und Fahrten in die abwechslungsreiche Umgebung. Die sportlichen Anlagen für den Sommeraufenthalt sind reichhaltig. Bruneck verfügt über *Sportplätze*, *Tennisplätze* und ein schönes *Schwimmbad*. Unübertroffen sind die Möglichkeiten an schönen Spaziergängen und Wanderungen, die durch die 1963 eröffnete große Seilbahn auf den *Kronplatz* außerordentlich gesteigert werden. Durch die zentrale Lage sind ferner die verschiedensten Möglichkeiten für Autoausflüge gegeben (Taufer- und Ahrntal, Gadertal, die neue Straße durch die Mittelgebirgsstufe von Stegen über Pfalzen—Terenten nach Vintl).

In den letzten Jahren hat sich Bruneck auch immer mehr zu einem besuchten *Wintersportplatz* entwickelt. Das trockene, nebelfreie Klima und eine gesicherte Schneelage sowie die Erbauung der Kronplatz-Seilbahn schaffen ausgezeichnete Möglichkeiten für eine Hochwinter-Saison. Außerdem ermöglicht die gute Verkehrslage auch im Winter den Besuch der bekannten Wintersportplätze des Gadertales.

R 11 BERGBAHN: **Kronplatz-Seilbahn.** Talst. 1000 m, im Weiler Reischach (asphaltierte Autostr. 2,5 km v. Bruneck, Pendelverkehr); Mittelst. 1860 m, Bergst. *Kronplatz*, 2270 m (Wirtschaft), HU 1270 m, Fahrz. 10 Min.

Die *Kronplatz-Seilbahn* erschließt diesen einzigartigen Aussichtsberg, der durch seine isolierte Lage über der breiten Furche des Pustertales und zwischen den Dolomiten und dem Alpenhauptkamm eine unvergleichlich weite und eindrucksvoll gegensätzliche Schau über Täler, Gletscher und Felsberge gibt. Den Abstieg kann man zu Fuß nach verschiedenen Richtungen nehmen (markierte Wege); entweder direkt zurück nach *Reischach* und *Bruneck* oder auf noch bequemeren Wegen nach *Olang*, schließlich auch nach *St. Vigil in Enneberg* (alle Abstiege etwa 2—3 Std. und sehr aussichtsreich). Im Winter bietet der Kronplatz schöne, großzügige Skiabfahrten mit Höhendifferenzen von über 1000 m entweder direkt nach *Reischach-Bruneck* oder *Olang*, schließlich auch nach St. Vigil; im Spätwinter Abfahrtsmöglichkeiten bis zur Mittelstation auf 1800 m. Mehrere Sessellifte führen von den umliegenden Ortschaften *(Olang, St. Vigil in Enneberg)* auf den Gipfel. Auf der Gipfelkuppe mehrere Skilifte. Rund um den Kronplatz sind an die 20 verschiedene Aufstiegshilfen in Betrieb. Knapp unter dem Gipfel das neue *Bruneckerhaus* des *Alpenvereins Südtirol* und das alte *Kronplatzhaus* des *Club Alpino Italiano* als Stützpunkte.

42/31 ST. LORENZEN, 813 m. Sehr alte Siedlung am linken Ufer der Rienz und an der Mündung des Gadertales von S. Die StStr. umfährt den Ort knapp vor dem Ortseingang. Sommerfrischort, VV, Campingpl. Sehenswert die Pfarrkirche (13. Jh.). Hier Abzw. R 14.

Auf dem rechten Ufer der Rienz ein steil zur StStr. und dem Fluß abfallender Felssporn, auf dem Ruinenreste des einst hochberühmten adeligen Benediktinerstiftes *Sonnenburg* aus dem 11. Jh. zu sehen sind. Nach seiner Aufhebung durch *Kaiser Josef II.* im J. 1785 verfiel die Anlage bis auf einen Trakt, der heute noch bewohnbar ist. Das Kloster Sonnenburg spielte mehrmals in der Geschichte des Landes eine Rolle. Am bekanntesten ist die Rebellion der Sonnenburger Nonnen in der zweiten Hälfte des 15. Jh. unter der Abtissin *Verena von Stuben* gegen den berühmten Bischof von Brixen *Nikolaus von Cues (Cusanus)*, einen gebürtigen Rheinländer; daraus entwickelten sich jahrelange Kämpfe zwischen dem Landesfürsten *Erzherzog Sigmund* und dem Kardinal.

Die stolz über Rienz und Gader thronende Burg ist in ihren wesentlichsten Elementen unter Aufsicht des Denkmalamtes wiederhergestellt worden. Es wurden Teile der alten Klosterkirche freigelegt, darunter die kunsthistorisch äußerst wichtige Krypta aus der Zeit der Klostergründung. Das Kloster wird heute als komfortables Schloßhotel geführt.

▷

BRUNECK, *838 m. Ausblick vom Kronplatz, 2270 m, auf das Talbecken von Bruneck in der so charakteristischen, saftig grünen Pustertaler Landschaft mit der Mündung des* AHRNTALES, *das von den Bergriesen des Alpenhauptkammes (Zillertaler Alpen) abgeschlossen wird.*

Schon im vorigen Jahrhundert wurden in der südwestl. von St. Lorenzen benachbarten Fraktion Pflaurenz auf einem Hügel die Überreste einer *römischen Nekropolis* festgestellt. Spätere Ausgrabungen förderten Mauerreste und Grundmauern sowie reichhaltige Funde aller Art, darunter auch zwei Meilensteine, der römischen Militärstation *Sebatum* zutage. Auch an der Umfahrung sind röm. Ausgrabungen (Tafel) zu sehen.

Durch das anmutige Waldtal zum rechts etwas erhöht liegenden Ort

Kiens, 784 m, VV, mit einigen ansehnlichen Industriebetrieben. Kurz vor *Kiens* Abzw. einer Straße nach *Ehrenburg*, 806 m, mit dem viel besuchten *Ehrenburger Weiher*. Im Hintergrund das barockisierte *Schloß Ehrenburg* (13. Jh.) der Grafen *Künigl*. Das Schloß ist bewohnt, kann mit Führung besichtigt werden. — In *Kiens* zweigt nach rechts eine schön ausgebaute Autostraße, 5—6 m breit, ab und führt auf die *Mittelgebirgsstufe* von *Pfalzen*. Nach ca. 2 km der hübsch und ruhig gelegene, sehr beliebte *Issinger Weiher* (Bademöglichkeit). Man kann diese Fahrt zu einer netten Rundfahrt über die Hochfläche nach *Pfalzen* und *Stegen*, dann zurück nach *Kiens* (20 km) oder nach *Bruneck* fortsetzen.

Die neue, schön angelegte Straße über die Mittelgebirgsstufe von Pfalzen führt von Bruneck—Stegen—Pfalzen—Terenten nach Vintl (30 km) und kann ab Bruneck—Stegen oder ab Vintl zu einer hübschen Rundfahrt ausgeweitet werden.

Nun weiter durch den Weiler *St. Siegmund* (beliebte Forellenstation Gasth. Gisser; Campingpl.) und das in weitem Wiesengrund liegende *Obervintl*, 757 m, nach *Niedervintl*, 756 m, an der Mündung des *Pfunderer Tales*. Gleich anschließend ein Gefälle der Straße mit einer gefährlichen Bahnunterführung und nach 3 km zu den Überresten der mittelalterlichen Talfestung *Mühlbacher Klause* (1470 m), die in den Freiheitskämpfen von 1809 von den Franzosen eingeäschert wurde. Weiter an einem Stausee entlang nach

63/10 MÜHLBACH, 777 m, einem malerischen Ort mit typisch nordischen Häusern an der Mündung des *Valser Tales*. Besuchter Sommerfrischort. Vor der Brücke über den Valser Bach links *Schloß Freienturm* (13. Jh.), heute ein geistliches Internat. — Eine nicht besonders glücklich in die Landschaft passende und den Hang über Mühlbach häßlich zerstörende Autostraße wurde von Mühlbach nach Meransen, 1414 m, angelegt. — VV.

BERGBAHN: **Seilbahn Meransen**, Talst. 750 m, HU 632 m, Bergst. *Meransen*, 1382 m, Fahrz. 5 Min. Lohnender Bergbahnausflug. Von Meransen prächtiges Panorama auf das Pfunderer Tal, die Ahrntaler Berge und einen großen Teil des Pustertales mit den Dolomiten im Hintergrund. Schönes Skigelände am Gitschberg, mehrere Skilifte.

Doppelsessellift im Valsertal. Talst. *Vals*, 1380 m, Bergst. *Jochtal*, 2013 m, HU 633 m, Fahrz. 16 Min. Diese Bergbahn erschließt ein weites, noch ruhiges und schönes Wander- und Tourengebiet.

In der Weiterfahrt schöner Blick auf die großartigen Anlagen von *Schloß Rodenegg* jenseits der Rienzschlucht. Die Anfänge dieser Befestigungsanlage gehen auf das 12. Jh. zurück, wo erstmals die *Herren von Rodank* erwähnt werden. Im 13. Jh. wurde es zu einer der mächtigsten und fast uneinnehmbaren Burganlagen Südtirols ausgebaut. Seit 1490 im Besitze der *Grafen Wolkenstein-Rodenegg*.

Ein Besuch von Schloß Rodenegg ist sehr lohnend. Von Mühlbach fährt man südöstl. auf einer 4—5 m breiten Landstraße ohne Belag durch den Weiler St. Paul, dann Vill mit schönem Blick auf die Rienzschlucht und erreicht so nach 4 km Schloß Rodenegg, das auf einer schmalen Landzunge aufragt, deren steil stürzende Hänge auf drei Seiten von der schäumenden Rienz umspült werden. In dem ausgedehnten Komplex sind besonders zwei Kapellen interessant, von denen die ältere Spuren romanischer Fresken, die andere (16. Jh.) ein Fresko „Das Jüngste Gericht" aufweist. Ferner an *den Wänden der Treppen interessante Bilder*. Sehenswert sind die erst 1973 entdeckten berühmten Fresken zur „Iwein-Sage" (Ritter-Artus-Sage) aus den Anfängen des 13. Jh. Besichtigung des Schlosses von Mai bis Oktober unter Führung tägl. um 11 und 15 Uhr möglich.

Nach etwa 2 km eine Straßengabelung: rechts Abzweigung der staubfreien Verbindungsstraße zur *Brennerstraße*, 4 km, R 1, die man knapp unterhalb *Franzensfeste* an der Festung erreicht.

Eine schnelle Verbindung zur Brennerautobahn ist nun fertiggestellt und dem Verkehr übergeben worden. Die Straße führt von der Kreuzung direkt zu einer neuen Brücke über den tiefen Graben des Eisack zur Autobahneinfahrt *Brixen-Vahrn*.

Bei der Straßengabelung links über die Bahnlinie und an der Ortschaft *Schabs*, 772 m, vorbei. Durch Föhrenwald führt nun die Straße in betonterem Gefälle gegen den Talkessel von Brixen. Bald erreicht man die ersten Weinberge, und der Blick weitet sich auf das Eisacktal. Rechts unten der ausgedehnte, interessante Komplex des *Klosters Neustift* bei Brixen.

1,5 km vor dem Stadtrand mündet die Pustertalstraße in die Brennerstraße, R 1, ein und auf dieser nach BRIXEN, 559 m. *73/0*

ENTFERNUNGEN: nach **Bozen** 40 km; zum **Brenner** 44 km.

ROUTE 12 DAS TAUFERER-AHRNTAL

42 km

Bruneck—Sand i.T.—Steinhaus—Prettau—Kasern

STRECKENÜBERSICHT: Die Autostraße von Bruneck bis Kasern im Talschluß des Ahrntales hat eine Länge von 42 km und weist nur in ihrem obersten Teil einige fühlbare Steigungen auf. Die Straße ist bis *Steinhaus* staubfrei und 6 m breit.

LANDSCHAFTLICHE CHARAKTERISTIK: Das *Tauferer-Ahrntal* ist unstreitig eine der interessantesten und abwechslungsreichsten Tallandschaften in Südtirol. Mit seinen Nebentälern umklammert es mehrere mächtige Gebirgsketten und erschließt einen weiten Bergraum am Alpenhauptkamm.

Während das Tal bis Sand in Taufers, das eigentliche *Tauferer Tal*, landschaftlich sehr dem Pustertal ähnelt, vermitteln das eigentliche Ahrntal und seine Nebentäler schlagartig einen mehr alpinen Charakter, sie sind schmäler, wirken aber mit ihren dichten Forsten, dem meist wiesigen Talgrund und den zahlreichen, lieblich verstreuten Ortschaften und Weilern, die teilweise noch Bauernhäuser mit Holzaufbau und blumengeschmückten Balkonen zeigen, sehr anmutig und romantisch. Eine für Südtirol eher ungewohnte Note geben besonders dem Oberlauf des Tauferer Ahrntales die Gletscher der Ahrntaler Alpen, der Tauern- und Rieser Ferner, die die Berglandschaft beleben, ebenso die zahlreichen Wasserfälle.

0/42 Man zweigt am östl. Ortsausgang von BRUNECK gleich nach der Rienzbrücke auf die Taufererstraße ab und überquert die Bahnlinie und die breite Talsohle des Pustertales in genau nördl. Richtung. Durch das liebliche *St. Georgen* mit seinen bemalten Häusern und blumenprangenden Fenstersimsen und die Ahr übersetzend in das breite, fast ebene *Tauferer Tal* mit seinen ausgedehnten Wiesen- und Ackerflächen hinein. Rechts auf der waldigen Höhe des Tesselberges (Berg des Tassilo!) die Ruine der schon 993 in einer Urkunde erwähnten Kehlburg.

Weiter durch das anmutige Dörfchen *Gais* mit seiner interessanten, romanischen Pfarrkirche. Hier mündet von NO das *Mühlbachtal*. Links und hoch am steilen Berghang *Schloß Neuhaus* (12. Jh.) mit einem markanten, viereckigen Turm, wo einstmals auch der letzte Minnesänger Oswald von Wolkenstein als Burghauptmann saß. Weit aus dem Talhintergrund leuchtet hier der Gletscher des *Schwarzenstein*, 3368 m (Zillertaler Alpen), herein.

9/33 UTTENHEIM, 840 m, wird schon i. J. 993 als Villa Ottonis erwähnt. Links auf schroffem Felsen die Trümmer von *Schloß Uttenheim*.

12/30 MÜHLEN, 862 m. Bei diesem stattlichen Dorf mit seiner schönen gotischen Pfarrkirche mündet von W her das *Mühlwalder Tal*, das größte

SAND IN TAUFERS, *867 m, mit seinen schönen Schlössern:* SCHLOSS NEUMELANS *(16. Jh.) und im Hintergrund* BURG TAUFERS *(13. Jh.) mit der Kette des Schwarzenstein (Zillertaler Alpen), 3368 m.*

Seitental des Tauferner-Ahrntales mit seinen Orten *Mühlwald*, 1221 m, und *Lappach*, 1436 m, die auf 4,5–6 m breiter, teilweise staubfreier Fahrstraße erreichbar sind. Reitstall.

SAND IN TAUFERS, 867 m, rd. 4000 Einw., liegt aufgelockert 15/27
zwischen Wiesen und Gärten hingebreitet in einem weiten, grünen Talbecken, das von der mächtigen *Burg Taufers*, deren Burgfels das Tal zu verriegeln scheint, überragt wird.

Geh., schön gelegenes Schwimmbad, 2 öffentl. Tennisplätze mit Licht im Sportzentrum, Minigolf.

Sand in Taufers mit seinen zahlreichen Hotels, Gasthöfen und Pensionen ist der bedeutendste Mittelpunkt des stark aufstrebenden Fremdenverkehrs des Tauferer-Ahrntales. Der Ort ist wegen seines ausgeprägt milden und angenehmen Reizklimas sowie der großen Möglichkeiten an Spaziergängen und Wanderungen bekannt und beliebt.

Burg Taufers ist in seiner festungsartigen Anlage ein mächtiges Alpenschloß. Seine Erbauung geht auf das 13. Jh. zurück. Das großartige Schloß ging als Schenkung an das „Südtiroler Burgeninstitut“ und wurde von Grund auf restauriert. Da die Burg nie zerstört wurde, ist vieles aus alter Zeit erhalten geblieben. Der romanische Wohnturm hat im ersten Stock die romanische Kapelle mit Rundapsis und Lichtschlitz. Auf gemauertem Altar romanisches Kruzifix (1200). Die Kapelle ist mit herrlichen Fresken von Michael Pacher geschmückt, die 1956 wieder aufgedeckt wurden. Die Bibliothek, der schönste Raum der Burg, hat Kassettendecke mit Barockgemälden. Der große Ofen mit Motiven aus der Türkenzeit gehört zu den schönsten Stücken dieser Art im Lande.

Das Schloß kann ganzjährig besichtigt werden. Führungen. Besuchsstunden saisonbedingt. Eine kleine Broschüre ist beim VV oder im Schloß erhältlich.

Ein weiteres Schaustück des Ortes ist der mächtige Bau des *Schlosses Neumelans* am Ortseingang mit seinen starken Ecktürmen und dem interessanten, auffallend hohen Steildach. Das Schloß ist in bestem Bauzustand und zeichnet sich durch seine Formschönheit und harmonische Architektur aus. Es wurde 1582 durch Hans Fieger von Friedburg erbaut und erhielt den Namen nach einem Ansitz dieser Familie bei Hall in Tirol. Besichtigung gegen Voranmeldung gestattet.

In das Talbecken von Sand in Taufers mündet von O her das schöne *Reintal* mit seinen herrlichen Wasserfällen, wohl den schönsten unseres Landes, das tief in die Gruppe der *Rieser Ferner* und zum Hauptort *Rein*, 1595 m, im Talschluß hineinführt. *Rein* ist auf einer asphaltierten, landschaftlich schönen Fahrt (10,5 km) zu erreichen.

Im Juli 1973 wurde das *Klammljoch*, 2288 m, als offizieller Grenzübergang ins *tirolische Defreggental* für den Touristenverkehr freigegeben. Das *Klammljoch* bietet großartige Einblicke in die Gletscherwelt des *Alpenhauptkammes* und ist ein ausgezeichneter Stützpunkt für Wanderungen und Gletschertouren im Gebiete der *Rieser Ferner*.

SPEIKBODEN-BERGBAHNEN: **Michlreis-Doppelsessellift.** Talst. 940 m, *nördl. Sand i. T.*, Bergst. *Michlreis*, 1385 m, HU 445 m; Talst. *Michlreis*, 1400 m, Bergst. *Speikboden*, 2030 m, HU 630 m. Mehrere Schlepplifte. Mit den Speikboden-Bergbahnen wurde ein schönes Skigebiet zwischen 900—2300 m Höhe erschlossen und bietet an die 10 km gepflegte, schöne Abfahrten für jedes Können. Im Sommer kann man vom Speikboden aus zahlreiche herrliche Wanderungen und größere Touren unternehmen und von überall die Weite der Bergwelt ins schier Unendliche bewundern.

Hart am Schloßfelsen vorbei und durch eine kurze Klamm zieht die Straße im Ahrntal weiter und erreicht das hübsch gelegene

19/23 LUTTACH, 917 m, wo von W das alpine Wald- und Almtal von *Weißenbach* mündet. Luttach ist als Sommerfrische und Wintersportplatz beliebt (s. Speikboden-Bergb.). VV. Modernes öffentl. Hallenbad, Sauna.

Immer reizvoller und abwechslungsreicher zieht das Ahrntal bergwärts. *St. Martin* und *St. Johann*, 1017 m, sind die nächsten Orte. Im

Talhintergrund wird die *Dreiherrnspitze*, 3499 m, mit ihrem Gletscher sichtbar. In hübscher Fahrt längs des Ahrnbaches, wobei in den Wiesen und an den Berghängen malerische Bauernhöfe zu sehen sind, erreicht man den Hauptort der Gemeinde Ahrntal

STEINHAUS, 1054 m, das wegen seiner hübschen Umgebung im Sommer gerne besucht wird. Steinhaus war im Mittelalter der Mittelpunkt des Ahrntaler Kupferbergbaues. *27/15*

Steinhaus ist auch als Wintersportort sehr beliebt. Ein Doppelsessellift führt von *Steinhaus* in das weite, sonnige und schneesichere *Klausberggebiet*. Auf gepflegten, abwechslungsreichen Skipisten findet der Anfänger wie der „Rasante" ein ideales Gelände. — Im Sommer ist der *Klausberg* mit seinen Lärchenwiesen, Hochalmen und dem lieblichen *Klaussee* ein weites, dankbares Wandergebiet (Berggasthof).

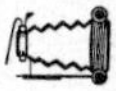

Klausberg-Doppelsessellift. Talst. *Steinhaus*, 1047 m, Bergst. *Klausberg*, 1597 m, Länge 1273 m, HU 500 m. 3 Skilifte, der *Sonnenlift*, *Hühnerspiellift* und *Almbodenlift* führen in Höhen bis auf 2000 m und bieten herrliche und gepflegte Abfahrten mit Höhenunterschieden von 100 bis 450 m.

Über *St. Jakob* (Schnitzschule) und *St. Peter*, beides Ortschaften mit schönen Wiesengründen und charakteristischen Bauernhäusern mit blumengeschmückten Holzbalkonen, gelangt man nach *Prettau*, 1473 m, und schließlich nach

KASERN, 1595 m, die letzte Ortschaft im obersten Ahrntal, das hier auch den Namen *Prettautal* führt. *42/0*

Interessant ist, daß dieser Talschluß trotz der Höhenlage schon in vorgeschichtlicher Zeit besiedelt war. Nachweisbar wurde hier auch schon im 14. Jahrhundert ein ergiebiger Kupferbergbau betrieben, der erst Ende des 19. Jahrhunderts aufgelassen wurde.

Als Ersatz für diesen Verdienstentgang der Bevölkerung, die von den Erträgnissen der kargen Scholle nicht leben kann, fand die Erzeugung von Klöppelspitzen als Heimindustrie Eingang; diese Klöppelspitzen erwarben bald großen Ruf und fanden guten Absatz. Noch heute besteht in Prettau eine Klöppelschule. Auch die Maskenschnitzerei wird wie in den andern Orten des Tales gepflegt.

Für gute Bergwanderer bieten sich von *Prettau* und *Kasern* aus schöne und vor allem sehr aussichtsreiche Wanderungen auf markierten Wegen in die nahe Bergwelt. Hierbei kommt die von *Kasern* taleinwärts noch 2,5 km bis zur *Trinksteinhütte* (jetzt Finanzkaserne), 1671 m, befahrbare Bergstraße zugute. Auf dieser Strecke kommt man an der i. J. 1455 erbauten *Heiliggeistkapelle* vorbei.

Das Tal endet mit der *Birnlücke*, 2662 m, einem offenen Übergang in das *Krimmler Tauerntal* (italienisch-österreichische Staatsgrenze). Im Kamme nordwestl. der *Birnlücke* ragt der unscheinbare *Glockenkarkopf*, 2911 m, auf, der seit 1919 als *Vetta d'Italia* der nördlichste Punkt des italienischen Staatsgebietes ist.

ROUTE 13

60 km

VOM PUSTERTAL IN DAS CADORE

Innichen—Sexten—Kreuzbergpaß—Pieve di Cadore

STRECKENÜBERSICHT: Diese Straße (StStr. 52) durchzieht das *Sextener Tal*, überschreitet den *Kreuzbergpaß* und erreicht durch das oberste *Piavetal* den Straßenknotenpunkt *Pieve di Cadore*. Die Straße ist voll ausgebaut, staubfrei und bleibt ganzjährig dem Verkehr geöffnet. Ihre Breite schwankt zwischen 5,5—7 m mit einigen engeren Ortsdurchfahrten. Sie dient neben dem Besuch des Sextentales, das zu den schönsten und interessantesten Dolomitentälern zählt, dem direkten Verbindungsverkehr von *Osttirol* und dem *Großglockner* her durch das *Cadore* in die *oberitalienische Tiefebene*. Ferner eignet sie sich ausgezeichnet für die Ausführung von zwei Rundtouren, nämlich aus dem Pustertal über den Kreuzberg bis nach *Cima Cogna* und durch das *Val d'Ansiei* nach *Cortina d'Ampezzo* bzw. *Misurina* und weiterhin ins Pustertal zurück. Diese Rundtour kann ausgedehnt werden, indem man das Cadore bis nach *Pieve di Cadore* hinunter befährt und von dort aus durch das *Boitetal* Cortina d'Ampezzo erreicht.

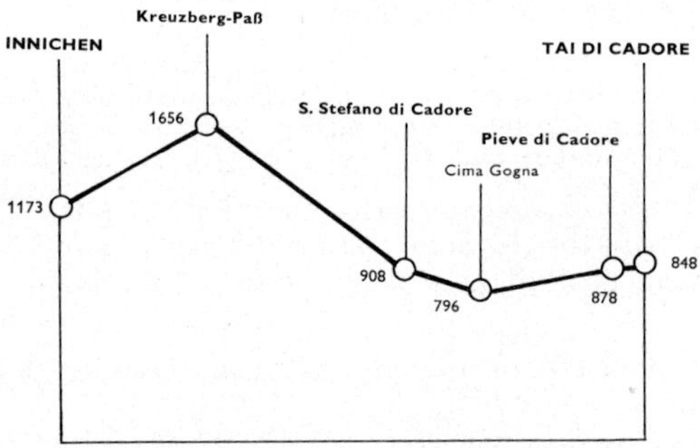

LANDSCHAFTLICHE CHARAKTERISTIK: Das Tal von Sexten ist trotz seiner geringen Länge von nur 15 km bis zum Kreuzbergpaß und als östl. begrenzendes Randtal der Dolomiten von intensiver dolomitischer Schönheit, besonders auch weil es mit zwei Seitentälern, dem *Innerfeldtal* und *Fischleintal*, tief in die überwältigende Pracht der Sextener Dolomiten hineinlangt. Die Landschaft von Sexten wirkt besonders kontrastreich infolge der halbkreisförmigen Einrahmung des Tales durch die massigen Einzelgestalten der Sextener Bergriesen, während an der östl. Begrenzung gegen den sanften Karnischen Bergkamm mit dem bekannten Aussichtsberg *Helm*, Bauernhöfe weit hinauf die Berghänge besiedeln.

0/60 Die Kreuzbergstraße verläßt *Innichen* südwärts und folgt dem linken Ufer des klaren Sextener Baches durch die enge, waldige Talmündung.

Nach einem Teilstück mit stärkerer Steigung zweigt rechts, 3,5 km, an der ehemaligen Lanzinger Säge, 1256 m, eine schmale Fahrstraße in das *Innerfeldtal* bis zur *Dreischusterhütte* (Wirtschaft) ab. Von der Abzweigung 5,3 km. Der kurze Abstecher dorthin ist sehr lohnend. Die Straße hat einige

SEXTEN-MOOS, *1339 m, mit Blick auf die Sextener Berge (Uhrzeigerberge) und das* FISCHLEINTAL *(rechts). Der Bergzug von links:* SEXTENER ROTWAND, *2995 m, und* ELFER, *3092 m, etwas im Hintergrund die schöne Berggestalt des* ZWÖLFERS, *3094 m, und schließlich ganz rechts der* EINSER, *2696 m, dessen mächtige Nordwand direkt in das Fischleintal abstürzt.*

Steilstücke, ist aber durch die zahlreichen Ausweichen gut fahrbar. Den breitsohligen, wiesigen Talboden umstehen hier majestätisch die herrlichen Felsgestalten des Dreischustermassivs, des Haunolds und der Birkenkofelgruppe.

Bald weitet sich das Tal und man erreicht das lieblich zwischen Roggenfeldern und Wiesen gelegene

R 13 *6/54* SEXTEN, 1316 m, das mit dem 2 km taleinwärts anschließenden MOOS, 1339 m, eine Siedlungseinheit bildet. Rund 1800 Einw., zahlreiche Hotels und Pensionen. Sexten war von altersher eines der bekanntesten Bergsteigerzentren und alpiner Sommerfrischplatz der Dolomiten und wird jetzt auch zum Wintersport viel besucht. Schön gelegenes, geh. Freischwimmbad mit weiten Liegewiesen am Waldrand. 2 offene und 2 Hallen-Tennisplätze. — VV, Campingpl.

Kabinenbahn Bad Moos—Rotwandwiesen. Talst. 1356 m, Bergst. 1950 m. Schöne Spaziergänge. Prächtiger Anblick der Bergwelt.

Der Ort hat außerordentlich schmucke Häuser, die vielfach Wandmalereien tragen und mit blumengeschmückten Holzbalkons geziert sind. Die Lage von Sexten in einer weichen Talmulde ist sehr anmutig und von einer vielfältigen, gegensätzlichen Schönheit: Dicht bewaldete Berghänge umsäumen die Talsohle und über ihnen strebt ein stolzer Kranz berühmter Dolomitkolosse in den Himmel, darunter der gewaltige Stock der *Dreischusterspitze* mit den *Gsellknoten*, westl., während südl. die famosen *Uhrzeigerberge* vom *Neunerkofl* über die *Sextener Rotwand*, den *Elfer*, *Zwölfer* und *Einser* aufragen.

Der Name *Sexta* wird schon 965 in einer Urkunde als Name einer Alm erwähnt, die *Kaiser Otto I.* dem Kloster Innichen schenkte. Im ersten Weltkrieg liefen die Frontlinien mitten durch das zerklüftete Felsenreich der Sextener Berge und der Ort stand zeitweilig unter italienischem Artilleriebeschuß, der die Kirche und zwei Dutzend Gebäude in Trümmer legte.

Sehenswert der *Friedhof* mit den Fresken eines *Totentanzes von Rudolf Stolz* (1924) und den Gräbern berühmter Bergführer, darunter *Michel Innerkofler* (abgestürzt 1888), des ersten Ersteigers vieler Sextener Bergriesen, ferner *Sepp Innerkofler*, der bei einem kühnen Sturmangriff in den Felsen des *Paternkofels* im Zinnengebiet im Juli 1915 den Heldentod fand.

Für den bekannten Maler *Rudolf Stolz* aus der Südtiroler Malerfamilie der Stolz, wurde ein interessantes Museum eingerichtet.

AUTOAUSFLUG: **Fischleintal**, 1451 m, 3,5 km, schmale, doch neu angelegte, gut befahrbare Landstraße mit 3,5 m Breite. Man sollte diesen Abstecher keinesfalls unterlassen. In *Moos*, gleich nach der Brücke über den Sextener Bach rechts von der Kreuzbergstraße, an *Bad Moos* vorbei in das anfangs breite *Fischleintal* mit wiesiger Talsohle zwischen waldigen Berghängen. Auf dem, 3,5 km, *Fischleinboden*, 1451 m (Hotel) ist die Landschaft von einmaligem romantischem Zauber. Über schönen Waldwiesen steigen urgewaltig die unheimlich steilen Wände, Flanken und Grate riesenhafter Felskolosse in den Himmel.

Die Straße ist nur bis zum Hotel Fischleinboden mit Auto befahrbar. Ab hier für Autoverkehr gesperrt. Für gute Wanderer gibt es vom Fischleinboden zwei alpine Wanderungen, die zu den schönsten in den Dolomiten zählen. *Drei-Zinnen-Hütte*, 2438 m, C. A. I., 3 Std. Auf guten Steigen durch das *Altensteintal* und unter der gewaltigen Nordwand des *Einsers* durch in interessanten alpinen Landschaftsszenerien zur Drei-Zinnen-Hütte, die ungewöhnlich schön und aussichtsreich auf einer Felshochebene liegt. Hochberühmt ist von hier der Blick auf die *Nordwände* der *Drei Zinnen*.

DREI ZINNEN *von Norden, ein Wahrzeichen der Dolomiten. Erstersteiger: Große Zinne P. Grohmann mit P. Salcher und F. Innerkofler, 1869; Westliche Zinne G. Ploner mit Michl Innerkofler, 1879; Kleine Zinne M. und J. Innerkofler, 1881. Der Anblick der Drei Zinnen von Norden ist eines der eindrucksvollsten alpinen Schaustücke der Dolomiten, ja der gesamten Alpen. Durch alle diese senkrechten und teilweise sogar überhängenden Bruchwände führt rd. ein Dutzend allerschwierigster Kletterführen 6. Grades. — Das Zinnengebiet war im 1. Weltkrieg engste Kampfzone.*

R 13 Links die Felspyramide des *Paternkofels*, an dem knapp unter dem Gipfel der heldenmütige Bergführer *Sepp Innerkofler* bei einem Sturmangriff durch die steilen Felswände den Tod fand. Die Hochfläche der Drei Zinnen und die umliegenden Berge waren engstes Kampfgebiet. Auf dem Gipfel der *Großen Zinne* war von den italienischen Truppen ein riesiger Scheinwerfer aufgestellt, knapp darunter stand ein Gebirgsgeschütz. — *Zsigmondy-Comici-Hütte*, 2235 m, C. A. I. Vom Fischleinboden 2½ Std. Ebenfalls sehr interessante und lohnende Bergwanderung. Die Hütte liegt in hochalpiner Umrahmung am Fuße des mächtigen *Zwölfermassivs*.

Von Moos aus zieht die Kreuzbergstraße mit fühlbarer Steigung durch schütteren Wald, der bis in die Nähe des Passes reicht.

15/45 KREUZBERGPASS, 1656 m (Hotel). Die Paßsenke ist eine weite Wiesenmulde, die von grünen Kuppen begrenzt wird. Hinter diesen ragen südwestl. die vorgeschobenen Gipfel der Sextener Gruppe auf: *Arzalpenkopf*, *Neunerkofel* und *Cima Popera*.

Der Paß bildet die östl. Grenze der Dolomiten gegen den hier ansetzenden *Karnischen Kamm*, der aus kristallinem Schiefer besteht und bis nach Tarvis zieht. Er ist außerdem Wasserscheide zwischen *Schwarzem Meer* und *Adria (Drau* und *Piave)*. Auf ihm verlief bis 1918 die österreichisch-italienische Staatsgrenze und damit war er bis damals der nördlichste Punkt des Königreichs Italien. Heute bildet er die Grenze zwischen den Provinzen *Bozen* und *Belluno* und auch die *Sprachgrenze*. Im ersten Weltkrieg verliefen die vordersten österreichischen Kampfstellungen aus dem Felsenmassiv der Sextener Rotwand über den Burgstall zum Seikofel, Roteck und Eisenreich im Karnischen Kamm. Noch heute sind die Trichterfelder auf den Wiesen des Passes gut auszumachen. Gleich oberhalb der Straße ein riesiges Holzkreuz für die hier Gefallenen.

Mit stärkerem Gefälle senkt sich die Straße in das *Val Pádola* hinab, einem Seitental des oberen *Piavetales*, mit dem es die Region *Comélico* bildet, eine ungemein reizvolle, alpine Landschaft mit weichen Linien, viel Wiesenland und ausgedehnten Wäldern. Bei der Talfahrt ergeben sich schöne Blicke auf die zerfurchten Felswände der *Hochbrunnerschneide* und *Cima Bagni* der Sextener Dolomiten.

Nach 10 km vor der Ortschaft *Dosoledo*, 1237 m, rechts Abzweigung zu dem malerisch auf weitem Wiesenplan gelegenen *Padola*, 1215 m, einem besuchten Sommerfrischort. Von hier führt eine schmale Landstraße mit Asphaltdecke über den langgestreckten, 5 km, *Passo del Zovo*, 1489 m, mit zahlreichen engen Kehren hinunter nach, 14 km, *Auronzo*. Landschaftlich sehr dankbare Abkürzungsroute für jene, die eine Rundtour über Auronzo nach Misurina bzw. Cortina d'Ampezzo vorhaben.

KREUZBERGPASS, *1656 m (Hotel Kreuzbergpaß). Landschaftlich ein hervorragend schöner Paßübergang. Er bildet die östl. Grenze der Dolomiten gegen die sanft geformten Ausläufer der* KARNISCHEN ALPEN. *Über ihn führt die Verbindung aus dem Pustertal (Felbertauernstraße in Osttirol) in das* CADORE *und zur* ADRIA. *— Blick auf das mächtige Massiv der* SEXTENER ROTWAND. *Die prächtigen Paßflanken ermöglichen eine Reihe von lohnenden Spaziergängen und Wanderungen mit eindrucksvollen Landschaftsszenerien, einerseits in eine wilde Felswelt der Sextener Dolomiten, anderseits in die lieblichen Mattenberge der Karnischen Alpen.*

Auf einem folgenden flachen Teilstück der Straße ein ungewöhnlich schöner Ausblick auf die hochflächenartig ausgebreiteten, fast unübersehbaren Wiesen, Weiden und Wälder, aus denen die Ortschaften Dosoledo und Pádola hervorleuchten. An dem Ort *Candide*, 1210 m, der an steilem Berghang liegt, vorbei und mit einer langen Straßenschleife durch ein Seitental erreicht man den Hauptort des *Comélico*.

36/34 SAN STÉFANO DI CADORE, 908 m, ein reizend gelegenes Sommerfrischzentrum mit starkem Verkehr. Hier mündet das Val Pádola in das *Piavetal*.

ROUTENABZWEIGUNG: Auf der weniger befahrenen Straße nach *Sappada* (deutsch Bladen), 1250 m, einem bekannten Sommerort und Wintersportplatz in herrlicher Bergumrahmung und weiter über den **Paß Cima-Sappada**, 1292 m, in das *Friaul*.

Sappada wurde im Mittelalter von deutschen Bauern aus dem Villgratental in Osttirol besiedelt, wovon noch deutsche Orts- und Flurnamen und einige interessante alte Bauernhäuser mit schönen Schmiedearbeiten zeugen. Die Straße führt weiter über den Paß *Cima-Sappada*, 1292 m, und über *Forni Avoltri* und *Comeglians* nach *Villa Santina* im Tagliamentotal, wo sie in die StStr. 52 einmündet, die von *Ponte Nuovo* über den *Passo Mauria* nach *Stazione per la Carnia* führt.

Die Weiterfahrt talaus ist besonders interessant, weil hier die Straße auf einer kilometerlangen Enge des Tales in Felsen gesprengt und mit mächtigen Schutzbauten versehen ist.

46/14 CIMA GOGNA, 795 m. Hier mündet das *Val d'Ansiei* mit der Autostraße, die zwischen *Tre Croci* und *Misurina* von der Großen Dolomitenstraße durch dieses Tal abzweigt. Man hat nun die Wahl, entweder von hier nach Cortina d'Ampezzo bzw. Misurina (R 10a) zu fahren oder die weitere Rundtour über Pieve di Cadore (R 22) fortzusetzen.

49/11 PONTE NUOVO, 730 m, eine 1866 gebaute Brücke, 40 m hoch über dem Piave. Hier Abzweigung der Autostraße über den *Passo Mauria*, 1298 m, nach *Stazione per la Carnia*, 259 m, wo diese in die Nordsüdroute von Billach über Tarvis nach Udine einmündet.

In sehr aussichtsreicher Fahrt mit schönen Blicken auf die umliegenden Berggruppen und besonders die zerrissenen Felswände des *Monte Cridola* in den Karnischen Voralpen und am großen *Stausee* des Cadore *(Lago Centro di Cadore)*, der eine Länge von 8 km und Breite von 800 m hat, sowie in leichter Steigung durch die Ortschaften *Domegge*, 775 m, und *Calalzo*, 806 m nach

60/0 PIEVE DI CADORE, 878 m, Hauptort des *Cadore*. R 22.

Bruneck—Corvara—Campolongopaß—Arabba 45 km

STRECKENÜBERSICHT: Die Straße zweigt in *St. Lorenzen* südwestl. von Bruneck von R 11 ab und durchzieht bis Corvara immer im Talgrund das ladinische *Gadertal*, das vom *Gaderbach* durchflossen wird. Die Strecke von St. Lorenzen bis Corvara wurde vor wenigen Jahren gründlich umgebaut und zählt heute zu den schönsten dolomitischen Talstraßen. Sie ist 6 m breit, staubfrei (StStr. 248) und weist durchwegs nur normale Steigungen auf. Die Teilstrecke von Corvara über den Campolongopaß nach Arabba, früher ein ganz schmales Bergsträßchen, das 1901 gebaut worden war und durch teilweise Senkungen des Geländes einer Berg- und Talbahn glich und auf der ein Autobusverkehr nur äußerst schwierig möglich war, ist nun vollkommen umgebaut und erneuert worden, 7 m breit, staubfrei und ganzjährig befahrbar. Damit ist die nach dem Höhlensteintal, R 9, wichtigste und schönste Einfallstraße vom Norden in die Dolomiten zu einer erstrangigen Bergstraße geworden. Nach dem Umbau der badiotischen Rampe des *Grödner Jochs* ist nun die großartigste Rundfahrt im Herzen der Dolomiten, die Vierpässefahrt „Rund um die Sella" (Sellajoch, Pordoijoch, Campolongopaß und Grödner Joch) auf modernsten Hochstraßen möglich.

LANDSCHAFTLICHE CHARAKTERISTIK: Das *ladinische Gadertal* zählt mit seinen zahlreichen Seitentälern und Verästelungen zu den schönsten, abwechslungsreichsten und besonders charakteristischen Regionen der Dolomiten. Die Nomenklatur ist etwas verwickelt, weil verschiedene Bezeichnungen für das Tal und einzelne seiner Abschnitte gebräuchlich sind. Die Haupttalfurche wird meist als *Gadertal (Val Gádera)* bezeichnet; bei den Eingeborenen wiegt der Name *Val Badia* vor. Hiefür ist auch der Name *Abteital* (als früherer Besitz des Klosters Sonnenburg) gebräuchlich. Das erste Seitental, das südöstl. vom Haupttal abzweigt, heißt *Enneberg (Marebbe)*, lad. *Plan de Maró*. Talaufwärts zweigen dann westl. die kürzeren Nebentäler von *Campill* und *Untermoi* ab, östl. das kurze Tälchen von *Wengen (Spessa)*. Von Stern zieht östl. das schöne Tal von *St. Kassian (Val Armentarola)* in die Berge und schließlich teilt sich das Gadertal im Talschluß in zwei Äste, die die Rampen des *Campolongopasses* und des *Grödner Jochs* bilden.

Nach seiner Mündung mit einer schluchtartigen Klamm von rd. 8 km in das Pustertal, weitet sich das Gadertal allmählich immer mehr, Wiesenflächen schmücken den Talgrund, dichte Waldgürtel säumen den Fuß der schönen Felsberge, worunter im O besonders der langgestreckte, glattwandige Kamm des *Heiligkreuzkofels (Sass dla Crusc)* das beherrschende alpine Schaustück des Tales ist. Großartig hochalpinen Charakter zeigt der Talkessel von *Corvara* und *Colfuschg*, dessen Schönheit durch den unvergleichlich wuchtigen Aufbau der Sellagruppe und das massige Felshorn des Sass Songher eingerahmt wird, indes die den Halbkreis schließenden sanften Almgebirge ob Corvara diesem herrlichen Bild auch ein ungemein anmutiges Gepräge verleihen. Die *ladinische Bevölkerung* des Tales mit seinen 18 Ortschaften und 8 Gemeinden spricht das *badiotische Idiom* der *ladinischen Sprache.*

0/45 Von *Bruneck* auf R 11 durch, 4 km, *St. Lorenzen* und hier am Ortsende nach links abzweigend und durch den Weiler *Pflaurenz* zur vorerst breiten Mündung des Gadertales. Links auf einem Hügel die schöne Ruine der *Michelsburg* aus dem 10. Jh., vermutlich einstmals der Sitz der Grafen von Pustertal.

Nun durch die viele Kilometer lange Mündungsschlucht zwischen Felswänden und waldigen Steilhängen nach

13/22 ZWISCHENWASSER (lad. Andrèga), 1015 m, Wirtschaft.

Hier Abzw. nach 4,5 km, *St. Vigil in Enneberg*, 1195 m, rd. 2500 Einw., VV, 2 Tennisplätze neben Hotel Condor. Sommer- und Wintersportplatz, in einer von hohen Bergen umstandenen Talweitung. Südl. im Talschluß des *Rautales* ein großartiger Bergkranz vom *Großen Seekofel* bis zur *Hohen Gaisl.*

St. Vigil war schon immer ein besuchter Sommerfrischort, hat nun aber durch seine beiden Bergbahnen und durch den Anschluß an den Skizirkus des Kronplatzes an Wintersportmöglichkeiten bedeutend gewonnen.

BERGBAHNEN: **Gondellift Piz Plaies.** Talst. *St. Vigil*, 1190 m, Bergst. *Piz Plaies*, 1620 m, HU 430 m. Von der Bergst. herrliche Aussicht.

Sessellift Miara. Talst. *Miara*, 1460 m, Bergst. *Col Toron*, 1810 m, HU 350 m.

Doppelsessellift Furkelpaß—Kronplatz. Talst. *Furkelpaß*, 1770 m, Bergst. *Kronplatz*, 2290 m, HU 520 m, Fahrz. 14 Min.

Durch das breite Rautal führt eine einfache, im ersten Weltkrieg erbaute Kriegsstraße bis in den halbkreisförmigen, ebenen Talhintergrund von, 15 km, *Pederu*, 1545 m (Wirtschaft). Von hier gibt es eine nicht eingehaltene, sehr steile und schwierig zu befahrende ehemalige Kriegsstraße auf die Hochebene von *Fanes* und über das *Limojoch*, 2172 m, dann weiter durch das *Fanestal* hinaus und über den *Ponte Alto* zur *Strada d'Alemagna* gleich südl. von *Peutelstein*, R 9. Auch für kleine Motorfahrzeuge kaum ratsam.

Die Straße führt nun in dem schönen Waldtal und nur leicht steigend nach, 18 km, *Piccolein*, 1115 m, wo erstmals links die mächtige Felsenmauer des *Heiligkreuzkofels* erscheint, während westl. über den Waldkämmen der *Peitlerkofel* hervorlugt. Gleich darnach rechts die Einmündung des *Campiller Tales* mit dem schönen Dorf *St. Martin in Thurn*, 1125 m, mit seinem wuchtigen *Schloß Thurn*, 14. Jh., knapp jenseits des Gaderbaches gelegen.

ST. LEONHARD, *1371 m, gegenüber dem nahen* PEDRATSCHES *an der Gadertalstraße. Die Landschaft wird von den Bergen des* HEILIGKREUZ-KOFELS *(lad. Sass la Crusc) überragt.*

Weiter, 22 km, *Pederú*, 1156 m, wo von links das steile Tälchen von *Wengen* mündet, und nach der Brücke über den Gaderbach nach

PEDRATSCHES, 1325 m, rd. 2400 Einw., Sitz der Gemeinde des oberen *Abteitales*. Der sowohl im Sommer wie im Winter besuchte Ort liegt freundlich am Fuße der felsigen Abstürze der *Gardenaccia*, 2670 m, und mit herrlichem Blick auf die hier das ganze Tal begleitende gelbrote Felsmauer des *Heiligkreuzkofels* und der Lavarella. *29/16*

VV; Hallenschwimmbad (öffentl. Hotel Teresa), 2 Tennisplätze.

BERGBAHN: **Gondellift Heiligkreuz.** Talst. an der Straße von *Pedratsches* nach *St. Leonhard* jenseits des Gaderbaches, 1350 m, Bergst. nahe der

Das Wallfahrtskirchlein HEILIGKREUZ, *2043 m, unter den gewaltigen Felswänden des* HEILIGKREUZKOFELS *(lad. Sass dla Crusc), 2908 m. Von der Bergstation des Gondellifts erreicht man Heiligkreuz in 15 Minuten.*

Wallfahrtskirche Heiligkreuz, 2050 m, HU 700 m. Schöne Spaziergänge und Wanderungen.

31/14 STERN, 1483 m. Besuchter Sommer- und Wintersportplatz, sehr schön auf den Wiesen oberhalb der Straße und nahe dem Waldgürtel gelegen, über dem das Felsmassiv des *Sass Songher* ansetzt. Herrliche Berglandschaft ringsum. Die rotgelb leuchtenden Felswände der *Heiligkreuzkofelgruppe*, *Lavarella* und *Cunturines* haben sich nun voll entfaltet, während im Hintergrund des gegenüber mündenden Tales von *St. Kassian* die Spitzen der *Fanisgruppe* aufragen. Hier zweigt R 15 ab, die über *St. Kassian* und *Armentarola* das *Valparolajoch* und jenseits den *Falzáregopaß* an der Großen Dolomitenstraße erreicht.

VV, 2 öffentl. Tennisplätze neben dem Sportplatz.

Gondellift Stern—Piz La Villa. Talst. am Südende des Ortes, 1427 m, Bergst. *Piz La Villa*, 2077 m. Mit diesem Gondellift erreicht man den Eckpfeiler des Almgebirges der Pralongiá. Von der Bergstation sind sehr schöne, fast durchwegs wenig anstrengende Wanderungen möglich. Im Winter sportliche Skiabfahrten ins Tal und die Möglichkeit, vom Gipfel aus herrliche Skiwanderungen in das weitgebreitete *Pralongiá-* und *Col Alt*-Gebiet auf den Höhen um *Corvara* zu unternehmen.

Neben der Kirche (1516) das massige, zweistöckige *Schloß Stern* mit hoher Ringmauer und Rundtürmen, das in seiner heutigen Gestalt auf das Jahr 1537 zurückgeht. Heute ist es ein bäuerliches Anwesen.

LA VILLA-STERN, *1483 m, im Hochabtei und an der Mündung des* ARMENTAROLATALES *(Straße rechts am Waldrand). Im Hintergrund der Bergzug des Heiligkreuzkofels und Lavarella.*

Nach kurzer Fahrt öffnet sich ein weiter Bergkessel zum Talschluß des Gadertales, worin *Corvara und Colfuschg* liegen. Diese Berglandschaft ist das herrlichste Schmuckstück von Badia. An der Nordseite wuchtet das massige Horn des *Sass Songher*, südwestl. im Hintergrund bauen sich die festungsartigen Bastionen der *Sellagruppe* auf, zwischen denen und den Felsabstürzen der *Puezgruppe* das *Grödner Joch* eingeschnitten ist. Südl. und an die Sella anschließend die weichen Hänge und Kämme des Almgebirges der *Pralongiá*.

Corvara, *Colfuschg* und der Weiler *Pescosta* am Fuße des *Sass Songher* bilden zusammen die Gemeinde *Ladinia* mit dem Sitz in Corvara. Am Ortseingang von Corvara Straßengabelung und rechts nach *Colfuschg*, **4** km.

CORVARA, 1568 m, genießt als alpiner Sommerfrischort und Wintersportplatz internationalen Ruf. Mit großartigen Hochgebirgsszenerien verbindet die Landschaft von Corvara anmutiges und idyllisches Alm- *37/8*

CORVARA, *1568 m, der Hauptort der Gemeinde* LADINIA *im Talschluß des Gadertales, ein weitbekannter Sommer- und Wintersportplatz. Im Hintergrund der Weiler* PESCOSTA. *Darüber das massige Felshorn des* SASS SONGHER, *2665 m. Links die Berge der* PUEZGRUPPE.

Tiefblick vom COL ALT, *1982 m, der Bergstation des Sessellifts, auf den Weiler* PESCOSTA *(rechts unten) und* COLFUSCHG, *1645 m, den anderen bekannten Fremdenorten und Wintersportplätzen im Talschluß des Gadertales. Im Hintergrund die Autostraße zum Grödner Joch, 2121 m.*

 gelände. Der Ort ist auch ein ausgezeichneter Standpunkt für Autoausflüge und Rundtouren. Die kleine gotische *Pfarrkirche* wurde 1452 geweiht und ist sehenswert (eine neue Kirche weiter unten im Ort). — VV. Frei- und Hallenschwimmbad. 2 öffentl. Tennisplätze.

Corvara war einer der ersten Dolomitenorte, in denen der Skisport zu Beginn des Jahrhunderts Wurzeln schlug. Der Grund hierfür war das weiche und für den Skilauf ungemein geeignete, stark artikulierte Almgelände des Höhenzuges der Pralongià, des Cherz, der Paßrampen zum Grödner Joch und Campolongo.

Durch diese Geländebildung nimmt Corvara eine einzigartige Stellung in den Dolomiten ein, die es auch im Sommer zu einem Wanderreich par exzellence prägen. Nirgendwo in den Dolomiten findet sich auf engem Raum ein Zusammentreffen von so weitem und herrlichem Almgelände, das man geradezu als Almgebirge bezeichnen kann, mit prächtigen Felsgruppen (Piz Boè, Sassongher) und Felshochebenen (Puez), die für Hochgebirgswanderungen ebenfalls unschwierig zugänglich sind. Ein weiteres Merkmal der Landschaft um Corvara ist die Möglichkeit, diese Unzahl von Skitouren und vor allem auch Sommerwanderungen durch Benützung der zahlreichen Bergbahnanlagen weniger mühevoll zu gestalten. Besonders hervorzuheben ist die neue Bergbahnanlage auf den Boè-See und weiter auf den Vallon, die ausgedehnten Touren auf das Sellaplateau und die Boèspitze ermöglichen.

COLFUSCHG und PESCOSTA, 1645 m. Sehr beliebte Sommerorte und Wintersportplätze in anmutiger Lage. Gegenüber Colfuschg, einer der faszinierendsten Anblicke der Dolomiten: Das steile und lange Felsental von Mezdí mit seinen ungewöhnlich wildgeformten Felskulissen.

Camping zwischen Corvara—Colfuschg.

BERGBAHNEN: **Seilbahn Boésee**, Talst. *Corvara*, 1540 m, Bergst. *Boésee*, 2193 m, HU 653 m. Dieser Teil ist 2618 m lang und befördert stündlich 540 Personen. Von hier führt ein Doppelsessellift auf den *Vallon*, 2525 m.

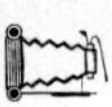

Doppelsessellift Vallon. Talst. *Boésee*, 2195 m, Bergst. 2525 m, HU 330 m. Die Länge dieses Liftes ist 1110 m, er befördert stündlich 720 Personen. Gesamt-HU beider Lifte ist 983 m. Von der obersten Bergst. 4,3 km instandgehaltene Pisten.

Die Bergst. am *Valon* bietet eine unübersehbare Vielfalt an Wanderungen und leichten Gipfelbesteigungen über das herrliche *Sellaplateau*.

Sessellift Col Alt. Talst. *Posthotel Zirm*, 1568 m, Bergst. *Col Alt*, 1982 m, HU 424 m, Fahrz. 9 Min. (Hotel). Dieser Sessellift ist eine der Bergbahnen in den Dolomiten, die besonders lohnende Bergausflüge ermöglichen. Das Panorama auf die Berggruppen des Gadertales ist einzigartig, der Blick gegen die schimmernde Gipfelkrone der *Marmolata* besonders eindrucksvoll.

COLFUSCHG, *1645 m, der Zwillingsort von Corvara und wie dieses ein weitbekannter Sommeraufenthaltsort und Wintersportplatz, liegt im Talschluß des Gadertales und am Fuße der Ostrampe des* GRÖDNER JOCHS, *2121 m (rechts). Mit prächtigen, steilwandigen Felskulissen baut sich direkt dem Ort gegenüber die* SELLAGRUPPE *zu einem echt dolomitischen, eindrucksvollen Landschaftsbild auf. Die Sellagruppe eignet sich durch ihre tiefeingeschnittenen Täler, die große Felshochebene und verschiedene Schutzhütten besonders gut für lohnende Hochgebirgswanderungen.*

Vom Col Alt sind leichte, kürzere und längere Wanderungen über die welligen Kämme und weiten Grasflächen des Almgebirges möglich, so zum *Rif. Pralongia* 1½ Std. Keinesfalls sollte man versäumen, den Abstieg nach Corvara zu Fuß zu machen.

Doppelsessellift Pralongià. Talst. *Pralongià*, 1722 m, Bergst. *Triestspitze*, 2024 m, HU 302 m, Fahrz. 10 Min.

Sessellift Pescosta—Col Pradat. Talst. 1650 m, Bergst. auf dem *Col Pradat*, 2000 m. Schönes Wandergebiet, im Winter sehr gepflegte, schöne Skiabfahrten.

R 14 Von Corvara ist nach dem gründlichen Umbau der alten Straße die Fahrt über den *Campolongopaß* ein besonderer Genuß. In der Auffahrt durch die lieblichen Wiesen- und Weidegründe des Rutortbaches, die vor der Mahd einen ungewöhnlich reichen Bergblumenschmuck tragen, bieten sich immer wieder glanzvolle Blicke auf den Talkessel von Corvara, über dem sein Wahrzeichen, der *Sass Songher*, machtvoll aufragt. Die Landschaft ringsum ist eine Mischung von starrendem Fels und weichen Matten und Buckeln der Almgebirge, wie man sie in den Dolomiten nur selten bewundern kann. Im Endstück zieht die Straße fast eben durch die langgestreckte Paßfurche zum

41/4 CAMPOLONGOPASS, 1875 m (Hotel). Dieser weitoffene, in herrliche Matten mit einzelnen Baumgruppen gebettete Übergang der Dolomiten ist ein Paradies für kurze Spaziergänge und Wanderungen, die ein Übermaß an Weit- und Rundsicht geben.

Besonders lohnend in kurzem Aufstieg zu den weiten Grasflächen der *Cherz-Hochebene*, von wo sich der Anblick des Aufbaues der *Sellagruppe* mit dem *Piz Boè*, 3151 m, immer mehr steigert. Der Glanzpunkt aber bleibt die Schau auf die *Marmolata*, die „Königin der Dolomiten", die traumhaft licht und hehr im S hinter dem schwarzen *Padonkamm* aufsteigt (von der Straße ist nur kurz ihre oberste Firnkrone zu erblicken).

In der Weiterfahrt noch ein kurzes Stück durch die wiesige Paßsenke (der höchste Gipfelgrat der *Marmolata* ist noch kurz zu sehen), dann senkt sich das Gelände mit einem kurzen, steilen Graben, immer im Anblick der buckligen und zerrissenen Spitzen des *Padonkammes* (Eruptivgestein) zum obersten *Cordevoletal*. Die Straße biegt mit wenigen Kehren und einer weiten Schleife nach links an den östl. Hängen zum Weiler *Varda*, 1669 m, aus (prachtvoller Blick auf die Riesengestalt des *Monte Pelmo*, 3168 m) und erreicht hangabwärts den anmutig gelegenen, wichtigen Straßenknotenpunkt

45/0 ARABBA, 1602 m, R 9, an der Großen Dolomitenstraße.

CAMPOLONGOPASS, *1875 m (Hotel), mit seiner ausgezeichnet ausgebauten Autostraße. Im Hintergrund der langgestreckte Felszug (von links) des* HEILIGKREUZKOFELS, *2908 m,* PIZ LAVARELLA, *3053 m und* PIZ CUNTURINES, *3077 m, der die weitgedehnten Hochebenen von Sennes und Fanes trägt. Darunter das weichgewellte Almgebirge der* PRALONGIA *und* CHERZ, *die den Ruf Corvaras als idealen Stützpunkt für weite, leichte Wanderungen und ein prächtiges Skireich begründet haben.*

ROUTE 15

15 km

VOM HOCHABTEI ZUR GROSSEN DOLOMITENSTRASSE

Stern — St. Kassian — Armentarola — Valparolajoch—Falzáregopaß

STRECKENÜBERSICHT: Diese Straße ist aus ehemaligen Kriegswegen entstanden und stellt eine kurze und gute Querverbindung aus dem *Hochabtei* zum *Falzáregopaß* und damit zur *Großen Dolomitenstraße* her. Die Straße durch das Tal von St. Kassian bis zur Provinzgrenze ist in einer Breite von 6 m sehr schön ausgebaut und staubfrei. Anschließend beginnt in der Provinz Belluno der Straßenabschnitt über das *Valparolajoch*, auf dem die Straße rd. 3 m breit, jedoch staubfrei ist.

LANDSCHAFTLICHE CHARAKTERISTIK: Das *Tal von St. Kassian* mit seinen schönen Wiesenmatten, die von dichten Wäldern eingesäumt werden, ist ungemein lieblich und eines der noch unberührtesten Dolomitentäler. Die mächtigen, rotgelben Felsmauern der *Lavarella* und *Cunturines* begleiten es nördl. Sehr interessant ist die Auffahrt über die Paßrampe zwischen den Felsbergen des *Lagazuoi* und des *Monte Castello*, ferner die urtümliche Felslandschaft rings um die Paßsenken des *Valparolajochs*.

0/15 In STERN, 1483 m, Abzweigung von R 14, östl. zum *Gaderbach* hinunter und über ihn zum lieblich gelegenen Dorf

3/12 ST. KASSIAN, 1537 m, einem aufstrebenden Sommer- und Wintersportplatz, bekannt wegen der Schönheiten des Tales in seiner urwüchsigen Einsamkeit. Die Umgebung ist von altersher geologisch berühmt. Die größten Geologen des vorigen Jahrhunderts *Leopold von Buch*, Frh. von *Richthofen* und viele andere haben hier ihre Untersuchungen über die bekannten *Kassianer Schichten* angestellt. Diese sind reich an Versteinerungen (Petrafakten), besonders auf den *Stuoreswiesen* südlich von St. Kassian, die trotz der Ausbeutung noch schöne Funde liefern. — VV. 2 Tennisplätze.

BERGBAHN: **Sessellift Piz Sorega.** Talst. *St. Kassian*, 1537 m, HU 463 m, Bergst. *Piz Sorega*, 2003 m (Wirtschaft).
Von der Bergstation hübsche, leichte Skitouren- und Wandermöglichkeiten bis ins nahe Pralongiá- und Col Alt-Skigebiet.

In leichter Steigung zu der ungemein idyllisch auf einem Wiesenplan gelegenen Häusergruppe von

8/7 ARMENTAROLA, 1640 m (Hotels), die von den gewaltigen Felsabstürzen der *Cunturinesgruppe* romantisch überragt wird.

ST. KASSIAN, *1537 m. Im Hintergrund der* PEITLERKOFEL, *2874 m.*

Weiter zum Talschluß mit einer langen Brücke über das breite Schotterbett des *Sarébaches*, der aus einem gewaltigen Felszirkus hervorströmt. Die Straße überwindet nun in weiten Kehren die steile Paßrampe zum

VALPAROLAJOCH, 2192 m (Wirtschaft), auf der *nördl. Paßsenke.* Hervorragend schöne Schau auf das ganze Tal von St. Kassian und die mächtigen Felsgruppen, die das obere Gadertal einrahmen. In der Fahrtrichtung rechts unten der kleine *Valparolasee* und im Hintergrund über dem dunklen Kamm des *Col di Lana* die Firne der *Marmolata.*

In interessanter Fahrt durch das blockübersäte Gelände und an dem gesprengten österreichischen Sperrfort *Tra i Sassi* aus dem ersten

Blick von der schön ausgebauten Straße im Talschluß des ST. KASSIAN-TALES *und am Beginn der Nordrampe des* VALPAROLA-JOCHS *gegen die wildromantische Felswelt der* CUNTURINES, *3077 m.*

Weltkrieg vorbei zur *südl. Paßsenke,* 2197 m, zwischen *Sasso di Stría* rechts und den Felshängen des *Kleinen Lagazuoi* links. Man befindet sich nun mitten im Stellungsgelände des ersten Weltkrieges.

Von hier führt die Straße nun schräg durch den steilen Hang des Kleinen Lagazuoi und mündet direkt auf dem

15/0 FALZAREGOPASS, 2105 m, in die Große Dolomitenstraße, R 9, ein.

DURCH GRÖDEN ZUR GROSSEN DOLOMITENSTRASSE

ROUTE 16

Waidbruck – Grödner Tal – Sellajoch – Canazei

43 km

STRECKENÜBERSICHT: Das Grödner Tal und seine Straße bilden die wichtigste und direkteste Einfallspforte aus dem *Eisacktal* von der *Brennerstraße* und der Brennerautobahn her in die Dolomiten. Die gesamte Talstrecke von *Waidbruck* bis nach *Plan* im Talschluß ist 5,5–6,5 m breit, staubfrei (StStr. 242) und weist einige kurze Stellen mit einer Höchststeigung von 12% auf. Zahlreiche unübersichtliche Windungen und Kurven wurden in den letzten Jahren verbreitert und reguliert. Trotzdem ist besonders die Schluchtstrecke von Waidbruck bis St. Ulrich bei dem oft sehr starken Verkehr vorsichtig zu befahren, schon weil hier auch sehr viele Autobuslinien laufen.

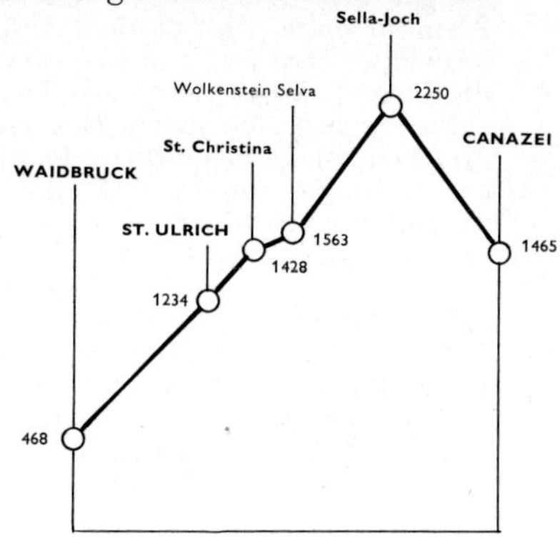

Die Paßstraße von *Plan* über das *Sellajoch* ist 5,5–6,5 m breit und durchaus staubfrei gemacht, die Kehren sind breit ausgebaut und sehr übersichtlich gehalten. Die Talstraße ist den ganzen Winter über gebahnt. Die Paßstraße wird ebenfalls den ganzen Winter über offengehalten, doch können bei starken Schneefällen und wegen einiger Lawinengänge im Frühjahr auch kurze Unterbrechungen eintreten.

NEUE ZUFAHRTSSTRASSE. Die schmalspurige Grödner Bahn Klausen–St. Ulrich–Plan, die 1916 als Militärbahn für den Nachschub an die Dolomitenfront erbaut worden ist, wurde 1960 aufgelassen. Auf ihrer Trasse ist eine moderne Zufahrtstraße gebaut worden, die als hervorragende Aussichtsstraße das Grödental über Layen und St. Peter erreicht. Der Ausgangspunkt ist Klausen und somit die direkteste Verbindung von der Brennerautobahn (Anschlußstelle Klausen) in das Grödental.

Eine dritte, schön ausgebaute und asphaltierte Verbindung hat das Grödental von *Kastelruth* her durch die Straße über *St. Michael* nach *Gröden.*

LANDSCHAFTLICHE CHARAKTERISTIK: Im unteren Teil ist die Grödner Straße, und zwar von *Waidbruck* bis *Pontives*, kurz vor St. Ulrich, tief in die Enge des hier schluchtartigen Grödner Tales eingekerbt, so daß sich kaum weitere Ausblicke ergeben. Auch auf der Talstraße zwischen *St. Ulrich* und *Wolkenstein* wird die Aussicht durch die Enge des Tales teilweise beeinträchtigt, immer wieder aber gibt es Stellen, wo sich auf kurzen Strecken weite Blicke in die landschaftlichen Schönheiten des Tales über den engen Talhängen und in seine Berge auftun.

Das Grödner Tal und seine Berge vereinigen alle Merkmale der klassischen Dolomitenlandschaft, hier finden sich dolomitische Bergformen in all ihren

R 16 Ausprägungen, vom mächtigsten Bergmassiv bis zum feingliedrigsten Turm, von der Felsbastion bis zur Felshochebene; dem gesellen sich die schönen Wälder und ganz besonders die hier in Gröden in ihrer Ausdehnung überaus weiten, herrlichen Bergmatten und Almweiden zu. All dies wird vollendet abgerundet durch zwei der landschaftlich großartigsten, autofahrbaren Pässe, die die Verbindung zu den dolomitischen Nachbargebieten herstellen.

Mit Recht wird das Grödner Tal als das Herz der westl. Dolomiten und sozusagen als eine dolomitische Modell-Landschaft gewertet. Daraus ergibt sich ein Übermaß an Möglichkeiten für den Besucher, hier die Dolomiten auf kleinem Raum in all ihren Eigenarten und Schönheiten zu erleben! Auch ist nirgendwo in den Dolomiten jede Art von sportlicher Betätigung so zusammengerückt wie in der Grödner Tal- und Bergwelt: der Spaziergänger und Wanderer kommt auf bequemsten Ausflügen der hochalpinen Zone so nahe, daß er den Alpinisten und Kletterer in Rufweite hat, und hinwieder nur auf Büchsenschußweite ziehen gepflegte Autostraßen durch die Pracht dieser Berglandschaft.

So ergeben sich jedem Besucher in nie abreißender Folge Bilder, Anblicke und Eindrücke gegensätzlichster Art und Schönheit. Besonders zu erwähnen ist, daß das Gebiet von Gröden trotz des intensiven Verkehrs und Besuches überall wieder eingesprenkelte größere und kleinere Zonen hat, die durch ihre Weite, Auslauf- und Verteilungsmöglichkeit volle Lärmfreiheit, Ruhe und Einsamkeit geben. So schenkt das Grödner Tal jedem Besucher, was er sucht, in vollem Maße!

Besonders zu rühmen ist schließlich die Erschließung der Grödner Bergwelt durch ein hervorragend angelegtes Netz von *Seilbahnen* und *Sessellifts*, die hier nicht nur dem Wintersport dienen, sondern in gleichem Ausmaße auch dem Sommertouristen und Automobilisten rasch und mühelos die Landschaft und besonders auch die schönsten Aussichtspunkte erreichen lassen.

Durch diese glücklichen Voraussetzungen ist das Grödner Tal von jeher ein bevorzugtes Ziel und Mittelpunkt des dolomitischen Fremdenverkehrs gewesen und bis heute geblieben. Aus traditionsreicher Überlieferung ist auch das Gastgewerbe dieses berühmten Tales zu höchstem Stand gelangt.

0/43 Von WAIDBRUCK, 468 m, zweigt die *Grödner Straße* von der *Brennerstraße*, R 1, ab, übersetzt den Eisack und die Brennerbahn. Am Ortseingang *Straßengabelung* (rechts geht die ausgebaute Verbindungsstraße aus dem Eisacktal nach Kastelruth und Seis ab) und nun links durch den enggedrängten Ortskern, der von der schönen *Trostburg* überragt wird und den die Brennerautobahn hoch über der Schluchtmündung aus Tunnels kommend überquert, sofort in die enge Schlucht, in der die Straße auf längere Strecken in die Felsen gesprengt ist.

▷

ST. ULRICH – ORTISEI *(1236 m), der anmutige Hauptort des* GRÖDNER TALES *mit dem gewaltigen Felshorn des* LANGKOFELS, *3181 m. Links die ungeheure Felsbastion der* SELLA, *die den Talschluß des Grödentales bildet.*

R 16 Entlang dem ungebärdigen und tosenden *Grödner Wildbach (Dirschenbach)*, der zwischen Felstrümmern herabschäumt, durch das schluchtartige Tal, das sich zwar mehrmals auf kurze Strecken zu kleinen Wiesenböden weitet, jedoch wegen der steilen, fels- und walddurchsetzten Bergflanken fast jeden Ausblick versperrt. Nur einmal wird links nördl. der Weiler *St. Peter in Lajen* sichtbar. An mehreren kleinen Kraftwerken vorbei und mit einer kurzen, schärferen Steigung durch die Felstrümmer eines gewaltigen Bergsturzes erreicht die Straße den flachen Talboden von *Pontives*, wo früher von links die Grödner Schmalspurbahn von Klausen her in das Grödner Tal einfuhr (i. J. 1960 aufgelassen). Hier mündet jetzt die neue Autostraße ein, die von Klausen den Bahndamm als Fahrbahn benützt. Hier wird erstmals das wunderbare Felshorn des *Langkofels* (lad. *Sasslong*), 3181 m, das weithin beherrschende Wahrzeichen des Grödner Tales, sichtbar. Nach einer Talenge mit stürzenden Felswänden, der sogenannten „*Porta Ladinia*" (Sprachgrenze zwischen deutscher und ladinischer Bevölkerung), gelangt man in die große Talweitung, in der links vorne *St. Ulrich* sichtbar wird. Noch vorher rechts die Mündung des engen *Pufelser Tälchens*, das von der *Seiser Alm* herabkommt und daran der Weiler *Runggaditsch (Roncadizza)*, 1180 m, mit mehreren Pensionen und Gasthäusern. Mit einem Schlage wird hier die Landschaft offen und lieblich.

13/30 ST. ULRICH, ladinisch ORTISEI, 1236 m, rd. 4500 Einw., der Hauptort des Grödner Tales, der Mittelpunkt seines Fremdenverkehrs, einer der größten, besuchtesten und am besten organisierten Sommerorte und Wintersportplätze der Dolomiten mit internationalem Ruf. St. Ulrich breitet sich hauptsächlich vom rechten Ufer des Grödner Baches an über den welligen Berghang hinauf aus und hat einen Kranz von Villen und einzelnen Bauernhöfen im Umkreis.

Der Ort selbst macht einen ungemein schmucken und gepflegten Eindruck, fast wie ein Bergstädtchen, das trotz der vielen Hotels und Pensionen nicht als prunkhafter, nackter Fremdenort erscheint, sondern die herrliche Intimität eines lebendigen Gebirgsdorfes bewahrt hat. Über dem dunklen Waldkamm ragt der *Langkofel* auf.

Am Ortseingang das bronzene Standbild für den Bürgermeister *J. Purger*, dem die Grödner den Bau der ersten Straße durch das Tal von Waidbruck herauf und damit die Öffnung zur Welt verdanken (1856). Die höher im Ort liegende, festliche *Pfarrkirche* (erbaut 1796, später vergrößert) ist im Innern überreich mit Altären, Heiligenstatuen u. a., alles Werken einheimischer Holzbildhauer, geschmückt. In der kleinen *St. Antoniuskirche* auf dem am tiefsten Punkte des Ortes gelegenen jetzigen Hauptplatz sind zwei große Holzstatuen des früheren Hochaltars von *Barth. Vinatzer* (1684) zu sehen. In der Nähe das Gebäude mit der permanenten *Ausstellung* von Grödner Holzschnitzereien. Am Ortsausgang taleinwärts die *Fachschule* für Holzbildhauerei und Schnitzkunst, gegründet 1890.

Unübertroffen ist St. Ulrich durch seine großen Bergbahnen, zwei Seilbahnen (Seiser-Alm-Bahn und Seceda-Bahn) und einen großen Sessellift (Raschötz), die durch ihre großartige Anlage die ausgedehnten und charakteristischen Randgebiete um St. Ulrich vorbildlich erschließen und nicht nur Zubringer für schöne Aussichtspunkte sind.

Die große SEISER-ALM-SEILBAHN, *die von St. Ulrich aus den Höhenunterschied von 790 m zum Rande der Seiser Alm in 5 Min. bewältigt. Blick auf St. Ulrich. Talseitig gegenüber der dichte Raschötzer Wald mit der Trasse des Sesselliftes auf die Raschötz. — Die Bergstation der Seiser-Alm-Bahn auf den* PIZ *(Hotel) ist einer der besten Aussichtspunkte über die Alm und zentraler Ausgangspunkt für Almwanderungen.*

Die Organisation für den Fremdenverkehr ist modern und erstrangig. Der Ort verfügt über ein Kongreßhaus und eine schöne Anlage von Tennisplätzen, einen Tontauben-Schießstand und ein modernes Schwimmbad mit drei Becken. Im Winter stehen große Eislaufplätze und ein Eisstadion zur Verfügung. Großes Ozon-Hallenbad (Wassertemp. 27°). Großzügige und moderne Anlage, erstes Ozon-Hallenschwimmbad in Südtirol. — 4 öffentl. Tennisplätze, 3 Hotelplätze, VV.

BERGBAHNEN: **Seilbahn St. Ulrich—Piz (Seiser-Alm-Bahn).** Talst. in *St. Ulrich* jenseits des Grödner Baches (Autozufahrt), 1231 m, Bergst. *Piz (Seiser Alm)*, HU 774 m, Fahrz. 5 Min., Hotel. Die kühn angelegte Seilbahn vermittelt eine eindrucksvolle, aussichtsreiche Auffahrt. Von der Bergst. einer der besten Aussichtspunkte über fast die ganze Seiser Alm, gleichzeitig auch ein hervorragender Ausgangspunkt für alle Wanderungen und kürzere Spaziergänge.

Die SEISER ALM ist eines der dolomitischen Wunder. Sie ist die größte Hochweide der Alpen mit einer Ausdehnung von rd. 60 Quadratkilometern und in einer mittleren Höhe von 2000 Metern, ein welliges Almmeer mit nur wenigen Baumgruppen und Waldstreifen, ein Wiesengelände und Weidegebiet mit über *70 Schwaigen, d. s. Almgerechtsame*, wo volle Almwirtschaft betrieben wird, und über *400 Dillen*, d. s. Heuhütten. Von hier stammt auch die älteste deutsche *Almordnung*, geschriebnes Weide- und Almrecht, auf das alljährlich in *Pufels* bei St. Ulrich die *Saltner* (Aufseher) den Almeid schwören mußten.

Die berühmte SEISER ALM, *die ausgedehnteste Hochweide der Alpen in einer Höhe von 2000 m, 60 km² groß, mit über 70 Schwaigen und rd. 400 Heuhütten ist eine der eindrucksvollsten Sehenswürdigkeiten der Dolomiten. Besonders Juni und Juli bietet sie als Bergblumenwunder im Rahmen ihrer mächtigen Dolomitriesen ein alpines Landschaftsbild von eindrucksvollster Großartigkeit.*

Diese Voraussetzungen machen das Gebiet der Seiser Alm, das von zahlreichen markierten Wegen durchzogen wird, zu einem leichten und bequemen, unübertroffen ausgedehnten Wandergebiet. Und im Winter zu einem unausschöpfbaren Gelände für Skitouren und Abfahrten jeder Art. Besonders erwähnt muß die Seiser Alm als Zauberreich der Bergblumen werden, wenn von Mitte Juni bis Mitte Juli die Zeit der Hochblüte ist.

Die Herrlichkeit der Seiser Alm wird durch ihre Bergumrahmung noch wesentlich gesteigert. Südwestl. wird sie von der mächtigen Berghochebene des *Schlern* überhöht, der nach einer Seite mit eindrucksvollen Felswänden

Im Winter ist sie ein Skigebiet von einzigartiger Prägung. In der linken unteren Ecke das Ende der Seiseralmstraße bei Kompatsch. Knapp darüber der bewaldete Piz mit der Bergstation der großen Seilbahn von St. Ulrich. In diesem Abschnitt darüber die Bergzüge der Geisler-, Puez- und Sellagruppe. Auf der rechten Hälfte das Massiv des Langkofels und anschließend das Fassajoch.

(Burgstall) abfällt und den hier die markanten und formschönen Felstürme der *Santner- und Euringerspitze* flankieren. Nach links schließt der zersplitterte Felszug der *Roßzähne* an (hinter dem die Berge der *Rosengartengruppe* aufragen); der Fassaner Kamm stellt die Verbindung mit dem Felsmassiv der Langkofelgruppe her, die sich gegen die Seiser Alm voll mit ihrem gewaltigen, felsigen Hufeisen auftut.

Über das weite Almgebiet ist eine größere Anzahl von *Berghotels und Schutzhütten* verstreut, die ausgezeichnete Stützpunkte für Wanderungen und Touren bilden. Diese werden von einer Reihe von Sessellifts erleichert

Die SECEDASEILBAHN *in der Auffahrt von der Mittel- zur Bergstation mit Blick das Annatal hinaus auf* ST. ULRICH, *die waldigen Sockel der Seiser Alm und im Hintergrund die Schlernhochfläche. Die Secedaseilbahn erschließt von St. Ulrich aus einen Großteil der nördl. Talseite in einem weiten Umkreis. Schon von der Mittelstation* FURNES *aus ergeben sich eine ganze Reihe von schönen, leichten Wanderungen. Die Bergstation liegt ungemein aussichtsreich auf dem* SECEDAKAMM, *dem Ausläufer der* GEISLERGRUPPE. *Sehr lohnend sind von hier die Wanderungen über die Almen am Fuße dieser Gruppe und die Abstiege ins Tal.*

und bequemer gestaltet; sie seien hier kurz erwähnt: *Frommer-Sessellift*, der hinter dem *Frommerhaus* beginnt und auf den *Skitzbühel*, dem westlichsten Punkt der Seiser Alm, bringt. *Puflatsch-Sessellift*, der am Kopfende der Seiser-Alm-Straße (siehe Autoausflüge unter Bozen) ansetzt und zum nordwestl. Randkamm der Alm auf den *Puflatsch* führt (hervorragender Aussichtspunkt); Panorama-Sessellift, der wenige hundert Meter almeinwärts auf dem Wege zum Hotel Steger-Dellai ansetzt und die Rasenkuppe des Jochs (Wirtschaft) erreicht; Sessellift *Rif. Monte Piz* zum Berghaus *Icaro;* schließlich der Sessellift vom Berggasthaus „*Sonne*" zur Bergstation der Seiser-Alm-Seilbahn (St. Ulrich). Der *Saltrie-Gondellift* beginnt in Nähe des Floralpina-Hotels und bringt auf Còmùn, 2100 m (Nähe Zallinger Gasthaus).

Seilbahn St. Ulrich—Seceda (2 Sekt.), Talst. 1240 m, wenige Min. oberhalb der Pfarrkirche an der Mündung des Annatales (Autozufahrt). Mittelst. *Furnes*, Bergst. *Secedagrat*, 2480 m (Hotel). Gesamt-HU 1240 m, Gesamt-Fahrz. 13 Min. Diese aussichtsreiche, hochmoderne Seilbahn ist nach der Seiser-Alm-Bahn ebenfalls eine großartige Attraktion von St. Ulrich. Die *Seceda* (höchster Punkt 2518 m) schließt als grüner Kamm an die westl. Ausläufer der *Geislergruppe* an und stürzt nach N und teilweise auch W mit senkrechten Wänden ab. Sie bietet eine hochinteressante und instruktive Rundsicht über das ganze Grödner Tal mit herrlichen Nahbildern auf die kühnen *Geislerspitzen (Odlen)*. Von der Bergstation ergibt sich eine Reihe von bezaubernden Wanderungen talwärts über die *Mastle-* und *Cisles-*

GEISLERGRUPPE *von der Cislesalm knapp oberhalb St. Christina, ein bekanntes Kletterparadies. Von links* GROSSE FERMEDA, *2873 m*, ODLE, *2832 m*, SASS DE MEZDI, *2760 m*, *ganz rechts der mächtige, leicht ersteigbare* SASS RIGAIS, *3025 m. Pfeil unten links zur Seceda, unten rechts zur Geislerhütte.*

alpe (entweder zur *Fermedahütte* oder zur *Geislerhütte, ehem. Regensburger Hütte)* und nach *St. Christina.*

Sessellift **St. Ulrich – Raschötz.** Talst. *St. Ulrich*, 1231 m (am nördl. Ortsrand, Autozufahrt), Bergst. *Raschötz* (Wirtschaft). HU 920 m, Fahrz. 20 Min. Prächtiger und umfassender Blick über das ganze Grödental und seine Bergumrahmung. Kurzausflug zur nahen *Raschötzer Hütte*, 30 Min. Den Abstieg von der Bergstation kann man auf sehr bequemen, markierten Steigen direkt nach St. Ulrich nehmen.

Eine schöne Autostraße führt nach *St. Jakob*, oberhalb St. Ulrich mit einem uralten Kirchlein aus dem 13. Jh. Von hier prachtvoller Blick auf das Felshorn des *Langkofels*.

GRÖDNER HOLZSCHNITZEREI: Das Grödner Tal ist nicht nur als ein bevorzugtes Ziel im internationalen Fremdenverkehr bekannt, sondern auch wegen seiner *Holzschnitzerei* weltweit gerühmt. Dieses Gewerbe, das als Heimindustrie schon seit Jahrhunderten einem Großteil der Bevölkerung Brot und Erwerb bringt, wird heute teilweise auch industriell betrieben. Die Anfänge gehen auf das 17. Jh. zurück, wo bereits erste Gruppen von Holzschnitzern in St. Ulrich festgestellt werden konnten. Ihre Zahl und ihr Ruf wuchsen ständig, so daß Ende des 18. Jh. schon mehr als 300 Personen im ganzen Tale tätig waren. Neben der kunstgewerblichen *Bildschnitzerei*, *Holzbildhauerei* und dem *Altarbau* wurde auch die Herstellung einfacher *Spielwaren* gepflegt. Als Material wird vorwiegend das Holz der *Zirbe (Arve, pinus cembra)* verwendet. Sehr bald entwickelte sich eine lebhafte Ausfuhr, besonders nach Deutschland, England, Spanien, Italien und sogar nach überseeischen Ländern. Nach Rückschlägen verschiedener Art begann Mitte des vorigen Jahrhunderts neuerdings eine Blüte für die Holzschnitzerei, wobei die Grödner in ihrer Ausbildung große Hilfe durch die Münchner Kunstakademie erhielten. Vor dem ersten Weltkrieg erreichte die Ausfuhr der Schnitzwaren den Umfang von 700.000 kg, von denen die Hälfte auf

R 16 Spielzeug, die andere auf Heiligenstatuen, Altarbauten u. a. entfiel. Heute noch sind an die 3000 Personen in den großen Werkstätten und in Heimarbeit bis auf dem einsamsten Bauernhof tätig. Für die Schulung des Nachwuchses bestehen in *St. Ulrich* und *Wolkenstein* eigene *Fachschulen.*

Die Straße verläßt *St. Ulrich* mit einer kurzen, scharfen Steigung und zieht dann durch die Hänge talein. Bald öffnet sich ein voller Blick auf das großartige Hufeisen, das der *Langkofel* mit seinen Trabanten bildet. Voraus riegelt die große, gestufte Felsmauer der *Sella* den Talhintergrund ab. Das noch immer etwas eingeschachtete Tal wirkt jedoch mit seinen Wiesen, steilen Waldhängen und den vielen verstreuten ladinischen Bauernhöfen sehr lieblich.

Durch die kleine, hübsche Häusergruppe von *Soplases*, 1311 m (Hotels und Pensionen), wo von rechts, südl., das schluchtartige *Jendertal (Val di Saltaria)* von der Seiser Alm her mit einem Karrenweg einmündet.

17/26 ST. CHRISTINA, 1428 m, viel besuchter Sommerort und Wintersportplatz, der außerordentlich gepflegt und anmutig längs der Straße ansteigt. Der Ortskern mit der Pfarrkirche liegt links etwas erhöht an sonnigem Wiesenhang.

Sehenswert die malerische *Pfarrkirche* mit gotischem Turm, einem schönen Hauptaltar des Grödner Bildschnitzers *Christian Trebinger* und interessanten Resten von Fresken eines Kreuzweges. — In anmutiger Lage auf einem grünen Hügel dicht unter dem Waldrand, darüber die massige Felsgestalt des Langkofels, die *Fischburg (Castel Gardena)*, erbaut 1622—1641 von den *Grafen Wolkenstein*, jetzt im Besitz der Familie *Baron Franchetti aus Venedig*, die den ganzen Komplex restaurieren ließ. Besichtigung gestattet. Malerischer Schloßhof und eine Reihe von schönen, getäfelten Zimmern mit alten Möbeln. Einer der bedeutendsten Schloßbauten der Spätrenaissance in Südtirol.

Einen Abstecher von St. Christina nach MONTE PANA sollte man keinesfalls unterlassen. Abzweigung der schmalen und steilen, jedoch sehr gut fahrbaren Bergstraße, rd. 2 km, gleich hinter dem Hotel Post (siehe auch Bergbahnen). *Monte Pana*, 1637 m, liegt auf dem weitgedehnten Wiesenplan einer Bergstufe wie eine hohe Kanzel über der Talfurche und ist einer der Glanzpunkte des Grödner Tales. In blendender Schau kann man von hier aus das ganze Grödner Tal und im Halbkreis seine Bergumrahmung mit *Sellagruppe*, *Puez*, *Geislerspitzen*, *Seceda* und *Raschötz* erfassen. Bergwärts steigt über einem dunklen Waldgürtel die urgewaltige, dunkle Felsmauer des *Langkofels* zu einem romantischen Bild von höchster dolomitischer Wucht und Schönheit an. Von Monte Pana gelangt man auf guten

---

▷

ST. CHRISTINA, *1428 m, der schmucke Fremdenplatz mit seinen zahlreichen, an der Hauptstraße aufgereihten Hotels. Links mündet das* CISLESTAL, *das von der Geislergruppe herunterzieht. Im Hintergrunde die Felshochebene der Stevia.*

FISCHBURG (CASTEL GARDENA) *bei St. Christina, erbaut als Sommersitz in den Jh. 1622–1641 von den Grafen Wolkenstein. Im Hintergrund der* LANGKOFEL.

Wegen und in interessanten Spaziergängen zum idyllischen *Confinboden* am Fuße des Langkofelkars, 1 Std., einem der schönsten Winkel zwischen Fels und Wiese und Wald in den Dolomiten.

BERGBAHNEN: **Seilbahn und Sessellift St. Christina – Ciampinoi.** Seilbahn: Talst., 1435 m. Bergst. *Sochertes*, 1985 m, HU 550 m, Fahrz. 4,5 Min., Sessellift: Talst. *Sochertes*, 1985 m, Bergst. *Ciampinoi*, 2280 m, HU 295 m, Fahrz. 8 Min.

Sessellift St. Christina – Monte Pana. Talst. 1400 m, an der Brücke über den Grödner Bach (Autozufahrt auf der Straße nach Monte Pana hinter dem Hotel Post). HU 237 m, Fahrz. 8 Min., Bergst. neben *Hotel Monte Pana*, 1637 m. Mit der Sesselliftfahrt ist der kurze, sehr hübsche Abstieg auf abkürzenden Wegen und auf der Bergstraße nach St. Christina zu kombinieren.

Sessellift Monte Pana – Mont de Soura. Talst. 1667 m (knapp oberhalb Monte Pana), HU 353 m, Fahrz. 11 Min., Bergst. *Mont de Soura*, 2020 m (Wirtschaft).

Gondelbahn St. Christina – Col Raiser, Talst. *St. Christina*, 1500 m, HU 606 m, Bergst. *Col Raiser*, 2106 m.

▷

WOLKENSTEIN-SELVA, *1563 m, im Talschluß von Gröden mit den mächtigen Felswänden der* SELLAGRUPPE, *der „ladinischen Gralsburg". Der Ort mit zahlreichen Hotelneubauten liegt am Fuße der Rampen zum* GRÖDNER- *u.* SELLAJOCH.

R 16 Von *St. Christina* kurvt die Straße in eine kurze Talenge ein. Hier im Talgrund die Talstation der großen Seilbahn auf den Ciampinoi. Talseitig gegenüber die schöne *Fischburg*. Mit kaum merkbarer Steigung in den weitgedehnten Kessel des Talschlusses hinein, in dem

20/23 WOLKENSTEIN, 1563 m, 1900 Einw., weit ausgebreitet liegt. Der Ortskern drängt sich nahe an den Grödner Bach, während die in den letzten Jahren stark angewachsene Hotelsiedlung längs der Straße bis in den innersten Talhintergrund zieht und sich auf den leicht ansteigenden Wiesenböden gegen die Mündung des Langentales ausbreitet. — VV.

Wolkenstein ist sowohl für den Sommerverkehr wie für den Wintersport sehr glücklich gelegen. Berge, Pässe und Täler ringsum bieten dem Wanderer, Alpinisten und Skiläufer hervorragende Möglichkeiten jeder Art in dieser vielgestaltigen Arena.

Von den zahlreichen, kurzen und bequemen Spaziergängen ist der in das *Langental* (Vallelunga) bis zur Ruine der *Burg Wolkenstein* besonders lohnend. Auf Wiesenwegen zur Talmündung, wo gleich links im untersten Teil der an die 500 m hohen, fast senkrechten, gelben *Steviolawand* die abenteuerlich auf einem schmalen Felsband liegenden, geringen Ruinenreste der Burg Wolkenstein kaum vom Fels zu unterscheiden sind. Die Burg wird schon um 1240 als Besitz der *Maulrappen*, der *Herren von Kastelruth*, genannt, ging dann über *Randolt von Villanders* auf die *Wolkensteiner* über. Sie wurde Ende des 15. Jh. von venezianischen Truppen eingenommen und ist seit 1525 in Verfall.

BERGBAHNEN. **Danterceppies-Gondelbahn:** Talst. *Wolkenstein*, 1657 m, Bergst. *Danterceppies*, 2297 m, an einem Rasenkamm am Fuße der *Cirspitzen*, HU 640 m, Länge 2510 m, Fahrz. 12 Min. — Diese Gondelbahn ist eine moderne Umlaufbahn mit bis zu 120 Gondeln zu je 4 Pers. und einer Förderleistung von 720—1200 Pers. stündl. — Von der Bergst. herrliche Sicht auf die Felsmassive der *Sella-* und *Langkofelgruppe*. Über Bergmatten bequeme Wanderung zum *Grödner Joch* oder mit dem kurzen Sessellift hinunter zum *Hotel Cir* (s. R 19).

Seilbahn Wolkenstein—Ciampinoi. Talst. *Wolkenstein*, 1565 m, gleich im Dorfzentrum rechts der StStr., Bergst. *Ciampinoi*, 2240 m, HU 675 m, Fahrz. 8 Min.

Diese Auffahrt ist besonders wegen des umfassenden Niederblicks auf den Talkessel von Wolkenstein und seine Bergumrahmung lohnend. Die Rundschau vom Gipfel, durch seine vorgeschobene und isolierte Lage ein Aussichtsberg par excellence über das ganze Grödner Tal und seine Bergwelt, ist besonders umfassend. Von geradezu beängstigender Wucht und Größe gibt sich von hier aus der Anblick der Nordostwandfluchten des *Langkofels*, des „schönsten Berges der Dolomiten“ (Hermann Delago). Der Abstieg vom Ciampinoi nach Plan de Gralba über schöne Almwiesen und Matten ist sehr zu empfehlen.

SELLATÜRME, *2688 m, vom* SELLAJOCH. *Von links Sellahochfläche, 3., 2. und 1. Sellaturm und Lokomotive. Eingezeichnet einige Kletterwege. Unten links noch Wolkenstein, rechts zum Sellajoch.*

Sessellift Wolkenstein – Costabella. Talst. 1570 m, direkt an der Straße im oberen Ortsteil, hinter der Bar Costabella, Bergst. *Costabellasattel*, 1755 m, HU 185 m, Fahrz. 4 Min. Von der Bergst. kann man mit einem hübschen Spaziergang durch das *Danterceppies* hinunter und in einem Bogen zum Ausgangspunkt zurückkehren. ½ Std.

Im innersten Talwinkel erreicht die Straße die Häusergruppe von *Plan*, 1606 m, mit einer Anzahl moderner Hotels und Pensionen. Hier setzt die *Sellajochstraße* an, die mit einigen Kehren und in zahlreichen Windungen durch schütteren Waldhang bald die Höhe von *Plan de Gralba* (Kreuzboden), 1784 m (Hotels), gewinnt (2,5 km von Plan).

Hier öffnet sich die Landschaft wieder zu eindrucksvoller Großartigkeit. Über dem kleinen Kessel von Plan de Gralba mit mageren Weidegründen ziehen sanft gewellte Matten und Waldhänge gegen die Riesenwand des *Langkofels* hinauf, die sich hier in ihrer ganzen Breite von 2 km und an die 1000 m hoch entfaltet. Links von ihr ist der weite Sattel des *Sellajochs* eingebettet, während die breite Talmulde, die zu ihm hinaufleitet, von den schwarzgestriemten, gebänderten und zerklüfteten Abbrüchen der *Sellagruppe* flankiert wird.

BERGBAHNEN von Plan de Gralba aus: **Sessellift Plan de Gralba – Piz Seteur.** Talst. *Plan de Gralba*, 1790 m, HU 274 m, Fahrz. 8 Min., Bergst. *Piz Seteur*, 2064 m (Wirtschaft). Dieser Sessellift ermöglicht auch dem Automobilisten einen reizvollen Bergausflug. Von der Bergst. weglos, aber in

R 16 leichtem Gelände über den grünen Rücken in Richtung auf die Langkofelwand hinauf, bis man auf den Steig trifft, der unter dieser Riesenwand hindurchzieht und durch den hochinteressanten Bergsturz der „*Steinernen Stadt*" zum Sellajoch führt. 1 Std. Den Abstieg zur Talstation nimmt man bequem auf dem Karrenweg nach Plan de Gralba.

Seilbahn Piz Sella. Talst. *Plan de Gralba*, 1790 m, Bergst. *Piz Sella*, 2240 m, HU 450 m. Herrlicher Aussichtspunkt. Schöne Skipisten.

26/17 STRASSENGABELUNG 0,5 km oberhalb *Plan de Gralba.* Links zweigt R 17 über das *Grödner Joch* nach *Colfuschg* und *Corvara* ab. Die *Sellajochstraße* schneidet rechts durch Schutthalden und Hänge mit schütterem Hochwald ganz nahe unter den drohenden Wänden des *Großen Murfréid-Turmes* und in Windungen empor. Das Bild der enormen *Langkofel-Nordostwand* begleitet talseitig gegenüber diese Fahrt durch eine der eindrucksvollsten Hochgebirgsszenerien der Dolomiten.

30/13 SELLAJOCH-HAUS, 2176 m. Berghotel (C. A. I.) knapp unter dem Joch. Hier ist ein guter Standort, um die Schönheiten dieses großartigen Dolomitenplatzes zu genießen. Die tiefste Einsenkung des Passes, 2218 m, ist nur wenige hundert Meter südl. und wird von der Straße nicht berührt. Das Sellajoch gilt als der schönste Dolomitenpaß mit der großartigsten Bergumrahmung und interessanten Nah- und Fernsichten.

Der Felsaufbau der beiden Berggruppen, die den Paß begrenzen, ist von einmaliger Schönheit und Eigenart: westl. das überdimensionierte, phantastische Dreigestirn der *Langkofelgruppe*, östl. die kühnen, eigenwillig geformten *Sellatürme*, mit denen diese Gruppe einen originellen, zerzackten Felssporn weit in die Matten des Jochs hereindrückt.

Umfassend und weit geht die Schau gegen N zur Bergumrahmung des Grödner Tales und darüber hinaus bis zu den Gletschern des Alpenhauptkammes; nach S (von jenseits der Paßsenke) weitet sich die Bergwelt des oberen *Fassatales* und als Glanzpunkt die *Marmolata.*

Das Sellajoch ist naturgegeben ein Standort par excellence für eine unübersehbare Reihe von herrlichen Klettertouren in beiden Gruppen Tatsächlich kann man an schönen Tagen fast immer Seilschaften, vor allem in den Steilwänden der Sellatürme, beobachten.

SPAZIERGÄNGE vom Sellajoch aus: „**Steinerne Stadt**" (diese wird irrtümlich von einigen Reiseführern an die Straße oberhalb Plan de Gralba verlegt!). Überaus lohnend und hochinteressant ist ein kurzer Spaziergang auf markiertem Steig und fast eben in Richtung auf das Langkofelmassiv. Schon nach wenigen hundert Metern betritt man die „*Steinerne Stadt*", ein Trümmerfeld aus mächtigen Felsblöcken eines urgewaltigen Felssturzes vom *Langkofeleck*, der dicht von Sträuchern und Gestrüpp überwachsen ist und schöne Zirbelkiefern aufweist, die meist direkt aus den Felsblöcken wachsen. Man kann den Spaziergang nach Belieben ausdehnen. Interessante Flora.

LANGKOFELGRUPPE *mit der Gondelbahn Sellajoch–Langkofelscharte. Eingezeichnet einige der schönsten Kletterwege auf (von rechts)* LANGKOFEL, *3181 m,* FÜNFFINGERSPITZE, *2996 m, und* GROHMANNSPITZE, *3126 m. Ganz links* INNERKOFLERTURM *und* ZAHNKOFEL. *Bildmitte Pfeil nach links zum* COL RODELLA, *rechts zur* STEINERNEN STADT.

Col Rodella, 2485 m, einer der lohnendsten Aussichtsberge in den Dolomiten mit einem schönen Spaziergang über Matten in 1 Std. zu erreichen. Man geht über die Paßsenke und auf markiertem Weg an den Grashängen rechts entlang zum grünen *Rodellasattel*, 2308 m, quert den Rücken der Rodella nach links bis zur Schulter, auf der die Bergstation des Sessellifts Campitello–Rodella steht. Nun über den Rücken bald auf die Kuppe des *Col Rodella* (Schutzhütte). Eine der umfassendsten und interessantesten Rundsichten in den Dolomiten. Sessellift.

Bergbahnen vom Sellajoch aus: **Sellajoch–Langkofelscharte.** Talst. 2190 m (gleich hinter dem Sellajoch-Haus), Bergst. *Langkofelscharte*, 2681 m, HU 491 m, Fahrz. 14 Min. Eine Auffahrt mit diesem Gondellift, der rasch mitten in das Felsenreich der *Langkofelgruppe* bringt, gehört zu den interessantesten Landschaftserlebnissen in den Dolomiten. Aus der nur etwa 20 m breiten Scharte in uriger Felswildnis schießen die Wände des Langkofels und der Fünffingerspitze fast lotrecht in den Himmel. Großartiger Niederblick in das einzigartige *Langkofelkar*. Abstieg zurück über, die anfangs sehr steilen Schutthalden nur mit guter Schuhausrüstung.

PIAN SCHIAVANÉIS, *1850 m (Berghäuser), einer der zauberhaftesten Bergwinkel der Dolomiten, liegt an der Straße über das Sellajoch nur 1 km von deren Abzweigung von der Pordoijochstraße entfernt. Im Halbkreis umstehen prachtvolle dolomitische Felswände der* SELLAGRUPPE *den Talboden Pian Schiavanéis. Links die berühmten Kletterwände des* PIZ CIAVAZES, *2828 m, in der Mitte* PIZ LASTIES, *2875 m, und rechts* TORRE DEL SIELLA, *2820 m. Darunter die Mündung des Val Lasties und (nicht mehr im Bilde) die schwarzgestriemten, lotrechten Wände des Sass Pordoi.*

Sessellift Col Rodella. Talst. *Sellajoch*, 2231 m, Bergst. *Col Rodella*, 2392 m, HU 161 m.

Sessellift. Talst. *Sellajoch*, 2180 m, Bergst. *Grohmann-Kamm*, 2404 m, HU 224 m, Länge 1100 m.

Die Straße überschreitet das SELLAJOCH 1 km östl. und höher am Rasenkamm *Col de Toi*, 2250 m, unter den *Sellatürmen* (Hotel).

Auch von hier hervorragende Aussicht. Die Trasse verläuft nun durch Bergweiden, dann durch lichten Zirbelwald in begrünten Schutthalden und hält sich in zahlreichen Kehren ganz am Berghang unter den schwindelnd steilen und rotgelbleuchtenden, glatten Abstürzen des *Piz Ciavazes* der Sellagruppe und erreicht bald den ausgedehnten, ebenen Talboden des *Pian Schiavanéis,* 1850 m (Campingplätze!) an der Mündung des *Val Lasties.* Dieser von lotrechten Felsmauern eingerahmte Bergwinkel ist eine der schönsten Felsszenerien in den Dolomiten (Wirtschaften). Knapp 1 km unterhalb mündet die Sella-Joch-Straße in die *Große Dolomitenstraße,* R 9, ein. Nun entweder 7 km zum *Pordoijoch* oder talwärts nach

CANAZEI, 1465 m, 5 km. *43/0*

ENTFERNUNGEN von *Canazei:* nach **Cortina d'Ampezzo** 58 km; nach **Bozen** 51 km; nach **San Martino di Castrozza** 58 km; zum *Fedajapaß* (Marmolata) 11 km.

AUS DEM GRÖDENTAL IN DAS GADERTAL **ROUTE 17**

Plan de Gralba—Grödner Joch—Corvara

17 km

STRECKENÜBERSICHT: Diese kurze Verbindungsroute aus dem *Grödner Tal* in das *Gadertal* zweigt gleich oberhalb *Plan de Gralba* von der Sellajoch-Straße ab. Sie wurde ebenfalls wie diese als österreichische Militärstraße im ersten Weltkrieg erbaut. Ein durchgreifender Umbau in den letzten Jahren hat sie zu einer vollwertigen Autostraße gemacht. Große Schwierigkeiten bereitet das Rutschgelände an der Nordrampe, durch das die Straße nicht zur Ruhe kommt und durch Absinken wellenartige Ungleichheiten in der Steigung erhält. Die Straße (StStr. 247) ist durchwegs staubfrei gehalten, weist von *Plan de Gralba* bis zum Joch eine Breite von 5,5 m auf, schwankt dann zwischen 7—9 m. Die Straße über das Grödner Joch schließt den Ring der berühmten Sella-Ronda über vier Pässe.

Von der STRASSENGABELUNG ob *Plan de Gralba,* wo rechts die Sellajochstraße abzweigt, zieht die Straße gegen das *Grödner Joch* in weitschleifigen Kehren durch steinige Weideböden zu einer sattelartigen Rasenschulter zwischen dem ins Tal vorspringenden Hügel des *Piz Culac* und dem Fuß der mächtig aufragenden *Murfréidtürme*. Nun schneidet sie eben ober der flachen und weiten Talmulde und hart am Fuße der lotrechten Sellawände durch die Hänge und windet sich mit einigen Kehren zu dem weithin sichtbaren Paßeinschnitt des Grödner Jochs hinauf.

6/11 GRÖDNER JOCH, 2121 m (Hotels). Das Grödner Joch stellt die Verbindung zwischen dem *Grödner Tal* und dem *Gadertal* her; es wirkt durch sein weitflächiges Bergwiesengelände sehr offen und anmutig.

Im N wird es über weiten Matten vom langgestreckten, zersägten Kamm der *Cirspitzen* begrenzt, während südl. der *Sellastock* wie mit einem gewaltigen, felsigen Schiffsbug näher an die Paßsenke herantritt. Unüberbietbar großartig und umfassend sind die Ausblicke vom Joch nach W und O: Hier der obere Talschluß von Gröden, der durch die ungeheure Felsmauer des *Langkofels* und die querziehenden Abstürze der Felshochebene der *Sellagruppe*, die von den kühnen *Murfréidtürmen* flankiert werden. Gegen O ein wunderbares Panoramabild auf den grünen Talkessel von *Colfuschg* und *Corvara* mit dem stumpfen und massigen Horn des *Sass Songher* und den schön geformten Felsgruppen des *Heiligenkreuzkofels*, der *Lavarella* und *Cunturines*. Darüber in der Ferne die Firne der Zentralalpen.

BERGBAHN: **Sessellift Bergstation Danterceppies.** Talst. 2194 m, beim *Hotel Cir*, Bergst. *Joch* 2345 m, HU 151 m, Fahrz. 6 Min. Dieser Sessellift vermittelt eine sehr lohnende Auffahrt mit herrlich erweiterter Aussicht auf das *Sellamassiv* und ermöglicht einen hübschen Abstieg über Almmatten zum Grödner Joch.

AUSFLÜGE: **Pisciadúhütte**, 2587 m, in großartiger, romantischer Felseinsamkeit am kleinen *Pisciadúsee* in der *Sellagruppe*. Schöner, gut markierter Steig, der mehrfach durch Drahtseile gesichert ist, durch das *Val Setus*, 1 Std. 30 Min. Nur für berggewandte Wanderer mit entsprechender Schuhausrüstung.

Der Steig beginnt direkt im Paßeinschnitt (Wegweiser) und steigt südl. über den Rasenkamm des *Col de Frea* zur Großen Schutt-Terrasse an, die an den Felswänden der Sella entlang zieht. Hier links, östl., zuerst mit leichtem Gefälle auf dieser Terrasse unter den senkrechten Felswänden dahin bis zur Einmündung des wilden *Val Setús*. Dieses Felstal zieht sehr schmal und tief eingerissen zwischen Felsen steil aufwärts. Wo es sich teilt, im linken Ast weiter und hier über eine steile mit Drahtseilen gesicherte Stelle und auf dem erreichten Plateau in wenigen Minuten zur Hütte.

(Ein anderer, ebenfalls markierter Zugang zur *Pisciadúhütte* führt durch das vom *Grödner Joch* aus gut sichtbare breite und steil ansteigende *Val Culea*, ist jedoch bedeutend mühsamer, erfordert mehr Zeitaufwand und ist daher nicht zu empfehlen.)

Gruppe der CIRSPITZEN *nördlich des* GRÖDNER JOCHS, *2121 m. Links die* ROTSPITZEN, *in der Mitte* GROSSE CIRSPITZE, *2592 m, rechts* ÖSTL. CIRSPITZE, *2583 m. Vom Hotel Cir Sessellift ○ zum Danterceppies-sattel (Bildmitte links). Pfeil vorne nach Wolkenstein, rechts nach Corvara.*

Große Cirspitze, 2592 m, der markanteste Gipfel im zersägten Kamm der *Cirspitzen*. Die große *Cirspitze* hat durch ihre steil abfallende Südwand, durch die einige hübsche Kletterwege führen, auch bei Kletterern einen guten Ruf. Auf dem normalen Weg ist dieser auch wegen seiner prächtigen Rundsicht sehr bekannte Berg leicht auf gut markiertem Steig, der teilweise mit Drahtseilen gesichert ist, für berggewandte Wanderer vom *Grödner Joch* in 1 Std. 30 Min. zu erreichen.

Weglos in hübscher und bequemer Wanderung über die Bergmatten zum Fuß der *Großen Cirspitze* und links zur Mündung der Schotterschlucht, die links, westl. von ihr herabzieht. Durch diese bis ungefähr zur Hälfte hinauf, wo sie von einem großen Felsblock gesperrt ist. Hier führt nun ein breites Band, dessen Begehung durch Drahtseile gesichert ist, nach rechts in die Westwand der *Großen Cirspitze* hinaus. Man erreicht bald das Gipfeldach und über dieses im Zickzack durch leichte Schrofen den höchsten Punkt. Berg- oder Wanderschuhe unbedingt erforderlich!

Mit zahlreichen Kehren senkt sich die Straße in die weite Talmulde gegen *Colfuschg*. Zu beiden Seiten überaus eindrucksvolle Felsszenerien.

GRÖDNER JOCH, *2121 m, gegen* SELLAJOCH *und* LANGKOFEL. *Ganz links* GROSSER *und* KLEINER MURFRÉID, *2724 m.*

Besonders die hier am stärksten zerklüfteten Mauern der *Sellagruppe* mit den eingefurchten steilen Felstälern und terrassenartigen Aufbauten sind von wilder Schönheit.

13/4 COLFUSCHG, 1645 m. Sehr beliebter Sommerort und Wintersportplatz in anmutiger Lage. Gegenüber einem der faszinierendsten Anblicke der Dolomiten: Das steile und lange *Felsental von Mezdi* mit seinen ungewöhnlich wildgeformten Felskulissen.

BERGBAHN: **Sessellift Col Pradàt.** Talst. *Colfuschg*, 1677 m, Bergst. *Col Pradàt*, 2025 m, HU 348 m. Dieser Sessellift erschließt im Sommer hübsche Spaziergänge und Wanderungen, im Winter herrliche Skiabfahrten.

In kurzer Abfahrt erreicht man den Talkessel und diesen durchquerend
17/0 CORVARA, 1568 m, R 14.

Pieve di Livinallongo — Caprile — Agordo — Belluno 64 km

STRECKENÜBERSICHT: Die 2 km östl. von *Pieve di Livinallongo* von der Großen Dolomitenstraße abzweigende und direkt in den Talgrund führende Straße nach *Digonera* ist rd. 4 m breit und staubfrei. Nach *Digonera* ist sie wegen des Stausees hoch am Hang verlaufend trassiert, staubfrei und 6 m breit. In *Caprile* erreicht man die große Talstraße (StStr. 203), die außer einem kurzen Teilstück 7,5 m breit ist.

LANDSCHAFTLICHE CHARAKTERISTIK: Von der *Großen Dolomitenstraße* bis zum *Alleghesee* bieten sich großartige Anblicke, besonders die gewaltig aufragende *Civettawand* gehört zu den eindrucksvollsten Schaustücken der Dolomiten. Nach einem engen Talstück gelangt man in das ungemein interessante Talbecken von *Agordo*. Sehr reizvoll ist schließlich die Fahrt durch den *Canal di Agordo* mit seinen hohen und glatten Felswänden bis zum Austritt in die weite Talebene des *Piave*.

Von PIEVE DI LIVINALLONGO *(Buchenstein)*, 1465 m, östl. auf 0/64
der Großen Dolomitenstraße und nach 2 km scharf rechts Abzw. und in betontem Gefälle in Kehren abwärts.

Interessanter Blick auf den italienischen Kriegerfriedhof von *Salesei*, wo 2717 Gefallene der Kämpfe am Col di Lana in Urnengräbern bestattet sind. Die Gräberreihen sind in Form eines großen, lateinischen Kreuzes angelegt. In der Fahrtrichtung als wunderbares Schaustück über der dunklen Waldschlucht des Cordevoletales die Riesenwand der *Civetta*, 3218 m.

Vom Weiler *Digonera*, 1158 m, führte die Straße bis anfangs 1963 talwärts durch die Waldschlucht und zwei Straßentunnels (hier verlief vor 1918 die österr.-ital. Grenze) zum Weiler *Savinér*, 1,5 km vor Caprile. Da diese Waldschlucht zu einem großen Staubecken ausgebaut wurde, leitet nunmehr ein neuerbautes Straßenstück (6 m breit und staubfrei) von Digonera hoch am westl. Berghang entlang und durch einen längeren Straßentunnel und mündet schließlich am westl. Ortsende von Savinér, 1035 m, in die Straße Savinér — Rocca Pietore, R 19.

CAPRILE, 1023 m, kleiner Ort auf einem langgestreckten Talboden, 11/53
der als Straßenknotenpunkt durch die Einmündung des *Val Pettorina (Fedaja-Marmolata)* und *Val Fiorentina* (Abzw. der Straße nach *Cernadoi*, R 21, ferner nach *Selva di Cadore* und zur *Forc. Staulanza*) wichtig ist.

ÁLLEGHE, 979 m, sehr hübsch auf einer Landzunge des gleich- 15/49
namigen Sees gelegener Sommerplatz mit lebhaftem Verkehr und zahlreichen Hotels und Pensionen. Der dunkelgrüne *Álleghesee* ist mit der ihn überragenden ungeheuren Wandflucht der *Civetta* eines der schönsten Landschaftsbilder in den Dolomiten.

ÁLLEGHE, *979 m, am gleichnamigen See mit der Wandflucht der* CIVETTA, *3218 m. Eine der großartigsten Landschaftsszenerien in den Dolomiten.*

Der *Álleghesee* ist erst im Jahre 1771 durch einen ungeheuren Bergsturz vom westl. des Tales aufragenden *Piz* entstanden; die glatte Abbruchstelle ist gut auszumachen.

22/42 CENCENIGHE, 773 m, kleine Ortschaft an der Mündung des *Bioistales*, durch das eine Straße nach *Falcade* und weiter einerseits über den *San Pellegrinopaß*, 1918 m, nach *Moena*, R 20, anderseits von dieser abzweigend über den *Vállespaß*, 2032 m, nach Paneveggio unter dem Rollepaß führt, R 24.

34/20 ÁGORDO, 611 m, Hauptort des *Cordevoletales.* Das altertümliche Städtchen liegt ungemein reizvoll in einem weiten, grünen Kessel, der

ÁGORDO, *611 m. Der* PALAZZO DE MANZONI *(früher Palazzo de Crotta) aus dem 17. Jh. am Hauptplatz mit seiner statuengeschmückten Parkumfriedung. Im Hintergrund die Felswände der* PALAGRUPPE.

von mehreren Berggruppen umstanden ist, von denen besonders die *Croda Grandegruppe (Pala)* nördl. und die *Tamérgruppe*, östl. schöne Anblicke bieten.

Auf dem großen Hauptplatz die schöne *Pfarrkirche* aus dem 16. Jh., ferner der interessante, mit Figuren geschmückte *Palazzo de Manzoni* und andere stattliche Baulichkeiten. Das weite Talbecken von Ágordo hat ein außerordentlich mildes Klima, hier wachsen bereits Wein, Pfirsiche, Kastanien und Mais. Das Städtchen leitet seinen Wohlstand von den umliegenden Bergwerken her, die schon seit dem Mittelalter betrieben werden (Kupfer- und Schwefelkies).

Schließlich ist Ágordo als Straßenknotenpunkt wichtig: Hier zweigt westl. die Straße über die *Forc. Aurine* und den *Ceredapaß* nach *Fiera di Primiero* ab, R 25, östl. die Straße über den *Duranpaß* nach *Forno di Zoldo*, R 25.

In der näheren Umgebung von Ágordo sollte man vor allem das *Val di San Lucano* besuchen, das eines der unvergeßlichsten dolomitischen Landschaftserlebnisse vermittelt. Dieses kurze, westl. abzweigende Seitental

R 18 des Cordevoletales ist in seiner ganzen Länge von rd. 15 km von gewaltigen und wilden Szenerien stürzender Felsaufbauten gerahmt wie kaum ein anderes Tal der Dolomiten. Man fährt rd. 1 km von Ágordo nördl. zum Vorort *San Cipriano* auf der Hauptstraße in Richtung gegen Cencenighe, dann nach links über den Cordevole zur, 2,7 km, Ortschaft *Taibón*, 628 m. Von hier auf gut fahrbarer Landstraße mit geringen Steigungen durch das wiesen- und waldreiche Tal, das vom Tegnasbach durchflossen wird und überhaupt sehr wasserreich ist, fährt man an mehreren kleinen Weilern vorbei bis nach *Col del Prá*, 876 m, wo die Fahrstraße endet. Hier mündet das Val d'Angheraz ein, ein eindrucksvolles Felsental, das mit einem großartigen Talschluß endet. In Col del Prá ist man von einem dolomitischen Felszirkus unvergleichlicher Schönheit umgeben: Nördl. die glattwandigen Abstürze der *Pale di San Lucano*, die die weite Felshochebene der Palagruppe tragen, südl. entwickelt sich in weitgezogenem Bogen und mit majestätischem Aufbau die Gruppe des *Monte Agnér* und der *Croda Grande*. Von einmaliger Großartigkeit präsentiert sich hier der gewaltige Absturz des *Monte Agnér*, 2872 m, mit seiner Nordkante, an der mit einer Höhe von 1600 m die höchste Kletterroute der Dolomiten führt (z. Vgl.: Eiger Nordwand, 1800 m).

Nach der Sage verbrachte in diesem Tal der *hl. Lukanus*, der um das Jahr 420 zuerst *Bischof von Belluno* und später *Bischof von Säben* in Südtirol war, als Einsiedler seine letzten Lebensjahre. Er soll das früher gänzlich gemiedene Tal, das den Namen *Val Serpentina* (Schlangental) trug, von einem mächtigen Drachen befreit haben. An jenem Ort, wo er in einer Höhle als Einsiedler starb, wurde später das Kirchlein *San Lucano* erbaut. Seitdem trägt auch das Tal seinen Namen.

Südl. von *Ágordo* beginnt der hochinteressante, rund 20 km lange *Canal di Ágordo*, eine urgewaltige Schlucht, mit der der *Cordevolefluß* die südlichsten Dolomitenbarrieren durchbricht. Die Schlucht wird teilweise von hohen und nackten Felswänden begleitet, die da und dort von steilsten Felsgräben durchrissen sind.

Besonders interessante Punkte auf dieser Durchfahrt sind die Brücke von *Castei*, 517 m, wo die Straße für ein kurzes Stück auf das rechte Ufer des Cordevole übersetzt und die bald folgende Brücke von *La Muda*, wo die Straße wiederum auf das linke Ufer zurückgleitet. Hier vereint sich die Schlucht mit hohen, nackten und unheimlich glattwandigen Felsmauern zu imponierender Großartigkeit. Es empfiehlt sich, bei dieser Fahrt mehrmals auf den zahlreich vorhandenen Abstellplätzen anzuhalten, um dieses eindrucksvolle Landschaftserlebnis ganz zu genießen.

Beim kleinen Ort *Mas* (21 km von Ágordo) mündet die Straße in die breite Talfurche des Piaveflusses und erreicht in östl. Richtung durch freundliches, mit Weinbergen, Maisfeldern und grünen Wiesen reich bestandenes Hügelgelände in 8 km BELLUNO (westl. die Stadt *Feltre*,
64/0 22 km).

ZUR „KÖNIGIN DER DOLOMITEN“

ROUTE 19

Canazei – Fedajasattel (Marmolata) – Caprile

29 km

STRECKENÜBERSICHT: Es ist zu beachten, daß diese Route unter der gleichen Nummer in den früheren Auflagen in umgekehrter Richtung beschrieben wurde, und zwar nur von Caprile bis auf den Fedajasattel, da die Westrampe gegen das Fassatal noch keine Straßenverbindung hatte. Nunmehr ist die neue Bergstraße *Canazei – Fedaja* dem Verkehr übergeben worden. Der Bau dieser Straße in vielen Etappen hat über ein Jahrzehnt gedauert. Daß die Beschreibung dieser Route nunmehr in umgekehrter Richtung von Canazei nach Caprile erfolgt, ergeht zwingend aus der Tatsache, daß der Hauptzustrom zur Marmolata sowohl im Sommer wie im Winter aus dem Fassatal erfolgt. Außerdem ist die Rampenstrecke aus dem Fassatal zum *Fedajasattel* eine hochmoderne Autobergstraße, ja ein kleines Meisterwerk, während die schon ältere Zufahrt aus dem *Cordevole* von Caprile durch die *Sottogudaschlucht* nach Fedaja immer nur ein Provisorium war, im ersten Teil eine verbesserte Kriegsstraße, im zweiten Teil die Werkstraße für die Erbauung des großen Stausees auf Fedaja.

Die Gesamtstrecke des Fedajapasses zeigt sich somit sehr unterschiedlich. Aus dem Fassatal bis zum Rande des Fedajasattels die erstklassige, neuerbaute Bergstraße, den etwa 3 km langen Fedajasattel entlang dem Stausee eine sehr schmale, zwischen Fels und Wasser eingezwängte, schwierig zu befahrende Paßstraße, schließlich im Abstieg vom Ostrande des Fedajasattels eine teilweise etwas verbesserte Werkstraße, die immerhin noch sehr schwieriges Kurvengelände aufweist.

Seit der Erbauung der großen *Marmolataseilbahn* wurde zur bequemeren und vor allem sichereren Zufahrt zur Talstation der Seilbahn, *Malga Ciapela*, 1446 m, eine Variante gebaut. – Das alte Sträßchen durch die sehenswerte und märchenhafte *Sottogudaschlucht*, die im Winter meist unpassierbar und im Frühjahr gefährlich ist, wurde durch ein neues Straßenstück ersetzt, das kurz nach der *Malga Ciapela* beginnt, die Schlucht hoch oben überbrückt und in wenigen Kehren das *Pettorinatal* bei *Sottoguda*, 1252 m, erreicht.
Die Gesamtstrecke von *Canazei* bis *Caprile* ist staubfrei.

LANDSCHAFTLICHE CHARAKTERISTIK: Die Fedajastraße ist wohl jene in den Dolomiten, die hochromantisch immer wieder in den Landschaftsszenerien wechselt und an solchen eine Vielfältigkeit sondergleichen aufweist. Sie ist nicht nur jene Straße, die direkt an den Fuß der *Marmolata* und an diesem entlang zieht und somit diesen herrlichsten Berg der Dolomiten in seiner majestätischen Größe zeigt, sondern sie durchzieht an ihren beiden Rampen alle Arten von Gelände der dolomitischen Bergwelt, liebliche Talstücke, schönes Wiesengelände, großartige Schluchten u. a.

Vom Hauptplatz in CANAZEI zweigt die neue Straße in den innersten Winkel des Avisiotales ab. Auf der breiten Talsohle nach *0/29*

R 19 2/27 ALBA, 1517 m, ein sehr hübsch gelegener Weiler mit zahlreichen Villen und Fremdenheimen. Das Tal verengt sich etwas. Rechts strebt der wuchtige Collaz auf. An der linken, westl. Tallinie bleibt der größere Ort *Penìa*, 1556 m, etwas erhöht, während die Straße im Talgrund sanft weiterzieht.

BERGBAHNEN. **Seilbahn Alba di Canazei — Ciampac:** Talst. *Alba* 1500 m, Bergst. 2160 m, Fahrz. 2 Min., Länge 1903 m.

Doppelsessellift Ciampac — Sella Brunec: Talst. 2142 m, Bergst. *Sella* 2442 m, HU 300 m, Fahrz. 11 Min., Länge 1519 m. Diese Bergbahnen erschließen ein weites Touren- und Wandergebiet.

BERGWANDERUNG: Vom nahen Weiler *Alba* auf schönem, wenig anstrengendem Karrenweg in das *Contrintal* und zur *Contrinhütte*, 2016 m 1½ Std. Im Contrintal baut sich sie südl. Marmolatagruppe in ihrer ganzen Schönheit auf, *Vernèl*, die Südabstürze der Marmolata, Ombrettaspitzen u. a. Das ganze Contrintal war Frontgebiet im ersten Weltkrieg.

Durch walddurchsetzte Wiesen nach

5/24 PIAN TREVISAN, 1717 m, knapp vor der Wirtschaft im eigentlichen Talschluß. Hier war im ersten Weltkrieg ein großes Militärlager, von hier gingen die Seilbahnen zu den Stellungen an der Marmolata hinauf.

Von der Abzweigung vor *Pian Trevisan* verläßt die neue Bergstraße den Talboden und zieht in wenigen Kurven in den westl. Talhang hinauf. Diese Strecke bis zum Rande des Fedajasattels und durch die ungemein steilen Wiesen und Waldhänge des Padonkammes ist hervorragend ausgebaut.

11/18 FEDAJASATTEL, 2048 m, westlicher Rand. Die Straße mündet direkt am Schutzhaus des CAI (Parkplatz) und führt nun über die breite Dammkrone auf das Südufer des Stausees hinüber. Hier liegen etwas erhöht verschiedene Gebäude, Wirtschaften, Seilbahnstationen u. a.

Die **Marmolatagruppe** ist die kompakteste und ausgedehnteste der Dolomiten und erreicht mit ihrem Hauptgipfel, der *Marmolata di Penía*, mit 3344 m die größte Gipfelhöhe in den Dolomiten. Aus der Umgebung der Großen Dolomitenstraße ist fast immer nur die westöstl. verlaufende Hauptkette mit dem Doppelgipfel der *Marmolata di Penía* (die nur im Sommer bestiegen wird) und der *Marmolata di Rocca*, 3309 m, des Winter- und Ski-

---

▷

MARMOLATA *(lad. Marmoleda, ital. Marmolada), 3344 m. Der rechte Gipfel ist die* MARMOLATA DI PENIA *(Sommergipfel), 3344 m, links der Skigipfel* MARMOLATA DI ROCCA, *3309 m. Unten der* FEDAJA-SATTEL, *2044 m, mit seinem großen Stausee. Im ○ Lage der Bergstation des Sessellifts* PIAN FIACCONI, *2700 m.*

R 19 gipfels zu sehen. Die beiden andern massigen Ketten der Gruppe, nämlich die nordsüdl. von der Marmolata abstreichende Gruppe der *Ombrettaspitzen* und des *Sasso Vernale*, ferner die wiederum westöstl. verlaufende und längste, südl. gelagerte Kette, die zum S. Pelegrinopaß abdacht, bleiben dem Blick verborgen. Die Marmolata trägt an ihrer Nordabdachung die größte Vergletscherung der Dolomiten, den etwas mehr als 3 Quadratkilometer messenden, spaltenarmen *Marmolatafirn*, der seit vielen Jahren, wie fast alle Gletscher der Alpen, im Rückgang begriffen ist. Der flache, muldenförmige Sattel um Fedaja, der eine Länge von fast 3 km erreicht, wurde durch einen mächtigen Staudamm an der W-Seite zu einem Wasserspeicher von rd. 16 Millionen Kubikmeter aufgestaut. Sein Einzugsgebiet ist die weitgedehnte Nordabdachung des Marmolatastockes (jährl. 60 Millionen Kilowattstunden).

Nach sehr frühen Ersteigungsversuchen, die bis auf das Jahr 1802 zurückgehen, wurde die Marmolata bereits 1860 von den Engländern *John Ball* und *Birchbeck* mit dem Bergführer *Tairraz* erstmals betreten, wobei die kühnen Alpinisten in Unkenntnis der einzelnen Gipfelhöhen den um nur 35 m niedrigeren Gipfel der *Marmolata di Rocca* erreichten. 1864 gelang dem berühmten Wiener Alpinisten *Paul Grohmann* mit den Ampezzaner Bergführern *Angelo* und *Fulgenzio Dimai* der große Wurf und die Ersteigung des Hauptgipfels.

Heute wird die Ersteigung beider Spitzen durch den großen Sessellift von *Fedaja* zum *Pian dei Fiacconi* wesentlich erleichtert. Talst. 2100 m, Bergst. (Gletscherrand) 2700 m, HU 600 m, Fahrz. 16 Min. (Schutzhaus). Von der Bergstation erfordert die Besteigung der *Marmolata di Rocca* noch 1½ Std., die der *Marmolata di Penia* ungefähr 2 Std. Für Ungeübte Führer empfehlenswert.

Besondere Bedeutung erlangte die *Marmolata di Rocca* als Skiberg. Sie gilt nicht nur als einer der schönsten, sondern auch als der „*schnellste Skiberg*" der Alpen. Berühmt ist das *Marmolata-Skirennen* geworden, bei dem auf einer Strecke von 3240 m und mit einem Höhenunterschied von 1240 m mit dem Streckenrekord von 2 Min. 1 Sek. (*Egon Schöpf*, Österreich, 1948) ein Durchschnitt von 96 km/h erreicht wurde, bis zu diesem Zeitpunkt die höchste je bei einem Skirennen in freier Schneebahn gefahrene Geschwindigkeit.

Auf dieser Abfahrtsstrecke wurde am 30. April 1935 der *erste Riesenslalom* der Welt gestartet. Die Idee stammt von *Dr. Gunther Langes*, dem Verfasser dieses Buches, der auch die Organisation und die Austragung leitete. Dieser erste Riesenslalom wurde nach genauen Überlegungen und Versuchen zum größten Teil auf der Piste der normalen Standardabfahrt mit rd. 50 Toren ausgesteckt. Der erste Sieger dieser Disziplin war *Renato Valle* aus *Cortina d'Ampezzo* und bei den Damen *Gabriela Dreher* aus *Mailand*.

▷

Originalwiedergabe des ERSTEN RIESENSLALOMS *auf der Marmolata am 30. April 1935 mit 50 Toren und einem Höhenunterschied von 1240 m.*

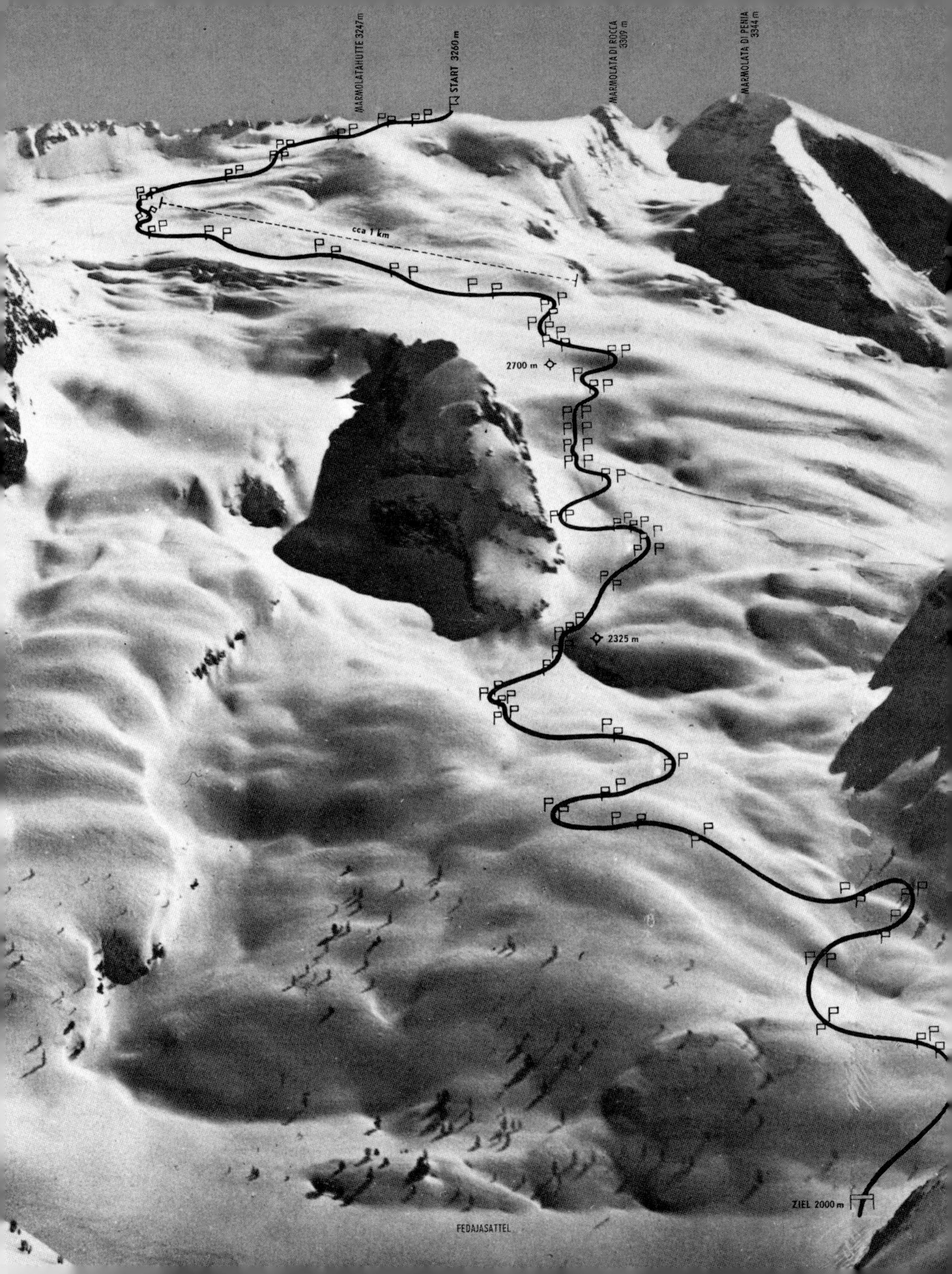
MARMOLATAHUTTE 3247 m
START 3260 m
MARMOLATA DI ROCCA 3309 m
MARMOLATA DI PENIA 3344 m
cca 1 km
2700 m
2325 m
ZIEL 2000 m
FEDAJASATTEL

R 19 Die Straße führt nun sehr schmal (2—3 m) zwischen dem Ufer des Stausees und meist in die Felsen gekerbt, die ganze Strecke bis zum östl. Staudamm. Weiter durch Schuttreißen ober einem kleinen, ausgesparten Natursee und mit einer scharfen, aber kurzen Steigung zum höchsten Einschnitt des *Fedajasattels*, dem eigentlichen

14/15 FEDAJAPASS, 2057 m. Nun auf schmaler, ziemlich steiler Straße durch die schönen Bergwiesen des Almtales *Val Ciamp d'Arei*, über denen südlich die Steilwände der *Serauta* (Marmolata) aufragen und in steiler Hangfahrt zum weiten Wiesenplan *Pian della Lòbbia* hinunter. Immer in steilstem Wiesengelände mit engschleifigen Kehren und schließlich nach Überwindung der Steilstufe durch das geradlinige Tal in gleichmäßiger Steigung zur

20/9 MALGA CIAPELA, 1446 m. In dem von Steilwänden umstandenen Talkessel mehrere Hotels und die Talstation der großen *Seilbahn* auf die Marmolata. Sie erreicht in drei Sektionen über die Forcella Serauta den Gipfelkamm der *Marmolata di Rocca*, 3260 m. Die früher benützte, im ersten Weltkrieg ausgebaute Fahrstraße durch die großartige, sehenswerte *Sottogudaschlucht* wurde durch ein neues Straßenstück ersetzt, das oberhalb der Schlucht und diese überquerend, das Pettorinatal nach der Schlucht bei

23/6 SOTTOGUDA, 1252 m, erreicht. Die weitere Abfahrt durch das *Val Pettorina* vollzieht sich auf gut eingehaltener und verbesserter Straße über den malerischen Ort *Rocca Pietore* nach

29/0 CAPRILE, 1023 m, im Val Cordevole.

BERGBAHNEN: **Gondellift Pian dei Fiacconi.** Talst. *Fedajasattel*, 2100 m, Bergst. *Pian dei Fiacconi*, 2700 m, HU 600 m.

Eine Seilbahn von *Fedaja* zur *Porta Vescovo* als Anschluß an die Seilbahn *Arabba—Porta Vescovo* ist projektiert.

Marmolata-Seilbahn. 1. Sekt. Talst. *Malga Ciapela*, 1450 m, Bergst. *Coston*, 2370 m, HU 920 m; 2. Sekt. Talst. *Coston*, 2370 m, Bergst. *Forcella Serauta*, 3065 m, HU 695 m; 3. Sekt. Talst. *Forcella Serauta*, 3065 m, Bergst. *Marmolata di Rocca*, 3300 m, HU 235 m. Gesamt-HU dieser großartigen Seilbahn 1850 m. Diese *Marmolata-Seilbahn* schenkt ein einmaliges Erlebnis im Sommer und im Winter. Leichte, mühelose Abstiege möglich; für nichtroutinierte Bergsteiger Führer ratsam. Gutes Schuhwerk, Wind- und Wetterschutz notwendig. Im Winter bietet diese Bahn nach allen Seiten, sei es zum *Fedajapaß* oder zur *Malga Ciapela*, der Talstation der Seilbahn, herrliche, schön gepflegte Abfahrtspisten. Die klassische Skiroute, die *Standardabfahrt*, führt über die Nordflanke zum *Fedajapaß*.

 ROUTE 20

Cenceníghe—Falcade—San Pellegrino—Moena **29 km**

STRECKENÜBERSICHT: Die Straße über den *San Pellegrinopaß* stellt eine sehr günstige Querverbindung zwischen dem *Cordevoletal* und der *Großen Dolomitenstraße* her. Vor allem eignet sie sich, um Rundtouren durchzuführen. Die Straße ist bis auf ein Steilstück von 3 km oberhalb *Falcade Alto*, das eine Reihe von sehr scharfen Kehren aufweist und bis zu 18% steil ist, durchwegs staubfrei, 5,5—6,5 m breit. Die Strecke bis *Falcade Alto* und von der Provinzgrenze ab über den Paßscheitel und die Rampe gegen *Moena* ist sehr gut ausgebaut.

LANDSCHAFTLICHE CHARAKTERISTIK: Die Fahrt über den *San Pellegrinopaß* ist in jeder Beziehung empfehlenswert und von großer landschaftlicher Schönheit. Besonders der obere Teil des *Bióistales* gehört mit seiner reichen Bergumrahmung zu den schönsten Landstrichen der östl. Dolomiten. Sowohl der San Pellegrinopaß als auch der weniger befahrene *Vállespaß* sind weite Wiesenpässe mit schönen Nah- und Fernblicken.

Von CENCENÍGHE, 773 m, durch das vorerst schmale Bióistal *0/29*
nach *Forno di Canale*, 976 m, und weiter durch die weite Parklandschaft mit sehr schönen Waldbeständen von *Caviola* (Hotels), 1127 m, nach

FALCADE, 1297 m, einem schönen, altertümlichen Bergdorf mit *9/20*
regem Fremdenverkehr. Der Talkessel von Falcade ist von einem schönen Bergkranz umstanden: Im N die Ausläufer der *Marmolatagruppe;* besonders schön ist der Anblick der kühngeformten Dolomitriffe des Nordzuges der *Palagruppe*. Von Falcade erreicht man in weiten Kehren das höher gelegene *Falcade Alto*. Kurz darauf gabelt sich die Straße. Links Abzw. zum *Vállespaß*. Die Straße zum San Pellegrinopaß zieht vorerst etwas steil durch Wald hinauf, erreicht jedoch bald das weite Wiesengelände, das diesen Paß charakterisiert.

SAN PELLEGRINOPASS, 1918 m, eine weite Wieseneinsattelung *18/11*
zwischen den südl. Bergen der *Marmolatagruppe* und der *Cima Bocche*.

Schon im Jahre 1358 wurde hier von einem Mönche namens Walter ein *Hospiz* erbaut. Es ist anzunehmen, daß um jene Zeit ein lebhafter Warenverkehr von Venedig über diesen Paß nach Bozen ging.

In der Abfahrt folgt die Straße zuerst mit geringem Gefälle der Talsohle des *Val di San Pellegrino* durch schütteren Wald, bringt später in steilerem Gefälle durch den kleinen Weiler *Fango*, 1659 m, nach

MOENA im Fassatal, R 24. *29/0*

Die weniger befahrene Nebenroute von Falcade über den *Vállespaß*, 2032 m, nach *Paneveggio* an der Rolle-Paß-Straße ist landschaftlich hervorragend schön, die Straße ist jedoch ziemlich schmal und wenig eingehalten.

Zu Route 20: FALCADE, *1297 m. Alte Bauernhäuser ladinischer Bauart. Im Hintergrund die Dolomitenriffe des Nordzuges der* PALAGRUPPE.

Cernadoi—Forcella Staulanza—Longarone 54 km

LANDSCHAFTLICHE CHARAKTERISTIK: Diese weniger befahrene Route hat für den durchgehenden Verkehr geringe Bedeutung, führt jedoch durch sehr interessante und schöne Landschaften der östl. Dolomiten. Die Landschaft des *Val Fiorentina*, der *Forcella Staulanza* und des *Zoldo Alto*, die man durchfährt, ist in ihrer Mischung aus dem lieblichen Charakter der Täler und der Großartigkeit der beiden beherrschenden Dolomitgruppen, der *Civetta* und des *Monte Pelmo*, von einzigartigem Reiz.

STRECKENÜBERSICHT: (StStr. 207 u. 255) ist durchgehend staubfrei und bis zur Ortschaft *Pescul* 6,5 m breit; die Scheitelstrecke über die *Forcella Staulanza* bis zum Ort *Pecol* an der Südrampe verengt sich auf 4,5 m, ist dann wieder durch das ganze *Val di Zoldo* 6,5 m breit. Die Talstrecken sind ganzjährig gebahnt, die Scheitelstrecke ist nur vom Mai bis November befahrbar.

CERNADOI, 1525 m, 1 km oberhalb von *Andráz*, Abzw. von der *0/54*
Großen Dolomitenstraße auf schön ausgebauter und staubfreier Straße an den Waldhängen des *Monte Poré* und in schöner Waldfahrt hoch über dem *Cordevoletal* hin.

Nach rd. 7 km Straßengabelung: Rechts führt die weiterhin erstklassig ausgebaute Straße (StStr. 207) in Kehren nach Caprile hinunter. Wer also von Cortina d'Ampezzo über den Falzáregopaß kommt, wird vorteilhaft diese Route (und nicht die tiefer im Cordevoletal verlaufende Straße über Digonera, R 18, nach Caprile, die erst knapp vor Pieve di Livinallongo von der Großen Dolomitenstraße abzweigt) wählen, um entweder nach Fedaja (Marmolata) oder talauswärts durch das Cordevoletal nach Agordo und Belluno zu kommen, R 18.

Von der Straßengabelung links in leichter Steigung weiter zu einem hochinteressanten Straßenstück, das in eine Felswand eingesprengt ist, die in unheimlicher Steilheit fast lotrecht nach Caprile abfällt. Vom 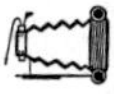
sogenannten *Belvedere* herrliche Schau auf das obere *Cordevoletal* und in das *Livinallongo* mit all seinen kleinen, zerstreuten Ortschaften, ferner auf *Caprile*, *Savinér* und das *Val Pettorina* mit seiner Schlucht *Serrai di Sottoguda*, durch die die Straße nach *Fedaja (Marmolata)* führt.

COLLE SANTA LUCIA, 1453 m, in ungemein malerischer Lage auf *8/46*
einem wiesigen Geländesporn mit Lärchengruppen und einem Rundpanorama auf Dolomitenriesen wie von keinem anderen Punkt in den gesamten Dolomiten.

In der Fahrtrichtung dehnt sich das liebliche *Val Fiorentina*, das von der enormen, geschlossenen Felsbastion des *Monte Pelmo* abgeriegelt wird, links

Blick vom BELVEDERE *in das Val Pettorina, das in die Marmolatagruppe und nach Fedaja, R 19, führt. Links unten* CAPRILE, *1023 m.*

von diesem die mächtige Berggestalt des *Antelao*, rechts die gigantische Felsmauer der *Civetta;* rückblickend schimmern die Felsen und Firne der *Marmolata* herüber. *Colle Santa Lucia* war der südlichste Punkt österreichischen Gebietes vor 1918 im zentralen Dolomitengebiet.

Knapp vor Selva di Cadore zweigt links eine im ersten Weltkrieg erbaute Bergstraße ab, die über den *Passo di Giau*, 2236 m, nach Cortina d'Ampezzo führt, 24 km. Der in weite Wiesenmatten eingebettete Paßübergang zwischen den Felsen des *Monte Gusella*, 2597 m, und dem *Monte Zonia*, 2282 m, südl. ist einer der landschaftlich schönsten Dolomitenpässe mit weiten Fernsichten nach verschiedenen Seiten. Die Straße über den Giaupaß wird jedoch nicht eingehalten und ist eher dem Verfall preisgegeben, allerdings zeitweilig noch befahrbar. Es ist ratsam, sich allenfalls vor der Befahrung eingehend über den Zustand der Straße zu unterrichten.

11/43 SELVA DI CADORE, 1327 m. Besuchter Sommerort in schöner Lage. Prächtige Ausblicke auf die *Marmolatagruppe* und besonders auf das Massiv des *Monte Pelmo*.

Die Weiterfahrt durch das *Val Fiorentina* wird unentwegt vom Bild der ungeheuren Nordwand des *Monte Pelmo*, 3168 m, beherrscht und ist außerordentlich genußreich, eine Fahrt durch eine überaus liebliche, unübersehbar weite, alpine Parklandschaft.

Blick vom BELVEDERE *gegen die* CIVETTA, *3218 m, deren gigantische Felswand den Allghesee überragt. Ein Landschaftsbild von großartiger Wucht.*

An einem großen, orthopädischen Sanatorium vorbei und durch mehrere kleine Weiler zum Dörfchen *Pescul*. Knapp vorher rechts das gotische Kirchlein *S. Fosca* (erbaut im Jahre 1438) mit einem mächtigen Fresko des hl. Christophorus an der Außenseite. Innen ein prächtiger, vergoldeter Holztabernakel von *Andrea Brustolon*.

FORCELLA STAULANZA, 1773 m. Dieser Übergang, der das *Val* 20/34
Fiorentina mit dem *Val di Zoldo* verbindet, ist zwischen den felsigen Kuppen des *Monte Crot*, 2150 m, westl. und dem Felsmassiv des *Monte Pelmo* eingeschnitten.

Die Landschaft der Staulanza zeigt in ihrer unberührten Ursprünglichkeit und mit den zwei glanzvollen Anblicken der *Civetta* und des *Pelmo*, die sie flankieren, ein erhabenes Bild. Weit geht die Schau in das obere *Val di Zoldo* hinunter. Im Rückblick nach N die Berge Cortinas: *Averau, Nuvolau, Croda da Lago, Becco di Mezzodi* und *Rocchetta*. Der Monte Crot ist von der Forc. Staulanza auch auf Karrenweg in 3/4 Std. bequem zu erreichen; sehr empfehlenswerter, aussichtsreicher Spaziergang.

In der Talfahrt durch das *Val di Zoldo*, das vom *Maébach* durchflossen wird, kommt man in rascher Folge durch die Weiler *Pecól*, 1375 m, inmitten schöner Wiesen und mit prächtigem Blick auf die nackte Felsmauer der *Civetta*, dann *Maresón*, 1338 m, das durch Häuser

MONTE PELMO, *3168 m, einer der gewaltigsten Dolomitenriesen, von S und aus dem oberen Val di Zoldo gesehen, während er mit seiner prallen, gewaltigen Nordwand das Val Fiorentina beherrscht. Der Monte Pelmo war der erste der höchsten Dolomitengipfel, die erstiegen wurden. 1857 erreichte der Engländer John Ball in kühnem Alleingang als erster Mensch den Gipfel.*

mit großen Holzbalkonen und hölzerne Heustadel charakterisiert ist, weiter nach *Fusine*, und schließlich nach *Dont*, 926 m, wo rechts R 25 über den *Passo Duran* nach *Ágordo* abzweigt.

37/17 FORNO DI ZOLDO, 848 m, der Hauptort des Tales, von einem schönen Bergkranz umgeben. Links, die Forc. Cibiana begrenzend, die Gruppe des *Bosconero*, während in südwestl. Richtung entlang der Einsenkung des Duranpasses die *Tamérgruppe* aufragt; den Talhintergrund flankieren links die Berge der *Moiazzetta* in der Civettagruppe und rechts der Monte Pelmo. Sehenswert die Kirche mit einem Altar von *Andreas Brustolon*, der ein Sohn des Tales war. 1,7 km südl. des Ortes links, östl. Abzw. der R 25 über die *Forcella Cibiana* nach *Vénas*. Nun weiter in interessanter und abwechslungsreicher Fahrt durch das mehrmals schluchtartig verengte Tal des *Maébaches* nach

54/0 LONGARONE, 472 m, im Piavetal, R 22.

DURCH DAS CADORE UND PIAVETAL SÜDWÄRTS **ROUTE 22**

Cortina—Pieve di Cadore—Ponte nelle Alpi **71 km**

STRECKENÜBERSICHT: Die von *Cortina d'Ampezzo* durch das *Boitetal* und nach dessen Einmündung durch das *Piavetal* südl. ziehende Autostraße ist ein Teil der uralten *Strada d'Alemagna,* die im Mittelalter als Handelsweg von *Venedig* in das *Pustertal* und weiter über den *Brenner* zeitweilig von großer Bedeutung war. Auch jetzt wird sie als Durchquerungsroute durch die Dolomiten an die *Adria* stark befahren. Wegen ihrer Wichtigkeit als Zubringerstraße für *Cortina d'Ampezzo* ist sie sehr gut ausgebaut, staubfrei und zwischen 6,5—9 m breit.

LANDSCHAFTLICHE CHARAKTERISTIK: Besonders im *Boitetal* von *Cortina d'Ampezzo* bis *Pieve di Cadore*, das von mächtigen Dolomitgruppen gesäumt wird, bietet die Route interessante landschaftliche Anblicke. Nach ihrer Einmündung in das genau südl. verlaufende, fast durchwegs schluchtartige *Piavetal* ist die Aussicht hingegen ziemlich beengt.

Von CORTINA D'AMPEZZO nach 3 km zum Weiler *Zuél;* rechts die *0/71*
große *Olympia-Sprungschanze* von Cortina d'Ampezzo. Talseitig gegenüber der Weiler *Campo*, aus dem die Mutter *Tizians* stammen soll. Das weite Tal beherrschen links, östl. die Massive des *Sorapiss* und *Anteláo*, rechts, westl. der gewaltige Stock des *Monte Pelmo*, 3168 m. In der Fahrtrichtung und fast wie das Tal abriegelnd, die Berge der *Bosconerogruppe* mit der schönen Berggestalt des *Sassolungo di Cibiana*, 2413 m. Schöner Rückblick auf die Berge und den Talkessel von Cortina d'Ampezzo.

Nach 7 km die Häusergruppe von *Dogana Vecchia*, 1116 m, wo früher die österr.-ital. Staatsgrenze verlief. Beim Weiler *Chiapuzza,* 1008 m, mit der Kapelle *St. Florian* aus dem 14. Jh., ging 1730 eine gewaltige Mure nieder, die den Boitebach für kurze Zeit zu einem See staute und 34 Familien den Tod brachte.

SAN VITO DI CADORE, 1011 m, ein kleines Dorf in schöner Lage *11/60*
und umgeben von mächtigen Berggruppen.

Sehenswert die *Kirchen* und das *Gefallenendenkmal* am Ortsausgang. Die *Pfarrkirche enthält* Gemälde von *Francesco Vecellio.* Nahe von ihr die *Cappella della Difesa*, erbaut 1512 aus Dankbarkeit für die unterbliebene Brandschatzung durch die Truppen des Kaisers Maximilian I. Nach San Vito di Cadore überschreitet die Straße den Schauplatz eines ungeheuren Felssturzes, der 1814 die Dörfer *Taulén* und *Marceana* vollständig vernichtete. Sessellift **Chiauzia—Sénes**, 970—1220 m.

Über *Borca,* einem kleinen, vielbesuchten Sommerfrischort in schöner Lage zwischen den Felsmassiven des *Pelmo und Antelao,* dann an ver-

R 22 schiedenen, sehr hübsch gelegenen Ortschaften vorbei und in weiter Ausbiegung quer durch das Tal des *Ruvinian*. Die teilweise hoch über dem Tal führende Straße eröffnet prächtige Ausblicke auf die Berge westl. des *Boitetales*.

23/48 VÉNAS, 860 m. Hier vor dem Ort rechts Abzw. der R 25 über die *Forc. Cibiana nach Forno di Zoldo*.

Die Straße übersetzt nunmehr in weiter Schleife das von links einmündende *Vallesina* und gelangt nach *Valle di Cadore*, 819 m. Die aus mehreren Weilern bestehende Ortschaft liegt sehr schön auf weitem Wiesenplan. Südöstl. durch das sich verbreiternde *Boitetal* Blick auf die Berge der *Karnischen Voralpen (Cima dei Frati, Cima dei Preti, Monte Duranno* u. a.).

Nach *Valle di Cadore* verläßt die Straße das südöstl. verlaufende Tal und zieht östl. über ebene Flächen, auf denen die Schlacht von Rusecco stattfand. Im Kriege Kaiser *Maximilians I.* gegen die *Republik Venedig* wurde dessen Feldhauptmann *Sixt von Trautson* von der doppelten Übermacht der Venezianer unter *Girolamo Savorgnano* und *Bortolo d'Aliano* hier im Jahre 1508 vernichtend geschlagen. 1750 tote Kaiserliche bedeckten das Schlachtfeld, der Rest von 500 wurde gefangen und 300 von ihnen wenige Tage später in *Zoldo* geköpft.

In *Tai di Cadore*, 848 m, gabelt sich die Straße: rechts in direkter Weiterfahrt in das *Piavetal* hinunter, links, nach dem 1 km entfernten

31/40 PIEVE DI CADORE, 878 m, dem Hauptort des Cadore. Altertümlicher, früher befestigter Platz mit vielen venezianischen Bauten in malerischer Lage zwischen den Hügeln des *Col di Contras* und *Monte Castello* und an der Einmündgung des *Val Calda* in das Piavetal. Hier Abzw. der R 13.

Pieve di Cadore ist der geschichtliche und kunsthistorische Hauptort des *Cadore*.

Das **Cadore** ist eine Landschaft der Dolomiten in der Provinz Belluno, die von den beiden Flüssen *Boite* und *Piave* eingeschlossen wird. Das Cadore hat die Form eines auf die Spitze gestellten Dreiecks, in dem unten und zwischen dem Zusammenfluß der beiden genannten Flüsse der Hauptort *Pieve di Cadore* liegt.

Östl. wird das Cadore von den *Karnischen Voralpen* abgegrenzt, durch die zwei Paßstraßen in die benachbarte *Carnia* führen, nämlich der *Passo Mauria*, 1298 m, und der weniger befahrene Paß von *Cima Sappada*, 1292 m. Westl. schließt sich an das Cadore die Landschaft des *Zoldano* an, die in der Hauptsache vom Tal des Flusses *Maé* und den Ortschaften *Forno di Zoldo* und *Fusine* gebildet wird.

Die Bergwelt des Cadore ist außerordentlich mannigfaltig und schließt einige der schönsten Dolomitengruppen ein. Hierzu zählen vor allem die Gruppe des *Antelao*, dann die benachbarte, großartig gegliederte Gruppe der *Marmarole* und schließlich als besonderes Schaustück der südliche Teil der

PIEVE DI CADORE, *878 m. Das Geburtshaus des berühmten Malers* TIZIAN *(rechts jetzt Tizianmuseum mit wenigen Erinnerungsstücken).*

Gruppe der *Sextener Dolomiten*. Als Randgruppen begrenzen im W das Boitetal die Gruppe des *Monte Pelmo*, im O die das Piavetal begleitenden Gruppen der *Karnischen Voralpen*, darunter die *Cridolagruppe*, die Gruppen des *Monte Tudaio* und der *Terze* sowie des *Monte Peralba* ganz nördl. und bereits an der Grenze gegen Österreich.

Eine besondere Eigenart des Cadore bildet eine Reihe von großen Stauseen, die das Landschaftsbild ungemein beleben, soweit man sie nicht gerade zur Zeit eines tiefen Wasserstandes antrifft.

Das Cadore wird von einem dichten Straßennetz durchzogen, von dem besonders die an den Haupttälern verlaufenden Autostraßen sehr gut ausgebaut sind, jedoch auch Nebenstraßen, die zu höher gelegenen Bergorten führen, sind gut befahrbar und meist sehr aussichtsreich.

Pieve hat eine bewegte historische Vergangenheit. Seine Entstehung geht bis auf das römische Kastell *Arx Catubrium* zurück. Es war seit jeher Mittelpunkt des wirtschaftlichen und politischen Lebens des *Cadore*. Pieve ist der

Geburtsort des berühmten venezianischen Malers *Tizian (Tiziano Vecellio)*, 1477 bis 1576. Von den zahlreichen Künstlern aus Tizians Verwandtschaft, die ebenfalls aus Pieve stammen, seien noch genannt: der ältere Bruder *Francesco Vecellio*, ein Vetter *Cesare Vecellio* und *Orazio Vecellio*, Tizians Sohn.

Sehenswert der *Hauptplatz (Piazza Tiziano)* mit dem Bronzedenkmal *Tizians* von *Antonio dal Zotto*, 1880. Am Brunnenplatz das *Geburtshaus Tizians* mit Gedenktafel und das *Tizianmuseum*, das jedoch wenig Interessantes zeigt. In der *Pfarrkirche* verschiedene Gemälde der Schüler Tizians. In der dritten Kapelle links eine Madonna, die Tizian selbst zugeschrieben wird, wahrscheinlich aber von seinem Sohn Orazio stammt. Im Chor ein Abendmahl von Cesare Vecellio, in der Sakristei ein Holzaltar mit altdeutschen Malereien. Im Schulgebäude ein kleines *Museum (Museo Civico)* mit interessantem Inhalt: Funde aus prähistorischer und römischer Zeit, keltische und römische Waffen, Altertümer, Gemälde und Schnitzwerke aus Holz und Elfenbein, die Cadorinische Bibliothek u. a. — *Rathaus (Municipio)*, erbaut 1470, mit schön getäfelten Sälen und den holzgeschnitzten Büsten berühmter Cadoriner; am Turm Relief des *Pier Fortunato Calvi* Führers der Cadoriner im Aufstand 1848.

BERGBAHN: **Sessellift Pieve di Cadore—Col Contras**, Talst. *Pieve*, 878 m, HU 322 m, Bergst. *Col Contras*, 1200 m (Wirtschaft). Prachtvolle Aussicht.

Von Pieve zurück nach Tai und in stärkerem Gefälle auf der teilweise in die Felsen gesprengten Straße hinab. An dem Weiler *Sottocastello* mit seinen charakteristischen Holzhäusern vorbei zu dem schönen Straßenstück „*La Cavallera*“, das in aussichtsreicher Fahrt zum Talgrund bringt. Talseitig gegenüber in malerischer Lage der Ort *Caralte* am Fuß des *Picco di Roda*.

36/35 PERAROLO, 537 m, an der Mündung des *Boite* in die *Piave*. Der Boite strömt aus einer tiefen, malerischen Schlucht hervor.

In dem vorerst engen *Piavetal* berührt die Straße die Ortschaften *Rucorvo* und *Rivalgo*, das am Fuße des *Sassolungo di Cibiana*, 2413 m, liegt und erreicht an *Ospitale* und *Termine*, beide mit hübschen Wasserfällen, vorbei.

53/18 LONGARONE, 472 m, an der Einmündung westl. des *Val di Zoldo* mit dem *Torrente Maé*, R 21. Interessant sind bei Longarone die an steilen Berghängen angelegten Gärten, die von mächtigen Stützmauern getragen werden.

Talseitig gegenüber mündet von O die berühmte *Vajontschlucht*, eine der eindrucksvollsten und interessantesten der Alpen. Die alte, diese Schlucht durchziehende Straße zum Bergdorf *Erto* und weiter zum Passo *San Osvaldo*, 827 m, über den man die Orte *Cimolais* und *Barzis* berührend und durch die ebenfalls hochberühmte *Cellinaschlucht* nach *Maniago* in der friaulanischen Tiefebene gelangt (von Longarone 49 km), ist durch den Bau des grandiosen Staubeckens von *Erto* zum Großteil überflutet und durch eine neue Felsen-

VAJONTSCHLUCHT. *Der Damm des Staubeckens von* ERTO, *mit 280 m der höchste Staudamm der Welt. Durch einen gewaltigen Bergsturz vom Monte Toc in den Stausee wurde eine 100 m hohe Springflut über die Dammkrone in die trichterförmige Vajonschlucht gepreßt und schoß durch diese in das Piavetal, wo das Dorf Longarone mit mehreren Weilern vollkommen zerstört und etwa 1900 Menschen getötet wurden. Der Wiederaufbau der zerstörten Ortschaften ist bisher nur teilweise erfolgt.*

straße ersetzt worden. Diese zieht, nachdem man den Piave auf einer neuen Brücke übersetzt hat, fast durchwegs in Tunnels durch die orografisch linke Felswand der Schlucht, überschreitet diese in halber Höhe auf einer kühnen Brücke und durchzieht nunmehr mit einer Schleife und in zwei Stockwerken die orografisch rechte Schluchtwand bis zur Krone des Staudammes. Dieser Staudamm erreicht eine Höhe von 280 m und ist damit der *höchste Staudamm der Welt.* Die Länge der Straße bis zum Staudamm beträgt 5 km.

Durch eine furchtbare Wasserkatastrophe am 9. 10. 1963 wurde der Ort *Longarone* mit den benachbarten Weilern *Rivalta*, *Pirago*, *Fortogna* und *Faé* so schrecklich verwüstet, daß nur von einzelnen Gebäuden Mauerreste verblieben sind und die Talsohle mit meterhohen Schutt- und Schlammmassen bedeckt war. Durch einen Bergsturz von dem an den Stausee von Vajont südl. angrenzenden *Monte Toc* waren in der Nacht über 60 Mill. Kubikmeter Gestein in den Stausee abgebrochen und hatten eine gigantische Springflut erzeugt, der wohl der Damm standhielt, die jedoch die Dammkrone in einer Höhe von fast einhundert Metern überspringend mit elementarer Wucht diese ungeheuren Wassermassen durch die Schlucht in das Tal jagte und weitum alles vernichtete. Rund 1900 Menschen verloren bei der Katastrophe das Leben.

Wer beabsichtigt, die Straße durch die *Vajontschlucht* und am vollkommen verunstalteten Stausee vorbei zum *Passo San Osvaldo* und weiter nach *Cimolais* und in das *Friaul* zu befahren, möge zuerst in *Longarone* genaue Erkundigungen einholen.

Eine andere historische Erinnerung aus dem ersten Weltkrieg ist an den Namen von *Longarone* geknüpft. Nach dem österreichisch-deutschen Durchbruch am *Isonzo* im Oktober 1917 *(Karfreit)* stieß hier der damalige Oberleutnant *Erwin Rommel* (im zweiten Weltkrieg Generalfeldmarschall) als Vorhut aus dem *Friaul* kommend mit einer Kompanie Württembergischer Gebirgsjäger überraschend und blitzschnell auf der alten Straße durch die *Vajontschlucht* in das *Piavetal* hinunter und schnitt so einer kampfstarken italienischen Division, die aus den Dolomitenstellungen kam, den Rückzug ab. Nur mit einer Handvoll Männer, die sich in den *Longarone* südl. vorgelagerten Häusergruppen verschanzten, hielt Oberleutnant *Erwin Rommel*, dem wegen der gesprengten *Piavebrücke* keine Verstärkungen zugeführt werden konnten, durch fast 48 Stunden allen wütenden Ausbruchsversuchen der Italiener stand und machte schließlich rd. 10.000 Gefangene. Für die Erstürmung des *Monte Matajur* am ersten Tag des Durchbruches und die Waffentat von *Longarone* wurde Oberleutnant Erwin Rommel mit dem Orden pour le mérite ausgezeichnet.

63/8 PONTE NELLE ALPI, 336 m, bei dem Örtchen *Polpet*, rechts Abzw. der Straße nach *Belluno*, 8 km, während links die Straße weiter und am *Lago di S. Croce* und über die *Sella di Fadalto* nach *Vittorio Veneto* in der oberitalienischen Tiefebene weiterführt.

ENTFERNUNGEN von *Ponte nelle Alpi:* nach **Udine** 108 km; nach **Conegliano** 39 km; nach **Treviso** 69 km; nach **Venedig** 99 km.

71/0 ROUTENABZWEIGUNG: In hübscher Fahrt durch das Piavetal weiter nach BELLUNO, 389 m, rd. 30.000 Einw., der Hauptstadt der Provinz Belluno. Die *Provinz Belluno* erstreckt sich über einen Großteil des Dolomitengebietes und umschließt mehrere der bekanntesten und schönsten Felsgruppen.

Die Stadt liegt anmutig auf einem spornartigen Rücken, der von den Flüssen Piave und dem einmündenden Ardobach gebildet wird. Besonders reizvoll sind die schönen Felsszenerien im N der Stadt, mit denen sich die letzten Dolomitengruppen des *Monte Schiara* und *Monte Pelf* zu waldigen Vorbergen und grünen Hügeln absetzen. Belluno ist ein sehr hübsches, altertümliches Dolomitenstädtchen mit pulsierendem Leben.

AUS DEM ETSCHTAL IN DIE SÜDLICHEN DOLOMITEN **ROUTE 23**

Auer—Luganopaß—Cavalese—Predazzo **36 km**

STRECKENÜBERSICHT: Die Straße ist durchwegs staubfrei. Das erste Teilstück, das in kühner Trassenführung teilweise in Felsabstürze eingesprengt ist und schon vom Tal aus auffällt, ist sehr gut auf eine Breite von 7,5 m mit weit ausholenden Kehren ausgebaut. Der Rest der Strecke über den Paß und durch das Fleimstal ist zwischen 5,5—6 m breit.

Von AUER, 239 m, zweigt man am südl. Ortsausgang von der Etsch- *0/36*
tal-Straße ab. Gleich oberhalb Auer führt die Straße an einem kahlen Hügel rechts mit den Ruinenresten des mittelalterlichen Castel Feder vorbei. Nach der großen Ortschaft Montan, 497 m, die etwas rechts abseits liegt und von dem schönen Schloß Enn beherrscht wird, macht die Straße eine kühne Schleife durch steile Porphyrwände. Hier von einer breiten Kehre (Abstellmöglichkeiten) eine weitgespannte, prächtige Schau in das Talbecken von Bozen, auf die weite Mittelgebirgsebene von Eppan und Kaltern, den Kalterer See sowie die Steilabstürze der Mendel und alle die bekannten Weindörfer des Südtiroler Unterlandes von Tramin bis Salurn.

Nach der Einfahrt in das waldschattige *Cislontal* mit dem Anblick des Schwarzhorns, 2439 m, und Weißhorns, 2316 m, zweigt 8 km von Auer eine neue, staubfreie und 6 m breite Straße ab, die mit einer großen, kühnen Brücke über den tiefen Graben des *Hohlenbachs* führt und in Kehren das aussichtsreich und hoch über dem Etschtal gelegene Dorf *Aldein*, 1225 m, erreicht. In der Fortsetzung führt die Straße zur Ortschaft *Petersberg*, 1389 m (11 km von der Abzweigung). Hier Straßengabelung. Das kurze Straßenstück zum bekannten Wallfahrtsort *Weißenstein*, 1521 m, ist voll ausgebaut. Ebenso fertiggestellt ist die Straße nach *Deutschnofen*, 1357 m.

Durch dichten Wald und mit vielen Windungen erreicht die Straße den Weiler *Kaltenbrunn (Fontanefredde)* knapp unter dem Paß.

Rechts Abzw. eines kurzen, staubfreien Sträßchens nach **Truden**, 1127 m, einem der letzten deutschen Dörfer an der Sprachgrenze und hübschem, Sommerfrischort. 3 km.

In SAN LUGANO, 1101 m, einem kleinen Weiler mit einem uralten *15/21*
Kirchlein mit schönem Altarbild, erreicht man die flache Paßhöhe und Provinzgrenze zwischen Bozen und Trient, gleichzeitig auch die Sprachgrenze.

Gleich nach der Paßsenke rechts Abzw. einer schmalen Landstraße nach, 7 km, **Altrei** (Alterivo), 1206 m, ebenfalls einem der letzten Dörfer an der Sprachgrenze und kleinem, hübsch gelegenem Sommerfrischort.

R 23 Die Straße senkt sich nun mäßig durch Wald in das Fleimstal (Val di Fiemme) und zieht bald eben an den Hängen dahin. Rechts unten der Ort Castello mit schöner, auf einem Hügel erbauter Kirche. Von Castello abwärts trägt das Tal des Avisio (Fleimstal) den Namen Val Cembra (Zimmertal), dessen Name auch vom germanischen Volk der Cimbern abgeleitet wird, mündet bei Lavis knapp oberhalb Trient in das Etschtal.

Die Fleimstaler Straße bleibt ständig an den Hängen oberhalb der tiefen und breiten Talsohle, an denen auch die größeren Ortschaften liegen. Südl. begleiten das Tal die mit unübersehbaren, weiten Forsten bedeckten Hänge der Fleimstaler Berge (Lagoraikette). Weit im Talhintergrund erscheinen schon die stolzen Felsgipfel der Palagruppe.

23/13 CAVALESE, 996 m, vielbesuchter Sommerort und Hauptort des Tales, liegt ausnehmend schön auf einer leicht geneigten Hangstufe über dem Avisiobach. Cavalese ist ein auffallend sauberer und gepflegter Ort mit dem Charakter eines Städtchens. Sehenswert der Palazzo der „Magnifica Comunitá di Val di Fiemme" (Bezeichnung für die Talschaft der 13 Gemeinden des Fleimstales), früher ein Palast der Bischöfe von Trient mit schönen Außenfresken. In der Pfarrkirche (1134) mit Marmorportal Bilder des einheimischen Malers Christoph Unterberger (1732 bis 1798). Bei der Kirche ein uralter steinerner Tisch mit zwei Reihen von Steinbänken, vermutlich eine Gerichtsstätte der Langobarden.

Cermis-Seilbahn. Talst. *Cavalese*, 973 m, Bergst. *Cermis*, 1980 m, HU 1007 m. **Sessellift.** Talst. *Cermis*, 2000 m, Bergst. *Lagorai*, 2222 m, HU 222 m. Von beiden Bergbahnen schöne Wanderungen und Skiabfahrten.

Nach Cavalese durchzieht die teilweise windungsreiche Straße drei größere Ortschaften des Fleimstales, nämlich Tésero, 991 m, Panchiá, 981 m, und Ziano, 950 m.

Doppelsessellift Ziano – Belvedere. Talst. 952 m, Bergst. 1214 m, HU 262 m, Fahrz. 8 Min. 24 Sek., Länge 1025 m.

Bald nach *Tésero* zweigt die Straße nach PAMPEAGO (8 km) ab. Hier hat sich durch den Bau mehrerer Skilifte ein verzweigtes, sehr beliebtes Ski- und Wandergebiet entwickelt, das außerdem eine Verbindung mit *Obereggen* im *Eggental* herstellt.

BERGBAHNEN: **Doppelsessellift „Tresca"**, Talst. 1855 m, Bergst. 2183 m, HU 328 m, Länge 1390 m; **Sessellift „Latemar"**, Talst. 1759 m, Bergst. 1984 m, HU 225 m, Länge 823 m; **Sessellift „Monte Agnello"**, Talst. 1756 m, Bergst. 2175 m, HU 419 m, Länge 1183 m.

36/0 Weiter nach PREDAZZO, 1014 m, wo die Fleimstaler Straße in die R 24, Vigo – Rollepaß – San Martino di Castrozza einmündet.

ENTFERNUNGEN von *Predazzo:* nach **Vigo di Fassa** 14 km; nach **San Martino di Castrozza** 29 km; nach **Cortina d'Ampezzo** 84 km.

Vigo di Fassa — Predazzo — Rollepaß — San Martino di Castrozza — Primiero — Feltre — Belluno

123 km

STRECKENÜBERSICHT: Der Beginn dieser Route geht von *Vigo di Fassa* aus, weil man hier von der Großen Dolomitenstraße abzweigen kann. Es ist unbedingt vorzuziehen, diese Route mit Überschreitung des *Karerpasses* zu beginnen und nicht die landschaftlich weniger interessante, von Bozen durch das Etschtal bis *Auer*, über den Sattel von *San Lugano* und durch das *Fleimstal* zu wählen. Die Straße (StStr. 48) ist durchwegs ausgebaut und asphaltiert und variiert in einer Breite von 6—9 m. Mäßige Steigung. Die Nordrampe weist 8, die Südrampe 20 sehr gut ausgebaute Kehren auf.

Die Rollepaßstraße ist die älteste Paßstraße in den Dolomiten. Ihre Erbauung begann bereits 1870, weil durch die Abtretung Veneziens nach dem Krieg von 1866 das Tal des Cismone vom Rollepaß südwärts durch die neue Grenzziehung vom damaligen Mutterland abgeschnitten war. Die hochinteressante Felsenstraße durch die eindrucksvolle, etwa 15 km lange Schlucht des *Schenér* wurde 1857—1865 gebaut.

LANDSCHAFTLICHE CHARAKTERISTIK: Diese Route bietet eine Vielfalt an landschaftlichen Schönheiten und ist reich an eindrucksvollen Höhepunkten. Sie führt am Rande des Dolomitengebietes bis zum Eingang der oberitalienischen Tiefebene. Nach dem schönen Karerpaß ist vor allem die Fahrt über den Rollepaß und entlang der Palagruppe, die von jeher als ein besonders formenreiches Felsrevier der Dolomiten gilt, ein großes Erlebnis. Die Ausfahrt durch das *Cismonetal* nach S durch die Schenérschlucht bildet schließlich einen klangvollen Abschluß dieser Fahrt.

Von VIGO DI FASSA, von der Straßengabelung *San Giovanni*, *0/123*
1 km tiefer, wo die Große Dolomitenstraße in die Sohle des Fassatales einmündet, zweigt R 24 talaus ab. Durch das ladinische Fassatal, das hier noch seine ganze grüne Lieblichkeit ausstrahlt und schöne Rückblicke auf die *Rosengarten- und Langkofelgruppe* im Talhintergrund freigibt, und an einem Stausee vorbei nach

MOENA, 1184 m, einen anmutigen Sommerort in einer Talweitung *5/118*
mit viel Verkehr und zahlreichen Hotels und Pensionen (Wintersport). Moena bildet die Grenze zwischen dem ladinischen oberen Fassatal und dem Fleimstal.

Seilbahnen Ronchi — Valbona — Le Cune (2 Sekt.). Talst. 1370 m, Bergst. 2200 m, Gesamt-HU 830 m, Gesamtlänge 2710 m. Diese Seilbahnen erschließen ein weitverzweigtes herrliches Ski-, Touren- und Wandergebiet.

R 24 Sehenswert die erhöht gelegene *Pfarrkirche zum hl. Vigilius* (erb. 1164) und das angebaute *St. Wolfgangkirchlein*, das auf das Jahr 1025 zurückgeht und über eine heidnische Kultstätte errichtet worden sein soll. Moena ist die letzte Siedlung des *ladinischen Fassatales;* südl. davon beginnt das *Fleimstal*. Das direkt bei Moena mündende Tal von *San Pellegrino* vermittelt mit einer schönen Fahrstraße den Übergang über den *San Pellegrinopaß* 1918 m, nach *Falcade* und weiter nach *Cencenighe* im Cordevoletal, 29 km, R 20.

Durch das nunmehr verengte und waldreiche Tal des *Avisio* an den Weilern *Forno* und *Mezzavalle* vorbei und vor der Mündung mit schönem Blick auf die prächtig geformten Berge der *Lagoraikette*, *Cauriol*, *Cardinal und Busa Alta*, die 1916 im Kriege stark umkämpft waren, in den weiten Talkessel von

14/109 PREDAZZO, 1014 m, rd. 4000 Einw. Hallenschwimmbad. Dieser zweitgrößte Ort des Fleimstales liegt auf ebener Talfläche an der Einmündung des *Travignolotales*, durch dessen Ausschnitt die mächtigen *Palaberge* hereinleuchten.

Die an sich wenig reizvolle Umgebung ist geologisch und mineralogisch seit der Entdeckung eines Eruptivstockes um 1820 weltberühmt. Schon 1822 fand hier ein Naturforscherkongreß statt, an dem neben den berühmtesten Naturforschern der damaligen Zeit auch *Alexander von Humboldt* teilnahm.

Sehenswert die neue, gotische *Pfarrkirche*, bei der im Inneren viele der hier vorkommenden Gesteinsarten (Granit, Porphyr, weißer und schwarzer Marmor u. a.) verwendet wurden. Im *Gemeindemuseum* eine interessante Sammlung von *Versteinerungen und Mineralien* der Zone. Im Hotel Nave d'Oro wird ein Fremdenbuch verwahrt, worin alle berühmten Besucher des Ortes eingetragen sind.

BERGBAHNEN: **Gondelbahn Predazzo—Ronc de Martinel.** Talst. 1031 m, Bergst. 1464 m, HU 433 m, Länge 2066 m; **Sessellift Ronc de Martinel—Gardonè.** Talst. 1460 m, Bergst. 1654 m, HU 194 m, Länge 823 m; **Sessellift Gardonè—Doss Capello.** Talst. 1656 m, Bergst. 2206 m, HU 550 m, Länge 1619 m. Außerdem zwei Skisprungschanzen: 1 Winterschanze und 1 Sommer-Trainings-Schanze aus Plastik.

Abzweigung der *Rolle-Paß-Straße* mitten im Ort am Hotel Predazzo. In der Auffahrt durch das *Travignolotal* wird das elegante Felshorn des *Cimone della Pala* mit der *Cima Vezzana* schon bald sichtbar. Mit einigen Kehren erreicht die Straße, 5 km, *Bellamonte*, 1372 m, mitten in herrlichen, mit Lärchen bestandenen, blumenreichen Bergwiesen. Sehenswert die Kapelle *Madonna della Neve*. Von hier ab durchzieht die Straße fast eben den steilen Felshang des *Dossaccio*, auf dem die Trümmer eines alten österreichischen Forts stehen (im Rückblick vom Rollepaß sichtbar). Knapp an der Straße rechts auf kleinem Hügel die Über-

ROLLEPASS, *1970 m. Blick über die weiten Matten gegen die* PALAGRUPPE *mit den hier unsagbar großartig aufgebauten Dolomitriesen* CIMON DELLA PALA, *3185 m (rechts)*, *und* VEZZANA, *3193 m. Eingezeichnet zwei der klassischen Kletterdurchstiege: Vezzana direkte W-Wand und Cimone NW-Grat.*

reste der ehemaligen österreichischen Straßensperre *Albuso* (beide Befestigungen wurden bei Kriegsbeginn geräumt und waren von keinerlei Bedeutung für die Kämpfe). Von Albuso ab zieht die Straße an einem 2,5 km schmalen, fjordartigen Staubecken entlang (Fassungsraum 30 Mill. Kubikmeter) und erreicht

PANEVEGGIO, 1515 m, eine märchenhaft idyllische Siedlung aus Forsthäusern und Sägewerken (Gasthaus) inmitten prachtvoller, 3500 ha ausgedehnter Staatswälder (jetzt im Besitz der Region). *27/96*

Forstgärten für 100.000 Baumpflanzen jährlich. Die Fichtenwälder von Paneveggio waren die schönsten Tirols. Sie zeichnen sich durch außerordentlich hohe Stämme von geradem Wuchs aus, die sich ausgezeichnet als Mastenholz eignen; außerdem findet sich hier das für den Geigenbau wichtige *Resonanzholz („singendes Holz“)*.

R 24 Paneveggio lag im ersten Weltkrieg zwischen den Frontlinien, die vom *Colbricon*, 2603 m, dem äußersten Eckpfeiler des Fleimstal-Kammes, über das Tal zum Gipfel der *Cima Bocche*, 2745 m, nördl. Paneveggio verliefen.

1 km nach Paneveggio zweigt links die schmale Fahrstraße zum *Vallespaß*, 2032 m, und über diesen nach *Falcade* ab, R 20.

In ausgezeichnet schöner Fahrt, sowohl was die Landschaft als auch die Straße anlangt, in Kehren durch den herrlichen Forst hinauf. In stetem Anblick rechts die spitze Felspyramide des *Großen Colbricon*, 2603 m, im Kriege heiß umkämpft und mehrmals gesprengt. Rechts davor der flachrückige *Kleine Colbrion*, 2511 m, links anschließend nach dem *Colbrionpaß* die Kuppen der *Cavalazza*, 2307 m. Rückblick auf den *Dossaccio*, 1836 m, mit den Ruinen des Forts. Gerade über Paneveggio nördl. die flachen Rücken der *Cima Bocche*, 2745 m, und *Cima Juribrutto*, 2649 m. Knapp vor der Rollealm tritt die Straße auf die weiten Matten des Passes aus. Der

34/89 ROLLEPASS, 1970 m, ist in weitflächige Almböden zwischen dem Rasenkamm der *Cavalazza* rechts und den Weideböden der *Costazza* links eingelagert. Er gilt neben dem Sellajoch als der schönste Dolomitenpaß. Besonders besticht der grandiose und romantische Aufbau der Felsriesen der *Palagruppe*.

Unvergleichlich wild und harmonisch zugleich schwingt sich das wunderbare Felshorn des *Cimone della Pala*, 3185 m, in den Himmel, flankiert von der mächtigen Wand der *Cima Vezzana*, 3193 m, des höchsten Gipfels der Palagruppe, an den nordöstl. der schroffe Nordzug der Pala links anschließt.

Der Rollepaß verbindet das *Travignolotal* mit dem *Cismonetal*. Man sollte nicht unterlassen, zumindest einen kurzen Spaziergang über die Alpenmatten gegen die *Cavalazza* zu machen, den man bis zum aussichtsreichen Gipfel, ¾ Std., ausdehnen kann oder noch besser in der Richtung gegen die Palagruppe ein Stück emporzusteigen.

Besonders lohnend ist es auf einer zwar einfachen, aber gut fahrbaren Bergstraße in 2,5 km die Capanna Segantini zu erreichen. Das Sträßchen zweigt von der Autostraße wenige hundert Meter auf der Seite von San Martino ab (Maut). Von diesem Rasenkamm aus genießt man einen der großartigsten Anblicke, den die Dolomiten zu bieten haben. In unvergleichlicher Wucht und Größe streben hier amphitheatralisch die gewaltig schroffen und zerzackten Kolosse der Pala empor. Zwischen dem *Cimone* und der *Vezzana* ist der kleine *Travignologletscher* eingelagert.

BERGBAHNEN: **Sessellift Capanna Segantini.** Talst. 1938 m, neben der Abzweigung des Bergsträßchens zur Segantinihütte 200 m südl. des Rollepasses, HU 252 m, Fahrz. 10 Min., Bergst. *Capanna Segantini* (Wirtschaft), 2190 m.

Die Rollepaßstraße verläuft im Abstieg vorerst etwa 1 km flach bis zum Steilabfall des *Col del Vento*. Schöner Niederblick auf das wald-

SAN MARTINO DI CASTROZZA, *1467 m, liegt in einer weiten, von Hochwald umstandenen Wiesenmulde am Fuße des großartigen Westabfalles der* PALAGRUPPE.

umrahmte *San Martino di Castrozza;* links die zentrale Kette der Pala, die sich hier immer mehr entfächert. In gewaltiger Steilheit schießt links oberhalb der Straße der *Cimone della Pala* empor, dessen Breitseite sich allmählich zu einer ungeheuren Steilwand entwickelt. Am Fuße der kurzschleifigen Kehren des Geländerückens Col del Vento tritt sie in den Wald ein und gelangt in vielen Windungen und insgesamt 20 Kehren nach

SAN MARTINO DI CASTROZZA, 1467 m. *San Martino* ist eine reine Hotelsiedlung und von altersher einer der bekanntesten und gerühmtesten Fremdenplätze in den Dolomiten. Er liegt sehr schön in einer großen Talweitung, die von dichten Nadelholzforsten umgeben ist. Im W und N begrenzen ihn die weit hinauf bewaldeten Züge der *Cavalazza,* des *Colbricon* und der *Tognolaberge.* Das großartigste Schaustück San Martinos aber bildet die ungeheure Felsmauer, mit der die *Palagruppe* vom Rollepaß bis zum Talbecken von Primiero das Cismonetal begleitet. Sie bietet einen Anblick, wie er in solch geschlossener *43/80*

R 24 Wucht nirgendwo in den Dolomiten zu finden ist. — San Martino ist auch ein gut organisierter Wintersportplatz. Hallenschwimmbad, Sprungschanze, eigene Skibobpisten, Loipen.

Schon im 11. Jh. stand hier ein *Kloster mit Hospiz* des Camaldolenser Ordens, das 1418 aufgehoben und in ein Priorat für Weltgeistliche umgewandelt wurde. Da das ganze Tal seit 1401 den Herren von *Welsperg* zu Lehen gegeben war, wurden diese später auch Patrone des Priorats und verblieben als solche bis ins 20. Jh. — San Martino wurde bei Ausbruch des Krieges mit Italien im Jahre 1915 von den österreichischen Truppen, die befehlsgemäß Stellungen auf dem Rollepaß bezogen, vollkommen eingeäschert. Nur die Kirche blieb verschont.

Neben einem weitverzweigten gepflegten Netz von Spazierwegen verfügt San Martino auch über eine Reihe von ausgezeichnet angelegten Touristensteigen, die sowohl die Palagruppe wie die andern umliegenden Berge und Pässe leicht zugänglich machen. Hierzu kommen die Bergbahnen, die den Besuch der schönsten Aussichtsberge ermöglichen.

BERGBAHNEN: **Sessellift Col Verde.** Talst. *San Martino*, 1470 m, gleich hinter dem Grand Hotel des Alpes, Bergst. *Col Verde*, 1940 m (oberhalb der Waldgrenze am Touristensteig auf die Rosetta), HU 470 m, Fahrz. 16 Min. Dieser Sessellift vermittelt in schöner Auffahrt einen interessanten Bergausflug bis knapp an den Fuß der Palafelsen. Insbesondere aber dient er als Zubringerlift für die große *Rosettaseilbahn*. Abstieg vom Col Verde auf gutem, markiertem Steig sehr zu empfehlen. 1 Std.

Seilbahn Col Verde—Rosetta. Talst. *Col Verde*, 1940 m (Bergst. des Sessellifts *San Martino—Col Verde*), Bergst. *Rosetta*, 2601 m, HU 661 m, Fahrz. 6 Min. Die Rosettaseilbahn ist eine der höchsten Bergbahnen in den Dolomiten und ermöglicht wie wenig andere so weit in das Felsgelände einer Dolomitgruppe einzudringen. Von der Bergst. in 15 Min. leicht auf den Gipfel der Rosetta, 2742 m. Die auf der weiten Palafelshochebene etwas tiefer gelegene *Rosettahütte (Rif. Pedrotti)*, 2578 m, C. A. I., ist in 10 Min. zu erreichen. Die Rosetta ist unbestritten einer der lohnendsten Aussichtsberge der Dolomiten. Mit einer grandiosen Nahsicht auf die Felsenwelt der Palagruppe mit ihren charakteristischen Berggestalten und der prächtigen Talschau in den Kessel von San Martino, verbindet sich von hier aus ein Panorama von geradezu überraschender Weite und Vielfalt: Über dem Granitmassiv der *Cima d'Asta* steigen *Adamello-*, *Presanella-* und *Brentaberge* auf; nordwestl. schimmern Gipfel der *Ötztaler* und *Stubaier Alpen* herein, während nordöstl. der Blick bis zu den *Hohen Tauern* und zum *Großglockner* geht; besonders umfassend ist die Schau auf die vielgipfeligen Gruppen des *Rosengartens* und *Latemar* bis zu den Felsriesen von *Sexten*, *Ampezzo*, *Zoldo* und *Agordo*. Für gehtüchtige Besucher gibt es zwei sehr schöne, markierte Abstiege auf bequemen, breiten und leichten Touristensteigen zurück nach San Martino; entweder direkt zurück über *Col Verde*, 2½ Std., oder durch das romantische *Val di Roda* südl. der Rosetta, 3 Std.

Gondellift San Martino—Tognola. Talst. *Fratazza*, 1434 m, 1,5 km talwärts an der Autostraße, HU 730 m, Fahrz. 15 Min., Bergst. *Tognola*, 2164 m (Wirtschaft). Diese moderne Gondelbahn erschließt den besten Aussichts-

SAN MARTINO DI CASTROZZA. *Schon mit kurzen Spaziergängen erreicht man den Fuß der* PALABERGE, *die sich in ihrem Westabfall zu einem der schönsten Bergbilder der Dolomiten aufbauen.*

punkt an der Westseite des Tales mit dem umfassendsten und eindrucksvollsten Blick auf die berühmte Felsenmauer der Palagruppe.

Ces I-Sessellift. Talst. 1460 m, Bergst. 1670 m, HU 167 m, Länge 933 m; **Ces II-Gondellift.** Talst. 1620 m, Bergst. 2230 m, HU 610 m, Länge 1550 m.

Die Talfahrt nach Primiero eröffnet gleich zu Beginn phantastische Blicke auf die majestätische Größe der südl. Palaberge: *Pala di San Martino*, *Val-di-Roda-Kamm* und das Zwillingspaar *Sass Maor* und die glattwandige *Cima della Madonna* entfalten erst hier ihre ganze Pracht. Im S scheint die gleichmäßig gegliederte Kette der *Vette di Feltre* mit der auffallend regelmäßigen Pyramide des *Monte Pavione* an ihrer rechten Flanke das Tal abzuriegeln.

R 24 FIERA DI PRIMIERO, 713 m. Der Hauptort der aus mehreren
57/66 im weiten Kessel verstreuten Gemeinden bestehenden Talschaft ist ein schmucker Ort mit lebhaftem Sommerverkehr. Schwimmbad. Abzw. der R 25.

Die Landschaft um Primiero zeigt bereits südliche Vegetation mit Kastanien-, Nuß- und Maulbeerbäumen sowie Maisanbau. Der bergumrahmte Kessel scheint vollkommen geschlossen zu sein. Aus der Palagruppe mündet das romantisch-alpine *Canalital*, in das man bis zur Wirtschaft „Cant del Gal" auf schmaler Straße (3 km von der Abzw. von der Ceredastraße) mit Auto einfahren kann.

Sehenswert die *Pfarrkirche* mit reichem Innenschmuck. Primiero gehörte seit 1348 zu Tirol und war von 1401 bis 1827 Lehen der *Grafen Welsperg* aus dem Pustertal. Es ist der Geburtsort von *Alois von Negrelli* (1799 bis 1858), einem der hervorragendsten Ingenieure des 19. Jh., der als Straßen- und Eisenbahnbauer in Österreich, der Schweiz und der Lombardei großen Ruf erlangte. Berühmt wurde Negrelli durch die schon von 1838 ab begonnenen Studien und Erstellung von Plänen zur Erbauung des Suezkanals, die nach seinem Tode von F. von Lesseps verwirklicht wurden.

Die Weiterfahrt ist sehr interessant. Nach den größeren Orten *Mezzano* und *Imér* fährt man über den *Ponte San Silvestro* in die rd. 15 km lange, wilde Felsschlucht des *Schenér* ein, mit der der *Cismonebach* den Bergzug durchbricht (Staubecken und Kraftwerke). Mitten in der Schlucht die Häusergruppe *Monte Croce-Pontet*, wo vor 1918 die österr.-italienische Grenze verlief. Die Straße überquert noch zweimal den *Cismone* mit dem *Ponte d'Oltra* und *Ponte della Serra*, zieht an einem langen Staubecken und durch mächtige Felswände mit interessanten Schichtungen und Verwerfungen entlang und erreicht bald nach der Mündung der Schlucht *Fonzaso*.

In *Fonzaso*, 329 m (25 km von Fiera di Primiero), erreicht man die breite, west-östl. verlaufende Querfurche des *Piave*, in der die Städte Feltre und Belluno liegen.

Hier zweigt eine Autostraße nach *Primolano* im Brentatal ab, durch das man entweder südl. über Bassano Venedig oder westl. durch das Valsugana Trient erreichen kann.

ENTFERNUNG von *Fonzaso* nach **Trento** 73 km.

92/31 FELTRE, 325 m, ein urtümliches Städtchen mit zahlreichen malerischen Häusern und Straßen aus dem 16. Jh.; sein Ortskern liegt auf einem Hügel und ist noch von Stadtmauern umgürtet.

Die Gründung der Stadt geht auf die vorgeschichtlichen *Euganeer* zurück. Schon lange in vorchristlicher Zeit von den Römern erobert, wurde es im Laufe seiner Geschichte und vor allem während der Völkerwanderung mehrmals zerstört, war dann von 1420 bis 1797 venezianisch und von 1814 bis 1866 unter österreichischer Herrschaft.

BELLUNO, *389 m. Die Hauptstadt der Provinz Belluno in reizvoller Lage am südlichen Rande der Dolomiten und am Piave. Im Hintergrund die Dolomitengruppen des* MONTE SCHIARA *und* MONTE PELF.

Von den Kirchen in Feltre sind bemerkenswert: Die *Kathedrale zu St. Peter*, die mehrmals zerstört und wiederaufgebaut wurde, mit ihrem Turm aus dem Jahre 1392; die sehr alte *Allerheiligenkirche (Chiesa di Ognissanti)* und die Kirche *San Rocco* von 1599, von deren Platz aus sich ein umfassendes Panorama über die Stadt bietet.

Sehenswert sind die malerische *Piazza Maggiore* und das frühere *Rathaus (Municipio*, einst Sitz der venezianischen Statthalter); im großen Saal dieses Gebäudes, der zeitweilig als Theater diente, wurden 1729 die Erstlingswerke des berühmten Komödiendichters *Carlo Goldoni* uraufgeführt. Ferner im früheren *Palazzo Cumano* die *Gemäldegalerie für Moderne Kunst*.

Feltre ist der Geburtsort mehrerer bekannter Maler und einiger merkwürdiger, historischer Persönlichkeiten: *Bernardino da Feltre (Tomitano)*, der durch die Gründung der ersten Pfandleihanstalt (Monte di Pietá) bekannt und dadurch Begründer dieser Institution wurde; dann gilt *Panfilo Castaldi* (15. Jh.), ein Sohn der Stadt, dem ein Denkmal gesetzt wurde, als der eigentliche Erfinder der Buchdruckerkunst (nach neueren Forschungen dürfte

R 24 eine Begründung für diese Annahme darin zu finden sein, daß Panfilo Castaldi bei Gutenberg in Mainz als Geselle gearbeitet und als erster die Kunst des Druckens mit beweglichen Lettern nach Italien gebracht hat).

Durch die breite Talfurche, die nördl. zuerst von der langgezogenen Gruppe der *Vette di Feltre*, dann der Gruppe des *Monte Pizzocco*, schließlich und nach der Einmündung des Cordevoletales von der Gruppe des *Monte Schiara* begrenzt wird, die westl. die überaus kühne, weithin sichtbare Felsnadel der *Gusella del Vescovà*, 2364 m, flankiert. Mit ihrer reich angepflanzten weitflächigen Talsohle kommt die Straße zum *Piavefluß*, dessen Schotterbett oftmals bis zu 2 km breit ist, und folgt diesem ungefähr, berührt die größeren Orte *Busche, San Giustina* und *Sédico*, das sehr reizvoll am Fuße der südl. Dolomitgruppen liegt und erreicht schließlich den Provinzhauptort

123/0 BELLUNO, 39 m, s. R 22.

Wer von *Feltre nach Treviso* und *Venedig* fährt, wählt die StStr. Nr. 348, die von *Feltre* durch das hübsche Tälchen des *Torrente Sonna* südl. schon bald das eigentliche *Piavetal* erreicht, in dem der Fluß die letzte west.-östl. ziehende Hügelkette durchbricht, die mit den südl. Dolomitenausläufern die Querfurche *Feltre—Belluno* bildet. Bald im *Sonnatal* links, östl. erhöht (344 m) auf einem Bergsporn das originelle romanisch-byzantinische Wallfahrtskirchlein und Kloster zu den *hl. Vittore und Corona*, dessen Gründung auf die Jahre 1086 bis 1101 durch *Giovanni da Vidor* zurückgeht. Zufahrt und Besichtigung möglich. Sehenswerte Anlage mit Fresken, einem zierlichen Kreuzgang und zahlreichen interessanten Details.

Durch das teilweise schmale und wenig reizvolle Piavetal erreicht man nach 16 km den Ort *Quero* am Fuße des rechts, westl., wie ein Eckpfeiler aufstrebenden Monte Tomba, 868 m, der durch die erbitterten Kämpfe i. J. 1917 bekannt wurde (Deutsches Alpenkorps). Hier kam der ital. Rückzug nach dem Durchbruch am *Isonzo* im Oktober 1917 durch das Eingreifen französischer Divisionen zum Stehen.

Abseits der Ortschaft *Quero* (im Ort abbiegend 1 km), gelangt man flußwärts zum *Deutschen Krieger-Ehrenmal* (Deutscher Volksbund für Kriegsgräberfürsorge), wohl einem der schönsten deutschen Ehrenmale, das gleich einem Normannenschloß und wundervoll aussichtsreich mitten in der Talmündung des *Piave* liegt.

Weiter über *Cornuda, Montebelluna, Treviso* nach *Venedig.*

ENTFERNUNGEN von *Feltre:* nach **Treviso** 57 km; nach **Venedig** 107 km.

 ROUTE 25

Passo Cereda — Forcella Aurine — Passo Duran — Forcella Cibiana

79 km

STRECKENÜBERSICHT: Diese südl. Durchquerungsroute durch die Dolomiten führt von *Fiera di Primiero*, R 24, nach *Agordo*, R 18, weiter nach *Forno di Zoldo*, R 21, und endet schließlich in *Venas* im Boitetal, R 21. Das Befahren dieser Paßrouten ist sehr interessant, weil sie im Gegensatz zur Großen Dolomitenstraße weichere und lieblichere Regionen der dolomitischen Landschaft durchziehen, dabei jedoch Berggruppen mit schönen Felsgestalten zeigen. Die Straßen aller dieser vier Pässe wurden bei den Naturkatastrophen im Jahre 1966 schwer beschädigt, teilweise sogar weggerissen. Die Instandsetzungsarbeiten sind nunmehr abgeschlossen. Im Zuge dieser Arbeiten wurden alle Straßen auf mindestens 6 m verbreitert, einzelne Steilstücke behoben und die gesamte Strecke staubfrei gemacht.

Es ist gleichgültig, in welcher Richtung man die Durchquerungsroute befährt. Meistens wird die Rundtour in dem Sinne gemacht, daß man nach einem Besuch von San Martino di Castrozza mit der südl. Vier-Pässe-Fahrt das Boitetal und Cortina d'Ampezzo erreicht. Kürzere und sehr schöne Rundtouren ergeben sich, wenn man entweder in Agordo auf R 18 oder in Forno di Zoldo auf R 21 hinüberwechselt und diese in nördlicher Richtung zurück in die Dolomiten benützt.

FIERA DI PRIMIERO, 713 m, siehe R 24, Ausfahrt über den nahen Weiler Tonadico, wo die Straße zum *Ceredapaß* mit einer stärkeren Steigung beginnt. An der Mündung links des *Canalitales* mit der interessanten Ruine des *Castel Pietra* der *Grafen Welsperg* vorbei und in zahlreichen Windungen zum breiten Wiesensattel des *0/79*

PASSO CEREDA, 1369 m, der zwischen der *Croda-Grande-Gruppe (südl. Palagruppe)* und der Gruppe des *Sass da Mur* eingebettet ist. *8/71*
Die Straße führt nun immer am Südrande der Croda-Grande-Gruppe hin, berührt verschiedene anmutig gelegene Weiler, darunter *Gosaldo*, 1141 m, in einem weitgedehnten, grünen Becken, und erreicht schließlich mit einem kurzen, steileren Aufstieg und in Kehren

FORCELLA AURINE, 1229 m, eine weite Wieseneinsattelung inmitten von Wäldern. *20/59*

Die Talfahrt gegen Agordo ist sehr abwechslungsreich, die Vegetation wird südl. üppiger, und man gelangt durch die hübschen Orte *Frassené*, 1082 m (Sessellift *Frassené—Malga Losch*, Talst. 1113 m, Bergst. 1722 m, HU 609 m), und *Voltago* in das weite Talbecken von

R 25 ÁGORDO, 611 m, R 18. Man verläßt *Ágordo* in der Richtung gegen
32/47 *Belluno* und biegt von der Talstraße gleich nach Überschreitung des *Rovabaches* links in die Straße zum Passo Duran ein. In schöner Auffahrt durch die Ortschaft *La Valle*, 810 m, und in stärkerer Steigung mit schönen Blicken auf die Gruppe des *Monte Agnér* und der *Pale di S. Lucano (Palagruppe)* zum

45/34 PASSO DURAN, 1605 m, einem breiten Wiesensattel zwischen dem *Monte Duran* westl. und der *Cima di San Sebastiano (Tamérgruppe)* östl. In außerordentlich aussichtsreicher Fahrt auf die umliegenden Bergketten und in zahlreichen Windungen durch lichten Wald zum Weiler *Chiesa*, 1246 m, in dessen Kirche *S. Tiziano di Goima* aus dem 15. Jh. ein geschnitztes, bemaltes Tryptichon aus deutscher Schule des gleichen Jahrhunderts zu sehen ist. Man errreicht den Talgrund des *Val di Zoldo* beim Ort *Dont*, 926 m, R 21, und rechts in die Talstraße einbiegend nach rund 4 km

57/22 FORNO DI ZOLDO, 848 m, R 21. Man verläßt den Ort in südl. Richtung und zweigt von der Talstraße nach 1 km links in das *Val Mareson* ab, durch das die Straße zur *Forcella Cibiana* mit einigen Kehren ansteigt. Durch die Weiler *Villanova*, 883 m, und das mit seinen Holzhäusern und blumengeschmückten Söllern besonders hübsche *Fornesighe*, 1010 m, dann durch schönen Lärchenwald und mit eindrucksvollen Blicken auf die Gruppe der *Civetta* gelangt man in den Wiesensattel der

68/11 FORCELLA CIBIANA, 1528 m. Durch eine hübsche Berglandschaft nach 5 km zur Ortschaft *Cibiana*, 1041 m. Nun große Waldhänge querend hinunter in den Talgrund des *Boitebaches* und über die Brücke *La Chiusa*, 775 m, dann mit starker Steigung an der anderen Talseite hinauf, wo man beim Ort

79/0 VÉNAS, 860 m, R 22, erreicht.

Bozen—Trient—Rovereto—Riva (Verona) **103 km**

STRECKENÜBERSICHT: Durch das *Etschtal* von *Bozen* nach *Trient* zieht die Hauptverkehrsader (StStr. 12), die in diesem Abschnitt als staubfreie Schnellstraße mit einer Breite von 10,5 m und großem Kurvenradius ausgebaut ist. Fast alle Orte haben Umfahrungen. Lediglich die Ausfahrt aus Bozen bis zur ersten Ortschaft *Leifers*, 6 km, und die 9 km lange Teilstrecke *Salurn—San Michele* weisen teilweise noch eine Fahrbahnbreite von 6,5 m auf.

BRENNERAUTOBAHN: Die Anschlußstelle **Bozen-Süd** liegt am Südrande der Industriezone. Man erreicht sie am besten von der Rom- oder Reschenbrücke aus, den Richtungsschildern folgend. Eine weitere Zufahrt ist von der Brennerstraße im Vorort *Oberau* nach rechts in die Industriezone abbiegend.

LANDSCHAFTLICHE CHARAKTERISTIK: Von Bozen ab folgt die Route dem breitsohligen *Etschtal*, das von *Calliano*, südl. von Trient, bis zur *Berner Klause* nördl. von Verona auch den Namen *Val Lagarina (Lagertal)* trägt. Die fruchtbare Talebene ist hauptsächlich mit Obst- und Weinbaupflanzungen, weiter südl. auch mit Tabakpflanzungen bebaut. Das Tal wird überwiegend von steilen Talhängen begleitet, die teilweise in mächtigen, nackten Felswänden aufstreben. Schwach geneigte Talhänge und Mittelterrassen wechseln seltener ab.

BOZEN, 265 m, Ausfahrt über die *Eisackbrücke* oder *Rombrücke* *0/103*
und durch die südl. Vororte *Oberau (Oltrisarco)* und *St. Jakob*. Rechts die ausgedehnte Industriezone von Bozen.

Vor St. Jakob rechts der stimmungsvolle, sehr gepflegte *Militärfriedhof* (seit 1859). Schöner Blick talseitig rechts auf das Überetscher Mittelgebirge und das Mendelgebirge, Rückblick auf den Talkessel von Bozen und das breite Etschtal bis hinauf zu den Bergen um Meran (Texelgruppe).

Die Straße zieht am Fuße der linken, östl. Talhänge entlang und berührt die Orte *Leifers*, 258 m (Campingpl.) und *Branzoll*, 236 m (Umfahrungsstraße).

AUER, 293 m, 2500 Einw. In der südl. Ortshälfte Abzw. links, östl., *19/84*
der R 23 (Fleimstalstraße und zum Rollepaß. Der Verlauf dieser Straße ist hoch über Auer in den Felswänden sichtbar. 2 Tennispl. mit Flutlicht, Schwimmbad, VV, 2 Campingpl.

BRENNERAUTOBAHN: Zur Anschlußstelle **Neumarkt—Auer—Tramin** 3 km.

R 26 Auer war Ausgangspunkt der im ersten Weltkrieg erbauten, jetzt eingestellten Schmalspurbahn Auer—Predazzo. Im Ort rechts Abzweigung einer staubfreien Straße in das *Überetsch* und zur *Südtiroler Weinstraße*, die man als Umgehungsschleife für die Strecke Bozen—Auer vorteilhaft benützen kann.

23/80 NEUMARKT, 213 m, 3600 Einw., das römische *Endidae;* nach dem Brand von 1331 wurde es als Neumarkt wieder neu aufgebaut. Schöne Blicke auf die bekannten Weindörfer des Südtiroler Unterlandes westl. jenseits der Etsch: *Tramin, Kurtatsch und Margreid* unter den Steilabstürzen des *Roén.* — VV, 3 Tennispl. mit Licht, Schwimmbäder.

Vom Zentrum *Neumarkts* Abzw. links, östl. einer schön ausgebauten, staubfreien Verbindungsstraße (3 km) zur *Fleimstalstraße*, R 23, die man unweit von MONTAN erreicht.

BRENNERAUTOBAHN: Zur Anschlußstelle **Neumarkt—Auer—Tramin** 3 km.

33/70 SALURN, 224 m, 2900 Einw., die letzte deutschsprachige Gemeinde im Etschtal. Auf hohem Fels die Ruinen der kühnen *Haderburg*, daneben ein schöner Wasserfall.

Die *Haderburg*, die bereits i. J. 1053 erwähnt wird, beherbergte i. J. 1551 den bekannten deutschen Humanisten *Melanchthon.*

Nach Salurn verengt sich das Etschtal mit hohen, nackten Felswänden zur interessanten **Salurner Klause.** Hier verläuft die deutsch-italienische Sprachgrenze. Nach der Salurner Klause öffnet sich eine Talweite, wo rechts, westl., das *Nonstal (Nonsberg)* bei den großen Dörfern *Mezzolombardo* und *Mezzocorona* einmündet. Links an steilem Berghang das Gebäude des uralten, aufgelassenen Benediktinerstiftes *Königsberg (Castel Monreale).*

42/61 SAN MICHELE ALL'ADIGE, 228 m. Direkt am Ufer der Etsch gelegen. Hier rechts über die Brücke Abzweigung der Straße in das *Nonstal*, die als Zufahrt zu den R 28 und R 29 benutzt werden kann.

BRENNERAUTOBAHN: Anschlußstelle **San Michele all'Adige:** Entfernung nach *San Michele* 1 km, nach *Mezzocorona* 2,5 km, nach *Mezzolombardo* 4 km.

50/53 LAVIS, 238 m, an der schluchtartigen Mündung links, östl., des *Val Cembra (Zimmertal).*

Mitten im Ort rechts Abzw. der Zufahrtsstraße zur großartigen **Seilbahn** auf die **Paganella.** Talst. *Lavis*, 220 m, Bergst. *Paganella*, 2100 m, HU 1880 m, Fahrz. 8 Min. Großartiger Aussichtsberg mit Panorama bis zum Gardasee und besonders interessantem Blick auf die Brentagruppe.

Beim Vorort *Gardolo* links Abzw. einer neuen Umfahrungsstraße am Berghang leicht ansteigend direkt zur *Valsuganastraße* nach Venedig.

BRENNERAUTOBAHN *südlich von Bozen mit der typischen* ETSCHTAL-LANDSCHAFT *bis zur Berner Klause. Die Autobahn durchzieht bis knapp vor der Salurner Klause den breiten Talboden, der von oft senkrechten Felswänden flankiert wird. Auf dem Bild ist in der Fluchtlinie der rechten Fahrbahn auf dem kleinen Hügel die Ruine* LEUCHTENBURG *oberhalb des Kalterer Sees zu erkennen. Rechts die Felswände des* MITTERBERGES, *die die Hochfläche des* ÜBERETSCH *tragen.*

TRENTO *(Trient)*, 194 m, rd. 95.000 Einw., Hauptstadt der Provinz Trento, der Autonomen Region Trentino—Tiroler Etschland (Trentino—Alto Adige) und Sitz eines Erzbischofs. Schöne, altertümliche Stadt mit zahlreichen Sehenswürdigkeiten, das geistige und wirtschaftliche Zentrum des Trentino. *58/45*

Modernes Hallenschwimmbad, mehrere Freiluftschwimmbäder, davon eines mit olympischen Maßen zur Austragung von Wettkämpfen, Sportsplätze, Tennispl. u. a. m.

BRENNERAUTOBAHN: Anschlußstelle **Trient.** Entfernung zur Stadtmitte 1,5 km. (Anschluß für den *Gardasee* durch *Buco di Vela*, R 27, westl., *Judikarien* und *Valsugana* östl.)

R 26 SEHENSWÜRDIGKEITEN: Der alte Stadtkern rings um den Dom hat durch seine freskengezierten Renaissancehäuser und ehrwürdigen Paläste ein vornehmes Aussehen. Mittelpunkt der Stadt ist der geräumige, stilvolle *Domplatz (Piazza Cesare Battisti)* mit dem dekorativen *Neptunsbrunnen* (1769), dem *Stadtturm* (13. Jh.) und dem *Palazzo Pretorio* (früher Bischofssitz, jetzt Dommuseum). Der **Dom** *hl. Vigilius*, der durch spätere Stilepochen und Zubauten in seinen schönen, romanischen Linien nicht allzusehr verändert worden ist. Der ursprüngliche Bau wurde in der ersten Hälfte des 12. Jh. über dem Heiligtum des *hl. Vigilius* aufgeführt und vom *Patriarchen Pellegrino von Aquileia* 1145 geweiht. Im Jahre 1212 setzte Fürstbischof *Friedrich von Wangen* den Bau fort. Im Dom wurden alle festlichen Sitzungen des Konzils von Trient abgehalten und die beschlossenen Reformen und Dekrete feierlich verkündet, während die Arbeitstagungen in der *Basilica Santa Maggiore* stattfanden.

Von der reichen Innenausstattung des Domes sind besonders Fresken aus dem 14. Jh. hervorzuheben, dann eine Anzahl von bemerkenswerten Grabdenkmälern einiger Fürstbischöfe, so von *Udalrich von Frundsperg*, *Albert von Ortenburg*, *Heinrich von Metz* u. a. Sehenswert auch das Denkmal für den venezianischen Heerführer *Roberto Sanseverino*, der in der Schlacht von *Calliano* (1487) sein Leben verlor. Der mamorne *Hochaltar* mit vier gewundenen Säulen wurde von *Cristofero Benedetti* dem Hochaltar in *St. Peter* zu *Rom* von *Bernini* nachgebildet.

Die **Basilika Santa Maria Maggiore** aus rotem Marmor mit einem großartigen Portal. Der Baubeginn geht auf 1520 und den berühmten Fürstbischof *Bernhard von Cles* als Bauherrn zurück.

Der **Palazzo del Municipio** *(Rathaus)*, ein schöner Bau aus dem 16. Jh., der über Auftrag des *Grafen Sigismund Thun* entstanden ist. Gegenüber der **Palazzo Geremia** aus dem 16. Jh. mit reichem Freskenschmuck und einem eleganten, zierlichen Steinbalkon.

Eine besondere Geschichte hatte der **Palazzo Galasso**, der am Beginn der aus der inneren Stadt zum Bahnhof führenden Straße liegt. Er wurde 1602 für den Augsburger Handelsherrn *Georg Fugger* erbaut und erhielt im Volksmunde den Beinamen „*Palazzo del Diavolo*“, weil eine Legende erzählt, der große Palast sei in einer Nacht erbaut worden. 1642 ging er in den Besitz des *Mathias Galasso von Castro Campo* über, eines verdientvollen Heerführers des Kaisers im Dreißigjährigen Krieg.

In den schönen Grünanlagen vor dem Bahnhof steht das **Dantedenkmal** von *Cesare Zocchi*, das i. J. 1896 errichtet wurde. Es trägt in drei Aufbauten Bronzefiguren; als unterste auf einem Drachen die Gestalt des *Minos*, der die Hölle aus der Göttlichen Komödie von *Dante* versinnbildlichen soll (das Antlitz ist ein Selbstporträt des Künstlers). Darüber (Fegefeuer) vorne die Begegnung *Vergils* und *Dantes* mit *Sordello*. Im dritten Aufbau (Paradies) die lächelnde *Beatrice* zwischen Engeln. Ein Denkmal wird von der über fünf Meter hohen Figur von *Dante Aleghieri* gekrönt, der mit ausgestrecktem Arm gegen Norden weist.

Sehenswert ist ferner der umfangreiche Komplex des **Castello del Buonconsiglio**, eine mächtige, schloßartige Anlage, die früher der Sitz der Fürstbischöfe von Trient war. Jetzt sind das *Museum Nazionale* und das *Museum del Risorgimento* darin untergebracht. Besonders bemerkenswert sind die

TRIENT. *Der überaus dekorative* NEPTUNSBRUNNEN *auf dem Cesare-Battisti-Platz (früher Domplatz), ein Werk von* F. A. GIONGO *(1769). Im Hintergrund der 41 m hohe* STADTTURM (TORRE CIVICA) *aus dem 13. Jh.*

Fresken im *Adlerturm (Torre dell'Aquila)* eines unbekannten Meisters aus der Zeit um 1407. Diese sogenannten *Monatsbilder* stellen bäuerliche Arbeit und adeliges Vergnügen in den 12 Monaten des Jahres dar. Im Hof des *Kastells von Buonconsiglio* wurden 1916 die Trentiner *Cesare Battisti*, *Damiano Chiesa* und *Fabio Filzi* von den Österreichern standrechtlich gehängt. Das Grab *Cesare Battistis* ist jetzt auf der westl. jenseits der Etsch aufragenden, rundlichen Kuppe des *Doss Trento*, 307 m, in einem weithin sichtbaren, offenen Säulenrundbau.

GESCHICHTLICHES: Der Raum von *Trento* (lat. *Tridentum*, deutsch Trient) war schon in vorgeschichtlicher Zeit besiedelt. Schon 38 v. Chr. wurde *Tridentum* ein römischer Stützpunkt, von dem *Drusus* 16 v. Chr. zur Eroberung der *Rätischen Alpenländer* aufbrach. Von *Tridentum* ging auch die Christianisierung der umliegenden Talschaften aus, die besonders durch die Märtyrer-Brüder *Sisinius* und den *hl. Vigilius*, der im *Rendenatal* zu Tode gesteinigt wurde, weil er eine Statue des Saturn umstürzte, erfolgte. Dieser Heilige wurde in der Folge der Schutzpatron der Diözese Trient.

Später gehörte *Trient* zum Reiche der *Ostgoten* und war dann unter den *Langobarden* ein Herzogtum und schließlich in der Zeit der karolingischen Herrschaft eine fränkische Grafschaft.

Im Jahre 1027 belehnte der Salier *Kaiser Konrad II.* den Bischof von Trient mit den Grafschaften *Etschtal* und *Vinschgau* und machte ihn so zu einem unmittelbaren Fürsten des Heiligen Römischen Reiches Deutscher Nation.

In der Reihe der Fürstbischöfe von Trient, die mit *Udalrich II.* begann, ragte besonders der Bozner Fürstbischof *Friedrich von Wangen* hervor (1207—1218), der den großzügigen Ausbau des Domes begann (1208). Von 1239—1255 beherrschte *Ezzelino da Romano* die Stadt, einer der getreuesten Gefolgsleute der letzten *Hohenstaufen.* Nach kurzer Herrschaft der veronesischen *Skaliger* gewannen die *Grafen von Tirol*, die als Schutzvögte der Fürstbischöfe eingesetzt waren, immer mehr Einfluß und brachten allmählich die ganze weltliche Macht im Reichsfürstentum an sich.

Das Vordringen der *Republik Venedig*, die ihre Herrschaft bereits zu Beginn des 15. Jh. bis *Rovereto* vorgeschoben hatte, fand ihr Ende durch die Schlacht von *Calliano* (1487), in der die Truppen des *Erzherzogs Sigmund von Österreich* unter ihrem Feldhauptmann *Friedrich von Kappel* einen entscheidenden Sieg über das venezianische Heer unter der Führung des Duce *Roberto Sanseverino* erfochten. *Sanseverino* fand auf der Flucht den Tod in den Fluten der Etsch.

Die politische Angliederung Trients an Tirol erfolgte durch einen Vertrag des *Kaisers Maximilian I.* mit dem Fürstbischof *Georg von Neideck* i. J. 1511. Zur höchsten Berühmtheit kam die Stadt durch das *Konzil von Trient*, das unter *Papst Paul III.* und dem Fürstbischof *Cristoforo Matruzzo* i. J. 1545 seinen Anfang nahm und mit mehrmaliger Unterbrechung 18 Jahre bis 1563 dauerte.

In den folgenden Jahrhunderten sank die Macht und Bedeutung des geistlichen Fürstentums immer mehr. Mit der Säkularisation i. J. 1803 wurde die Einverleibung Trients mit *Tirol* vervollständigt. In der napoleonischen Zeit gehörte Trient (1806—1809) zu *Bayern*, dann zum napoleonischen *Königreich Italien* (1810—1813), fürderhin zur *Österreichisch-Ungarischen Monarchie* bis zum unglücklichen Ende des ersten Weltkrieges.

Durch den Frieden von *St. Germain* kam Trient mit ganz Südtirol zum *Königreich Italien* und wurde Hauptstadt der gleichnamigen Provinz. Im zweiten Weltkrieg wurde die Stadt durch 42 Bombenangriffe der Alliierten ziemlich stark beschädigt.

Durch das sogenannte *Pariser Abkommen (Gruber-Degasperi)* von 1946 wurde Trient die Hauptstadt der *Autonomen Region Trentino-Tiroler Etschland.*

Trient hat besondere Wichtigkeit als Straßenknotenpunkt: Hier zweigt östl. die Straße durch das *Valsugana* ab, die über *Levico* und *Borgo* nach *Bassano* und weiter nach *Venedig* führt; in westl. Richtung hingegen zweigt R 27, die ebenfalls vielbefahrene Straße durch *Buco di Vela* und über *Castel Toblino* nach *Arco* und *Riva* ab.

BERGBAHNEN: **Paganella-Seilbahn:** Talst. *Lavis*, 220 m, Bergst. *Paganella*, 2106 m, HU 1886 m, Fahrz. 8 Min. Die *Paganella* ist ein großartiger Aussichtsberg mit besonders interessantem Blick auf die *Brentagruppe.* **Seilbahn Trient—Sardagna.** Talst. *Trient*, 196 m, Bergst. *Sardagna*, 600 m, HU 404 m, Fahrz. 3 Min. Interessante und instruktive Aussicht auf den Talkessel von *Trient.* **Gondellift Bondone—Vaneze—Vasón** und **Sessellift Vasón—Palón.** Talst. *Vaneze*, 1350 m, Bergst. Gipfel des *Palón*, 2044 m, Gesamt-HU 770 m, Fahrz. 26 Min. Der westl. von Trient aufragende, ungemein aussichtsreiche Gebirgszug des *Monte Bondone* ist durch eine sehr gute, staubfreie Straße von 16 km Länge erschlossen, die in *Vaneze*, 1315 m,

TRIENT. *Das* CASTELLO DEL BUON CONSIGLIO, *ein großartiger Bau aus verschiedenen Zeitepochen, früher die Residenz der Fürstbischöfe von Trient, jetzt Nationales Museum und Museum des Risorgimento.*

endet. Das Massiv gipfelt in dem spitzen *Palón*, 2044 m, der durch diese Sessellifte zugänglich ist. Der Palón übertrifft an Weite und Größe des Panoramas noch die der *Paganella*. Besonders eindrucksvoll der Blick gegen Süden bis zum Gardasee und nach Westen gegen die in prachtvoller Majestät aufgereihte Brentagruppe.

Von Trient südl. heißt das Etschtal bis zur Berner Klause *Val Lagerina* (Lagertal). 1 km südl. von Trient links Abzweigung der schönen *Friccastraße* auf die im ersten Weltkrieg bekanntgewordenen Hochflächen der *Sieben Gemeinden (Lavarone und Folgaria)*. Talwärts folgen die Orte *Matarello und Calliano* an der Mündung des *Roßbachtales* links, über dem auf einem großen Rücken die gewaltigen Ruinen des *Schlosses Beseno* thronen. Das Castel wird erstmals 1171 erwähnt, war im Besitz der Herren von *Castelbarco*, dann der Republik *Venedig* und gehört seit 1470 der tirolischen Familie der *Grafen Trapp*. Diese imposante, herrlich gelegene Burgruine ging 1973 mit einer Schenkungsurkunde der *Grafen Trapp* an die *Provinz Trient* über.

R 26 ROVERETO, 176 m, rd. 25.000 Einw., in anmutiger Lage an der
81/22 Einmündung des *Vallarsa*, ist die bedeutendste Industriestadt des Trentino und zeichnet sich durch sehr schöne, teilweise altertümliche Stadtansichten mit malerischen und interessanten Gebäuden und Palästen aus.

BRENNERAUTOBAHN: Anschlußstelle **Rovereto-Nord.** Entfernung zur Stadtmitte 3 km.

Rovereto lag im ersten Weltkrieg hart hinter den vordersten Linien und hat durch Beschießung stark gelitten. Von den Sehenswürdigkeiten Roveretos sind der *Renaissancepalast* der Sparkasse an der Piazza Rosmini und das im venezianischen *Castel* untergebrachte interessante *Kriegsmuseum* hervorzuheben. Auf dem Castel die *Campana dei Caduti* (Glocke der Gefallenen), die größte Glocke Italiens mit einem Gewicht von 17.000 kg, die allabendlich zu Ehren der Gefallenen aller Nationen in den beiden Weltkriegen geläutet wird. Im Museum eine umfangreiche Sammlung von Kriegsgegenständen, Kriegserinnerungen und Dokumenten.

Von Rovereto zweigt südöstl. durch das *Vallarsa* eine Straße ab, die durch das hartumkämpfte Kriegsgebiet um den *Monte Pasubio* und über den *Pian delle Fugazze*, 1157 m, nach *Schio* und *Vicenza* führt. 72 km. Wenig befahren.

BRENNERAUTOBAHN: Anschlußstelle **Rovereto-Süd—Lago di Garda-Nord.** Entfernung nach *Mori* 4,5 km, zum Anschluß an die Staatsgrenze nach *Torbole* 2 km.

Rund 1,5 km südl. von Rovereto rechts Abzweigung der Straße zum *Gardasee.* Man überquert die breite Talsohle und erreicht durch die große Ortschaft *Mori*, 200 m, inmitten weiter Wein-, Obst- und Tabakpflanzungen das interessante *Loppiotal* und an dem jetzt trockengelegten Becken des *Loppiosees* vorbei den flachen Sattel von *S. Giovanni*, 287 m, und bald danach die Ortschaft *Nago* mit einem überraschend herrlichen Niederblick auf den *Gardasee* und seine felsigen Ufer.

Am Ortsausgang von Nago Straßengabelung: Rechts Autostraße nach *Arco*, 8 km, links in stärkerem Gefälle mit wenigen Kehren und schräg am Berghang entlang nach

99/4 TORBOLE, 65 m, am Beginn der *Östl. Gardesana (Gardesana Orientale).*

Die Straße führt am Seeufer entlang und am Fuße des früher befestigten *Monte Brione*, 377 m (Straßentunnel), der aus der deltaartigen Mündung des breiten *Sarcatales* aufragt, vorbei nach

103/0 RIVA AM GARDASEE *(Riva sul Garda).*

Rovereto — Ala — Verona

ROUTE 26a

68 km

STRECKENÜBERSICHT: Die Straße ist gut ausgebaut, asphaltiert, durchschnittlich 6 m breit (kurze Strecken bis zu 10 m). Diese Strecke wird weniger befahren, weil der Touristenverkehr mehr zum Gardasee abzweigt. Außerdem führt das Etschtal abwärts die Brennerautobahn.

Von *Lizzanella*, dem Vorort, 1,5 km südl. von Rovereto, wo die Route *0/68*
zum Gardasee abzweigt, geht die Fahrt südwärts auf der Hauptstraße durch das Etschtal weiter, man kommt durch die Ortschaft *Lizzana* und gleich darauf die ungeheuren Blockhalden eines gewaltigen, angeblich i. J. 883 durch Erdbeben erfolgten Bergsturzes, die sogenannten *Slavini di Marco,* die eine Fläche von 2 auf 1,8 km im Geviert bedecken.

ALA, 210 m, rd. 10.000 Einw., liegt etwas erhöht (Umfahrung) an *16/52*
der Mündung des *Val Ronchi* in das Etschtal. Das Städtchen ist der Hauptort des unteren *Lagertales (Val Lagarina);* vor 1918 war es die südlichste Stadt *Tirols* und *Österreichs.*

BRENNERAUTOBAHN: Anschlußstelle **Ala — Avio.**

Ala war schon zu römischen Zeiten die Straßenstation „*ad Palatium*". Vom 17. bis 19. Jh. stand hier die Handweberei von Samt und Seide in hoher Blüte. In der Stadtmitte sind einige Barockpaläste mit schönen Portalen und Fresken aus dem 16. bis 18. Jh. zu sehen. Im *Palazzo Pizzini* ist in unverändertem Zustand das Zimmer zu sehen, worin *Napoleon* 1796 übernachtete.

Das ganze untere *Lagertal (Val Lagarina)*, das bis zur *Berner Klause* diesen Namen trägt, ist auf seiner Talsohle von unübersehbaren Weingärten überflutet, durch die sich die *Etsch* in ruhigem Lauf dahinschlängelt.

Dem folgenden kleinen Ort **Vo** liegt jenseits der Etsch das große Weinbauerndorf **Ávio**, 134 m, gegenüber, das schon eine römische Siedlung war und im Mittelalter ziemliche Bedeutung hatte.

Am interessantesten ist hier die Ruine des stolzen **Castel d'Avio**, die Heimat der *Herren von Castelbarco*, eines Adelsgeschlechtes, das im Mittelalter durch Jahrhunderte die Geschicke des Lagertales bestimmt hat. Die mächtige Ruine liegt etwas rechts, östl. von **Ávio** auf einem hohen Felssporn über dem Weiler *Sabbionara*, 152 m. Das Schloß wird schon i. J. 1053 erstmals erwähnt. Es ist ein hervorragendes Beispiel einer weitgedehnten wehrhaften Anlage und gleichzeitig eines geräumigen und vornehmen Adelssitzes. Viele historische Persönlichkeiten waren hier im Laufe der Jahrhunderte zu Gast, darunter der Luxemburger Kaiser Karl IV. (1347). Die mit Zinnen geschmückten und durch Wehrtürme verstärkten Ringmauern sind teilweise noch gut erhalten. Der hochgelegene Bergfrit wurde im 11. Jh. erbaut. Sehenswert sind die Fresken aus verschiedenen Epochen, besonders in der sogenannten „*Casetta*" der Vorburg, die ritterliche Kampfspiele zeigen, ferner jene hoch im Bergfrit, die Liebesallegorien darstellen. Auf der Weiterfahrt erblickt man kurz vor *Borghetto* links, östl., nahe oberhalb der Straße die unscheinbare **Kapelle San Leonardo in Sardis.** Der heutige Bau ist nicht alt (1835), aber die Kapelle steht auf den Grundmauern eines uralten Kirchleins, in dem sich am 15. Mai 589 der Langobardenkönig *Autharis* mit der Prinzessin *Theodolinde* aus dem bayrischen Hause der *Agilolfinger* vermählte.

26/42 BORGHETTO all'ADIGE, 126 m, bis 1918 das südlichste Dorf *Tirols* an der österr. ital. Staatsgrenze. In der Weiterfahrt wird nach 6 km beim Dorf *Peri* jenseits der *Etsch*, hoch droben in den steilen Felswänden und anscheinend unzugänglich wie ein Adlerhorst in einer Felsnische die Wallfahrtskirche *Madonna della Corona*, 774 m, sichtbar. Der mühsame Aufstieg zum Wallfahrtsort, der von Wallfahrern auch von dieser Seite her häufig benützt wird, geht von *Peri* über die *Etsch* und *Rivalta* und weiter durch die steile Bergflanke mit einem Höhenunterschied von 600 m hinauf, teilweise auf jähem Zickzacksteig, teilweise über steile Treppen mit insgesamt 456 Stufen.

Je mehr man sich der berühmten *Berner Klause* nähert, weitet sich der Blick zum jenseitigen Etschufer, wo sich die Ausläufer des *Monte Baldo* verflachend zur Hochfläche von *Rivoli* senken. Rechts auf hoher, nackter Felskuppe eine große österreichische Befestigungsanlage.

Hier verläßt die rechts der Etsch verlaufende Brennerautobahn das Etschtal und erreicht das Hügelgelände am Südfuße des *Monte Baldo*.

Auf dieser Teilstrecke befindet sich die

BRENNERAUTOBAHN-Anschlußstelle **Affi—Lago di Garda-Süd.** Entfernung vom Ort 1,5 km. — Diese Anschlußstelle ist die kürzeste Verbindung von der Autobahn zum *Ostufer* des *Gardasees: Affi—Garda*, 5 km; *Affi—Lazise*, 7 km. Auf dieser Fahrt soll man keinesfalls versäumen, den schön gelegenen, sehenswerten *Deutschen Soldatenfriedhof* von *Costermanno* oberhalb *Garda* zu besuchen.

Knapp nach der Ortschaft CERAINO fährt man in die *Berner Klause* (auch *Veroneser Klause*), ital. *Chiusa di Rivoli* (auch *di Verona*) ein, die von den Ausläufern des *Monte Baldo* westl. und den Vorbergen der *Lessinischen Alpen* östl., gebildet wird. Die prächtige *Klause* (Talenge) wird beidseitig von senkrechten Felswänden gebildet, die nur knapp dem Flußbett der Etsch, der Straße und der Eisenbahnlinie Raum geben.

Am südl. Ausgang weitet sich das Etschtal alsbald zur breiten Talebene von *Domegliara*, die durch die am Berghang rotgelb leuchtenden Marmorbrüche und die weitgedehnten Pfirsichpflanzungen charakterisiert ist. Weiter durch die dichtbesiedelte Umgebung von Verona und
68/0 auf schöner Straße direkt am Etschufer entlang nach VERONA, 59 m.

BRENNERAUTOBAHN: Anschlußstelle **Verona-Nord** (Entfernung zur Stadtmitte 9 km), und in weiteren 3 km die Kreuzung mit der AUTOBAHN **„Serenissima" Turin—Mailand—Venedig—Triest.** Hier endet die *Etschtalstrecke* der Brennerautobahn.

Trient—Castel Toblino—Arco—Riva 42 km

STRECKENÜBERSICHT: Diese Route von Trient über den Sattel von *Cádine, Castel Toblino* nach *Arco* und *Riva* ist die zweite Zufahrtsmöglichkeit aus dem Etschtal zum Gardasee. Die Entfernung auf dieser Route von Trento nach Riva ist gleich jener auf R 26, jedoch ist sie landschaftlich abwechslungsreicher. Sie wird auch bevorzugt, weil man auf ihr früher aus dem starken Verkehr der Etschtalstraße abbiegen kann. Etwas betontere Steigung findet sich auf dieser Route nur bei der Scheitelstrecke von Trient über den niederen Sattel von *Cádine* und wenige Kilometer auf der westseitigen Rampe. Die Straße (StStr. 45) ist normal breit und staubfrei. Man tut gut, auf Hin- und Rückfahrt mit den beiden Routen abzuwechseln.

BRENNERAUTOBAHN: Anschlußstelle **Trient.** Entfernung zur Stadtmitte 2 km.

Man verläßt TRIENT über die Straßenüberführung beim Autobahnhof, *0/42* übersetzt die Etsch auf der Lorenzobrücke, umfährt den früher stark befestigten Hügel des *Doss di Trento* (Denkmal für *Cesare Battisti* und erreicht in schöner Auffahrt schon nach wenigen Kilometern die Abzweigung links der gut ausgebauten *Bondone-Autostraße* (siehe unter Bergbahnen in Trient). Nun gleich in die romantische Schlucht des *Buco di Vela,* wo die Straße fast durchwegs in die Felsen gesprengt ist, und an ihrem oberen Ende durch den Torbogen eines alten österreichischen Forts. Mit wenigen Schleifen erreicht man den wenig markanten und weiten Sattel von *Cádine,* 488 m (rd. 7 km von Trient). Bald öffnet sich rechts der Blick auf das liebliche Becken der Ortschaft *Terlago* mit dem gleichnamigen Schloß (erb. 1124) und kleinem, seichtem See, das von den felsigen Ausläufern des *Monte Bondone* schön eingerahmt wird. In der Abfahrt kommt man durch verschiedene altertümliche Ortschaften. 0,7 km vor *Padergnone,* 286 m, links Abzweigung einer Fahrstraße durch das *Val Cavédine* (mit dem sehenswerten *Castel Madruzzo*) und über *Calavino* und *Cavédine* nach *Dró* und *Arco.*

Nun hinunter zur Brücke, die zwischen dem kleineren *Lago di S. Massenza* rechts und dem *Toblinosee* links den verbindenden Bach übersetzt und am Westufer des Toblinosees zu dem märchenhaft auf einer Halbinsel gelegenen *Castel Toblino,* 256 m (Wirtschaft).

Das Schloß mit zinnengekröntem Turm und Mauern war früher im Besitz der Bischöfe von Trient und gehört heute den *Grafen Wolkenstein.* Das Innere des Schlosses ist sehr malerisch, besonders der Hof mit Loggiengängen und alten Fresken. *Castel Toblino,* ein Ort „zum Schwärmen und zum Trinken", ist seit jeher von Dichtern besungen und oft gemalt worden

Der malerische TOBLINOSEE *mit dem romantischen* CASTEL TOBLINO, *früher im Besitz der Fürstbischöfe von Trient, jetzt der Grafen Wolkenstein. Im Hintergrund die Mündung des Sarcatales.*

(V. v. Scheffel und A. Feuerbach u. a.*)*. In den Weinbergen um den Toblinosee gedeiht der berühmte „*Vino Santo*“.

19/23 Nach 1 km die Ortschaft SARCHE, 249 m, wo von rechts der Fluß *Sarca* durch eine Schlucht einmündet. Hier Einmündung rechts der R 28 und 29.

Im breiten *Sarcatal* unter den bis zu 600 m hohen, eigenartig gefärbten, glatten Felswänden des *Monte Casale*, 1625 m, vorbei und bald durch eine mehrere Kilometer lange, ungeheure *eiszeitliche Blockmoräne*, die sogenannten *Marócche*, die noch in historischer Zeit von gewaltigen Felsstürzen der Berge rechts überlagert wurden. Links, jenseits des Tales, das augenfällige Bild der Ruine des *Castel di Drena*. Nach dem Weinbergdorf *Dró* (hier gedeiht der „Vino Santo“) gelangt man durch das enger werdende Tal, in dem schon von weitem der malerische Schloßfels sichtbar ist, nach

36/6 ARCO, 91 m, einer bekannten Kurstadt mit außerordentlich mildem Klima und subtropischer Vegetation am Fuße der romantischen Ruinen des *Castello di Arco*, das 1703 von den Franzosen unter dem *Herzog von Vendôme* zerstört wurde. Vom Castel, 278 m, 25 Min., herrlicher Blick auf Riva und den Gardasee. Arco ist die Geburtsstadt des berühmten Malers *Giovanni Segantini* (1858 bis 1899). Durch die Niederung des
42/0 Sarcatales nach RIVA, 70 m.

Bozen—Mendel—Molveno—Sarche (Riva) 107 km

STRECKENÜBERSICHT. Diese zweite Route aus dem *Etschtal* zum *Gardasee* quer über die Mendel und das *Nonstal* abwärts bis fast zu seiner Mündung, dann über den niederen Sattel von *Andalo* und am *Molvenosee* und der *Brentagruppe* entlang bis zur Einmündung in R 29 in *Ponte delle Arche* ist weniger empfehlenswert, als die von *Meran* aus gehende Route über den *Gampenpaß* und *Madonna di Campiglio*. Die Straße (StStr. 42) von Bozen über die *Mendel* nach *Fondo* wurde i. J. 1882 erbaut, ist staubfrei und von einer mittleren Breite von 5,5 m mit kurzen Abschnitten bis zu 6,5 m. Von *Fondo* bis *Rocchetta* ist die Straße sehr gut ausgebaut, während die Rampen des Sattels von *Andalo* sehr windungsreich sind. Der Abschnitt entlang dem *Molvenosee* und die Abfahrt nach *Ponte delle Arche* sind hingegen wieder sehr gut befahrbar. Bis auf einige ganz kurze Steilstücke von 12% sind die Steigungsverhältnisse normal. Der *Mendelpaß* und der *Sattel von Andalo* sind im Winter gebahnt.

LANDSCHAFTLICHE CHARAKTERISTIK: Gegenüber R 29 ist nur die Auffahrt zur *Mendel* ein besonderer landschaftlicher Genuß. Die landschaftlichen Reize der Fahrt durch das untere *Nonstal* und entlang dem *Molvenosee* werden besonders dadurch beeinträchtigt, daß die Wasserspiegel der Staubecken zeitweilig stark gesenkt werden.

Man verläßt BOZEN wie bei der Fahrt nach *Überetsch* auf der *Südtiroler Weinstraße* (s. Überetsch unter Bozen) und benützt diese bis *0/107*

EPPAN. Hier beginnt die sehr schön angelegte Straße auf die *Mendel*, erbaut 1884, die zuerst in weiten Kehren durch Wald emporsteigt und dann in kühner Trassenführung durch die senkrechten Felsabstürze des Penegal den Einschnitt des *Mendelpasses* gewinnt. Die Mendelstraße ist besonders im Felsenbereich windungsreich und teilweise schmal, so daß vorsichtiges Fahren erforderlich ist. *10/97*

MENDEL, 1363 m, ein flacher, von dichten Wäldern gesäumter Übergang, der zwischen dem *Penegal*, 1737 m, und dem *Roén*, 2116 m, zwei Erhebungen im Kamm des Mendelzuges (Etschbuchtgebirge) eingebettet ist. *24/83*

Der *Mendelzug*, der gegen das Etschtal durchwegs mit Steilwänden abstürzt, dacht gegen den Nonsberg sanft ab. Die Mendel war früher ein sehr bekannter Sommerfrischort. — Ein Abstecher von hier zum berühmten Aussichtsberg des *Penegal*, 1737 m (Hotel und Aussichtsturm, Hallenschwimmbad) sollte keineswegs unterlassen werden. Von der Mendel staubfreie Fahrstraße, 4 km. Das Panorama vom Penegal ist eines der interessantesten und weitesten der gesamten Alpen, dazu kommt eine instruktive Schau auf das Etschtal und den Talkessel von Bozen.

Durch schönen Wald senkt sich die Straße in das *Nonstal* bis zu einer Straßengabelung knapp vor

33/75 CAVARENO, 973 m (3 km lange Verbindungsstr. nach *Fondo* zu R 29).

Das *Nonstal (Nonsberg)* ist in seiner eigenartigen Formung mehr eine weitgedehnte Hochfläche, die vom Mendelzug im O den Bergen des Ultentales und der Ortlergruppe im N und von den Ausläufern der Brentagruppe im W eingerahmt wird. Die Hochfläche wird vom Nocebach in meist tief eingefurchten Gräben und Schluchten durchflossen. Die weithin gebreitete, wellige Hochfläche, mit flachen Bergrücken und Terrassen, ist sehr fruchtbar, wird von zahlreichen Straßen durchzogen und ist mit vielen Dörfern, Schlössern und Burgen übersät.

Die Weiterfahrt das Nonstal abwärts ist reizvoll. Durch die Orte *Romeno* und *San Zeno* gelangt man zum Straßenknotenpunkt *Dermulo*, 540 m.

Hier zweigt rechts eine Straße nach **Cles**, dem Hauptort des Nonsberges, auf der anderen Talseite ab. Außerordentlich interessant ist der kurze Abstecher von 0,5 km auf dieser Straße bis zur Brücke von *S. Giustina* hinunter, die kühn und eindrucksvoll 144 m über dem tiefen Schluchtgrund den *Noce* übersetzt. Daneben die mächtige, 152 m hohe Staumauer, die das 8 km lange und bis zu 1 km breite Becken von *S. Giustina* mit 171 Millionen Kubikmeter Inhalt staut (das E-Werk von Tai hat eine Kapazität von 279 Millionen Kilowattstunden).

Von *Cles* Abstecher über *Tuenno* zum einzigartigen, sehenswerten **Tovelsee**, 1182 m *(Lago Rosso — Roter See)*, ist sehr empfehlenswert, 15,5 km (s. R 29).

Die Fahrt geht am östlichen Noceufer talaus bis zum Beginn der tiefen Mündungsschlucht, mit der das Nonstal in das Etschtal mündet. Hier beim Weiler *La Rocchetta* rechts abzweigend und schwindelnd hoch auf der

59/48 ROCCHETTABRÜCKE über den Noce. In zahlreichen Kehren überwindet die Straße den jenseitigen Talhang und gelangt über *Spormaggiore* und an den Ruinen von *Castel Belfort* vorbei in den weiten und lieblichen Sattel von

ANDALO, 1041 m, einem lieblichen Sommerfrischort und durch seine zahlreichen Bergbahnen nach allen Seiten ein sehr beliebter Wintersportplatz. Zielpunkt fast aller Bergbahnen ist die *Paganella*, einer der bekanntesten Aussichtsberge im *Trentino*. Zahlreiche Möglichkeiten für Touren und Wanderungen im Sommer und gut instandgehaltene Skipisten im Winter. Von *Fai della Paganella* führt auch eine Seilbahn auf die *Paganella* und stellt so eine Verbindung zu den Bergbahnen von *Andalo* her.

BERGBAHNEN: Seilbahn **Fai—Dosso Larici.** Talst. 975 m, Bergst. 1838 m, HU 863 m, Länge 2910 m; Sessellift **Cima Paganella.** Talst. 1838 m, Bergst. 2120 m, HU 292 m, Länge 1134 m; Gondellift **Andalo—Malga Terlago.** Talst. 1023 m, Bergst. 1773 m, HU 750 m, Länge 2575 m; Gondel-

MOLVENO, *864 m, am gleichnamigen See. Im Hintergrund die Brentagruppe.*

lift **Malga Terlago—Paganella.** Talst. 1772 m, Bergst. 2100 m, HU 328 m, Länge 1150 m; Gondellift **Laghet—Pradi di Gaggia.** Talst. 1030 m, Bergst. 1333 m, HU 303 m, Länge 1253 m.

Bald nach *Andalo* schöner Blick auf den *Molvenosee*, den man in weiten Kehren bei

MOLVENO, 864 m, erreicht. Vom Ostufer schöner Blick auf die *79/28*
Brentagruppe durch das *Val delle Seghe*. Von Molveno führt die *Banalestraße* am östlichen Seeufer entlang und am kleinen *Lago di Nembio* vorbei ein kurzes Stück talaus, verläßt dann das steil in die Sarcaschlucht abfallende Tal und gewinnt in die Felsen gesprengt und durch Tunnels die Hochfläche von *Banale* mit einigen malerischen Ortschaften, deren Häuser teilweise noch eigenartige Strohdächer und charakteristische Balkone haben *(San Lorenzo di Banale, Dosino, Tovado-Andogno und Villa Banale)*. Ein SESSELLIFT führt in 2 Sekt. auf den CROZ DELL'ALTISSIMO, 1528 m, einem hübschen Wander- und Skigebiet.

Von der Hochfläche senkt sich die Straße mit Kehren in die *Sarcaschlucht*, überschreitet die *Sarca* und mündet in die R 29 bei *Ponte delle Arche*, 398 m. Von hier weiter auf R 29 und auf R 27 nach

RIVA AM GARDASEE. *107/0*

ROUTE 29 VOM ETSCHTAL ZUR BRENTAGRUPPE UND GARDASEE

146 km

Meran — Gampenjoch — Madonna di Campiglio — Sarche (Riva)

STRECKENÜBERSICHT: Die Route von Meran über das *Gampenjoch*, den *Nonsberg*, durch das *Val di Sole (Sulzberg)* und über den Paß von *Campo Carlo Magno* nach *Madonna di Campiglio* und weiter nach *Sarche* und *Riva* ist die landschaftlich schönste aus dem Etschtal zum Gardasee. Besonders interessant und aussichtsreich ist die Fahrt über das *Gampenjoch*, auch die Strecke über den Nonsberg ist genußreich; es folgt dann die landschaftlich hervorragend schöne Überschreitung des Passes von *Campo Carlo Magno* und die ebenfalls reizvolle Ausfahrt durch das *Val Rendena*.

Die knapp vor dem letzten Weltkrieg aus militärischen Erwägungen erbaute Straße über das *Gampenjoch* ist von *Meran (Lana)* nach *Fondo* (StStr. 238) 39 km lang, sehr gut trassiert, staubfrei und von einer mittleren Breite von 6,5 m. Der Paß wird auch im Winter gebahnt. Die Teilstrecke von *Fondo* über *Mostizzolo* nach *Dimaro* ist sehr windungsreich und wellig mit zahlreichen engen Ortsdurchfahrten.

0/146 Von MERAN nach, 8 km, *Lana* und gleich nach der Brücke in *Oberlana* Abzweigung rechts der Straße auf das Gampenjoch. In schöner Fahrt am Berghang und durch zwei Straßentunnels auf die Mittelgebirgsterrasse von *Tisens*, 639 m, das etwas links liegen bleibt, weiter, mit schönen Blicken auf das Etschtal und bald durch Wald am *Bad Gfrill*, 1154 m, vorbei zum

25/121 GAMPENJOCH, 1518 m, das tief am Fuße der *Laugenspitze* eingeschnitten ist (Hotel). In der Talfahrt berührt man das von deutschsprechender Bevölkerung bewohnte Dorf *Unsere Liebe Frau im Wald*, 1351 m, und *St. Felix*, 1265 m. Weiter in schöner Fahrt durch Wald nach

39/107 FONDO, 988 m, von wo eine 3 km lange Verbindungsstrecke nach Cavareno zu R 28 führt. Man verfolgt die Straße rechts durch das hier bergige und waldreiche *Nonstal* auf windungsreicher Strecke durch mehrere Ortschaften, von denen *Brez*, *Revó* und *Cagnó* die bedeutendsten sind, zur *Nocebrücke* von

58/88 MOSTIZZOLO, 599 m, nach der von links her eine Straße vom 4,5 km entfernten *Cles*, dem Hauptort des Nonsberges, einmündet.

Sehr zu empfehlen ist von hier ein Abstecher über **Cles — Tuenno** zum berühmten und höchst interessanten **Tovelsee**, 1182 m, auch *Lago Rosso (Roter See)* genannt (20 km). Die tiefrote Färbung des Wassers, hauptsächlich im Sommer (noch intensiver nach einem Gewitter), wird durch die rasche Vermehrung von Mikroorganismen, den Glenodien, verursacht.

MADONNA DI CAMPIGLIO, *1522 m. Blick vom* MONTE SPINALE, *2188 m (Bergstation der Seilbahn) auf den nördlichen Teil der* BRENTA-GRUPPE.

— Der See ist 1000 m lang, 600 m breit und 40 m tief und hat einen kleinen Badestrand in der Nähe des Ortes *Rislà.*

Hier beginnt der obere Teil des Nonsberges, der den Namen *Val di Sole (Sulzberg)* trägt und bis zum *Tonalepaß* reicht. Am Ufer des Noce durch das liebliche Tal und *Malé*, 737 m, den Hauptort des *Sulzbergs* (Endstation der Schmalspurbahn Trient—Malé). Rechts die Mündung des *Val di Rabbi,* in dem das, 11 km, bekannte kleine Eisenbad Rabbi, 1230 m, liegt.

Weiter noch 5 km auf der Straße zum Tonalepaß bis zur Ortschaft *Dimaro.*

ROUTENABZWEIGUNG: Die 1857 erbaute Straße, 37 km lang, 6,5 m breit, staubfrei, wintergebahnt, über Vermiglio zum **Tonalepaß** bildet die kürzeste Verbindung zwischen dem *Etschtal* (Bozen oder Meran) einerseits mit *Brescia* und *Bergamo* anderseits über den *Apricapaß* und durch das *Veltlin* zum *Comosee.* Der *Tonalepaß* scheidet die *Ortlergruppe* von der *Presanella*- und *Adamellogruppe.*

Weiter durch das Tal hinauf. In **Fucine**, 979 m, wo der Aufstieg zum Paß beginnt, mündet von rechts das *Val di Peio*, in welchem am Fuße der südl. *Ortlergruppe* das kleine Eisenbad **Peio**, 1380 m, 10 km, liegt.

BERGBAHNEN: Seilbahn **Cogolo—Peio.** Talst. 1160 m, Bergst. 1580 m, HU 400 m, Länge 1400 m. Gondellift **Peio—Tarlenta.** Talst. 1400 m, Bergst. 2000 m, HU 600 m, Länge 1800 m. Doppelsessellift **Piani di Vioz.** Talst.

R 29 *Piani di Vioz*, 2307 m, Bergst. *Valle della Mite*, 2779 m, HU 472 m, Fahrz. 13 Min., Länge 1929 m.

Die Auffahrt durch den Ort **Vermiglio** über die Rampe zum Tonalepaß entrollt prächtige Anblicke auf die Berge der *Presanellagruppe*, von denen besonders formenschön die *Cima Busazza*, 3329 m, und die *Cima Presena*, 3069 m, aufragen.

PASSO DEL TONALE, 1883 m (Hotels), eine langgestreckte, wiesige Paßfurche mit schöner Bergeinrahmung. Auf der Paßhöhe ein Beinhaus für die Gefallenen von 1915—1918, gekrönt von einer geflügelten Siegesgöttin. Im ersten Weltkrieg war hier engstes Kampfgebiet; bis 1919 verlief über den Paß die österreichisch-italienische Staatsgrenze, heute Provinzgrenze zwischen Trento und Brescia.

BERGBAHNEN: Seilbahn **Paradiso.** Talst. *Tonalepaß*, 1880 m, Bergst. *Passo Paradiso*, 2600 m. **Gondelbahn**, Talst. *Paradiso*, 2590 m, Bergst. 2743 m. Diese Bergbahnen ermöglichen und erleichtern Wanderungen und Bergbesteigungen im Tonalegebiet. Im Winter sind eine große Anzal weiterer Bergbahnen in Betrieb, die herrliche Abfahrten ermöglichen. — Sommerskilauf am *Presenagletscher*, Sprungschanze — Hallenschwimmbäder.

Durch das *Val Camonica*, das vom *Oglio* durchflossen wird, in schöner Fahrt nach **Ponte di Legno**, 1261 m, einem besuchten Sommerfrischort und Wintersportplatz.

Von *Ponte di Legno* führt eine im ersten Weltkrieg erbaute Autostraße über den *Gaviapaß*, 2621 m, und durch die großartige, hochalpine Landschaft der südlichen *Ortlergruppe* nach *Santa Caterina in Valfurva*, 1736 m, und durch dieses hinaus nach *Bormio*, 1225 m.

Der *Gaviapaß* ergibt mit dem *Stilfser Joch* eine schöne Rundtour mit Rückkehr ins Etschtal, doch ist die Straße nicht in gutem Zustand und das Befahren teilweise schwierig.

73/73 DIMARO, 766 m. Auf der sehr gut ausgebauten Straße durch das waldreiche *Val Melédrio* zum

88/58 CAMPO-CARLO-MAGNO-PASS, 1682 m. Der weitflächige Wiesensattel liegt zwischen der *Brentagruppe* links, östlich, und den Ausläufern der *Presanellagruppe* rechts, eingebettet. Besonders schön der Anblick des nördlichsten Teiles der Brentagruppe, der *Pietra Grande*, 2936 m, die direkt gegenüber liegt. Nach der Überlieferung hat der Paß den Namen von *Karl dem Großen*, der ihn mit einem Heer überschritten haben soll.

91/55 MADONNA DI CAMPIGLIO, 1522 m, der bekannte Sommerort und Wintersportplatz liegt von dichten Wäldern umgeben am Fuße der berühmten dolomitischen *Brentagruppe*, deren Anblick direkt vom Ort aus allerdings durch den vorspringenden *Monte Spinale* größtenteils verdeckt ist.

BERGBAHNEN: **Spinale-Seilbahn.** Talst. *Madonna di Campiglio*, 1511 m, Bergst. *Monte Spinale*, 2088 m. — **Crostè-Seilbahn.** Talst. *Madonna di Campiglio*, 1600 m, Bergst. *Crostèpaß* (2. Sekt.), 2400 m. — **Pancugolo-Seilbahn.** Talst. *Madonna di Campiglio*, 1528 m, Bergst. *Pancugolo*, 2070 m, HU 542 m, Fahrz. 5 Min. Länge 2024 m. Diese Bergbahnen ermöglichen im Sommer weite Wanderungen. Im Winter sind weitere Bergbahnen in Betrieb, die viele, darunter berühmte Abfahrten erschließen.

An der aussichtsreichen Straße durch das *Val di Campiglio* erreicht man in der Abfahrt schon nach wenigen Kilometern eine *Aussichtswarte* mit Orientierungstafel: Die *Brenta* baut sich von hier aus in ihrer ganzen Entwicklung überaus eindrucksvoll auf. Knapp vor der Einfahrt nach *Pinzolo* das sehenswerte Kirchlein von *San Vigilio* (1515 vergrößert) mit einem massiven Turm und einem interessanten *Totentanz* an der südlichen Außenwand von *Simon Baschenis* (1539), der 40 Figuren aufweist und dessen Farben noch überraschend gut erhalten sind.

PINZOLO, 770 m, großer, schön gelegener Ort an der Mündung dreier 105/41
Täler, des hochinteressanten *Val di Génova*, das zwischen der Adamello- und Presanellagruppe tief eingeschnitten und teilweise auf schmaler Straße mit Auto befahrbar ist, des *Val Nambrone* und *Val Campiglio*.

Durch seine Bergbahnanlagen hat sich *Pinzolo* zu einem beliebten Sommer- und Winterplatz entwickelt. Zahlreiche Möglichkeiten für Gletschertouren in der *Presanella*, Klettertouren und Wanderungen in der *Brenta* und für den Winter schöne, gut instandgehaltene Skiabfahrten.

BERGBAHNEN: Gondellift **Pra Rotond.** Talst. 784 m, Bergst. 1509 m, HU 725 m, Länge 1900 m; Sessellift **Doss del Sabion.** Talst. 1508 m, Bergst. 2092 m, HU 584 m, Länge 1633 m; Doppelsessellift **Malga Grual.** Talst. 1891 m, Bergst. 2091 m, HU 200 m, Länge 781 m.

Auf der gut ausgebauten Straße durch das Tal, das nunmehr den Namen *Val Rendena* trägt, und an einer Reihe von sauberen und anmutig gelegenen Dörfern vorbei nach

TIONE, 565 m, dem Hauptort des Val Rendena. Hier teilt sich das 122/24
Tal. Südlich zieht das Tal von *Judikarien*, durch das eine Straße bis zum *Idrosee* und weiter nach *Brescia* führt.

Das *Sarcatal* biegt nach O um, nimmt von links das *Val Dalgone* aus der südlichen Brentagruppe auf und erreicht durch die wildromantische *Sarcaschlucht* mit den Ortschaften *Ponte delle Arche* und dem kleinen Badeort *Terme di Comano*, nach dem von links her R 28 einmündet,

SARCHE, 253 m, wo sie sich mit R 27 vereinigt. Weiter auf dieser 146/0
in 23 km nach *Riva am Gardasee*.

ROUTE 30

64 km

DIE OST-GARDESANA

Riva — Torbole — Malcésine — Garda — Peschiera

Der **Gardasee** *(Lago di Garda)*, der *Lacus Benacus* der Römer, dessen Seespiegel 65 m über dem Meere liegt, ist der größte der oberitalienischen Seen (Lago Maggiore, Lago di Como, Lago d'Iseo u. a.). Seine Länge beträgt 51 km, seine größte Breite zwischen *Peschiera* und *Desenzano* 17,5 km; die Oberfläche bedeckt 370 Quadratkilometer; die größte Tiefe (zwischen *Castelletto* und *Magugnano* am Ostufer) erreicht 346 m. Von seinem nördlichsten Ufer ab ist der See für rd. 32 km gegen Süden zwischen zwei Bergketten eingebettet; im O der Zug des *Monte Baldo* (größte Höhe 2218 m), im W die uneinheitlichen Bergketten des *Tremalzo*, *Cablone* und *Pizzócolo* (deren größte Höhen, soweit sie Bergspitzen betreffen, die vom See aus sichtbar sind, zwischen 1300 bis 1600 m schwanken). Im nördlichen Teil schrumpft der Gardasee zu seiner geringsten Breite von rd. 3—4 km zusammen; zwischen *Torri* und *Maderno* verbreitert er sich zusehends und erreicht die größte Breite in den beiden weiten Buchten von *Peschiera* und *Desenzano*, die von der schmalen Halbinsel von *Sirmione* getrennt werden. Die Landzunge von Sirmione ragt in nördl. Richtung rd. 4 km in den See.

Das Ufer des nördlichsten Zipfels um Riva und Torbole gehört zur Provinz Trento (und war vor 1918 österreichisches Gebiet); das Ostufer zur Provinz Verona, das Westufer der Provinz Brescia. Der Hauptzufluß ist der *Sarcafluß*, der knapp westlich von Torbole mündet, den einzigen Abfluß bildet der *Mincio*, der den See direkt in *Peschiera* verläßt. Die einzige etwas bedeutendere Insel ist die *Isola di Garda* an der Bucht von *Saló*.

Der Gardasee ist durch die Farbe seines Wassers berühmt, ein Türkisblau von einer geradezu unwahrscheinlichen Klarheit und Durchsichtigkeit, die bis 15 m unter den Wasserspiegel reicht. Mit seiner romantisch-südlichen Schönheit, der alpin interessanten Einrahmung, seiner üppigen Südlandvegetation und der überaus reichen Vielfalt an landschaftlichen Schönheiten bildet er eine ideale Ergänzung des Reisegebietes südlich des Brenners. Die Reisezeit für den Gardasee reicht durch acht Monate des Jahres von März bis Oktober. Besonders gerühmt ist seine Schönheit im Frühling.

Die bekannten *Uferstraßen* des Gardasees wurden erst nach dem ersten Weltkrieg neu- und ausgebaut. Vor dem Kriege gab es keine fahrbare Uferverbindung zwischen dem nördlichsten, österreichischen Teil und dem zu Italien gehörenden Hauptteil. Am W-Ufer erreichte die fahrbare Straße bei *Gargnano* ihren nördlichsten Punkt, am O-Ufer bei *Navene*. Die **Ost-Gardesana** *(Gardesana Orientale)* wurde 1926 dem Verkehr freigegeben, während die durch ihre kunstvollen Tunnels bekannte **West-Gardesana** *(Gardesana Occidentale)* 1931 vollendet wurde.

Der Umfang des ganzen *Gardasees* beträgt 142 km (s. R 30 und 31). Durch die Einrichtung der **Fähre Torri del Benaco — Maderno** mit Autoverladung kann die Umfahrung des ganzen Sees abgekürzt und das gegenüberliegende Ufer mit Auto erreicht werden. Daraus ergeben sich allerlei Kombinationen und Möglichkeiten.

Die südlichen Ufergestade und deren unmittelbares Hinterland waren seit jeher ein Kampfgebiet, wo ungezählte Schlachten und Gefechte ausgetragen worden sind. In diesem *Rendezvous für Schlachten* kämpften in den letzten Jahrhunderten schon *Prinz Eugen von Savoyen*, der *Herzog von Vendôme*, *Napoleon I.* und *Napoleon III.*, *Garibaldi*, *Feldmarschall Radetzky* und *Freiherr von Benedek*.

Als Unikum erlebte der Gardasee selbst als einziger unter den großen Binnenseen Europas mehrere kleine Seeschlachten und Scharmützel. Während der Kämpfe um die Vorherrschaft in Oberitalien zwischen *Venedig* und *Mailand*, 1426—1454, brachten die *Venezianer* ein Kunststück fertig, das als einzigartige Tat in die Geschichte eingegangen ist. Wohl war ein großer Teil des Sees damals venezianisch, doch die Mailänder beherrschten jeden Zugang von Süden her. Daher brachten die Venezianer eine kleine Flotte von 6 *Galeeren* und 25 *Barken* die Etsch aufwärts bis *Mori* und transportierten die Schiffe dann auf dem Landweg über den Sattel von *Nago* die rd. 10 km lange Strecke nach *Torbole*, wo sie wieder zu Wasser gelassen wurden. Dieser denkwürdige Schiffszug über das Festland dauerte 14 Tage und erforderte einen ungeheuerlichen Aufwand an Hilfsmitteln und Menschen. Mehr als 2000 Zugochsen wurden vorgespannt.

In der Folge kam es mehrmals zu Seegefechten zwischen den gegnerischen Flottillen. Wie wichtig die *Venezianer* einen Seesieg über die *Mailänder* werteten, ergeht daraus, daß das Deckengemälde der *Sala del Gran Consiglio* im *Dogenpalast in Venedig* vom berühmten Maler *Tintoretto* (1518—1594) ein solches Seegefecht auf dem *Gardasee* darstellt.

In den Kriegen des 19. Jh. fanden noch mehrmals Seegefechte auf dem *Gardasee* statt. Am bekanntesten sind die Taten der österr. Flottille unter dem Korvettenkapitän *Moritz Manfroni von Montfort* im österr.-ital. Krieg von 1866 geworden. *Manfroni* befehligte *6 Schraubenkanonenboote*, die mit Eisenbahnschienen gepanzert waren. Die Namen dieser Kanonenboote waren höchst originell: das Flaggschiff hieß „*Speiteufel*", die andern Boote „*Raufbold*", „*Scharfschütze*", „*Wespe*", „*Wildfang*" und „*Uskoke*". Heute noch sind in den Mauern einzelner Häuser im Hafen von *Gargnano* Kanonenkugeln zu sehen, die an die Beschießung durch die österr. Flottille von 1866 erinnern.

Die Dampfschiffahrt auf dem Gardasee ist schon sehr frühen Datums. Schon 1827 verkehrte der erste Passagierdampfer, der nach dem Vizekönig des lombardisch-venezianischen Königreichs, dem österr. *Erzherzog Rainer* „*Arciduca Ranieri*" benannt war.

Wie früher die Segelschiffahrt war dann im 19. Jh. und bis auf heute der Dampferverkehr sehr rege, insbesondere bis 1926 bzw. 1931, wo die großen Uferstraßen dem Verkehr übergeben wurden. Eine besondere Spezialität der Gardaseeschiffahrt ist das Flügelboot „*Freccia d'Italia*" *(„Italienpfeil")*, das mit einer Geschwindigkeit bis zu 70 km/h verkehrt.

RIVA, 70 m, rd. 14.000 Einw., liegt an der nördlichsten Seespitze *0/64*
sehr schön am Fuße der mit steilen Felswänden bis an den Stadtrand abstürzenden *Rocchetta*, 1527 m.

In Riva vereinigen sich alle von N zum Gardasee führenden Straßen, daher ist der Verkehr in der Reisezeit hier außerordentlich lebendig. Die

R 30 gepflegte Stadt bietet einen reizvollen und anmutigen Anblick. Der alte Stadtkern dehnt sich rings um den Hafen aus. Sehenswert der Hauptplatz mit dem *Rathaus (Palazzo del Municipioó*, dem *Palazzo Pretorio* (14. Jh.) mit seinen Laubengängen und dem *Torre Apponale* (13. Jh.). Links an diesem vorbei zur Piazza C. Battisti mit dem massiven Schloß *Rocca*, das von drei Seiten von einem Wassergraben umgeben ist (jetzt städtisches Museum).

Riva war schon zu römischen Zeiten besiedelt. Von 1027 ab unterstand es der Herrschaft der *Fürstbischöfe von Trient*, von 1349—1380 herrschten die *Skaliger* (Verona) über die Stadt. Im 15. Jh. eroberten es die *Visconti* von *Mailand*, denen es die Republik *Venedig* nach dem berühmten Seegefecht zwischen *Torbole* und *Riva* i. J. 1440 wieder entriß. Aus der venezianischen Zeit stammen die Befestigungen der *Bastion* am Berghang, deren Reste noch heute zu sehen sind. Durch Kaiser *Maximilian I.* wurde die Stadt i. J. 1519 dem Land *Tirol* eingegliedert, bei dem es mit der kurzen Unterbrechung während der *Napoleonischen Kriege* (1805—1814) bis zum Ende des ersten Weltkrieges verblieb.

BERGBAHN: Sessellift **Bastione**, Talst. *Riva* Stadtrand, 84 m, Bergst. *Bastione*, 212 m (Wirtschaft), HU 128 m, Fahrz. 3 Min. Hier die Ruine eines Rundturmes direkt unter den Felsen des *Monte Rocchetta*, der von den *Venezianern* i. J. 1508 erbaut und vom Herzog von Vendôme 1703 zerstört wurde. Interessanter Niederblick auf die Stadt und das N-Ufer des Sees.

Von Riva führt die schon 1865 erbaute, kühne *Ponalestraße*, die unmittelbar am Beginn der *West-Gardesana* in die Felsen hinauf abzweigt und mit eindrucksvollen Tiefblicken auf den See in das *Ledrotal* und weiter durch das wildromantische Val d'Ampola nach, 31 km, *Storo*, 398 m, in den Judicarien führt.

Eine schön ausgebaute und aussichtsreiche Straße (herrlicher Niederblick auf den *Golf* von *Riva*) führt über **Tenno** mit einem sehenswerten Schloß zum kleinen *Tennosee*, 500 m (Bade- und Campingmöglichkeit), und weiter durch hügeliges Gelände und über den *Passo Ballino*, 764 m, nach **Ponte delle Arche**, 401 m (26 km von *Riva*). Hier Straßenkreuzung: Nach links, Westen, an einem Stausee (5 km Galerien) entlang in 13 km nach *Tione*, 565 m, im *Rendenatal*. Nach rechts, Osten, (ca. 200 m weiter Abzw. einer Straße nach *Molveno*, 864 m, 20 km) geradeaus in 10,5 km nach *Sarche*, 253 m, im *Sarcatal*.

Wie auf R 26 am N-Ufer des Sees entlang nach

4/60 TORBOLE, 65 m, einem reizvollen Fischerdorf und sehr bekannten Fremdenort nahe der Mündung der Sarca. Hier beginnt die eigentliche *Ost-Gardesana*. In schöner Fahrt (9 Tunnels) auf dieser mit herrlichen Blicken über den See auf die von der *Ponalestraße* und der *West-Gardesana* durchzogenen Steilwände des Westufers.

Torbole liegt malerisch im nordöstl. Winkel des Gardasees und zum Unterschied von *Riva* sehr sonnig. Prächtiger Blick auf den nördl. Teil des Sees, besonders auf die Felsberge mit ihren Steilwänden, an deren Fuß *Riva* liegt und durch die die Felsenstraße des *Ponale* und der West-Gardesana ziehen.

MALCÉSINE. *Die* SKALIGERFESTE *aus dem 13. bis 14. Jh., in der Goethe auf seiner ersten Italienreise 1786 zeichnete und knapp einer Verhaftung als Spion entging. Vom 33 m hohen Turm prachtvolle Aussicht über den See.*

Torbole ist auch durch den Besuch von *Johann Wolfgang von Goethe* bekanntgeworden, der hier auf seiner ersten Italienreise verweilte und an seinem Werk „*Iphigenie*“ arbeitete.

Am südlichen Ortsausgang von Torbole mündet aus dem Berghang ein 10 km langer Riesenstollen, der bei Mori im Etschtal beginnt und die Fluten der Etsch bei Hochwasser in den Gardasee ableitet.

Die Teilstrecke der östlichen Gardesana von *Torbole* bis *Navene*, 14 km, ist nach dem ersten Weltkrieg neu entstanden. Vorher gab es auch an diesem Seeufer keine fahrbare Verbindung. Auf dieser neuen Strecke mußten neun Straßentunnels durch die kahle, steilabfallende Bergflanke des *Monte Altissimo* getrieben werden. Zwischen dem 4. und 5. Tunnel (von Norden) verlief vor 1918 quer über den See und die Hänge des *Monte Baldo* die *österr.-ital. Staatsgrenze* (heute Provinzgrenze *Trient-Verona*).

MALCÉSINE, 68 m, einer der bekanntesten und besuchtesten Fremdenplätze des Gardasees mit den romantischen Ruinen der alten Skaligerfeste auf steilen Felsen in den See vorgebaut. *18/46*

Malcésine vorgelagert sind die winzigen Inseln *dell'Olivo* und weiter südl. *Trimelone*. Die engere Umgebung von Malcésine gilt als klassische Gardasee-Landschaft *(Val del Sogno = Traumtal)*.

BERGBAHN: Seilbahn **Monte Baldo**, 2 Sekt., Talst. 90 m, Bergst. 1743 m, HU 1653 m, Fahrz. 12 Min. — Von den Bergst. herrliche Aussicht und zahlreiche Möglichkeiten für Wanderungen. Im Winter großartiges Skigebiet.

BRENZONE, 69 m, mit zahlreichen längs dem Seeufer und am Berghang zerstreuten Weilern. Von hier geht der Blick über den See auf

 Gargnano am Südende der Tunnelstraße der West-Gardesana und links, etwas weiter südl., *Bogliaco*. Rechts über Gargnano ist *Tignale* mit der über den senkrechten Felsabstürzen thronenden Wallfahrtskirche *Madonna del Monte Castello*, 691 m, gut zu erkennen. Auf dem Friedhof in *Brenzone* ist das Kirchlein *San Zeno* aus dem 12. Jahrhundert sehenswert, das als die älteste Kirche am Gardasee gilt.

Vorbei an den Weilern *Assenza*, *Magugnano* und *Castelletto di Brenzone* zum kleinen Ort *Pai*, wo sich die Sicht über den See schon bis zum südlichen Seebecken mit dem felsigen Vorgebirge von *Cap Manerba* und den südlichen Uferstreifen mit dem Hügelgelände der *Valténesi* erweitert.

39/25 TORRI DEL BENACO, 68 m, das römische *Castrum Turrium* mit seinem kleinen, romantischen Hafenbecken, den charakteristischen Häusern mit Laubengängen und einem *Skaliger-Kastell* von 1383 mit zinnengeschmückten Mauern und Türmen liegt gerade der Bucht von *Saló* gegenüber und gibt schöne Blicke auf die Berge des westl. Ufers frei.

Gegenüber dem Kastell die kleine Kirche zur *Hl. Dreifaltigkeit* mit Fresken aus dem 15. Jh. In der nächsten Umgebung von *Torri* wird der schöne, rote und der besonders gerühmte gelbe Marmor vom *Monte Baldo* gebrochen.

Fähre Torri del Benaco—Maderno mit Autoverladung. Dieser neu eingerichtete Fährdienst mit Autoverladung ermöglicht es, die Rundfahrt um den ganzen See abzukürzen und an das andere Ufer samt dem Wagen überzusetzen. Überfahrt ½ Std.

AUTOAUSFLÜGE: **San Zeno di Montagna**, 583 m, 9 km. Das 500 m höher als *Torri* liegende *San Zeno di Montagna* an den hier nicht mehr so steilen Südwesthängen des Monte Baldo bietet einen der lohnendsten Ausflüge an den Ufern des *Gardasees*. Sowohl die Auffahrt aus der Enge des Seeuferstreifens durch weite Olivenhaine und darüber durch entzückende Bergwiesen ist ein helles Vergnügen; unbeschreiblich glanzvoll ist das Panorama von *San Zeno di Montagna* aus, das fast den ganzen See umfaßt und besonders instruktiv die Berglandschaften am brescianischen Ufer aufschließt.

Auf mittelmäßig breiter, staubfreier, gut fahrbarer Bergstraße durch ein Villenviertel und an Zitronengärten, dann durch dichtbestandene Olivenhaine und an Marmorbrüchen vorbei mit vielen Kehren durch die Ortschaft, 3,5 km, *Albisano*, 309 m. Nach 6,5 km mündet von rechts die schöne, von *Costermano* und *Castione* heraufkommende, neu ausgebaute Straße ein. Weiter nach, 9 km, *San Zeno di Montagna*, 583 m.

Man kann diesen Ausflug auf einfacherer Straße über das nördl. liegende Dorf *Villanuova*, 625 m, und dann in zahlreichen Kehren bis zum Endpunkt beim kleinen Weiler *Prada*, 935 m, ausdehnen. Die Landschaft um *Prada* ist ein Mittelpunkt der berühmten *Monte-Baldo-Flora*.

San Zeno di Montagna kann man auch von Garda ausgehend über *Costermano* (Besuch des Deutschen Soldatenfriedhofes) und *Castione* erreichen

Die große Seilbahn MONTE BALDO. *Niederblick auf Malcésine. Am gegenüberliegenden Westufer ist die Felsenstraße nach Tremósie sichtbar.*

oder diese Strecke zur Rückfahrt wählen und so den Autoausflug zu einer Rundfahrt gestalten, die auf diesen wenigen Kilometern ein glanzvolles Bild höchster Gardasee-Romantik geben.

Monte Baldo ist die Gesamtbezeichnung für den mächtigen, interessanten Gebirgszug, der das *Lagertal* (unterste *Etschtal)* vom Becken des *Gardasees* trennt. Er zieht in ungefährer Nordsüdrichtung von der quer verlaufenden Einsenkung des *Loppiosees* und dem Sattel von *San Giovanni* bei *Nago* mit einer Länge von rd. 35 km und in einer Breite zwischen 10—12 km südl. bis zu seinem Abfall auf die Moränenhochfläche von *Caprino Veronese*.

Entgegen der Deutung des Namens *Monte Baldo* aus dem deutschen Wort *Waldberg* ist er heute fast vollkommen kahl. Der ziemlich geradlinige Gipfelkamm steigt in den Erhebungen des *Altissimo di Nago*, 2078 m, *Cima Valdritta*, 2218 m, *Monte Maggiore (Punta Telegrafo)*, 2200 m, und *Costabella*, 2062 m, am höchsten an. Die merkwürdige Bezeichnung *Punta Telegrafo* soll davon herrühren, daß *Napoleon I.* während seines Feldzuges i. J. 1796 hier eine Signalisierungsstation errichtet hatte.

Die einzige tiefe Einkerbung im Kamm bildet die *Bocca di Navene*, 1430 m, die den nördl. trentinischen Teil vom südl., veronesischen scheidet. In ihrer Formung sind die beiden Flanken des *Monte Baldo* sehr verschieden. Während der ganze Gebirgszug gegen Westen zum *Gardasee* fast durchwegs mit sehr steilen, teilweise felsdurchsetzten und von schluchtartigen Gräben durchrissenen Hängen abfällt, setzt er gegen Osten mit mehr sanft geneigten Flächen ab, die nicht direkt ins Etschtal abstreichen, sondern durch einen parallelziehenden Rücken gestaut werden, und dann erst mit sehr steilen, oft fast senkrechten und zerklüfteten Felswänden in das Etschtal abstürzen. Das Gebiet ist sehr schneereich, was darin besonders zum Ausdruck kommt,

R 30 daß noch im späten Frühjahr über der 2000-m-Grenze große Schneemassen lagern, die in herrlichem Gegensatz zur blühenden Landschaft darunter ein charakteristisches Bild ergeben.

Geologisch besteht das Massiv des *Monte Baldo* aus einer obersten Schicht von Jurakalken, die reich an prächtigen Marmorvorkommen der verschiedensten Arten und Farben ist.

Besonders berühmt ist der Gebirgszug des *Monte Baldo* wegen des Reichtums seiner Flora auf den Wiesen und Weiden, die ihm den Namen „*Garten Italiens*" eingetragen haben. Schon seit Jahrhunderten sind eine größere Anzahl von seltenen, nur hier vorkommenden Arten von Pflanzen bekannt. Die Ursache dieser botanischen Sonderstellung wird darin gesehen, daß hier sowohl krasse klimatische Verschiedenheiten vorherrschen, als auch wechselnde Bodenbeschaffenheit und das Zusammentreffen der alpinen mit der mittelländischen Flora besonders viel vorkommen. Vielfach ist auch die These verbreitet, das Massiv des *Monte Baldo* sei von den Einflüssen der letzten Eiszeit verschont geblieben und so hätten sich hier anderswo ausgestorbene Pflanzenarten in unsere Zeit herübergerettet.

44/20 PUNTA SAN VIGILIO (Hotel), eine in den See vorspringende Halbinsel. Hier beginnt die Bucht von Garda. Der See weitet sich und man überblickt seine südlichen, flacheren Ufer. Punta San Vigilio mit der von einem wunderbaren, statuenreichen Park umgebenen *Villa Guarienti*, ist das berühmte, malerische Schaustück des Gardasees.

Rechts führt ein steiles Pflastersträßchen (300 m), zwischen hohen Mauern an der *Villa Guarienti* entlang zum winzigen, romantisch-idyllischen Hafen von *Punta San Vigilio* hinunter. Zwischen prächtigen Zypressen liegt das uralte, dem *hl. Vigilius* geweihte Kirchlein. Am malerischen Hafen ein zweigeschossiger Loggienbau (16. Jh,), der heute als Hotel dient.

Die etwas höher auf dem Felssporn liegende *Villa Guarienti* ließ sich der Veroneser Rechtsgelehrte *Agostino Brenzone* um 1540 wahrscheinlich nach den Plänen des berühmten Architekten *Michele Sammicheli* erbauen. Sehenswert der Park mit seiner üppigen Flora.

Vielfach ist noch heute die Meinung verbreitet, *Punta San Vigilio* habe, vom See her gesehen, für das bekannte Gemälde „*Die Insel der Toten*" von *Arnold Böcklin* als Motiv gedient. Tatsächlich ist der Meister jedoch nie hier gewesen.

47/17 GARDA, 68 m. Von diesem alten Städtchen, das früher der bedeutendste Ort am See war, hat dieser seinen Namen erhalten. Die Lage von Garda ist schön, geschützt und bekannt wegen ihrer reichen Vegetation.

Garda hat sich in den letzten Jahren zu einem der besuchtesten Kurorte am Gardasee entwickelt. Üppige mittelländische Vegetation säumt die Ufer bis hoch hinauf. Überraschend hat sich hier die Formung des Geländes geändert. Das Massiv des *Monte Baldo* ist mit seinen Südhängen zum Moränengelände von *Caprino* und *Costermano* abgesunken. *Garda* ist die erste Ortschaft an der Ost-Gardesana, die ein sanft ansteigendes Hinterland mit hübschen Spaziergängen bietet. Charakteristisch für den Ort ist der südl. von ihm zum Seeufer vorspringende Felsrücken der *Rocca di Garda*, 294 m.

Die alte Siedlung mit krummwinkeligen Gäßchen weist von den alten

PUNTA SAN VIGILIO. *Die romantische* VILLA GUARIENTI *(16. Jh.) mit ihrem herrlichen Park.*

Befestigungen nur mehr geringe Reste der Stadtmauern und zwei Stadttore auf. An der Uferstraße ist ein altes Haus mit großer Loggia (wahrscheinlich von *Sammichele* erbaut) sehenswert, das zum nahen *Palazzo Carlotti* (jetzt *Pincini*) gehörte.

Eine besondere Zierde des Ortes ist die an der ganzen Bucht entlangziehende Strandpromenade. Große Badeanstalt.

SEHENSWÜRDIGKEITEN: **Pfarrkirche** mit Altarbildern von *Palma d. J.* und *Francesco Paglia*. Ferner am nördl. Ortsrande, wo die Strandpromenade in die Gardesana mündet, die **Villa Albertini**, eine der großartigsten adeligen Landsitze an den Gestaden des Gardasees, die vom üppigen Pflanzenwuchs und der grünen Brandung ihres herrlichen Parkes fast überflutet erscheint. Mit ihr verbindet sich eine historische Erinnerung: Hier nahm i. J. 1848 *König Karl Albert von Piemont* die Unterwerfung der Lombardei entgegen. Durch das siegreiche Vordringen des österreichischen *Feldmarschalls Radetzky* wurde dieser politische Akt jedoch bald gegenstandslos.

AUTOAUSFLUG: **Costermano**, 254 m, 3 km. Mitten in *Garda* zweigt östl. eine gute, staubfreie Straße ab. Am Ortseingang von *Costermano*, rechts, südl. auf einer Nebenstraße nach wenigen hundert Metern zum *Deutschen Soldatenfriedhof von Costermano*, dem größten in Oberitalien, auf dem 21.700 Gefallene des zweiten Weltkrieges bestattet sind. Die ausgedehnten, dicht mit Erikasträuchern bepflanzten Grabfelder weiten sich in der schönen Landschaft ungemein stimmungsvoll an den Hängen eines großen Hügels.

Die *Rocca di Garda* war wohl schon seit den Zeiten der *Ostgoten* von einer starken Burg gekrönt. Aus den deutschen Heldensagen klingt erstmals ihr Name auf als Sitz *Wielands*, des Waffenmeisters und Kampfgefährten *Dietrichs von Bern (König Theoderich der Große der Ostgoten)*. Noch eine andere historische Erinnerung knüpft sich an diese Burg, von der heute kein Mauerrest mehr zu finden ist. Hier hielt *Berengar II. von Ivrea*, der König *Lothar von Provence* ermordet hatte, dessen Witwe *Adelheid* gefangen, weil sie seinen Sohn und Mitregenten *Adalbert* nicht heiraten wollte. *Adelheid* gelang jedoch eine abenteuerliche Flucht nach *Canossa*. Nach der Besiegung des *Berengar von Ivrea* durch *Kaiser Otto I. den Großen*, wurde *Adelheid*

 i. J. 951 dessen Gemahlin. Sie starb erst 999 als Heilige verehrt im Kloster *Selz* im Elsaß.

Auf der östl. Kuppe der *Rocca* erhebt sich das *Kamaldolenser Kloster* (Éremo) *San Giorgio*, 309 m, das 1663 erbaut, 1810 aufgehoben und 1885 dem Orden wieder zurückgegeben wurde. Vom sogenannten *Belvedere* nahe dem Kloster zauberhafter Blick auf den *Gardasee*. Hier herauf führt ein steiler Fußweg von *Garda*, 45 Min. Zufahrt mit Auto von *Bardolino*, s. unten.

AUTOAUSFLUG: **San Zeno di Montagna**, 583 m. Siehe unter *Torri del Benaco*.

Ein kurzes Stück am Steilufer unter der *Rocca* hindurch und weiter an dem sich wieder verflachenden Ufer, das sanfte Moränenhügel säumen, die über und über mit Weingärten bepflanzt sind nach

50/14 BARDOLINO, 68 m, einem sehr hübschen, altertümlichen Dorf und Mittelpunkt des nach ihm genannten Weinbaugebietes. Der hellrote, spritzige „*Bardolino*", der hier auf den Moränenhängen so vorzüglich gedeiht, ist einer der geschätztesten Weine Italiens.

Die Besiedlung reicht auf vorgeschichtliche und römische Zeiten zurück. Unter den *Skaligern* wurde der Ort durch ein *Kastell*, ähnlich dem von Sirmione, befestigt, das noch jetzt in gutem Zustand und von einem großen Park umgeben ist. An der kleinen Bucht die schönen Landsitze *Villa Guerrieri Gianfilippi* (südl.) und *Villa Bottagisio* (nördl.), beide aus dem 19. Jh. Sehenswert ist die romanische Kirche *San Severo* mit ihrer Krypta und wertvollen Fresken *(Apokalypse)* aus dem 12. Jahrhundert, ferner ganz nahe zwischen Häusern der romanische Kuppelbau des Kirchleins *San Zeno*. Von *Bardolino* gelangt man auf einer ländlichen Fahrstraße zum *Kamaldolenser-Kloster* auf der *Rocca di Garda*.

Auf der Weiterfahrt berührt man den lieblichen Ort *Cisano*, 68 m, mit seiner romantischen Pfarrkirche San Giuliano, die ein massiver Quaderturm charakterisiert, deren Erbauung auf die *langobardische* Zeit (8. Jh.) zurückgeht. Im 12. Jahrhundert erfolgte ein Umbau.

Kurz nach der prächtigen *Villa La Pergolana* (19. Jh.) nach

55/9 LAZISE, 76 m, dem römischen *Lasitium*, einem interessanten und malerischen Ort, der im Mittelalter der Haupthandelsplatz am veronesischen Ufer war. Hier zweigt die schöne und landschaftlich reizvolle, direkte, gut ausgebaute, asphaltierte Verbindungsstraße nach *Verona* ab, 22 km (Lazise—Pastrengo—Bussolengo—Verona), die den um 11 km längeren Umweg über *Peschiera* und die verkehrsreiche StStr. *Peschiera—Verona* erübrigt.

Von Bardolino und Lazise Abzweigung der kürzesten Zufahrtsstraßen zur Anschlußstelle Affi der Brennerautobahn, 7,5 km.

Das malerische Wahrzeichen von *Lazise* sind die mächtigen, ganz von Efeu überwucherten Ringmauern, die das i. J. 1024 erbaute *Kastell* mit fünf Türmen und einem trotzigen Bergfrit umgeben (heute *Villa*

Der DEUTSCHE SOLDATENFRIEDHOF *von* COSTERMANO *bei* GARDA. *In schlichten, einheitlich mit Blumen bepflanzten Gräberfeldern liegen hier rund 27.100 Gefallene des Zweiten Weltkrieges begraben.*

Bernini). Am Hafen ist noch das alte Zollgebäude (*„Vecchia Dogana“*), ferner das Kirchlein *San Nicoló* mit Fresken aus dem 12. Jahrhundert zu sehen. Dem Ufer entlang dehnt sich der großartige Park der *Villa Barbaro*.

ROUTENABZWEIGUNG: Von hier stellt eine gut ausgebaute, breite, staubfreie Autostraße die kürzeste Verbindung zwischen dem Ostufer des *Gardasees* und *Verona* her. Die von dieser Straße erschlossene Landschaft ist interessant und reizvoll. Sie wird von den Ausläufern der welligen Moränenhochfläche des *Monte Baldo* gebildet, die das Becken des *Gardasees* von der *Etschtalfurche* trennt. Weingärten und schöne Pfirsichplantagen säumen die Straße. *Lazise—Verona* 22 km.

Von **Lazise** in schwacher Steigung und mit Windungen auf die wellige Hochfläche hinauf und zur locker gesiedelten und weitläufigen Ortschaft

Pastrengo, 192 m, die durch die Schlacht vom 30. 4. 1848 zwischen *Österreichern* und *Piemontesern* bekanntgeworden ist.

Auf der Straße *Pastrengo—Castelnuovo Veronese* nach 2 km links Abzw. zur Einfahrt in den reizenden „**Zoo am Gardasee**“. Ein Besuch ist sowohl zoologisch als auch landschaftlich sehr zu empfehlen.

Die von hier gegen Norden führende, staubfreie und gut ausgebaute Straße über *Sega* (Etschbrücke bleibt rechts), weiter über *Affi* nach *Caprino Veronese*, 254 m, direkt am Fuße des *Monte-Baldo-Zuges* ist der erste Teil der großen, projektierten Höhenstraße, die an den Osthängen des ganzen

 Monte Baldo über *Ferrara di Monte Baldo* ansteigend und dann wieder absteigend über *Brentonico* den Ort *Mori* im trentinischen Etschtal erreichen soll.

Der Ausbau dieser Straße ist bis zum Ort **Spiazzi**, 862 m, gediehen. Dieser Autoausflug, der schon verhältnismäßig hoch in die Hänge des Monte Baldo hinaufführt, ist einer der lohnendsten Fahrten in seinen südlichen Ausläufern. Man kann sowohl von *Garda* aus über *Costermano* als auch von *Bardolino* über *Affi* die Straße erreichen und so den Ausflug nach einer der beiden Richtungen zur Rundtour gestalten.

Die Auffahrt von *Caprino* nach *Spiazzi* ist besonders schön und aussichtsreich. Man genießt weite Blicke über den Südteil des Gardasees und die ganze Hochfläche von Caprino bis hinaus in die Tiefebene. Sehr reizvoll ist auch die hier schon alpin werdende nähere Umgebung, die sich durch herrliche Wiesenflächen und kleinere Waldbestände auszeichnet. *Spiazzi* ist durch den knapp unter dem Ort in die Felsen, die mit unheimlicher Steilheit in das Etschtal abbrechen, geradezu angeklebten Wallfahrtsort **Madonna della Corona**, 774 m, sehr bekannt. Ein schmales Sträßchen (nicht mit Auto befahrbar) führt steil in Windungen und mit fast schwindelerregenden Niederblicken in das Etschtal zur Wallfahrtskirche hinunter, die man im Endstück durch einen kleinen Tunnel erreicht. 30 Gehmin.

Die kunsthistorisch wenig interessante Wallfahrtskirche wurde in der ersten Hälfte des 16. Jh. erbaut und später stark umgemodelt. Entfernung von *Pastrengo* nach *Spiazzi* 25 km.

Nach weiteren 5 km erreicht man von *Pastrengo* den bereits nahe dem Etschtal liegenden Ort **Bussolengo**, 121 m. Mit hübschen Ausblicken auf das hier sehr breite *Etschtal* und besonders auf das jenseits sich ausbreitende, dichtbesiedelte Weinbaugebiet von *Valpolicella* und die rotgelb leuchtenden Marmorbrüche von *Domegliara*, wo der vielverwendete rote *Veroneser Marmor* gebrochen wird, in die Tiefebene hinab. Die Straße mündet 3,5 km vor *Verona* in die StStr. *Trento—Verona* ein.

Auf den letzten 9 km nach *Peschiera* verläuft die Ost-Gardesana durch immer flacher werdendes Rebengelände, das teilweise jede Aussicht auf den See mit seinem hier schilfigen Ufer behindert. Man berührt den Ort *Pacengo* mit der *Villa Camuzzoni* (18. Jh.). Knapp vor dem Ort, links 1 km landeinwärts, der großartige Bau der *Villa Solbiati* aus dem 18. Jh. und die *Villa Fumanelli* mit einem ausgedehnten Park (17.—18 Jh.). Mit der Einmündung in die StStr. 11, der großen Verkehrsader *Verona—Brescia*, erreicht man den Stadtrand von

64/0 PESCHIERA, 68 m, am südlichsten Punkt des Gardasees und Ausfluß des *Mincio*. Das interessante Städtchen bewahrt heute noch die umfangreichen österreichischen Befestigungsanlagen, die die Nordwestecke des berühmten *österreichischen Festungsvierecks Peschiera—Verona—Legnago—Mantua* bildeten.

Anschlußstelle **Peschiera** (2 km) zur Autobahn „*Serenissima (Triest—Verona—Mailand—Turin)*.

Riva — Limone — Maderno — Gardone — Salò — Desenzano—Sirmione—Peschiera

78 km

Während die Ost-Gardesana bis auf wenige Tunnels durchwegs offen an einem sanft geneigten Ufer entlang zieht, führt die *West-Gardesana* auf einer Strecke von 28 km an einem oft lotrechten, felsigen Steilufer dahin. Die in dreijähriger Bauzeit geschaffene Felsenstraße von *Riva bis Gargnano* wurde 1931 fertiggestellt. Sie ist ein Meisterstück der Straßenbaukunst. Mit 74 Tunnels frißt sich die Straße durch die Felsen. Der größte von ihnen, die *Galliera dei Titani*, ist 650 m lang und hat 17 Lichtfenster. Meist mußten die Arbeiter auf Barken über den See an die Baustellen gebracht werden. Neben der weiten Aussicht über den See an einzelnen Punkten genießt man Nahbilder von großartiger Romantik auf den oft hundert Meter und mehr senkrecht unter der Straße an das Felsufer brandenden See. Die West-Gardesana hat eine etwas schmälere Fahrbahn als die Ost-Gardesana und muß wegen der zahllosen Windungen und der rasch aufeinanderfolgenden Tunnels sehr vorsichtig befahren werden. Neuerdings wurden Teilstrecken verbreitert.

Von RIVA (siehe R 30) am Hafen entlang und gleich nach dem *0/78*
großen Ponalekraftwerk Abzw. rechts der *Ponalestraße*, erbaut 1850.

Im ersten Weltkrieg verlief die österr. Frontlinie am Nordufer des Sees und war am Westufer nur ein kurzes Stück südl. der Stadt am steilen Berghang vorgeschoben (die beiden großen Uferstraßen existierten damals noch nicht).

Schöne Rückblicke auf *Riva*, ganz im Hintergrund der charakteristische, malerische Schloßfels von *Arco* und besonders auf den Nordostwinkel des Sees mit dem sonnigen *Torbole* am Fuße des *Monte Altissimo di Nago*, 2078 m, dem nördlichsten Zweitausender des *Monte-Baldo-Massivs*. Das Wasser des *Gardasees* hat hier an den Felsenufern die intensivste Färbung, ein zauberhaftes, irisierendes Blaugrün.

Nach rd. 6 km ein Ehrenmal für die beim Bau tödlich verunglückten Arbeiter; ferner erinnert eine Bronzetafel an die vor 1918 hier verlaufende *österr.-ital. Staatsgrenze* (jetzt Provinzgrenze *Trient-Brescia*).

Die *West-Gardesana* bohrt sich sofort mit Tunnels durch die senkrecht abstürzenden Felswände. Die Tunnelstrecke bis Gargnano führt italienisch auch den Namen „Meandro" („Mäander").

LIMONE *sul Garda*, 85 m, der idyllisch gelegene klimatische Kurort *10/68*
soll das mildeste Klima des Gardasees haben. Das kleine, ungemein reizvolle und altertümliche Fischerdorf dehnt sich auf einem Schuttkegel ansteigend, von steilen Bergen umrahmt und gegen Nordwinde geschützt inmitten von weiten Olivenhainen und Zitronengärten aus.

Der Ruf von *Limone* als idyllischer und beschaulicher Gardaseewinkel geht schon weit in die Zeit zurück, da man dieses kleine Paradies an blauen Fluten und unter steil stürzenden Felsen mit seiner üppigen Mittelmeerflora nur zu Schiff erreichen konnte. Schon 1880 war hier der berühmte Dichter *Henrik Ibsen* zu Gast.

Weiter an der Häusergruppe des *Hafens von Tremósine* vorbei, nach dem bald rechts eine schmale, kühn angelegte Bergstraße zu dem malerisch auf hohen Klippen gelegenen *Pieve di Tremósine* führt, 414 m.

Dieses 6 km lange, schwierig und vorsichtig zu befahrende Sträßchen zeigt schon in der Auffahrt unvergleichlich schöne Blicke auf den See. Der Ausflug nach Pieve di Tremósine, 414 m, gilt von altersher als eine der größten Attraktionen des Gardasees und sollte keinesfalls unterlassen werden. Einzigartig die Schau von der Terrasse des Albergo Miralago, die über den senkrechten Absturz hinausgebaut ist.

0,8 km nach der Abzweigung des Sträßchens nach Tremósine der kleine Industrieort *Campione* (Papierfabrik). Von hier ab baut sich das von der Straße durchzogene Felsenufer nochmals zu wilder Großartigkeit auf. Bald zum idyllischen *Hafen von Tignale* mit sehr schönen Zitronengärten.

Nach einigen Kilometern Abzweigung rechts im spitzen Winkel eines kühnen Bergsträßchens, das großteils in die Felsen gesprengt in vielen Windungen nach 8 km die Hochfläche von *Tignale* erreicht. Von hier gleich großartige und noch umfassendere Aussicht als von Tremósine. Nordöstlich dominiert die weithin sichtbare Kirche *Madonna di Monte Castello*, 691 m, die unwahrscheinlich kühn ganz am Rande der lotrecht zum Gardasee abfallenden Felswände auf den Resten einer zerstörten Skaligerburg im 16. Jh. erbaut wurde.

Es folgen die letzten Straßentunnels, darunter die „*Galleria dei Titani*" mit 650 m Länge und 17 Lichtfenstern der längste der ganzen Strecke. Vor dem letzten Straßentunnel links Abzweigung einer direkten Einfahrtsstraße zum Ortskern und Hafen von *Gargnano*. Die Gardesana zieht etwas oberhalb der Ortschaft durch.

28/50 GARGNANO, 98 m, der erste Ort, an der hier beginnenden sogenannten *Riviera Gardesana*, die sich bis *Saló* hinzieht.

Von hier ab beginnt sich das Ufer des Sees zu weiten, die Vegetation wird üppiger, die Ansiedlungen zahlreicher. Gargnano hat einen kleinen, idyllischen Hafen mit weiter Aussicht über den See. Ringsum eine stattliche Villenkolonie mit schönen Parkanlagen und Zitronengärten, die an den Hängen hoch hinauf bis zu den Felswänden des Monte Comér reichen. Diese für den Gardasee charakteristischen Zitronengärten mit ihren hohen Stützmauern und Pfeilern, die zur Holzverschalung für den Schutz im Winter dienten, sind nur mehr vereinzelt mit Zitronenbäumen bepflanzt. Die früher eine gute Einnahmsquelle bildenden Zitronenkulturen sind durch

RIVA AM GARDASEE. *Beginn der* WEST-GARDASANA *und darüber der* PONALESTRASSE.

die katastrophale Kälte des Winters 1928/1929 fast durchwegs vernichtet und nicht mehr neu bepflanzt worden. Um so schöner wirken die wenigen noch kultivierten „limonaie".

Gargnano ist bekannt geworden, weil in der schönen, etwa 1,5 km nördlich von Gargnano in einem herrlichen großen Park am Seeufer gelegenen *Villa Feltrinelli Benito Mussolini* von 1943 bis zum Kriegsende seinen Wohnsitz hatte (die Villa kann nicht besichtigt werden). Nicht zu verwechseln mit dem gleich am Ortsrand und an der Seepromenade liegenden *Palazzo Feltrinelli*, jetzt Eigentum der Universität Mailand; hier werden im Sommer internationale Ferienkurse abgehalten.

Von *Gargnano* ab beginnt die alte *West-Gardesana*, an der sich ein Kurort an den andern reiht. Schon nach 2 km das kleine *Bogliaco* mit dem großartigen, direkt an der Straße liegenden *Schloß Bogliaco* der *Grafen Bettoni*. Es wurde im 18. Jahrhundert von einem Grafen Bettoni, der unter der Kaiserin Maria Theresia als österreichischer Reitergeneral diente, erbaut. Das Schloß hat sehr wertvolle, stilechte Einrichtung und eine kleine Gemäldesammlung (Besichtigung gestattet); jenseits der Straße der prunkvolle, barocke Ziergarten mit kunstvollen Treppenanlagen.

MADERNO-TOSCOLANO auf dem halbkreisförmig weit vorspringenden flachen Delta des Toscolanobaches, der vom *Monte Pizzócolo* herabkommt und durch eine tief eingeschnittene Schlucht austritt. 36/42

R 31 *Toscolano* dürfte das alte *Benacum* der Römer sein und war wohl zu jener Zeit der Hauptort am Westufer des Sees. Es ist bekannt durch seine Papierherstellung, die in die zweite Hälfte des 14. Jh. zurückreicht.

Das anschließende *Maderno* liegt anmutig in einer kleinen Bucht. Sehenswert die Kirche *Sant'Andrea* mit zierlicher, romanischer Fassade (12. Jh.).

Fähre **Maderno – Torri del Benaco** mit Autoverladung. Dieser neu eingerichtete Fährdienst mit Autoverladung ermöglicht es, die Rundfahrt um den ganzen See abzukürzen und an das andere Ufer samt dem Wagen überzusetzen (½ Std.).

Noch 2 km am Steilufer entlang, dann durch den Villenvorort *Fasano* nach

41/37 GARDONE RIVIERA, dem größten und bekanntesten Kurort des Gardasees. Durch seine geschützte Lage hat es ein außerordentlich mildes Klima. Sehenswerte Villen und Parkanlagen, eleganter Kurbetrieb, Kurpark, Golf und Tennisplätze. Von der gepflegten Seepromenade aus weite Sicht, besonders schön auf die gegenüberliegende *Isola di Garda*.

Gardone dehnt sich weit den sanften Berghang hinauf aus. Sehenswert in *Gardone di Sopra* (Abzw. beim Kurhaus von der Hauptstraße, 1 km) das „*Vittoriale degli Italiani*", der letzte Wohnsitz des italienischen Dichters *Gabriele d'Annunzio* (1863 – 1938). Das *Vittoriale* besteht aus mehreren Gebäuden und einem *Mausoleum* (unvollendet) und liegt in weitgedehnten, prachtvollen Parkanlagen mit wunderbar schöner Aussicht auf den Gardasee. (Das große Anwesen, früher „*Villa Cargnacco*" war Besitz des deutschen Kunsthistorikers H. Thode, Berlin, dem es nach dem ersten Weltkrieg enteignet wurde.) Neben dem kleinen Tempel, worin der Dichter provisorisch bestattet liegt, der Gebäudekomplex, der jetzt als Museum und Bibliothek dient (einige merkwürdige Erinnerungsstücke, so das Auto, das der Dichter auf seinem Vorstoß nach Fiume benützte, das Flugzeug, mit dem er im August 1918 bis über Wien flog und der Bug des Kanonenbootes „*Puglia*"). Als wahres Schmuckstück gilt das schöne *Freilichttheater*, wo Aufführungen stattfinden (Besichtigung möglich).

In kurzer Fahrt erreicht man den Stadtrand von *Saló*, wo rechts die Hauptstraße nach *Brescia* abzweigt. Links Einfahrt nach

44/34 SALÓ, 76 m. Das hübsche Städtchen liegt sehr anmutig in der gleichnamigen schmalen und tief eingeschnittenen Bucht. Wegen seines milden Klimas und der hübschen Umgebung wird es gerne besucht.

Auf den **Monte S. Bartolomeo**, 568 m, an dessen Fuß Saló liegt, führt hoch hinauf ein Sessellift, von dessen Bergst. man eine hervorragende Aussicht über das südliche Seebecken genießt. Der Halbinsel, von der die Bucht von Saló gebildet wird, ist die romantische *Isola di Garda* mit dem *Schloß der Prinzen Borghese* vorgelagert. — Sehenswert die große, gotische Pfarrkirche *Santa Maria Annunziata* (1453).

Man fährt in *Saló* die schöne, lange Uferstraße entlang und gewinnt bald die Straße, die mit gut ausgebauten Kehren in die Hügellandschaft südlich des Gardasees führt. Durch diese Hügellandschaft abseits vom See durch die liebliche Landschaft der *Valténesi* nach **R 31**

DESENZANO, 96 m, wo die Straße von *Brescia* den Gardasee erreicht *64/14* und etwas weiter südlich die *Autobahn Mailand—Venedig* vorbeiführt. Die hübsche Stadt an der westlichen Bucht des südlichen Seebeckens hat eine schöne Uferstraße. Sehenswert das alte *Castel* und die Reste einer *römischen Villa* aus dem 3. Jahrhundert n. Chr. mit herrlichen Mosaiken. Von der Uferstraße schöner Blick auf die langgestreckte Halbinsel von *Sirmione.*

Anschlußstelle **Desenzano** (3 km) zur Autobahn „*Serenissima*" *(Triest—Verona—Mailand—Turin).*

Nun auf der Hauptstraße *Brescia—Verona* durch das altertümliche Dorf **Rivoltella** mit schmaler Durchfahrt und 1 km darnach rechts Abzw. zu einem interessanten Abstecher: *San Martino della Battaglia* und weiter südlich das Dorf *Solferino*, wo eine Armee Kaiser Napoleons III. im Verein mit piemontesischen Truppen 1859 die Österreicher vernichtend schlug, was die Abtrennung der Lombardei an das Königreich Sardinien zur Folge hatte. Von dem 74 m hohen *Turm in San Martino* weite Aussicht, neben dem Turm ein *Kriegsmuseum;* in *Solferino* ein *Beinhaus und Kriegsmuseum*, von der *Rocca* über dem Ort instruktive Aussicht. Hier faßte der Schweizer *Henry Dunant*, der der Schlacht beiwohnte und bewogen vom grausamen Schicksal der Verwundeten, den Entschluß zur Gründung des *Roten Kreuzes.*

Bei der Häusergruppe *Colombare* links abzweigend zu dem auf schmaler Landzunge 3,5 km nördlich gelegenen Kurort SIRMIONE mit heißen Schwefelquellen, die unweit im See entspringen. Sirmione hat in den letzten Jahren als Fremdenplatz sehr großen Aufschwung genommen. Sein herrlichstes Schaustück ist die großartige, ganz von Wasser umgebene *Skaligerburg* aus dem 13. Jahrhundert. Vom Turm umfassendes Panorama.

An der Nordspitze der sehr schmalen Landzunge die berühmten Ruinen und Ausgrabungen der *Grotten des Catull*, die früher als Landsitz des römischen Dichters gedeutet wurden; nach den umfassenden Ausgrabungen der letzten Jahre neigt man zur Annahme, hier habe zu römischen Kaiserzeiten entweder eine große Badeanstalt bestanden oder ein grandioser römischer Palast. — Sehr schöne Badegelegenheit auf den weit in den See hineinreichenden Steinplatten. Sehenswert das Kirchlein von *S. Pietro* in *Mavino* aus dem 11. Jh. mitten auf der Halbinsel.

Von Sirmione zu den Grotten des Catull und zur Badeanstalt (Gartenrestaurant, Umkleidekabinen) führt ein elektrisches „Mini-Bähnchen" bis zur Kasse am Eingang in das Gelände.

Von der vorgenannten Abzweigung nach Sirmione weiter auf der Hauptstraße am See entlang nach PESCHIERA, 78 m. *78/0*

Die Skaligerstadt Verona

VERONA, 59 m, rd. 300.000 Einw., Hauptstadt der *Provinz Verona*. Was diese Stadt auszeichnet, ist ihre schöne Lage am Fuße der Ausläufer der *Lessinischen Alpen* und am Rande der Tiefebene, an beiden Ufern der *Etsch*, die in eleganten Windungen die Stadt durchzieht und von acht Brücken überspannt wird.

Dem Besucher zeigt sich diese nach Venedig wichtigste Stadt der östlichen Poebene in einer wunderbaren Vielfalt von Aspekten. In reichem Maße zieren Kunstdenkmäler Verona, die einst der Sitz von Kaisern und Königen war, die Herrschaft des mächtigen Geschlechts der *Skaliger* erlebte und im Mittelalter eine der treuesten Ghibellinenstädte Italiens war.

In seiner modernen Entwicklung ist *Verona*, ohne seinen antiken Charakter zu verlieren, zu einer industriellen Großstadt mit blühendem Handel und Verkehr geworden. Seine seit dem Altertum hervorragend wichtige geographische Lage an der Kreuzung der größten Nordsüdroute durch die *Alpen* und der Westostverbindung durch die *Padanische Tiefebene* ist heute durch die Kreuzung der großen oberitalienischen Autobahn *Turin — Mailand — Verona — Venedig — Triest*, mit der Brennerautobahn *Innsbruck — Bozen — Trient — Verona — Modena* noch überragender geworden. Sehr bekannt ist *Verona* ferner durch seine landwirtschaftliche Messe, die zu den wichtigsten Europas zählt.

Für den Gast ist die Stadt durch die Nähe des Gardasees und die versch. Ausflugsmöglichkeiten in das nahe Gebirge besonders reizvoll. Eine außerordentliche Anziehungskraft besitzt jedoch *Verona* in seiner *Arena*, ein Bau aus dem 3. Jh. Dort werden seit 1913 alljährlich von Ende Juli bis Mitte August *Opernfestspiele* abgehalten. Außerdem werden dem Gast in diesen Wochen auch *Prosastücke* im berühmten *Teatro Romano* und *Konzerte* geboten.

GESCHICHTLICHES: *Euganeer*, *Räter*, *Etrusker* und *Gallier* besiedelten dieses Gebiet in vorgeschichtlicher Zeit, bevor 89 v. Chr. *Verona* eine römische Kolonie wurde, die durch ihre wichtige Verkehrslage am Alpenrand rasch aufblühte. Die große Anzahl von Kunstdenkmälern aus allen Epochen gibt hiervon beredtes Zeugnis.

Nach dem Ausklingen der römischen Herrschaft hielt hier *Theoderich der Große, König der Ostgoten (Dietrich von Bern)* abwechselnd mit *Ravenna* Hof und befestigte die Stadt durch neue Ringmauern.

König *Alboin* der *Langobarden* machte *Verona* ebenfalls zu seinem bevorzugten Sitz. Als letzte der wichtigsten Städte Oberitaliens kam *Verona* unter die Herrschaft *Karls des Großen* (774) und wurde in der Folge der Sitz *König Pippins* und *Beringars I. von Ivrea*. Schon im 11. Jh. wurde die *Mark Verona* von den Deutschen Kaisern zum Reich geschlagen, um sich so den Weg über die Alpen zu sichern.

SAN ZENO MAGGIORE, *eine der schönsten romanischen Kirchen Italiens. Rechts der schlanke, freistehende Turm von 1045. Der massige, zinnengekrönte Turm links ist der einzige Überrest der alten Benediktinerabtei.*

In den Kämpfen verschiedener Adelsfamilien um die Vorherrschaft in der Stadt gelang es dem kühnen und grausamen *Ezzelino da Romano* von 1227—1259 die Stadt unter seine tyrannische Herrschaft zu zwingen.

Mit der Ernennung von *Mastino I. della Scala* zum Bürgermeister und Stadthauptmann von *Verona* (1260) begann eine der am meisten charakteristischen Stadtherrschaften des mittelalterlichen Italiens, die Herrschaft der *Skaliger*, die mit 12 Herrschern bis 1387 die Geschicke der Stadt bestimmten. Die größte Persönlichkeit unter ihnen war *Cangrande I.*, unter dessen Herrschaft Macht, Leben und Kunst Veronas zu leuchtender Höhe aufstiegen.

Schon bald nach dem Sturz der *Skaliger* durch die *Visconti* von *Mailand* geriet *Verona* unter die Herrschaft der *Republik Venedig* (1405), bei der es mit Ausnahme einer kurzen Zeitspanne unter *Kaiser Maximilian I.* (1509 bis 1516) bis zur Eroberung durch *Napoleon I.* (1797) verblieb; durch den Frieden von *Campofòrmio* im Jahre 1797 wurde es *Österreich* zugeteilt, unter dessen Herrschaft es zum stärksten Bollwerk des berühmten Festungsvierecks *Verona — Mantua — Peschiera — Legnago* ausgebaut wurde. Nach dem Kriege von 1866 wurde *Verona* mit dem gesamten Venetien an das Königreich Italien abgetreten.

Der Wiederaufbau nach den Zerstörungen durch Luftangriffe im zweiten Weltkrieg, die über ein Drittel der Stadt schwer beschädigten, ist vollständig beendet.

SEHENSWÜRDIGKEITEN: Die Größe und Bedeutung von *Verona* seit römischen Zeiten bis zur Gegenwart spiegelt sich besonders eindrucksvoll in den zahlreichen Kunstdenkmälern, die uns aus jeder Epoche erhalten geblieben sind. Der eindrucksvolle Bau der *Arena von Verona*, des drittgrößten römischen Amphitheaters Italiens, das aus dem 3. Jh. stammt, verschiedene Stadttore, das römische Theater am linken Etschufer und schließlich der Arco dei Gavi sind die wichtigsten Kunstdenkmäler Veronas aus römischer Zeit. Der romanischen Epoche gehören die Kirchen von *San Zeno*, *San Fermo Maggiore* und der *Dom* an. Gotisch sind in ihrem Stil die Kirche von Sant' Anastasia und zahlreiche Paläste und Bürgerhäuser, während die Renaissance einige große Profanbauten hinterlassen hat.

Mittelpunkt des Lebens und Verkehrs ist die schöne **Piazza Bra**, in deren Mitte sich ein weiter Park mit einem Reiterstandbild des *Königs Vittorio Emanuele II.* (1883) ausbreitet. An ihrer Breitseite wird die *Piazza Bra* von Palazzi mit Laubengängen begleitet, in denen Restaurants, Cafés, Geschäfte und Reisebüros untergebracht sind. Diesen vorgelagert it der breite **Liston**, eine sehr beliebte, schon seit 1770 gepflasterte Promenade. Die Umrahmung der *Piazza Bra* vervollständigen jenseits des Parkes große öffentliche Gebäude, ferner die „*Portoni della Bra*", zwei große venezianische Torbogen, und schließlich der mächtige Rundbau der *Arena*.

Die Arena ist ein römisches Amphitheater aus dem 3. Jh. n. Chr., nach dem *Kolosseum* in *Rom* und dem römischen Amphitheater in *Capua* das größte seiner Art, das bis heute erhalten geblieben ist. Von der durch ein Erdbeben i. J. 1183 zerstörten äußeren Mauer ist nur die sogenannte „*ala*" mit vier Bogen und drei Rängen erhalten. Die Maße des heute noch bestehenden ellyptischen Bauwerkes mit zwei Rängen sind 109 auf 138 m, die *Platea* mißt 44 auf 74 m, die Außenmauer erreicht eine Höhe von 30 m (mit schöner Aussicht auf die Stadt!). Der Fassungsraum der Arena beträgt 22.000 Sitzplätze. Seit 1913 finden in der Arena alljährlich Opernfestspiele statt, die besonders auch wegen der hervorragenden Akustik des Bauwerkes zur Berühmtheit gelangten.

Das **Castelvecchio** ist ein weiteres herrliches Wahrzeichen der Stadt *Verona* und das eigenartigste seiner Kunstdenkmäler. Der überaus eindrucksvolle, massige Schloßbau liegt hart am Ufer der Etsch zu innerst in eine enge Flußschleife hineingeschmiegt. Der Bau wurde vom *Skaliger Cangrande II.* in den Jahren 1354 bis 1357 sowohl zur Verteidigung gegen äußere Feinde als auch gegen die rebellierende Stadt erbaut. Mit dem Verschwinden der *Skaliger* diente das *Castelvecchio* den *Venezianern* als Festung und wurde schließlich unter den *Franzosen* und *Österreichern* zur Kaserne degradiert. Heute ist das sehenswerte **Civico Museo d'Arte** mit seinen reichhaltigen Galerien und Sammlungen in seinen Sälen untergebracht. Vom *Castelvecchio* übersetzt die mächtige und malerisch mit Zinnen geschmückte **Skaligerbrücke** die Etsch. Wie alle andern Etschbrücken Veronas wurde auch diese 1945 gesprengt. 1951 war der Wiederaufbau getreu dem Vorbilde wieder vollendet.

Die SKALIGERGRÄBER *auf dem Piazzaletto delle Arche, alle von reichverzierten, gotischen Marmorbaldachinen überwölbt.*

Eine der schönsten romanischen Kirchen Italiens ist die Basilika **San Zeno Maggiore.** Der erste Bau wurde schon im 5. Jh. über dem Grabe des *hl. Zeno*, des ersten Bischofs von *Verona* (gest. 380) errichtet und im Auftrag *König Pippins* zu Beginn des 9. Jh. vergrößert. In seine heutige Form wurde der Kirchenbau von 1120 bis 1138 gebracht. Der schlanke, freistehende Turm (erb. 1045) und ein massiger Zinnenturm als der einzige Überrest der alten Benediktinerabtei flankieren harmonisch die Basilika.

Interessierte Kunstfreunde werden noch andere berühmte Kunstdenkmäler Veronas besuchen, die hier nur kurz erwähnt werden. Von der **Piazza dei Signori** mit dem *Dante-Denkmal*, die von den Prachtbauten des **Palazzo del Comune** (1193) mit dem 84 m hohen *Torre dei Lamberti* und dem **Palazzo del Governo** (fr. *Residenz der Skaliger*) eng umschlossen wird, erreicht man den *Piazzaletto delle Arche*, den kunstgeschichtlich und geschichtlich interessantesten Winkel *Veronas* mit den monumentalen **Skaliger-Gräbern.**

Kaum ein Besucher Veronas wird es versäumen, die Erinnerungsstätten an **Romeo und Julia**, dieses berühmten Liebespaares des Mittelalters *(Shakespeare)* zu besuchen, besonders das Haus der *Julia Capuleti* mit dem berühmten Balkon in der *Via Capello* (nahe der *Piazza della Erbe*). Ihr angeblicher Sarg wird in einem Kreuzgang im Süden der Stadt vermutet.

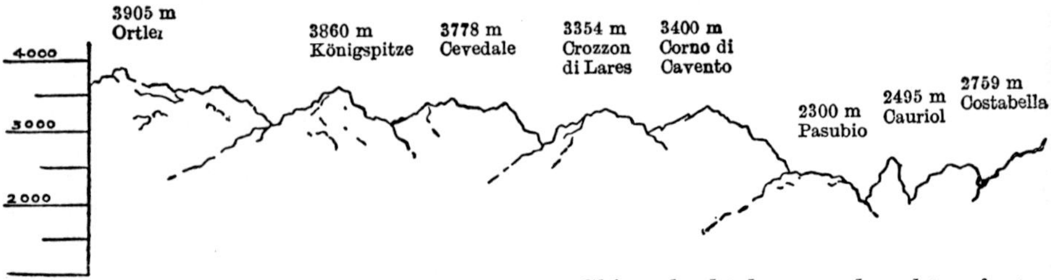

Skizze der höchsten und umkämpftesten

Die Tiroler Alpenfront im ersten Weltkrieg

Wie ein ungeheures Geäder schnitten die Fronten des ersten Weltkrieges mehrfach quer durch Europa, kreuzten den Balkan, schwangen über die Gipfel der Alpenkämme, gruben sich durch die Einöden Kleinasiens und in die Steppen der afrikanischen Kolonien. Das große Kampfgeschehen im ersten Weltkrieg wurde an etwa 9000 km Front ausgetragen. Das unwahrscheinlich mannigfaltige Bild, das diese Fronten zeigten, strahlt wie ein gewaltiger Spiegel die fast übermenschlichen Anforderungen wieder, die der Kampf um das Leben in ihren Gräben und Sappen von den Soldaten forderte. In schillernder Vielfältigkeit wechselte das Antlitz, von den Fluren Frankreichs zu den Wäldern und Sümpfen Rußlands, von den karstkahlen Einöden, von den Dünen der Küsten zu Fels und Firn der Alpen, zur Tropenglut des Orients, zur gespenstischen Einsamkeit Afrikas.

Seltsamer als überall, eigenartig und einzigartig wie keine andere war die durch die *Alpen gespannte Front im ersten Weltkrieg*. Als im Mai 1915 der Krieg zwischen Österreich und Italien ausbrach, stießen zwei große Heere im südlichen Alpenraum aufeinander. Die Frontlinien erstarrten alsbald — mit geringen Abweichungen, die kaum zählen — auf dem Verlauf der Staatsgrenzen zwischen den beiden Reichen. Diese Reichsgrenzen aber durchzogen zum größten Teil die *gebirgigsten Gegenden Südtirols*.

Vom Kriegsbeginn bis zum November 1917 blieb dieser Frontverlauf fast unverändert. Der westliche Angelpunkt der Alpenfront hing an der *Dreisprachenspitze* (2841 m), einem unbedeutenden Bergstock oberhalb des *Stilfser Jochs* (2757 m), wo die Staatsgrenzen *Österreichs*, *Italiens* und der *Schweiz* in einem Punkte zusammenschnitten. Von hier folgte die Front in ungefährer Nordsüdrichtung der Tiroler Landesgrenze auf den höchsten Kämmen der großen Gletschergruppen der Südalpen: *Ortler-*, *Presanella-* und *Adamellogruppe*. (Der Verlauf der Gletscherfront durch die *Ortlergruppe* ist von der *Stilfser-Joch-Straße* R 5 und von *Sulden* aus R 6 geradezu panoramahaft einzusehen. Die Kampfberge der *Presanellagruppe* erblickt man gut von der Straße über den *Tonalepaß* R 29, jene in der Adamellogruppe von der Straße über den *Campo-Carlo-Magno-Paß* R 29.)

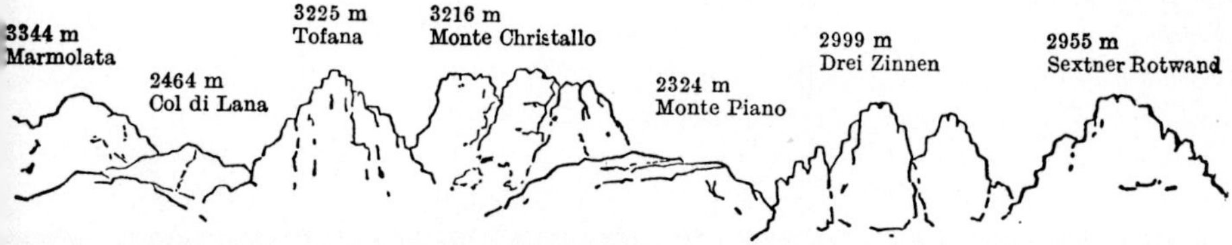

Berge der Tiroler Hochgebirgsfront

Fast an die 100 km sank sie kaum unter die 2000-m-Marke herunter, der Großteil dieser Frontstrecke war sogar in den ewigen Firn der Gletscher gebettet. Von der Schweizer Grenze bis zu den Brescianer Bergen reichte diese mächtige Front des ersten Weltkrieges!

Mit scharfer Knickung nach Osten querte der Frontverlauf dann die Gardesaner Berge, berührte bei *Riva* und *Torbole* den *Gardasee*, klammerte sich am Nordhang des *Monte-Baldo-Massivs* an und durchschnitt schließlich südlich von *Rovereto* das *Etschtal*. Von diesem tiefsten Punkt, den die Alpenfront hier erreichte, sprang die Höhenkurve in den Randbergen östlich des Tales gleich wieder auf über 2000 m. Sie durchzog nun in einer nach Nordosten geschwungenen Biegung und immer in starker Mittelgebirgshöhe das viel umkämpfte Bergland der *Sieben Gemeinden*, überschnitt, sich kurz senkend, das *Brentatal* bei Borgo und erreichte nordwärts den scharfgezackten *Fleimstaler Kamm*, dem sie nun bis zu seinem Eckpfeiler, dem *Colbricon*, in Höhen zwischen 2000 und 2700 m auflagerte. (Instruktiver Anblick von der *Fleimstalstraße* R 23 und der Straße über den *Rollepaß* R 24.)

Von hier bis zum *Kreuzberg* des *Sextentales* standen die Linien des ersten Weltkrieges mitten im Herzen der *Dolomiten*, durch sie spannte sich von Gipfel zu Gipfel, über Pässe und Grate und durch Wände die gewaltige Felsfront, gleich großartig als Gegenstück wie die Gletscherfront im Westen. Viele der höchsten und bekanntesten Felsriesen dieses wundersamen Berglandes waren wie wehrhafte Kampftürme in ihren Verlauf eingebaut: *Marmolata* (3344 m), die *Tofanen* (3225 m), der Stock des *Monte Cristallo* (3216 m), die *Drei Zinnen* (2999 m) (alle gut und nahe von der *Großen Dolomitenstraße* R 9 aus zu sehen) und schließlich der *Elfer* (3092 m) und die *Sextener Rotwand* (2955 m) (Anblick von *Sexten* R 13).

An der südlichen Landesgrenze Kärntens zeigte die Frontlinie den klaren Verlauf, den der Grenzkamm der Karnischen Alpen west-östlich nimmt, und den sie bis zum Eintritt in die Julischen Alpen nicht mehr verließ. Noch einmal trugen in der Caningruppe silberweiße Kalkfelsen die Brust-

MARMOLATA, *3344 m und 3309 m, mit ihrer gewaltigen Nordabdachung, gesehen vom Padonkamm (Original-Winterfotografie von 1916/17). Am Fuße der Fedajasattel,*

☐	=	Unterstände in Fels und Eis
-o-o-o-o-o-	=	Seilbahnen
+++++	=	Italienische Infanteriestellung und Feldwachen
⊥⊥	=	Österreichische Infanteriestellung und Feldwachen

2047 m. Eingezeichnet der Frontverlauf und die gesamten Befestigungsanlagen. Die Marmolata war der berühmteste Kriegsberg der Hochgebirgsfront in Fels und Eis.

● = Geschütz, Batterie
═ ═ ═ = Eisstollen im Gletscher
. . . . = Zugangswege

wehren der Schützengräben bis zum Rombon (2208 m), dem wuchtigen Felskegel ob dem Flitscher Talkessel, dem Berg, der der Angelpunkt der berühmten Durchbruchsschlacht am Isonzo war.

Der Frontverlauf drehte von hier ab immer stärker nach Süden, noch immer aber durchzog er in den Isonzobergen, den südlichsten Ausläufern der Julischen Alpen, steiles, stark felsiges Berggelände, bis er dem Lauf des grünen Isonzo folgte, die ausgebrannten Karstflächen durchschnitt und bei Monfalcone in den blauen Wassern der Adria endete.

Im blauen Eis des *Ortlers* hing der weitgespannte Bogen der Alpenfront, in den Gestaden der *Adria* ankerte das andere Ende. An die 650 km lang spannte er sich vom Schweizer Eck bis in das Weichbild von Triest. Nur etwa 50 km dieser ansehnlichen Ausdehnung entfielen auf die Karstflächen zwischen dem Meer und den Julischen Alpen, 600 km also waren reine Gebirgsfront, eine der merkwürdigsten und seltsamsten Kampfstätten des ersten Weltkrieges! 3900 m stand der Posten auf der Spitze des *Ortlers* höher als der linke Flügelmann der Front im Ufersand.

Die Alpenfront trug in ihrem Verlauf alle die unsagbar bunten und wechselnden Gesichter der südlichen Alpengruppen, sie war ein steter Wechsel zwischen Landschaften der Vorberge, des Mittelgebirges, des Ödlandes und Hochgebirges in Fels und Eis, sie war ein mannigfaltiges Spiel von Bergen und Tälern. Ihre Schützengräben durchrissen die weichen Matten der subalpinen Zonen, sie bissen sich durch die mächtigen Forste der Hochtäler, sie spannten sich durch weite Talsohlen und über messerscharf geschnittene Schluchten, sie hingen in der weichen Rundung der Pässe und in den Schlitzen schmaler Scharten, sie überkletterten die steilsten und verwegensten Felsberge, sie schaukelten über die höchsten Eisgrate und furchten weite Gletschermulden.

In zwei Abschnitten war das Antlitz dieser Front am stärksten durch die Berge geprägt: der Eiswall im *Westen Südtirols* und die Felsbastion durch die *Dolomiten*. Und wie um dies in eindringlicher Art und Weise vor Augen zu führen, war auch der höchste Berg der Ostalpen, der 3905 m hohe *Ortler*, von Kampfgruppen besetzt und trug auf seinem Scheitel die *höchste Kanone des ersten Weltkrieges*. Noch eine stattliche Reihe der Eisriesen dieser Gruppe trugen Stellungen und waren umkämpft; es waren Schützengräben und Geschützstände, die in das Reich der Wolken ragten, dort oben wurden Kämpfe in Sternennähe ausgetragen. Klangvolle Namen, die alle Bergsteigerwelt kennt, sind unter ihnen: *Hohe Schneid (Monte Cristallo*, 3431 m), *Trafoier Eiswand* (3553 m), *Thurwieserspitze* (3650 m), *Königspitze* (3860 m), *Monte Cevedale* (3778 m), *Monte Vioz* (3644 m), *Punta San Matteo* (3692 m).

Südlich der Ortlergruppe standen sich die Gegner in den Eisgefielden der *Presanella*- und *Adamellogruppe* gegenüber. *Presena* (3068 m), *Crozzon di Folgorida* (3079 m), *Crozzon di Lares* (3354 m), *Corno di Cavento* (3400 m) und *Caré Alto* (3462 m) waren die mächtigen Eisbastionen dieses Frontzuges.

Nicht geringer an Kühnheit und Großartigkeit war als Gegenstück zu diesem Gletscherwall über die *Felsberge* der *Dolomiten* die Front zu einem *Felsenwall* ausgebaut. Auch in ihm ließen sich die vordersten Linien selbst von den wildestgeformten und unzugänglichsten Spitzen, Graten und Wänden nicht abdrängen. Und wiederum finden wir auf dem höchsten Berg dieses berühmten Felsenreiches, auf der *Marmolata* und ihren Nebengipfeln,

Stellungen und Feldwachen und auf dem Grat der *Punta Rocca* die *höchste Kanone der Dolomitenfront* auf 3259 m. Die großen Kampfberge der Dolomiten sind schon genannt worden; zwischen sie schieben sich noch manche ein, die wohl an Gestalt und Schönheit den anderen nicht ebenbürtig sind, dafür aber ihren Ruhm aus der fruchtbaren Blutsaat haben, die der Krieg auf ihren Bergleibern säte: *Costabella, Col di Lana, Monte Piano* (*Große Dolomitenstraße* R 9).

Der Weltkrieg hat an allen Fronten die Maße der Kriegsführung bis zu fast unvorstellbarer Größe übersteigert. Im Gebirge stand man diesem Anschwellen, dieser Entwicklung noch weit mehr ohne Vorahnung gegenüber als an anderen Fronten. In den Bergen begann eine Kriegsführung, die ohne Beispiel, Vorläufer und Überlieferung war. Darum ging man in diesen unbekannten Krieg mehr oder weniger unvorbereitet hinein. Wiewohl man die geschlossene, ununterbrochene Frontlinie zwischen den Gegnern von anderen Kriegsschauplätzen her kannte, erkannte man am Anfang die Möglichkeit und Notwendigkeit einer vollkommenen Abriegelung in den Bergen und vor allem im Hochgebirge nicht. Man war damals noch immer der Meinung, daß nur ein begrenzter Teil des Gebirges und besonders natürlich Übergänge und Pässe sowie leicht erreichbare Höhen und Kämme verteidigt werden müßten. Dagegen sah man in den unwegsam aufragenden Regionen des Ödlandes, in den Fels- und Eisbergen des Hochgebirges von Natur aus uneinnehmbare und unüberschreitbare Bollwerke.

So blieben vorerst im Aufmarsch- und Verteidigungsplan der Alpenfront ganze Berggruppen „militärisch ungangbares Gebiet" und bildeten für den Generalstab weiße Flecken auf der Landkarte. Man erkannte in diesen wilden Landschaften keine Möglichkeit einer Fronthaltung und Kampfhandlung.

Diese falschen Vorstellungen wurden von der Unkenntnis noch mehr beschwert, daß man auch in den kalten Jahreszeiten den ständigen Aufenthalt im Hochgebirge erzwingen könne. Der *Hochgebirgswinter* galt als absolute Macht, man erschauerte allein schon beim Gedanken, Truppen in Höhenstellungen, in Nacht, Sturm und Kälte des Hochgebirges überwintern zu lassen.

So wurde mit dem Kriegsausbruch im Mai 1915 erst die *Kriegsführung im Gebirge* geboren, als zwei feindliche Armeen gegen die Bergkämme anstiegen und wie überschwemmende Wasser immer höher und höher an den ragenden Bergen emporwellten. Von nun ab wurde jeder Tag des Feldzuges im Gebirge zum Lehrmeister der Alpentruppen, vom General bis zum letzten Plänkler.

Die Eigenarten des Bergkrieges prägten sich alsbald stärker und stärker aus. Ein erstes Hapterfordernis war, die Berge in ihrer Unwegsamkeit gefügig zu machen. „Im Gebirge Krieg führen, heißt bauen!" Dieser früher unbekannte Grundsatz wurde in seiner überragenden Bedeutung alsbald erkannt. Von den Haupttälern, von den großen Paßstraßen verästelte man das Vordringen auf Karren- und Geschützwegen. In der nächsten Nähe der Feuerlinie entstand dann das Netz und Gespinst der Wege, Steige und Kletterpfade in Fels, Eis und Schutt bis zur ersten Linie, bis zur Feldwache und zum Posten. Die Mühseligkeit des Nachschubes für die mannigfache Versorgung der Front erforderte anfangs ein Heer von Trägern; nach und nach entstand ein Netz kühner *Seilbahnen*, die spielend die gewaltigen Höhenunterschiede überwanden.

Auch im Ausbau der Stellungen wurde man mit der Zeit immer kühner und erfindungsreicher. Schützengräben wurden kunstvoll in das Gestein gesprengt oder in das Eis der Gletscher gelegt, die Unterstände für die Besatzungen in Felskavernen erbaut, die Geschütze standen hinter schützenden Felsriegeln oder schossen aus den schmalen Schlitzlöchern der Kavernen.

Welch bewundernswertes Schaffen, welche Unsumme von Mühen und Erfahrungen liegt zwischen den primitiven Anfängen und der Zeit, wo die Kampfberge großen, kunstvoll erbauten Festungen glichen, ihr Leib, gleichviel ob Fels oder Eis, von Tunnelgängen in Kilometerlänge durchhöhlt, ihren Flanken und Graten gut gedeckte Stellungs- und Unterkunftsbauten erfinderisch eingefügt, alle Zugangswege erleichtert und gesichert waren.

Die ersten Kriegsmonate brachten bis auf wenige Ausnahmen keine größeren Kampfhandlungen. Patrouillenunternehmungen und Handstreiche waren die typische Kampftätigkeit dieser Lehrzeit. Der Einsatz von größeren Truppenverbänden bei einzelnen Kampfhandlungen schien der Eigenart des Gebirgskrieges zu widersprechen. Auch hierin hat eine rasche Entwicklung bald großen Wandel geschaffen.

In allen seinen Einzelheiten mußte der Krieg an der Alpenfront erlernt und oft durch bittere Erfahrungen erkauft werden. Welch ein übergroßes Maß von körperlichen Leiden hatte der einzelne Mann durchzumachen, bis die Ausrüstung der alpinen Truppen den Erfordernissen der Bergwelt entsprach! Wieviel Verluste mußten hingenommen werden, bis man die besondere Verwendungsmöglichkeit und Wirkung von Waffe und Munition kennenlernte!

Eine der größten Eigenheiten des Bergkrieges aber war der Kampf gegen den *zweiten Feind*, gegen die *Naturgewalten*. Darin haben die Alpentruppen einen Leidensweg schmerzlichster Erfahrungen durchschreiten müssen. Die Natur war oft und oft weitaus furchtbarer und unerbittlicher als Gegner, denn der feindliche Soldat und seine Waffen. *Lawinen*, *Wetterstürze*, *Kälte* und *Entbehrungen* haben Lücken in die Truppen der Alpenfront gerissen, die manchmal die Verluste in den blutigsten Kämpfen übertrafen.

Zum alpinen Unverständnis, das bei Stellungen, Lagern und Zugangswegen die Gefährdung durch Lawinen nicht erkennen ließ, trat bisweilen die harte Notwendigkeit, aus taktischen Gründen lawinengefährliches Gelände besetzt zu halten oder zu begehen. Die Verluste durch Lawinentote häuften sich dadurch in erschreckendem Maße. Eine grausame Schicksalsfügung brachte dazu noch im Winter 1916/17 Schneefälle von sintflutähnlichen Ausmaßen. Die *Lawinenkatastrophe* im Lager *Gran Poz* an der *Marmolata* legt davon fürchterliches Zeugnis ab. Über 500 Mann wurden dort von einer ungeheuren Lawine verschüttet, an die 300 konnten nur mehr als Leichen geborgen werden. Zur gleichen Zeit verloren die italienischen Truppen im obersten *Val Pettorina*, ebenfalls im Marmolataabschnitt, über 200 Mann in einer einzigen Lawine. Man schätzt die Verluste durch Lawinen bei Freund und Feind in diesem Katastrophenjahr allein auf 10.000 Mann!

Zu den kühnsten und eigenartigsten Bauten des Gebirgskrieges zählten die Stollen, womit sowohl das Eis der Gletscher als auch der Felsleib der Berge auf weite Strecken durchstoßen wurde. Ein Meisterstück dieser Art an der italienischen Front war der Eisstollen vom *Passo Garibaldi*, 3147 m (Adamellogruppe) quer durch den *Mandrongletscher* zum *Passo della Lobbia* (3045 m), mit einer Länge von über 5 km und in einer Tiefe von 6 m in das Gletschereis gelagert; mit 25 Stegen waren die Spalten überbrückt, der ganze Stollen war elektrisch beleuchtet. Noch großartiger in der Anlage war das weitverzweigte österreichische *Eisstollennetz* im *Gletscher der Marmolata*, das über 8 km Gesamtlänge erreichte! Mitten drinnen in dem Bauch des Gletschers war die sogenannte *Eisstadt* gelagert, Unterkünfte für eine ganze Kompagnie!

Mannigfaltigster Art waren die *Bauten im Fels*. Es gab kaum einen wichtigen Berg an der Alpenfront, der nicht angebohrt war. Für Zugänge, als sichere Unterstände und als Geschützstände eignete sich diese Art der Stellungsbauten besonders. Der Felsleib des *Sasso di Stria* (Große Dolomitenstraße R 9) war mit einem Tunnel von 500 m Länge ganz durchstoßen. Die großartigsten Bauten dieser Art waren die italienischen Anlagen auf dem *Monte Grappa* (1758 m), dem vielumkämpften Berg über der Venezianischen Tiefebene. Der nur 500 m lange felsige Rücken dieses Berges war von 6 km Stollen durchzogen, die 100 Geschützen und 70 Maschinengewehren Ausschuß gaben, dazu noch Scheinwerfer, mit Dieselmotoren, riesige Trinkwasserreservoire, große Mannschaftsunterkünfte u. a. m. beherbergten.

Eine besondere Bedeutung erhielt das Bohren von Felsstollen für den *Minenkrieg*, der eine ausgeprägte Besonderheit des Bergkrieges war. Wo die lebende Sturmkraft versagte, da trat der *Krieg „unter Tag"*, der Minenkrieg, an ihre Stelle. Die größten Minen des ersten Weltkrieges sind an der Alpenfront gezündet worden. Ein eindrucksvolles Bild ergibt die nachfolgende Aufstellung über die größten Minen und ihre Ladung:

17. April 1916. Italienische Sprengung des Gipfels *Col di Lana* (Große Dolomitenstraße R 9), 5020 kg Sprengstoff.

11. Juli 1916. Italienische Sprengung des Gipfels des *Casteletto* (Tofana, Große Dolomitenstraße R 9), 25.000 kg Sprengstoff, 507 m langer Sprengstollen.

23. September 1916. Österreichische Sprengung des Gipfels *Monte Cimone* (Sieben Gemeinden), 14.200 kg Sprengstoff.

22. Mai 1917. Österreichische Sprengung des Felsbandes am *Kleinen Lagazuoi* (Falzáregopaß R 9), 24.000 kg Sprengstoff.

20. Juni 1917. Italienische Sprengung der *Vorkuppe des Kleinen Lagazuoi*, 33.000 kg Sprengstoff, Länge des Stollens 1110 m! (Falzáregopaß R 9).

27. September 1917. Österreichische Sprengung des „*Knotz*" (Verbindungsgrat Col di Lana—Monte Sief, Große Dolomitenstraße R 9), 45.000 kg Sprengstoff.

13. März 1918. Österreichische Sprengung der *Pasubioplatte* (Sieben Gemeinden), 50.000 kg Sprengstoff!

Mit welcher Kühnheit selbst für den geübten Bergsteiger schwierig begehbares Gelände zum Schauplatz von Kämpfen gemacht wurde, das sollen die nachfolgend angeführten Beispiele erhärten. Nachdem der *Monte Mantello* (3537 m) und die *Punta San Matteo* (3692 m, Ortlergruppe) den Österreichern verloren gegangen waren, wurden sie von einem Zug einer Hochgebirgskompanie unter dem Kommando eines Kaiserschützenleutnants durch eine steile Eisflanke, die unter starkem feindlichem Feuer lag, erstürmt und wieder gewonnen. Die Sieger trugen Steigeisen, waren angeseilt, Stufen mußten geschlagen werden. Die Fortbewegung konnte kaum rascher vor sich gehen als bei einer alpinen Besteigung. Schließlich wurde die Gipfelstellung im Handgranatenkampf genommen. Vom Gipfel der *Königspitze* (3860 m) stieg einmal eine österreichische Patrouille auf dem Sultengrat ab, um italienische Feldwachen, die sich auf dem Grat eingenistet hatten, zu vertreiben. Es kam zu einem tollkühnen Nachtgefecht auf der schmalen Eiskante, dem der Erfolg leider versagt blieb. In den Kärntner Bergen seilte sich ein Mann gar über eine Felswand ab, weil sonst der gut gedeckten italienischen Besatzung nicht beizukommen war, und warf ihr, frei im Seil hängend, seine Handgranaten auf die Köpfe hinunter. Die Zahl solch verwegener alpiner Gefechte ist Legion.

Wo aber das Gelände — auch in der hochalpinen Region — nur einigermaßen Bewegungsfreiheit erlaubte, entwickelten sich auch Kämpfe größeren Stiles. Der Gletscherkrieg hat im Gebiet der *Adamellogruppe* die größten und erbittertsten Kämpfe gesehen. Ihre weiten Gletscherbecken erlebten Angriffe, die von Bataillonen vorgetragen wurden. Als einzigartige Merkwürdigkeit des ganzen ersten Weltkrieges griff dort oben eine *Skikompanie der Alpini* in voller Schußfahrt die österreichischen Eisstellungen auf dem *Passo di Folgorida* an; die Maschinengewehre der Verteidiger richteten unter den kühnen Draufgängern ein verheerendes Blutbad an, der einzige Sturmangriff auf Skiern des ersten Weltkrieges war gescheitert.

Mehr als alle anderen Berge der Alpenfront sind zwei wegen ihrer wahrlich grimmig umstürmten und umkämpften Flanken und Gipfel in die Geschichte eingegangen, ja, ihre Namen sind geradezu Sinnbild und Begriff des Bergkrieges geworden: der eine ist der *Pasubio* (2300 m), der Eckpfeiler der Sieben Gemeinden, der andere der *Col di Lana* (2464 m), den die Italiener den „*Col di Sangue*“ (Blutberg) nannten und der das natürliche Sperrfort im Bergraume zwischen Marmolata und dem Stock der Tofanen darstellt. Man kann von den Kämpfen, die sich auf ihren Halden abspielten, ohne Übertreibung als Bergschlachten reden.

Mehr als sechs Jahrzehnte sind vergangen, seit auch in den reinen Höhen der Berge der Waffenlärm wieder dem Bergfrieden gewichen ist. Mehr als an anderen Fronten aber tragen die Berge auch heute noch die Spuren des großen Krieges, sie bewahren da und dort Wundmale als Zeugen für all den Heldengeist, der in ihrem Fels und Eis gewohnt und gekämpft hat. Den toten Helden des Bergkrieges aber bleiben die Berge der Alpenfront als ewiges Heldenmal in den Himmel gebaut.

(Auszug aus dem Kriegsbuch „*Die Front in Fels und Eis*“ von Dr. Gunther Langes, erschienen in 7. Auflage im Athesia-Verlag, Bozen; auch Neuausgabe in italienischer Sprache.)

GESCHÄFTSSTELLEN A. C. I. (ITALIENISCHER AUTOMOBILCLUB)

Bozen	Italienstraße 19a	Tel. 30003
Brenner	Motel Agip	Tel. 61108
Brixen	Bahnhofstraße 14	Tel. 22319
Bruneck	Bahnhofstraße 5	Tel. 85549
Cortina d'Ampezzo	Central Garage	Tel. 2696
Meran	Freiheitsstraße 45b	Tel. 23120
Trient	Via Andrea Pozzo	Tel. 25072

HILFSDIENST DES ITALIENISCHEN AUTOMOBILCLUBS (A. C. I.)

Für ganz Italien Tel. 116

Der ausländische Autofahrer kann während seines ganzen Aufenthaltes, sofern er im Besitze der „Carta Carburante" (Benzin-Gutscheine) ist, den Hilfsdienst des Italienischen Automobilclubs (A. C. I.) kostenlos in Anspruch nehmen, und zwar:

1. für Reparaturen, ausgeführt an Ort und Stelle, wobei nur die Materialkosten zu bezahlen sind;

2. für das Abschleppen des Wagens zur nächstgelegenen zuständigen Werkstätte des Hilfsdienstes des Italienischen Automobilclubs (Soccorso A. C. I.);

3. für das Abschleppen von der zuständigen Werkstätte des Italienischen Automobilclubs (A. C. I.) zur Werkstätte der nächsten offiziellen Vertretung der betreffenden Automarke, und zwar für die Strecke von 80 km (hin und zurück). Darüber hinaus ist eine Gebühr von L 90.— (neunzig Lire) pro Kilometer zu entrichten.

STRASSENPOLIZEISTELLEN

Bozen	46000	Cavalese	30127	Sterzing	65405
Brixen	22539	Malè	91303	Trient	920015
Bruneck	85585	Meran	49333		

ÖFFENTLICHER NOTSTANDRUF für ganz Italien Tel. 113.

WEISSES KREUZ (Landesrettungsdienst)

Bozen	44444	Corvara	83075	Schlanders	70212
Brixen	24444	Innichen	73333	Sterzing	65555
Bruneck	84444	Mals	81119	Trient	291313
Canazei	61499	Meran	30333	Waidbruck	654191
Cortina	2771	Neumarkt	82222		

INT. ROTES KREUZ-Rettungsdienst (Pronto soccorso)

Bozen	43333	Canazei	61401	Trient	983888
Brixen	22300	Meran	46666		

AUTOKENNZEICHEN IN ITALIEN nach Provinzzugehörigkeit

AG Agrigento
AL Alessandria
AN Ancona
AO Aosta
AR Arezzo
AP Ascoli Piceno
AT Asti
AV Avellino

BA Bari
BL Belluno
BN Benevento
BG Bergamo
BO Bologna
BZ Bozen
BS Brescia
BR Brindisi

CA Cagliari
CL Caltanisetta
CB Campobasso
CE Caserta
CT Catania
CZ Catanzaro
CH Chieti
CO Como
CS Cosenza
CR Cremona
CN Cuneo

EN Enna

FE Ferrara
FI Firenze
FG Foggia
FO Forli
FR Frosinone

GE Genova
GO Gorizia
GR Grosseto

IM Imperia
IS Ischia

AQ L'Aquila
SP La Spezia
LT Latina
LE Lecce
LI Livorno
LU Lucca

MC Macerata
MN Mantova
MS Massa
MT Matera
ME Messina
MI Milano
MO Modena

NA Napoli
NO Novara
NU Nuoro

PD Padova
PA Palermo
PR Parma
PV Pavia
PG Perugia
PS Pesaro
PE Pescara
PC Piacenza
PI Pisa
PT Pistoia
PZ Potenza
RG Ragusa
RA Ravenna
RC Reggio Calabria
RE Reggio Emilia
RI Rieti
ROMA Roma
RO Rovigo

SA Salerno
SS Sassari
SV Savona
SI Siena
SR Siracusa
SO Sondrio

TA Taranto
TE Teramo
TR Terni
TO Torino
TP Trapani
TN Trento
TV Treviso
TS Trieste

UD Udine

VA Varese
VE Venezia
VC Vercelli
VR Verona
VI Vicenza
VT Viterbo

E. I. Esercito Italiano (Ital. Heer)
A. M. Aeronautica Militare (Ital. Luftwaffe)
CC. Carabinieri (Gendarmerie)
CRI Croce Rossa Ital. (Ital. Rotes Kreuz)
G. d. F. Guardia di Finanza (Finanz-Wache)
M. M. Marina Militare (Kriegsmarine)
V. F. Vigili d. Fuoco (Feuerwehr)
POLIZIA Polizei
C. D. Corpo Diplomatico (Diplomatisches Corps)
C. C. Corpo Consulare (Konsularisches Corps)

Register

D

E

F

G

H

I

J

K

L

M

N

O

P

Q

R

Verzeichnis der Fotografen

Die Aufnahmen im Autorama Südtirol, ausgenommen die unten angeführten, stammen von Foto Ghedina, Cortina d'Ampezzo.

Amann J. F., Bozen 54, 133, 211; Baehrendt, Meran 167, 171, 209, 243; Bormio, Verkehrsamt 127; Bozen, Landesfremdenverkehrsamt 139, 191; Burloni, Belluno 331; Drescher, Meran 121, 159, 169; Ferrari, Verona 371; Fränzl, Bozen 27, 49 re, 87, 130, 185; Frass Dr. H., Bozen 35, 42, 49 li, 51; Fuchs-Hauffen Elisabeth, Überlingen 13, 21, 31, 45, 59, 60, 62, 63, 65, 67, 69, 72, 75, 85, 93, 94, 95, 97, 98, 100, 103, 105, 107, 109, 111, 115, 117, 137, 141, 143, 153, 155, 161, 165, 168, 175, 181, 201, 207, 229, 245, 249, 265, 267, 268, 269, 275, 279, 288, 289, 305; Gadenz, San Martino di Castrozza 327, 329; Holzer, Sexten 257; Kusstatscher, Bozen 55, 189; Langes Dr. Gunther, Bozen 357, 376/377; Löhl, Bad Tölz 183; Luzzu, Milano 123; March, Brixen 23 li, 26; Meran, Kurverwaltung 147, 163, 164; Mussner, Ortisei 281, 284; Obwexer, Seis 282/283; Pasini, Toblach 242; Pedrotti, Trient 193, 339, 341, 346, 349; Pertl, Bozen 4, 37, 337; Planinschek H., Stern - La Villa 266, 273, 276, 297, 298; Quiresi, Cremona 310; Rapid, Bruneck 247; Riva, Alleghe 300; Tappeiner, Meran 81, 151; Thaler, Sterzing 14; Toninelli, Malcésine 359; Volksbund Deutscher Kriegsgräberfürsorge, Kassel 202, 363; Zuegg Ing. H., Lana a. d. E. 30.

Entfernungstafel der kürzesten Verbindungsstrecken in km

	Belluno	Bozen	Brenner	Canazei	Cortina	Corvara	Innichen
Bormio	289	126	211	176	235	192	231
Buchs	419	256	218	269	348	318	361
Garmisch	340	177	93	223	210	193	197
Innsbruck	285	118	34	168	165	138	141
Landeck	318	155	116	206	246	216	221
Lermoos	354	191	106	241	236	206	209
Lienz	143	147	145	135	80	111	42
Mailand	331	273	358	322	377	322	375
St. Moritz	334	171	216	225	280	225	276
München üb. Rosenheim	453	290	206	336	336	306	309
München über Garmisch	435	272	188	318	318	288	291
München über Achensee	435	272	188	318	318	288	291
München über Fernpaß	474	311	227	357	357	327	330
Salzburg	405	284	202	332	332	302	305
Venedig	110	225	310	200	165	187	203
Verona	164	150	235	192	213	216	251
Villach	253	257	255	245	190	221	152
Wien	677	600	515	645	644	615	617